Brunner · Brößler · Reiher | Strafrechtliche Assessorklausuren mit Erläuterungen

Strafrechtliche Assessorklausuren

Von
Dr. Raimund Brunner
Vizepräsident des Landgerichts Aschaffenburg
Nebenamtlicher Arbeitsgemeinschaftsleiter beim Landgericht Aschaffenburg

Leander Brößler
Richter am Oberlandesgericht
Nebenamtlicher Arbeitsgemeinschaftsleiter

Jürgen Reiher
Richter am Oberlandesgericht
Nebenamtlicher Arbeitsgemeinschaftsleiter

8., neu bearbeitete Auflage

Verlag Franz Vahlen München 2012

Zitiervorschlag: *Brunner/Brößler/Reiher* Assessorklausuren StrafR

www.vahlen.de

ISBN 978 3 8006 4270 0

© 2012 Verlag Franz Vahlen GmbH
Wilhelmstraße 9, 80801 München
Druck: Druckhaus Nomos
In den Lissen 12, 76547 Sinzheim

Satz: R. John + W. John GbR, Köln
Umschlagkonzeption: Martina Busch, Grafikdesign, Fürstenfeldbruck

Gedruckt auf säurefreiem, alterungsbeständigem Papier
(hergestellt aus chlorfrei gebleichtem Zellstoff)

Vorwort

Erlerntes Wissen in der Klausur umzusetzen bereitet spezifische Schwierigkeiten. In der Referendarausbildung kommt hinzu, dass eine praxisgerechte Lösung erwartet wird, die besonders dann schwerfällt, wenn die Stationsausbildung mit der jeweils korrespondierenden theoretischen Ausbildung in den Arbeitsgemeinschaften nicht parallel läuft. Immer wieder wird die Frage nach Musterklausuren gestellt, die zeigen, wie man es machen soll. Um den Referendaren insoweit eine Hilfestellung zu geben, enthält der Band nun elf Assessorklausuren, mit denen die gängigen Klausurtypen anhand aktueller materieller wie formeller Probleme dargestellt werden. Die Klausuren eignen sich also nicht nur dazu, die notwendige Klausurtechnik zu vermitteln, sondern geben auch Einblick in examenswichtige strafrechtliche Problemstellungen. Weil seit einiger Zeit auch das Plädoyer des Verteidigers gefordert wird, haben wir uns entschlossen, den vorliegenden Klausurenband um eine derartige Klausur zu erweitern.

Neben einer ausführlichen Musterlösung enthalten die Fußnoten Hinweise zur Methodik der Fallbearbeitung sowie auf typische Fehlerquellen. Der Beratungsklausur sowie den Klausuren zum Haftrecht, Strafbefehlsverfahren und Strafurteil ist jeweils ein theoretischer Teil vorangestellt, der grundlegend in die Thematik einführt; den Revisionsklausuren ist ein Aufbauschema beigegeben.

An alle Leser richtet sich unsere Bitte um Vorschläge zur Verbesserung und Ergänzung.

Aschaffenburg und Bamberg
im März 2012

Raimund Brunner
Leander Brößler
Jürgen Reiher

Inhaltsverzeichnis

	Seite
Vorwort	V
Abkürzungs- und Literaturverzeichnis	IX
1. Klausur: Staatsanwaltliche Abschlussverfügung	1
2. Klausur: Staatsanwaltliche Abschlussverfügung	11
3. Klausur: Schlussvortrag des Staatsanwalts	21
4. Klausur: Schlussvortrag des Verteidigers	31
5. Klausur: Haftrecht	41
6. Klausur: Strafbefehlsverfahren	57
7. Klausur: Beratung	77
8. Klausur: Strafurteil	99
9. Klausur: Gutachten nach eingelegter, aber noch nicht begründeter Revision	119
10. Klausur: Fertigen einer Revisionsbegründungsschrift	137
11. Klausur: Gutachten zur Vorbereitung einer Entscheidung des Revisionsgerichts	159
Sachverzeichnis	177

Bearbeiter der Klausuren:

1.– 4. Klausur: Raimund Brunner

5.– 8. Klausur: Jürgen Reiher

9.–11. Klausur: Leander Brößler

Abkürzungs- und Literaturverzeichnis

aA	anderer Ansicht
Abs.	Absatz
aE	am Ende
AG	Amtsgericht
AGGVG	Gesetz zur Ausführung des Gerichtsverfassungsgesetzes
Alt.	Alternative
Anm.	Anmerkung
Art.	Artikel
Aufl.	Auflage
Az.	Aktenzeichen
BAK	Blutalkoholkonzentration
BayAGGVG	Bayerisches Gesetz zur Ausführung des Gerichtsverfassungsgesetzes
BayObLG	Bayerisches Oberstes Landesgericht
Bd.	Band
BGB	Bürgerliches Gesetzbuch
BGBl.	Bundesgesetzblatt (Jahr, Band, Seite)
BGH	Bundesgerichtshof
BGHR	BGH-Rechtsprechung in Strafsachen (Entscheidungssammlung)
BGHSt	Bundesgerichtshof in Strafsachen; Entscheidungen des Bundesgerichtshofs in Strafsachen, herausgegeben von den Mitgliedern des Bundesgerichtshofs und der Bundesanwaltschaft
Böhme/Fleck/Kroiß Formularsammlung	*W. Böhme, D. Fleck, L. Kroiß*, Formularsammlung für Rechtspflege und Verwaltung, 22. Aufl. 2011
Brößler StrafProzRevision	*L. Brößler*, Strafprozessuale Revision, 8. Aufl. 2012
Brunner Abschlussverfügung	*R. Brunner*, Abschlussverfügung der Staatsanwaltschaft, 12. Aufl. 2012
Brunner/v. Heintschel-Heinegg Sitzungsdienst	*R. Brunner, B. v. Heintschel-Heinegg*, Staatsanwaltlicher Sitzungsdienst, 13. Aufl. 2011
BVerfG	Bundesverfassungsgericht
BVerfGE	Bundesverfassungsgericht; Entscheidungen des Bundesverfassungsgerichts, herausgegeben von den Mitgliedern des Bundesverfassungsgerichts
BZR	Bundeszentralregister
BZRG	Gesetz über das Zentralregister und das Erziehungsregister (Bundeszentralregistergesetz)
bzw.	beziehungsweise
dh	das heißt
EGGVG	Einführungsgesetz zum Gerichtsverfassungsgesetz
Einl.	Einleitung
e. V.	eingetragener Verein
f., ff.	folgende
Fischer	*T. Fischer*, Strafgesetzbuch und Nebengesetze, 59. Aufl. 2012
Fn.	Fußnote

gem.	gemäß
GG	Grundgesetz
ggf.	gegebenenfalls
GmbH	Gesellschaft mit beschränkter Haftung
GVG	Gerichtsverfassungsgesetz
hM	herrschende Meinung
Hs.	Halbsatz
iSd	im Sinne des
iSv	im Sinne von
iVm	in Verbindung mit
JA	Juristische Arbeitsblätter
JR	Juristische Rundschau
JuS	Juristische Schulung
JVA	Justizvollzugsanstalt
JZ	Juristenzeitung
Kap.	Kapitel
KK/*Bearbeiter*	Karlsruher Kommentar zur Strafprozessordnung, 6. Aufl. 2008
LG	Landgericht
LKA	Landeskriminalamt
Meyer-Goßner	*L. Meyer-Goßner*, Strafprozessordnung, 54. Aufl. 2011
MDR	Monatsschrift für Deutsches Recht
MRK	Konvention zum Schutze der Menschenrechte und Grundfreiheiten
MüKoStGB/*Bearbeiter*	Münchener Kommentar Strafgesetzbuch, 2003, 2005 bzw. 2006
mwN	mit weiteren Nachweisen
NJW	Neue Juristische Wochenschrift
Nr.	Nummer
NStZ	Neue Zeitschrift für Strafrecht
NStZ-RR	Neue Zeitschrift für Strafrecht – Rechtsprechungsreport
OLG	Oberlandesgericht
Palandt/*Bearbeiter*	*Palandt*, Bürgerliches Gesetzbuch, 71. Aufl. 2012
PHM	Polizeihauptmeister
POM	Polizeiobermeister
RiLG	Richter am Landgericht
RiStBV	Richtlinien für das Strafverfahren und das Bußgeldverfahren
Rn.	Randnummer
S.	Satz, Seite
s.	siehe
Schönke/Schröder/*Bearbeiter*	*A. Schönke, H. Schröder*, Strafgesetzbuch, 28. Aufl. 2010
sog.	so genannte(r)
StA	Staatsanwalt

StAin	Staatsanwältin
StGB	Strafgesetzbuch
StPO	Strafprozessordnung
StrEG	Strafverfolgungsentschädigungsgesetz
StV	Strafverteidiger (Zeitschrift)
StVG	Straßenverkehrsgesetz
StVO	Straßenverkehrsordnung
usw.	und so weiter
uU	unter Umständen
UWG	Gesetz gegen den unlauteren Wettbewerb
v.a.	vor allem
vgl.	vergleiche
Vor	Vorbemerkung
VRiLG	Vorsitzender Richter am Landgericht
VRS	Verkehrsrechtssammlung
wistra	Zeitschrift für Wirtschaft, Steuer und Strafrecht
zB	zum Beispiel
ZPO	Zivilprozessordnung

1. Klausur: Staatsanwaltliche Abschlussverfügung

Auszug aus den Akten der Staatsanwaltschaft Aschaffenburg, Az. 104 Js 534/12

Polizeiinspektion Aschaffenburg-Stadt 27.2.2012

Aktenvermerk

Am 15.1.2012 gegen 16.00 Uhr erfuhren die Unterzeichner über Funk, dass der amtsbekannte Bernhard Nußbaumer als Fußgänger auf der stark befahrenen Marienstraße in Aschaffenburg unterwegs war. Er betreibt seit einigen Jahren Aktionen gegen den Autoverkehr in Aschaffenburg mit dem Ziel, eine autofreie Stadt zu erreichen. Als wir gegen 16.10 Uhr die Marienstraße erreichten, sahen wir, dass Bernhard Nußbaumer auf der rechten Fahrbahnhälfte in Richtung Marientor lief. Zu dieser Zeit herrschte starker Verkehr. Einzelne Autofahrer mussten abrupt abbremsen bzw. auf die Gegenfahrbahn ausweichen, um Bernhard Nußbaumer nicht anzufahren. Wir wollten diese für den Fußgänger wie die Autofahrer gleichermaßen gefährliche Situation beenden. Deshalb hielten wir den Verkehr an, nahmen Bernhard Nußbaumer vorläufig fest und verbrachten ihn zur Polizeiinspektion Aschaffenburg-Stadt. Dort machte er als Beschuldigter keine Angaben zur Sache; nach Aufnahme seiner Personalien wurde er entlassen.

Am 16.1.2012 kam der Zeuge Heinrich Baumann zur Polizeiinspektion Aschaffenburg-Stadt und berichtete, wie er durch den Fahrbahngeher auf der Marienstraße in Aschaffenburg am 15.1.2012 erheblich gefährdet wurde. Auf die Zeugenvernehmung wird Bezug genommen.

Schließlich erschien am 1.2.2012 der Zeuge Georg Eich und erklärte, er habe im Hause des Bernhard Nußbaumer eine Zwei-Zimmer-Wohnung gemietet. Bei Abschluss des Mietvertrages Anfang Oktober 2011 habe er an diesen 750 EUR Kaution bezahlen müssen. Sein Vermieter Bernhard Nußbaumer habe inzwischen das Geld für private Zwecke verbraucht; es befinde sich nicht mehr auf dem dafür eingerichteten Konto bei der Sparkasse Aschaffenburg. Insoweit wird auf die Zeugenvernehmung verwiesen. Der Beschuldigte Bernhard Nußbaumer hat im Übrigen den Vorwurf in der Beschuldigtenvernehmung am 7.2.2012 eingeräumt.

Thomas Wagner
Polizeihauptmeister

Polizeiinspektion Aschaffenburg-Stadt 16.1.2012

Zeugenvernehmung

Baumann Heinrich, 41 Jahre alt, verheirateter Lehrer, deutscher Staatsangehöriger, wohnhaft Ulmenstraße 5, 63736 Aschaffenburg, belehrt und aussagebereit.

Am 15.1.2012 gegen 16.00 Uhr fuhr ich mit meinem Pkw Opel Astra, amtliches Kennzeichen AB – D 407, in der Marienstraße in Aschaffenburg. Es herrschte zu dieser Zeit sehr starker Verkehr auf beiden Fahrspuren. Plötzlich sah ich vor mir auf der rechten Fahrbahnseite eine Person laufen. Da ich wegen des hohen Verkehrsaufkommens keine Möglichkeit hatte, auf die linke Fahrbahnseite auszuweichen, musste ich meinen Pkw abrupt voll abbremsen, um den Fußgänger nicht anzufahren. Zum Glück hatte der hinter mir fahrende Pkw einen ausreichenden Abstand gehalten. Trotzdem machte diese Person keine Anstalten, die Fahrbahn zu verlassen. Als ich nach kurzer Zeit auf der linken Fahrbahnseite an dem Fußgänger vorbeifahren konnte, sah ich, dass es eine männliche Person war. Ich kannte ihn nicht und kann ihn auch nicht näher beschreiben. Das Verhalten dieser Person halte ich für unverantwortlich; es ist nur dem Zufall zu verdanken, dass es bei diesem dichten Verkehr nicht zu einem Unfall gekommen ist. Verletzt wurde ich durch diesen Vorfall nicht.

1. Klausur: Staatsanwaltliche Abschlussverfügung

Ich rege an, den Sachverhalt rechtlich zu überprüfen, wobei ich aber keinen Wert darauf lege, dass ich den Ausgang des Verfahrens mitgeteilt bekomme.

Aufgenommen: Selbst gelesen und unterschrieben:
Thomas Wagner   Baumann
Polizeihauptmeister

Polizeiinspektion Aschaffenburg-Stadt   1.2.2012

Zeugenvernehmung

Eich Georg, 35 Jahre alt, lediger Elektroniker, deutscher Staatsangehöriger, wohnhaft Schlossgasse 37, 63736 Aschaffenburg, belehrt und aussagebereit.

Seit dem 1.10.2011 habe ich im Hause des Bernhard Nußbaumer eine Zwei-Zimmer-Wohnung zu einem monatlichen Mietzins von 375 EUR gemietet. An dem genannten Tag musste ich 750 EUR Mietkaution an Bernhard Nußbaumer zahlen. Er versprach mir damals, dass er das Geld auf einem gesonderten Konto bei der Sparkasse Aschaffenburg einzahlen würde. In der Folgezeit verschlechterte sich sehr schnell mein Verhältnis mit meinem Vermieter. Es kam häufig zu Auseinandersetzungen, deren Einzelheiten ich hier nicht schildern will. Die Situation ist jetzt so schlimm geworden, dass ich Anfang März ausziehen möchte. Am 28.1.2012 habe ich meinen Vermieter u. a. auf die Rückzahlung der Mietkaution bei meinem Auszug angesprochen. Er sagte mir, dass er die 750 EUR in der Zwischenzeit abgehoben und für sich privat verbraucht habe. Er werde sie mir auch nicht beim Auszug geben, da er selbst in wirtschaftlichen Schwierigkeiten sei.

Ich stelle deshalb aus allen rechtlichen Gründen Strafantrag gegen meinen Vermieter Bernhard Nußbaumer.

Aufgenommen: Selbst gelesen und unterschrieben:
Thomas Wagner   Eich
Polizeihauptmeister

Polizeiinspektion Aschaffenburg-Stadt   7.2.2012

Beschuldigtenvernehmung

Nußbaumer Bernhard, geboren am 5.9.1948 in Frankfurt/Main, lediger Automechaniker, wohnhaft Schlossgasse 37, 63736 Aschaffenburg, deutscher Staatsangehöriger, belehrt und aussagebereit.

1. Zum bewusst verkehrswidrigen Gehen auf der Fahrbahn:

Ich betreibe seit ungefähr einem Jahr Aktionen gegen den Autoverkehr in Aschaffenburg. Mein erklärtes Ziel ist es, eine autofreie Stadt zu erreichen. Wenn Autofahrer, die ihren Pkw auf dem Bürgersteig parken, nicht wegen Nötigung belangt werden, dann können wohl auch Fußgänger, die sich auf der Straße bewegen, nicht zur Verantwortung gezogen werden. Ich habe mich deshalb dazu entschlossen, seit dem genannten Zeitpunkt als Fußgänger immer wieder auf Straßen im Stadtbereich von Aschaffenburg zu gehen. Nach meiner Schätzung habe ich bisher schon ca. 150 Kilometer auf diese Art und Weise zurückgelegt. Stets ging es mir darum, dass die Autofahrer langsamer und defensiver fahren und mehr Rücksicht auf Fußgänger nehmen. Außerdem wollte und will ich die Autofahrer veranlassen, um mich als Fußgänger herumzufahren. Ich muss allerdings auch zugeben, dass ich bei meinen Unternehmungen bislang sehr viel Glück hatte. Noch nie ist bisher etwas passiert. Diese Aktionen will ich so lange fortsetzen, bis ich mein Ziel erreicht habe. Es ist richtig, dass ich am 15.1.2012 zwischen 15.30 Uhr und 16.10 Uhr in Aschaffenburg wieder unterwegs war. Hauptsächlich lief ich zu diesem Zeitpunkt auf der vielbefahrenen Marienstraße, um auf mein Anliegen aufmerksam zu machen. Leider wurde ich dann gegen 16.10 Uhr von der Polizei gestoppt und zur Polizeiinspektion Aschaffenburg-Stadt gebracht. Dort habe ich zur Sache keine Angaben gemacht. Mein Rechtsanwalt hat mir nun aber geraten, zu den Vorwürfen Stellung zu nehmen. Mehr kann und will ich dazu nicht sagen.

2. Zum Eigenverbrauch der Mieterkaution:

Soeben habe ich von der Anzeige meines Mieters Georg Eich erfahren. Wenn ich schon hier bin, möchte ich auch dazu Stellung nehmen. Es trifft zu, dass ich von Georg Eich am 1.10.2011 750 EUR Kaution erhalten habe. Das Geld habe ich noch am selben Tag auf einem gesondert zu diesem Zweck eingerichteten Konto bei der Sparkasse Aschaffenburg zu dem für Spareinlagen mit gesetzlicher Kündigungsfrist üblichen Zinssatz angelegt. Seit November 2011 bin ich in großen wirtschaftlichen Schwierigkeiten. Deshalb habe ich das gesamte Geld am 6.12.2011 abgehoben und das Konto aufgelöst; es waren mit Zinsen insgesamt 800 EUR. Zu meiner Rechtfertigung muss ich sagen, dass ich ja nicht damit rechnen konnte, dass mein Mieter jetzt schon wieder ausziehen will. Ich hatte nie vor, ihm das Geld überhaupt nicht mehr zurückzugeben. Im Augenblick jedenfalls bin ich zu einer Rückzahlung der Kaution samt Zinsen nicht in der Lage. Ich bemühe mich aber, ihm bis spätestens Ende des Jahres 2012 das Geld zu geben.

Aufgenommen:
Thomas WagnerNußbaumer
Polizeihauptmeister

Selbst gelesen und unterschrieben:

Dr. Herbert Klein
Rechtsanwalt

63736 Aschaffenburg, 13.3.2012

An die
Staatsanwaltschaft
Aschaffenburg

63736 Aschaffenburg

> Staatsanwaltschaft
> Aschaffenburg
> Eingang: 16.3.2012

Unter Vorlage einer Vollmacht bestelle ich mich zum Verteidiger des Beschuldigten Bernhard Nußbaumer.

Ich habe bereits Akteneinsicht genommen. Die Angaben meines Mandanten im Rahmen der Beschuldigtenvernehmung vom 7.2.2012 bei der Polizeiinspektion Aschaffenburg-Stadt sind vollständig und richtig. Diese wird er in einer eventuellen Hauptverhandlung auch wiederholen. Was das Gehen auf der Fahrbahn am 15.1.2012 betrifft, liegt kein strafbares Verhalten des Beschuldigten vor. Beim Eigenverbrauch der Mieterkaution muss berücksichtigt werden, dass der Beschuldigte nicht mit einer Kündigung durch seinen Mieter rechnete, zumal dieser erst im Oktober 2011 eingezogen ist. Der Beschuldigte hatte auch zu keinem Zeitpunkt vor, seinem Mieter die Kaution nicht mehr zurückzugeben.

Abschließend möchte ich noch betonen, dass der Beschuldigte zur Zeit in schwierigen wirtschaftlichen Verhältnissen lebt. Er hat keine Mieteinnahmen, weil sein Mieter Georg Eich Ende Februar 2012 ausgezogen ist. Einen Nachfolger hat er bislang noch nicht gefunden. Der Beschuldigte verdient monatlich nur etwa 900 EUR netto, wovon er 300 EUR pro Monat an die Sparkasse Aschaffenburg zurückzahlen muss. Vor ca. einem Jahr nahm er dort einen Kredit für die Anschaffung von Wohnungseinrichtungsgegenständen auf.

Dr. Klein
Rechtsanwalt

Das Bundes- und Verkehrszentralregister enthalten keine Eintragungen.

1. Klausur: Staatsanwaltliche Abschlussverfügung

Vermerk für den Bearbeiter:

Die abschließende(n) Verfügung(en) der Staatsanwaltschaft ist (sind) vollständig zu entwerfen.

Soweit nach Auffassung der Bearbeiter in der (den) staatsanwaltlichen Verfügung(en) auf einzelne Rechtsfragen nicht einzugehen ist, sind diese in einem Hilfsgutachten zu erörtern.

Hält der Bearbeiter weitere Ermittlungen für erforderlich, so ist zu unterstellen, dass sie durchgeführt worden sind, aber keine weiterführenden Ergebnisse erbracht haben.

Ordnungswidrigkeiten sollen bei der Bearbeitung außer Betracht bleiben.

Lösungsvorschlag

Staatsanwaltschaft
Aschaffenburg
Az.: 104 Js 534/12

Verfügung

I. Das Ermittlungsverfahren wird gem. § 170 II 1 StPO eingestellt, soweit dem Beschuldigten ein gefährlicher Eingriff in den Straßenverkehr in Tateinheit mit einer Nötigung, begangen am 15.1.2012, zur Last liegen.[1]

Gründe:[2]

Dem Beschuldigten liegt zur Last, am 15.1.2012 zwischen 15.30 Uhr und 16.10 Uhr bewusst verkehrswidrig auf der Marienstraße in Aschaffenburg gegangen zu sein, dadurch ein Hindernis für die Autofahrer bereitet und sie mit Gewalt zu einer Handlung genötigt zu haben.[3]

Der Beschuldigte ist jedoch nicht mit der zur Anklageerhebung ausreichenden Sicherheit zu überführen. In seiner Beschuldigtenvernehmung hat er den Vorwurf in vollem Umfang eingeräumt. Damit hat er zunächst nicht die Voraussetzungen des gefährlichen Eingriffs in den Straßenverkehr nach § 315b I Nr. 2, 3 StGB erfüllt. Grundsätzlich wird bloß vorschriftswidriges Verkehrsverhalten nicht von § 315b StGB, sondern nur von § 315c StGB erfasst (vgl. *Fischer* § 315b Rn. 9). Doch können nach gefestigter Rechtsprechung auch Vorgänge im ruhenden und fließenden Verkehr dann ein Hindernisbereiten iSv § 315b I Nr. 2 StGB darstellen, wenn der Täter von vornherein vom Verhalten eines »normalen« Verkehrsteilnehmers dadurch abweicht, dass er durch die Zuwiderhandlung gegen die Verkehrsvorschriften die Schaffung eines Hindernisses beabsichtigt, wenn also die Behinderung nicht die bloße Folge, sondern der Zweck des verbotswidrigen Verhaltens ist.[4] Ebenso erfüllt ein Fahrzeugführer im fließenden Verkehr in besonderen Fällen das Merkmal der Vornahme eines »ähnlichen, ebenso gefährlichen Eingriffs« iSv § 315b I Nr. 3 StGB, wenn er das von ihm gesteuerte Kraftfahrzeug in verkehrsfeindlicher Einstellung bewusst zweckwidrig einsetzt. Beiden Fällen der Anwendung des § 315b StGB auf Verkehrsvorgänge ist gemeinsam, dass der Täter in der Absicht handelt, diese zu einem Eingriff zu »pervertieren«; es muss ihm darauf ankommen, durch diese in die Sicherheit des Straßenverkehrs einzugreifen.

Hiernach hat die Rechtsprechung ein Hindernisbereiten etwa darin gesehen, dass der Kraftfahrzeugführer mit seinem Fahrzeug einem anderen absichtlich den Weg abschneidet, oder ein Polizeifahrzeug, dessen Besatzung ihn wegen eines Verkehrsverstoßes stellen will, um dies zu verhindern, absichtlich am Überholen hindert.[5] Einen »ähnlichen, ebenso gefährlichen Eingriff« hat die Rechtsprechung beispielsweise in Fällen bejaht, in denen ein Fahrzeug im Stra-

---

[1] Zur Teileinstellung nach § 170 II 1 StPO *Brunner* Abschlussverfügung Rn. 237 ff. Da dem Beschuldigten innerhalb eines Ermittlungsverfahrens mehrere prozessuale Taten zur Last liegen (Auflösung des Kontos betreffend die Mieterkaution am 6.12.2011 *und* bewusst verkehrswidriges Gehen auf der Fahrbahn am 15.1.2012) und für eine prozessuale Tat kein hinreichender Tatverdacht zur Erhebung der öffentlichen Klage gegeben ist, muss das Ermittlungsverfahren insoweit nach § 170 II 1 StPO eingestellt werden, vgl. *Brunner* Abschlussverfügung Rn. 243 ff.
[2] Die Einstellung des Verfahrens nach § 170 II 1 StPO ist stets zu begründen. Der Umfang der Begründung richtet sich nach der Schwere des Vorwurfs und den tatsächlichen und rechtlichen Schwierigkeiten. Nach diesen Gesichtspunkten muss die Begründung im vorliegenden Fall ausführlich gestaltet werden, vgl. *Brunner* Abschlussverfügung Rn. 219.
[3] Aufgrund des in § 152 II StPO verankerten Legalitätsprinzips muss die Staatsanwaltschaft wegen aller verfolgbaren Straftaten einschreiten, sofern zureichende tatsächliche Anhaltspunkte vorliegen. Deshalb müssen in der Einstellungsverfügung alle Delikte geprüft werden, für die zu Beginn des Ermittlungsverfahrens ein Anfangsverdacht vorlag, vgl. *Brunner* Abschlussverfügung Rn. 40, 42 ff.
[4] BGH NJW 1967, 2167.
[5] BGHSt 22, 67 ff.

ßenverkehr als Fluchtmittel benutzt wird, wenn der Kraftfahrer dabei die Möglichkeit der erheblichen Gefährdung oder Verletzung anderer Verkehrsteilnehmer erkennt, ihm aber seine Flucht nur um diesen Preis möglich erscheint.[6] Diese Rechtsprechung betrifft allerdings Fälle, in denen der Täter als Führer eines Kraftfahrzeuges am fließenden Verkehr teilnimmt. Sie ist darauf jedoch nicht beschränkt. Es ist nämlich kein durchgreifender Grund ersichtlich, die hierzu entwickelten Grundsätze nicht auf den vorliegenden Fall der Teilnahme des Täters am Straßenverkehr als Fußgänger zu übertragen. Der Beschuldigte blieb, auch wenn er verbotswidrig auf der Fahrbahn ging, gleichwohl Verkehrsteilnehmer. Dies schloss indes nicht aus, dass er in dieser Eigenschaft selbst ein Hindernis iSd § 315b I Nr. 2 StGB bereitete. Es versteht sich von selbst, dass in diesem Sinne auch ein Fußgänger den normalen Verkehrsbetrieb zumindest beeinträchtigt und jedenfalls dann ein Hindernis bildet, wenn er durch sein Verhalten die auf der Straße fahrenden Fahrzeuge zum Verlangsamen oder gar zum Anhalten veranlasst, weil es bei der gegebenen Verkehrslage ein ungehindertes Vorbeifahren ausschließt. Dass der Beschuldigte es bewusst darauf anlegte, durch das Gehen auf der Fahrbahn die Autofahrer zu behindern und es zu konkreten Gefährdungen zumindest eines anderen Verkehrsteilnehmers gekommen ist, genügt unter den gegebenen Umständen für die Anwendung des § 315b StGB nicht. Nach gefestigter Rechtsprechung ist nämlich nicht jede Behinderung tatbestandsmäßig iSv § 315b I Nr. 2 oder 3 StGB, es wird vielmehr eine grobe Einwirkung von einigem Gewicht vorausgesetzt. Dies zugrunde gelegt, steht der Anwendung des § 315b StGB hier schon die fehlende Erheblichkeit der Einwirkung des Beschuldigten auf den Verkehrsablauf entgegen. Der Zeuge Heinrich Baumann musste nach seinen eigenen Angaben nur kurze Zeit hinter dem Beschuldigten warten, ehe er an ihm vorbeifahren konnte. Diese kurzfristige Verzögerung des Verkehrsflusses steht der Annahme einer groben Einwirkung von einigem Gewicht entgegen.

5 Dass in diesem Fall ein fremder Verkehrsteilnehmer und sein Fahrzeug konkret gefährdet wurden, führt zu keinem anderen Ergebnis, denn es fehlte beim Beschuldigten auch am subjektiven Tatbestand. Schon um der Gefahr uferloser Ausdehnung der Anwendung des § 315b StGB auf »normale« Verkehrsverstöße vorzubeugen, ist die Anwendung dieser Strafvorschrift auf Verkehrsvorgänge nämlich davon abhängig, dass der Beschuldigte in der Absicht handelt, den Verkehrsvorgang zu einem Eingriff zu »pervertieren«; dabei muss es ihm darauf ankommen, durch diesen in die Sicherheit des Straßenverkehrs einzugreifen. In diesen Fällen genügt deshalb bloß fahrlässige Begehung (§ 315b V StGB), aber auch nur fahrlässige Herbeiführung der konkreten Gefahr (§ 315b IV StGB) nicht. Vielmehr muss auch die Herbeiführung der konkreten Gefahr für Leib oder Leben eines anderen oder fremde Sachen von bedeutendem Wert vom Vorsatz umfasst sein.[7] Das ist für die Fälle des »ähnlichen, ebenso gefährlichen Eingriffs« (§ 315b I Nr. 3 StGB) anerkannt. Für die Fälle des Hindernisbereitens nach Nr. 2 der Vorschrift kann bei Verkehrsvorgängen nichts anderes gelten.[8] Für eine Absicht des Beschuldigten, die Sicherheit des Straßenverkehrs zu beeinträchtigen, gibt es vorliegend keinen Anhaltspunkt. Die Überlegungen des Beschuldigten zielten letztlich nur darauf ab, die Autos zu veranlassen, um ihn herumzufahren. Darin allein kann eine Absicht in dem genannten Sinne noch nicht gesehen werden. Hinzu kommt, dass die Schutzlosigkeit, mit der der Beschuldigte als Fußgänger dem Kraftfahrzeugverkehr ausgesetzt war, und das daraus für ihn in den Folgen unabschätzbare Risiko der Selbstgefährdung die Annahme eher als fernliegend erscheinen lässt, er könne über die Behinderung der Kraftfahrer hinaus auch die Verkehrssicherheit zu beeinträchtigen bezweckt haben.[9]

6 Der Beschuldigte hat sich auch nicht nach anderen Vorschriften strafbar gemacht; insbesondere kommt eine Nötigung gem. § 240 StGB nicht in Betracht. Es muss hier nämlich – nicht anders als in den Fällen der Sitzblockade – tatbestandsmäßige Gewalt mit der Begründung verneint werden, dass das Verhalten des Beschuldigten »lediglich in körperlicher Anwesenheit besteht und die Zwangswirkung auf den Genötigten nur psychischer Natur ist.«[10] Dass der

---

6 BGH NStZ 1985, 267.
7 BGHSt 28, 87 ff.
8 BGH NJW 1996, 203 ff. = JA 1996, 359 ff. (*Hauf*).
9 BGH NJW 1996, 205.
10 BVerfG NJW 1995, 1141 = JA 1995, 748 ff. (*Heselhaus*).

Beschuldigte auf der Straße ging (und nicht auf der Straße saß), stellt keinen rechtserheblichen Unterschied dar. Im Gegenteil ist letztlich die Einwirkung desjenigen, der sich als Fußgänger fahrtrichtungsgemäß fortbewegt, eher geringer.

Etwas anderes ergibt sich hier auch nicht daraus, dass der Zeuge Heinrich Baumann eine Vollbremsung durchführen musste. In der Rechtsprechung ist anerkannt, dass strafbare Nötigung in der Gewaltalternative zu bejahen sein kann, in denen der Täter sein Fahrzeug willkürlich scharf abbremst, um nachfolgende Kraftfahrer zu einer Vollbremsung zu zwingen.[11] Jedoch ist der vorliegend zu beurteilende Sachverhalt den jener Rechtsprechung zugrunde liegenden Fällen schon nach den äußeren Umständen nicht vergleichbar. Hinzu kommt, dass nichts dafür spricht, dass der Beschuldigte eine Vollbremsung des Zeugen Heinrich Baumann bezweckte oder auch nur Situationen, in denen die nachfolgenden Kraftfahrer nicht ausweichen konnten, bewusst zu deren Behinderung ausnutzte.[12] Das Verfahren war deshalb insoweit gem. § 170 II 1 StPO einzustellen.[13]

II. Keine Mitteilung von I an den Anzeigeerstatter Heinrich Baumann, da dieser lediglich angeregt hat, den Sachverhalt rechtlich zu überprüfen und auch keinen Wert auf eine Mitteilung legt.[14]

III. Mitteilung von I formlos ohne Gründe an den Beschuldigten.[15]

IV. Vermerk:[16]

Der Beschuldigte hat dadurch, dass er das gesamte Geld am 6.12.2011 vom Mietkautionskonto abhob und für sich verbrauchte, Untreue im Sinne des Treubruchtatbestandes gem. § 266 I 2. Alt. StGB begangen. Die Frage, ob die in § 551 III BGB konstituierte Anlegungspflicht oder eine gleichartige vertragliche Vereinbarung eine Pflicht iSd § 266 I 2. Alt. StGB, fremde Vermögensinteressen wahrzunehmen, darstellt, wurde in der Rechtsprechung unterschiedlich beurteilt. Der BGH hat eine Treuepflicht des Vermieters beim Umgang mit der Mieterkaution bejaht.[17] Danach stellt die in § 551 III BGB enthaltene Regelung einen Ausgleich zwischen dem Sicherungsbedürfnis des Vermieters auf der einen und dem Schutzbedürfnis des Mieters auf der anderen Seite her und soll dabei insbesondere den Rückzahlungsanspruch des Mieters im Fall einer Zahlungsunfähigkeit des Vermieters vor dem Zugriff von dessen Gläubigern schützen (Palandt/*Weidenkaff* BGB, 71. Aufl. 2012, § 551 Rn. 11).[18] Deshalb hat der Gesetzgeber das Geldüberlassungsverhältnis in § 551 III BGB gestaltet, nämlich als ein Treuhandverhältnis. Mit der Ausgestaltung der Mietkautionsüberlassung als einer Rechtsfigur im BGB hat der Gesetzgeber die Pflicht des Vermieters, die Kaution in bestimmter Weise anzulegen, zu einem wesentlichen und nicht nur beiläufigen Gegenstand der gegenseitigen Rechtsbeziehungen zwischen Vermieter und Mieter erhoben. Der Vermieter hat für den Umgang mit der Mieterkaution nur einen relativ engen Entscheidungsspielraum. Das Kriterium der eingeengten Handlungsfreiheit des Verpflichteten dient dazu, die Vermögensbetreuung iSd Untreuetatbestandes von solchen »Diensten der Handreichung« abzugrenzen, wie sie etwa von

---

11 *Fischer* § 240 Rn. 17.
12 BGH NJW 1996, 205.
13 Nach dem Bearbeitervermerk sollten Ordnungswidrigkeiten außer Betracht bleiben; deshalb hat eine Prüfung der §§ 25 I, 49 I Nr. 24 a StVO, 24 StVG zu unterbleiben.
14 Grundsätzlich muss der Antragsteller nach § 171 S. 1 StPO von der Einstellung des Verfahrens unter Angabe der Gründe benachrichtigt werden. Nur in Ausnahmefällen – wie hier aufgrund der Äußerung des Zeugen Heinrich Baumann – ist von einer Mitteilung abzusehen, vgl. *Brunner* Abschlussverfügung Rn. 227.
15 Unter den Voraussetzungen des § 170 II 2 StPO ist dem Beschuldigten die Einstellung des Verfahrens mitzuteilen, vgl. *Brunner* Abschlussverfügung Rn. 229 ff.
16 Gegen den Beschuldigten wird wegen Untreue gem. § 266 I 2. Alt. StGB ein Strafbefehl beantragt. Beim Strafbefehlsantrag ist im Unterschied zur Anklageschrift ein »Wesentliches Ergebnis der Ermittlungen« nicht vorgesehen. Damit ist im Strafbefehlsantrag auch kein Raum für rechtliche Erörterungen. Da die im Zusammenhang mit der Untreue stehenden Probleme Gegenstand einer ausführlichen Entscheidung des BGH gewesen sind, erscheint es sinnvoll, die wesentlichen Gedanken der BGH-Rechtsprechung in einem »Vermerk« darzulegen. Nicht praxisgerecht wäre es, diese Ausführungen im Hilfsgutachten zu machen, da sich ein solches in der Praxis nicht in den Akten befindet.
17 BGH NJW 1996, 65 f.; 2008, 1827 ff.
18 Im Examen sind zu allen Klausuren sämtliche zugelassenen Hilfsmittel mitzubringen. Der »*Palandt*« kann auch im Strafrecht benötigt werden, wie es vorliegend der Fall ist.

1. Klausur: Staatsanwaltliche Abschlussverfügung

Kellnern, Lieferausträgern, Chauffeuren und Boten erbracht werden. Es verbietet sich, den Vermieter als treuhänderischen Verwalter der Mieterkaution hiermit gleichzustellen. Mit seiner Handlung, die in keinem Zusammenhang mit der bestimmungsgemäßen Verwendung des Geldes stand, hat der Beschuldigte die genannten Treuepflichten verletzt. Der in § 266 I StGB schließlich erforderte Vermögensnachteil liegt darin, dass der Mieter derjenigen besonderen Sicherung verlustig ging, die das bürgerliche Recht (§ 551 III BGB) ihm zudenkt. Denn die getrennte Anlage der Haltung des Geldes dient dem Zweck, den Rückzahlungsanspruch des Mieters im Falle der Zahlungsunfähigkeit des Vermieters vor dem Zugriff von dessen Gläubigern zu schützen (BGH NJW 1996, 66; BayObLG wistra 98, 157 ff.; *Fischer* § 266 Rn. 36a).

11 V. Im Übrigen sind die Ermittlungen abgeschlossen.[19]

12 VI. Strafbefehlsantrag nach gesondertem Entwurf.[20]

Dr. Fiedler
Staatsanwalt

---

13 104 Js 534/12   An das Amtsgericht Aschaffenburg
                                                           – Strafrichter –[21]

Herrn   Ich beantrage, den nachstehenden
Bernhard Nußbaumer   Strafbefehl zu erlassen.
geb. am 5.9.1948   Aschaffenburg, 9.4.2012
in Frankfurt/Main   Staatsanwaltschaft
Automechaniker   Aschaffenburg
Schlossgasse 37   Dr. Fiedler
63736 Aschaffenburg   Staatsanwalt

Verteidiger: Rechtsanwalt Dr. Herbert Klein, Hauptstraße 2,
                63736 Aschaffenburg

14 Die Ermittlungen der Staatsanwaltschaft ergaben folgenden Sachverhalt:[22]

Am 1.10.2011 erhielten Sie von Ihrem Mieter Georg Eich 750 EUR Kaution. Das Geld, das Sie noch am selben Tag auf einem gesondert zu diesem Zweck eingerichteten Konto bei der Sparkasse Aschaffenburg zu dem für Spareinlagen mit gesetzlicher Kündigungsfrist üblichen Zinssatz angelegt hatten, hoben Sie am 6.12.2011 zusammen mit den Zinsen, insgesamt 800 EUR, ab, weil Sie es für private Zwecke benötigten.

15 Sie werden daher beschuldigt,

die Ihnen kraft eines Treueverhältnisses obliegende Pflicht, fremde Vermögensinteressen wahrzunehmen, verletzt und dadurch dem, dessen Vermögensinteressen Sie zu betreuen hatten, Nachteil zugefügt zu haben,
strafbar als Untreue
nach § 266 I 2. Alt. StGB.[23]

---

19 § 169a StPO; vgl. hierzu *Brunner* Abschlussverfügung Rn. 97 ff.
20 Bei dem nicht vorbestraften und geständigen Beschuldigten ist eine Hauptverhandlung nicht erforderlich, deshalb ist keine Anklageschrift, sondern ein Strafbefehlsantrag angebracht, vgl. zum Strafbefehlsantrag *Brunner* Abschlussverfügung Rn. 194 ff.
21 Zur sachlichen Zuständigkeit des Gerichts vgl. *Brunner* Abschlussverfügung Rn. 198.
22 Zum Inhalt des Strafbefehlsantrags vgl. § 409 StPO.
23 Ein »Wesentliches Ergebnis der Ermittlungen« ist im Unterschied zur Anklageschrift beim Strafbefehlsantrag nicht vorgesehen.

1. Klausur: Staatsanwaltliche Abschlussverfügung

Beweismittel:

1. Zeugen:

a) Georg Eich, Schloßgasse 37, 63736 Aschaffenburg

b) Polizeihauptmeister Thomas Wagner, Polizeiinspektion Aschaffenburg-Stadt

2. Urkunde:

Auszug aus dem Bundeszentralregister.

Auf Antrag der Staatsanwaltschaft[24] wird gegen Sie eine Geldstrafe von 30 Tagessätzen[25] zu 20 EUR[26] festgesetzt.

Sie haben die Kosten des Verfahrens zu tragen.[27]

Dieser Strafbefehl steht einem rechtskräftigen Urteil gleich[28] und wird vollstreckt werden, wenn Sie nicht innerhalb von zwei Wochen nach der Zustellung bei dem umseitig bezeichneten Amtsgericht schriftlich oder zu Protokoll der Geschäftsstelle Einspruch erheben. Der Einspruch kann auf einzelne Beschwerdepunkte beschränkt werden.[29] Der schriftlich erhobene Einspruch muss vor Ablauf der Frist beim Gericht eingehen. Mit dem Einspruch kann die Angabe der zur Verteidigung dienenden Beweismittel verbunden werden.

Bei rechtzeitigem Einspruch findet Hauptverhandlung vor dem Amtsgericht statt,[30] sofern nicht bis zu ihrem Beginn die Staatsanwaltschaft die Klage fallen lässt oder der Einspruch zurückgenommen wird.[31]

Die Entscheidung über die Kosten kann für sich allein durch sofortige Beschwerde angefochten werden, wenn der Wert des Beschwerdegegenstands 200 EUR übersteigt. Die Beschwerde ist binnen einer Woche nach der Zustellung einzulegen und muss innerhalb dieser Frist bei Gericht eingegangen sein. Die Beschwerde kann beim Amtsgericht Aschaffenburg schriftlich oder zu Protokoll der Geschäftsstelle eingelegt werden.

Hilfsgutachten

Die Tagessatzhöhe war gem. § 40 II StGB auf 20 EUR festzusetzen. Der Beschuldigte hat durch seinen Verteidiger vortragen lassen, dass dieser monatlich etwa 900 EUR netto verdient. Davon sind 300 EUR abzuziehen, die der Beschuldigte monatlich für die Aufnahme eines Darlehens zum Zwecke des Kaufs einer Wohnungseinrichtung an die Sparkasse Aschaffenburg zahlen muss. Es handelt sich dabei um Verbindlichkeiten aus einer angemessenen und vorausschauenden Lebensplanung, die bei der Tagessatzhöhe zu berücksichtigen sind.[32]

---

24 Im Gegensatz zur Anklageschrift müssen der Strafbefehlsantrag und der Strafbefehl die Festsetzung der Rechtsfolgen nach § 409 I Nr. 6 StPO enthalten, also den konkreten Antrag auf Verhängung einer Geld- oder Freiheitsstrafe bis zu 1 Jahr, wenn deren Vollstreckung zur Bewährung ausgesetzt wird, § 407 II StPO. Zu den verschiedenen Formulierungsmöglichkeiten s. *Brunner* Abschlussverfügung Rn. 201.
25 Zum Strafrahmen s. § 266 I StGB, der Geldstrafe oder Freiheitsstrafe bis zu fünf Jahren vorsieht.
26 Eine Begründung für die festzusetzende Rechtsfolge enthält der Strafbefehlsantrag nicht, eine solche ist aber nicht unzulässig. Zumindest die Tagessatzhöhe ist im vorliegenden Fall kurz im Hilfsgutachten zu begründen.
27 Vgl. §§ 464 I, 465 I StPO.
28 Vgl. § 410 III StPO.
29 Vgl. § 409 I Nr. 7 und § 410 I 1, II StPO.
30 Vgl. § 411 I 2 StPO.
31 Vgl. § 411 III StPO.
32 *Fischer* § 40 Rn. 15.

2. Klausur: Staatsanwaltliche Abschlussverfügung

Auszug aus den Akten der Staatsanwaltschaft Aschaffenburg, Az. 1157/12

Polizeiinspektion Aschaffenburg-Land   11.2.2012

Aktenvermerk:

Am 30.1.2012 gegen 19.00 Uhr erfuhren die Unterzeichner über Funk, dass ein sog. »Geisterfahrer« von Aschaffenburg in Richtung Würzburg mit einem gelben BMW 320 auf der Autobahn A 3 gefahren, kurz vor der Ausfahrt »Weibersbrunn« mit einem entgegenkommenden PKW zusammengestoßen und anschließend auf der A 3 in Richtung Aschaffenburg geflüchtet sei. Wir sahen etwa 5 Min. später in der Nähe der Anschlussstelle »Bessenbach« der A 3 zufällig ein Fahrzeug, auf das die Beschreibung zutraf, und das im vorderen Bereich stark beschädigt war. In dem PKW saßen 2 Personen. Wir nahmen daraufhin die Verfolgung auf. Der BMW 320, amtliches Kennzeichen AB – MU 418, fuhr auf der B 8 nach Weibersbrunn und hielt vor dem Anwesen Hauptstraße 4 an. Beide Insassen verließen schnell das Fahrzeug und gingen in das Haus.

Wir folgten den beiden und klingelten an der Haustür. Kurz danach öffneten die beiden Männer, die sich in dem BMW befunden hatten. Zu diesem Zeitpunkt wussten wir nicht, wer von beiden den BMW gefahren und welche Rolle der andere gespielt hatte. Wir sagten ihnen, dass sie beide als Beschuldigte in Betracht kämen und konfrontierten sie sofort mit dem Vorwurf, auf der A 3 in entgegengesetzter Richtung gefahren zu sein, einen schweren Unfall verursacht zu haben und anschließend geflüchtet zu sein.

Der Beschuldigte Theodor Haas sagte auf die Frage, ob er das Unfallfahrzeug geführt habe, sein Schwager Eberhard Büttner habe den PKW gefahren; dieser sei auch der Halter des Fahrzeuges. Er fühle sich aber mitschuldig, weil er Büttner nach dem Besuch einer Gaststätte massiv bedrängt habe, ihn nach Hause zu fahren, obwohl er gesehen habe, dass dieser betrunken gewesen sei.

Der Beschuldigte Büttner machte keine Angaben. Da wir feststellten, dass er stark nach Alkohol roch und stark schwankte, ordneten wir eine Blutentnahme an.

Die am 30.1.2012 um 20.00 Uhr im Klinikum Aschaffenburg entnommene Blutprobe ergab nach Auswertung eine mittlere BAK von 1,35 Promille.

Bei dem von dem Beschuldigten Büttner auf der A 3 etwa gegen 18.55 Uhr verursachten Verkehrsunfall wurde der PKW-Fahrer Heinrich Schubert schwer verletzt. Er befand sich allein in seinem PKW Audi A 4, amtliches Kennzeichen N – AX 235. Der Beschuldigte Büttner stieß mit seinem BMW 320 gegen die Fahrertüre des PKW Audi A 4. Durch den Aufprall erlitt Schubert Brüche am rechten Ober- und Unterschenkel sowie einen Schädelbasisbruch. Er wurde in bewusstlosem Zustand in das Klinikum Aschaffenburg eingeliefert, wo er zunächst künstlich ernährt und beatmet wurde. Nach Wiedererlangung des Bewusstseins wurden am 5.2.2012 die Beinbrüche operativ versorgt. Seit dem 6.2.2012 ist er wieder bei vollem Bewusstsein. Der Sachschaden am PKW Audi A 4 beträgt 5.500 EUR.

Eine Zeugenvernehmung ist nach Rücksprache mit dem behandelnden Arzt zur Zeit nicht möglich.

Der Führerschein des Beschuldigten Büttner, ausgestellt durch das Landratsamt Aschaffenburg am 12.2.1983, wurde am 30.1.2012 durch uns sichergestellt. Die beiden Beschuldigten Büttner und Haas wurden zur Beschuldigtenvernehmung zum 10.2.2012, 10.00 Uhr, in das Polizeipräsidium Aschaffenburg geladen. Sie erschienen zum angegebenen Zeitpunkt nicht, sondern teilten um 11.00 Uhr telefonisch mit, dass sie bei der Polizei keine Angaben machen würden.

2. Klausur: Staatsanwaltliche Abschlussverfügung

Am 3. und 4.2.2012 kamen die Zeugen Fischer, Drechsler und Rosenberger zur Polizeiinspektion Aschaffenburg – Land und sagten im Wesentlichen aus, dass sie durch den »Geisterfahrer« auf der A 3 bei Weibersbrunn am 30.1.2012 massiv gefährdet worden seien. Auf die Zeugenvernehmung wird verwiesen.

Maier	Zang
Polizeihauptmeister	Polizeihauptmeister

Polizeiinspektion Aschaffenburg-Land   3.2.2012
Zeugenvernehmung

F i s c h e r Sebastian, … . wohnhaft Kirchplatz 2, 63739 Aschaffenburg, belehrt und aussagebereit

Am 30.1.2012 kurz vor 19.00 Uhr war ich mit meinem PKW auf der A 3 von Würzburg kommend in Fahrtrichtung Aschaffenburg unterwegs. Plötzlich kam mir bei Weibersbrunn ein »Geisterfahrer« entgegen. Ich befand mich auf der Überholspur und musste abrupt abbremsen, um einen Zusammenstoß mit dem entgegenkommenden PKW zu vermeiden. … .

Aufgenommen:	Selbst gelesen und unterschrieben:
Maier	Fischer
Polizeihauptmeister	

Die Zeugen Rosenberger Andreas, Schlossplatz 1, 63739 Aschaffenburg und Drechsler Winfried, Maingasse 4, 63739 Aschaffenburg machten inhaltsgleiche Angaben.

Staatsanwaltschaft Aschaffenburg   27.2.2012
Az. 110 Js 1157/12

Beschuldigtenvernehmung

H a a s Theodor, geboren am 15.8.1957 in Würzburg, verheirateter Automechaniker, wohnhaft Hauptstraße 4, 63879 Weibersbrunn, deutscher Staatsangehöriger, belehrt.

Nachdem ich die Ladung zum heutigen Termin erhalten hatte, habe ich mich bei einem Rechtsanwalt erkundigt. Er hat mir geraten, von meinem Aussageverweigerungsrecht Gebrauch zu machen. Deshalb mache ich heute und auch in der Zukunft keine Angaben zu diesem Vorfall, zumal es hier im Wesentlichen um meinen Schwager geht. Betonen möchte ich noch, dass ich bisher noch nie etwas mit der Polizei oder einem Gericht zu tun hatte.

Aufgenommen:	Selbst gelesen und unterschrieben:
Lehrmann	Haas
Staatsanwalt	

Staatsanwaltschaft Aschaffenburg   27.2.2012
Az. 110 Js 1157/12

Beschuldigtenvernehmung

B ü t t n e r Eberhard, geboren am 2.5.1953 in Frankfurt, verheirateter Versicherungsvertreter, wohnhaft Würzburger Straße 28, 63879 Weibersbrunn, deutscher Staatsangehöriger, belehrt und aussagebereit.

Zum Vorwurf gegen meinen Schwager Theodor Haas werde ich jetzt und in einer späteren Hauptverhandlung nichts sagen.

Was aber mich betrifft, so will ich heute reinen Tisch machen. Es ist zutreffend, dass ich am 30.1.2012 zusammen mit Theodor Haas in der Gastwirtschaft »Wilder Mann« in der Ulmenstraße 10 in Aschaffenburg gewesen bin. Ich habe ziemlich viel Bier getrunken und mir war dann natürlich auch klar, dass ich nicht mehr Auto fahren konnte. Trotzdem habe ich mich an das Steuer meines BMW gesetzt, obwohl ich anfangs vorhatte, mit öffentlichen Verkehrsmitteln nach Hause zu fahren. Ich bin dann zunächst gegen 18.30 Uhr nach Bessenbach und anschließend weiter in Richtung Autobahn gefahren. An der Anschlussstelle »Bessenbach« muss ich aufgrund der vielen Schilder etwas verwechselt haben. Jedenfalls bin ich auf die Autobahn gefahren. Dort sind mir sehr viele Autos entgegengekommen, die alle geblinkt und gehupt haben. Ich habe mich noch gewundert, weil ich nicht zu schnell gefahren bin. Irgendwie habe ich bis zum Ende nicht bemerkt, dass ich in entgegengesetzter Fahrtrichtung gefahren bin.

Unterwegs ist es einige Male zu sehr gefährlichen Begegnungen mit anderen Autofahrern gekommen; diese mussten abrupt abbremsen oder durch ruckartige Lenkbewegungen ausweichen. Kurz vor der Ausfahrt »Weibersbrunn« stieß ich dann mit meinem PKW gegen die Fahrertüre eines entgegenkommenden Audi A 4, denn ich wollte einem anderen auf mich zufahrenden Fahrzeug ausweichen. Mein Auto drehte sich mehrmals im Kreis und blieb schließlich, nunmehr in richtiger Fahrtrichtung, stehen. Meinem Beifahrer und mir ist nichts passiert. Ich sah aber, dass der Audi A 4 beschädigt war und der Fahrer noch im PKW saß; er bewegte sich nicht, als ich hinschaute. Ich dachte mir aber, dass er durch den Aufprall allenfalls geringe Verletzungen erlitten haben konnte. Trotzdem sah ich natürlich, dass er eingeklemmt war und Hilfe brauchte. Da mir jetzt meine gravierenden Fehler bewusst wurden, entschloss ich mich aus Angst vor Entdeckung, wegzufahren, zumal mein PKW offensichtlich noch fahrbereit war und ja in richtiger Fahrtrichtung stand. Obwohl mein Schwager mit allen möglichen Mitteln versuchte, mich zum Bleiben an der Unfallstelle zu überreden, fuhr ich in Fahrtrichtung Aschaffenburg davon. An der Ausfahrt »Bessenbach« verließ ich die Autobahn und fuhr zu meinem Schwager nach Weibersbrunn. Als wir sein Haus betreten hatten, klingelte es sofort danach. Die beiden Polizisten stellten uns zur Rede und eröffneten mir, dass ich zur Entnahme einer Blutprobe mitkommen sollte, was ich auch tat.

Mir tut mein gesamtes Verhalten leid und ich hoffe nur, dass ich noch einmal glimpflich davonkomme.

Aufgenommen:	Selbst gelesen und unterschrieben:
Lehrmann	Büttner
Staatsanwalt	

Auszug aus dem Gutachten der Staatlichen Chemischen Untersuchungsanstalt vom 3.2.2012:

Der Beschuldigte Büttner hatte zum Zeitpunkt der Blutentnahme eine mittlere BAK von 1,35 Promille.

Az. 110 Js 1157/12 12.3.2012

Vermerk

Der bei dem Verkehrsunfall am 30.1.2012 schwer verletzte Heinrich Schubert ist am 1.3.2012 im Klinikum Aschaffenburg verstorben.

Nach einem Gutachten von Prof. Dr. Herzog, Universität Würzburg, hat Heinrich Schubert aufgrund eines leichten ärztlichen Kunstfehlers eine fiebrige Lungenentzündung bekommen, die durch zentrales Kreislaufversagen am 1.3.2012 zum Tode führte.

Lehrmann
Staatsanwalt

Das Bundeszentralregister und das Verkehrszentralregister enthalten hinsichtlich beider Beschuldigter keine Eintragungen.

2. Klausur: Staatsanwaltliche Abschlussverfügung

Vermerk für den Bearbeiter:

Die abschließende(n) Verfügung(en) der Staatsanwaltschaft ist (sind) zu entwerfen.

Soweit in der (den) staatsanwaltschaftlichen Verfügung(en) ein Eingehen auf alle berührten Rechtsfragen nicht erforderlich erscheint, sind diese in einem Hilfsgutachten zu erörtern.

Sämtliche im Aufgabentext angegebenen Orte befinden sich im Amts- und Landgerichtsbezirk Aschaffenburg.

Lösungsvorschlag

Staatsanwaltschaft Aschaffenburg

Az. 110 Js 1157/12

Verfügung

I. Die Ermittlungen sind abgeschlossen.[1]

II. Das Ermittlungsverfahren gegen den Beschuldigten Theodor Haas wird gem. § 170 II 1 StPO eingestellt.[2]

Gründe:

Dem Beschuldigten lag zur Last, am 30.1.2012 gegen 18.30 Uhr seinen Schwager, den Mitbeschuldigten Eberhard Büttner, zu einer vorsätzlichen Trunkenheit im Verkehr angestiftet, durch Fahrlässigkeit den Tod des Heinrich Schubert verursacht, bei einem Unglücksfall trotz Erforderlichkeit und Zumutbarkeit nicht Hilfe geleistet und sich unerlaubt vom Unfallort entfernt zu haben.[3]

Die durchgeführten Ermittlungen haben ergeben, dass der Beschuldigte der geschilderten Straftaten nicht hinreichend verdächtig ist. Er hat zwar bei seiner Vernehmung durch die Polizeibeamten Maier und Zang am 30.1.2012 in seinem Haus in Weibersbrunn eingeräumt, den Mitbeschuldigten Eberhard Büttner zu der vorsätzlichen Trunkenheitsfahrt angestiftet zu haben. Die Äußerungen, die der Beschuldigte in dieser Vernehmung gemacht hat, dürfen aber nicht verwertet werden, weil er vor der Aussage nicht belehrt worden ist, dass es ihm freistehe, sich zu der Beschuldigung zu äußern oder nicht zur Sache auszusagen (§ 136 I 2 StPO iVm § 163a IV 2 StPO).

1. Es handelte sich bei der durchgeführten Befragung nicht um eine informatorische Befragung, bei der keine Belehrung erfolgen müsste, sondern um eine Beschuldigtenvernehmung, welche die Hinweispflicht nach § 136 I 2 StPO auslöst, denn dem Beschuldigten ist von den beiden Polizeibeamten mitgeteilt worden, dass auch er als Beschuldigter in Betracht käme. Jedenfalls lag eine Beschuldigtenvernehmung spätestens zu dem Zeitpunkt vor, als die Polizeibeamten den Beschuldigten danach fragten, ob er das Unfallfahrzeug geführt habe.

2. Aufgrund der Angaben der beiden Polizeibeamten Maier und Zang in ihrem Aktenvermerk vom 11.2.2012 steht fest, dass sie dem Beschuldigten den in § 136 I 2 StPO bezeichneten Hinweis nicht gegeben haben.

3. Der Beschuldigte hat bei Beginn der Vernehmung nicht gewusst, dass er nicht auszusagen braucht. Er ist nicht vorbestraft und hat bei der staatsanwaltlichen Vernehmung angegeben, er habe bisher noch nie etwas mit der Polizei oder einem Gericht zu tun gehabt. Bei dieser Sachlage kann nicht davon ausgegangen werden, dass er bei Beginn der Vernehmung auch ohne Belehrung gewusst hat, dass ihm ein Schweigerecht zusteht.

Der Verstoß der Polizeibeamten Maier und Zang gegen die Hinweispflicht nach §§ 136 I 2, 163a IV 2 StPO begründet damit ein Beweisverwertungsverbot.[4]

---

1 § 169a StPO; vgl. hierzu *Brunner* Abschlussverfügung Rn. 97 ff.
2 Zur Teileinstellung nach § 170 II 1 StPO *Brunner* Abschlussverfügung Rn. 237 ff. Da für den Beschuldigten Theodor Haas kein hinreichender Tatverdacht zur Erhebung der öffentlichen Klage besteht, wird das Ermittlungsverfahren gegen diesen Beschuldigten nach § 170 II 1 StPO eingestellt, vgl. *Brunner* Abschlussverfügung Rn. 240 ff.
3 Aufgrund des in § 152 II StPO verankerten Legalitätsprinzips muss die Staatsanwaltschaft wegen aller verfolgbaren Straftaten einschreiten, sofern zureichende tatsächliche Anhaltspunkte vorliegen. Deshalb müssen in der Einstellungsverfügung alle Delikte geprüft werden, für die zu Beginn des Ermittlungsverfahrens ein Anfangsverdacht vorlag, vgl. *Brunner* Abschlussverfügung Rn. 40, 42 ff.
4 BGH NStZ 1992, 294 f.; BGH NStZ 2007, 653 ff.; 2008, 48 ff.; *Meyer-Goßner* § 136 Rn. 20 f.

2. Klausur: Staatsanwaltliche Abschlussverfügung

8 4. Da der Beschuldigte in seiner staatsanwaltlichen Vernehmung von seinem Aussageverweigerungsrecht Gebrauch und auch der Mitbeschuldigte Büttner zu diesem Vorwurf keine Angaben gemacht hat, ist ein Tatnachweis nicht zu führen, zumal weitere Beweismittel nicht ersichtlich sind. (Es wäre auch nicht erfolgversprechend, das Verfahren gegen den Mitbeschuldigten Eberhard Büttner abzutrennen, um ihn dann im Verfahren gegen den Beschuldigten Theodor Haas als Zeugen zu vernehmen, da dieser als Zeuge von seinem Auskunftsverweigerungsrecht nach § 55 StPO bzw. von seinem Zeugnisverweigerungsrecht nach § 52 I Nr. 3 StPO Gebrauch machen würde, wie er bereits in seiner staatsanwaltlichen Vernehmung angekündigt hat.)

Das Verfahren war deshalb gem. § 170 II 1 StPO einzustellen.

9 **III.** Mitteilung von 2) ohne Gründe an den Beschuldigten Theodor Haas.[5]

10 **IV.** Keine weitere Mitteilung von 2), da es sich um eine Amtsanzeige handelt.[6]

11 **V.** Anklage zum Amtsgericht – Schöffengericht – Aschaffenburg nach gesondertem Entwurf.[7]

12 **VI.** Abtragen.

Lehrmann
Staatsanwalt

Staatsanwaltschaft Aschaffenburg

Az. 110 Js 1157/12

13 **I. Anklageschrift**[8]

in der Strafsache gegen

Eberhard Büttner, geboren am 2.5.1953 in Frankfurt, verheirateter Versicherungsvertreter, wohnhaft in 63879 Weibersbrunn, Würzburger Str. 28, deutscher Staatsangehöriger

14 Die Staatsanwaltschaft legt auf Grund ihrer Ermittlungen dem Angeschuldigten[9] folgenden Sachverhalt zur Last:

15 Der Angeschuldigte fuhr am 30.1.2012 gegen 18.30 Uhr mit seinem PKW BMW 320, amtliches Kennzeichen AB – MU 418, von der Gastwirtschaft »Wilder Mann« in der Ulmenstraße in Aschaffenburg nach Bessenbach zur dortigen Anschlussstelle der BAB A 3, obwohl er infolge vorausgegangenen Alkoholgenusses nicht mehr fahrtüchtig war und dies auch wusste. Auf dem Beifahrersitz befand sich sein Schwager Theodor Haas. Bei der Anschlussstelle »Bessenbach« der BAB A 3 fuhr er infolge mangelnder Aufmerksamkeit in entgegengesetzter Fahrtrichtung ein und in Richtung Weibersbrunn weiter. Auch als viele entgegenkommende Fahrzeuge hupten und blinkten, bemerkte der Angeschuldigte auf Grund seiner starken Alkoholisierung nicht, dass er die Autobahn in gegenläufiger Fahrtrichtung befuhr. Auf dieser Fahrt kamen ihm auch Sebastian Fischer, Andreas Rosenberger und Winfried Drechsler mit ihren Fahrzeugen entgegen, die alle plötzlich abbremsen mussten, um einen Zusammenstoß mit dem PKW des Angeschuldigten zu vermeiden. Kurz vor der Ausfahrt »Weibersbrunn« stieß der Angeschuldigte etwa gegen 18.55 Uhr schließlich mit seinem PKW gegen die Fahrer-

---

[5] Unter den Voraussetzungen des § 170 II 2 StPO ist dem Beschuldigten die Einstellung des Verfahrens mitzuteilen, vgl. *Brunner* Abschlussverfügung Rn. 229 ff.
[6] Grundsätzlich muss der Antragsteller nach § 171 S. 1 StPO von der Einstellung des Verfahrens unter Angabe der Gründe benachrichtigt werden. Nur in Ausnahmefällen ist von einer Mitteilung abzusehen, vgl. *Brunner* Abschlussverfügung Rn. 227. Da es hier keinen Antragsteller gibt, sondern es sich um eine Amtsanzeige handelt, erfolgt keine Mitteilung.
[7] Vorliegend wäre es auch möglich, die Zuständigkeit des Strafrichters beim AG anzunehmen, § 25 Nr. 2 GVG. Bei sämtlichen angeklagten Delikten handelt es sich nämlich um Vergehen und eine höhere Strafe als Freiheitsstrafe von zwei Jahren ist wohl nicht zu erwarten. In der Praxis wird aber noch vielfach bei fahrlässigen Tötungen die Anklage an das Schöffengericht beim AG gerichtet.
[8] Zum Aufbau der Anklageschrift vgl. *Brunner* Abschlussverfügung Rn. 115 ff.
[9] Ab der Anklageschrift wird der Beschuldigte als »Angeschuldigter« bezeichnet, § 157 StPO.

türe eines entgegenkommenden PKW Audi A 4, amtliches Kennzeichen N – AX 235, der von Heinrich Schubert gesteuert wurde. Dieser erlitt durch den Unfall Brüche am rechten Ober- und Unterschenkel sowie einen Schädelbasisbruch; der Sachschaden am PKW des Heinrich Schubert betrug 5.500 EUR.

Der Angeschuldigte sah, dass der Audi A 4 stark beschädigt war und der Fahrer regungslos in seinem Fahrzeug saß. Er dachte aber, dass dieser durch den Aufprall allenfalls geringe Verletzungen erlitten hatte, wobei er aber wusste, dass der Verletzte Hilfe brauchte. Weil der PKW des Angeschuldigten noch fahrbereit war und nunmehr in richtiger Fahrtrichtung stand, entschloss sich der Angeschuldigte, sich von der Unfallstelle zu entfernen. Obwohl der Angeschuldigte nach wie vor wusste, dass er infolge des genossenen Alkohols nicht in der Lage war, sein Fahrzeug sicher zu führen, fuhr er in Fahrtrichtung Aschaffenburg davon, verließ an der Anschlussstelle »Bessenbach« die Autobahn und fuhr zu seinem Schwager Theodor Haas in die Hauptstraße 4 nach Weibersbrunn. Kurz nach dem Betreten dieses Anwesens wurde der Angeschuldigte von den Polizeibeamten Maier und Zang gestellt.

Die dem Angeschuldigten am 30.1.2012 gegen 20.00 Uhr entnommene Blutprobe ergab eine mittlere BAK von 1,35 Promille.

Am 1.3.2012 starb der bei dem Unfall verletzte Heinrich Schubert. Aufgrund eines leichten ärztlichen Kunstfehlers hatte er eine fiebrige Lungenentzündung bekommen, die durch zentrales Kreislaufversagen zum Tode führte. Das war für den Angeschuldigten auch voraussehbar.

Der Angeschuldigte wird daher beschuldigt,

vorsätzlich[10] im Straßenverkehr ein Fahrzeug geführt zu haben, obwohl er infolge des Genusses alkoholischer Getränke nicht in der Lage war, das Fahrzeug sicher zu führen und dadurch fahrlässig Leib und Leben anderer und fremde Sachen von bedeutendem Wert gefährdet zu haben

und durch die gleiche Handlung[11]

durch Fahrlässigkeit den Tod eines Menschen verursacht zu haben

und durch eine weitere selbständige Handlung[12]

sich als Unfallbeteiligter nach einem Unfall im Straßenverkehr vom Unfallort entfernt zu haben, bevor er eine nach den Umständen angemessene Zeit gewartet hat, ohne dass jemand bereit war, die Feststellungen zu treffen,

und durch die gleiche Handlung[13]

vorsätzlich[14] im Verkehr ein Fahrzeug geführt zu haben, obwohl er infolge des Genusses alkoholischer Getränke nicht in der Lage war, das Fahrzeug sicher zu führen,

und durch die gleiche Handlung[15] (vertretbar auch Tatmehrheit) bei einem Unglücksfall nicht Hilfe geleistet zu haben, obwohl dies erforderlich und ihm den Umständen nach zuzumuten war, insbesondere ohne erhebliche eigene Gefahr und ohne Verletzung anderer wichtiger Pflichten möglich war,

strafbar als

vorsätzliche Gefährdung des Straßenverkehrs in Tateinheit mit fahrlässiger Tötung in Tatmehrheit mit unerlaubtem Entfernen vom Unfallort in Tateinheit mit vorsätzlicher Trunkenheit im Verkehr und mit unterlassener Hilfeleistung gem. §§ 315c I Nr. 1 a, III Nr. 1, 222, 142 I Nr. 2, 316 I, 323 c, 52, 53 StGB.

---

10 Da § 315c StGB sowohl vorsätzlich als auch fahrlässig begehbar ist, ist die Schuldform anzugeben, vgl. *Brunner* Abschlussverfügung Rn. 145.
11 Vgl. *Brunner* Abschlussverfügung Rn. 144.
12 Vgl. *Brunner* Abschlussverfügung Rn. 144.
13 Vgl. *Brunner* Abschlussverfügung Rn. 144.
14 Da § 315c StGB sowohl vorsätzlich als auch fahrlässig begehbar ist, ist die Schuldform anzugeben, vgl. *Brunner* Abschlussverfügung Rn. 145.
15 Vgl. *Brunner* Abschlussverfügung Rn. 144.

18 Der Angeschuldigte hat sich durch die Tat als ungeeignet zum Führen von Kraftfahrzeugen erwiesen. Anträge nach §§ 69, 69 a StGB werden in der Hauptverhandlung gestellt werden.[16]

Wesentliches Ergebnis der Ermittlungen:[17]

19 1. Der Angeschuldigte räumt den Sachverhalt in vollem Umfang ein, weshalb auf die Ladung der nachbenannten Zeugen verzichtet wird.[18]

20 2. Er ist bislang nicht vorbestraft.

21 3. a) Durch die Fahrt auf der Autobahn hat der Angeschuldigte mehrere entgegenkommende Autofahrer und seinen Beifahrer konkret gefährdet. Trotzdem hat er durch seine Trunkenheitsfahrt nur ein Vergehen nach § 315c I Nr. 1 a, III Nr. 1 StGB begangen.[19]

22 b) Der Tod des Unfallgegners war in Anbetracht der konkreten Unfallsituation voraussehbar, auch wenn er erst nach längerem Krankenhausaufenthalt aufgrund eines leichten ärztlichen Kunstfehlers starb.[20] Eine Unterbrechung des Kausalzusammenhangs ist durch den leichten ärztlichen Behandlungsfehler nicht eingetreten, da lediglich zu der weiter wirkenden Bedingung das fahrlässige Verhalten eines Dritten mitverursachend hinzugetreten ist.[21]

23 c) Bei der Frage, ob für Fahrzeuginsassen, hier der Beifahrer Theodor Haas, eine konkrete Gefahr iSd § 315c StGB (auf der Fahrt nach dem Unfall) schon darin liegt, dass der Angeschuldigte alkoholbedingt absolut fahruntauglich war, schließt sich die Staatsanwaltschaft der Auffassung des BGH an, der lediglich § 316 StGB bejaht.[22] Eine konkrete Gefahr wird danach nur bei einer kritischen Verkehrssituation und einem »Beinahe-Unfall« angenommen.

24 Zur Aburteilung ist das Amtsgericht – Schöffengericht – Aschaffenburg zuständig (§§ 24, 28 GVG; §§ 7, 8 StPO).

25 Ich beantrage,

a) die Anklage zur Hauptverhandlung vor dem Amtsgericht – Schöffengericht – Aschaffenburg zuzulassen.[23]

b) einen Termin zur Hauptverhandlung anzuberaumen,[24]

c) dem Angeschuldigten einen Verteidiger zu bestellen, da ein Fall der notwendigen Verteidigung nach § 140 II StPO vorliegt,[25]

d) dem Angeschuldigten die Fahrerlaubnis vorläufig zu entziehen.[26]

26 Als Beweismittel bezeichne ich:

1. Zeugen:

a) Sebastian Fischer, Kirchplatz 2, 63739 Aschaffenburg

b) Andreas Rosenberger, Schlossplatz 1, 63739 Aschaffenburg

c) Winfried Drechsler, Maingasse 4, 63739 Aschaffenburg

d) PHM Maier und Zang, PI Aschaffenburg-Land

---

16 Vgl. *Brunner* Abschlussverfügung Rn. 141.
17 Zum Inhalt und Aufbau vgl. *Brunner* Abschlussverfügung Rn. 178 ff.
18 Vgl. *Brunner* Abschlussverfügung Rn. 189.
19 *Fischer* § 315c Rn. 23.
20 *Fischer* § 222 Rn. 25 ff.
21 *Fischer* Vor § 13 Rn. 38.
22 *Fischer* § 315c Rn. 15 a mwN.
23 §§ 203, 207 StPO.
24 § 203 StPO.
25 Die Schwere der Tat beurteilt sich vor allem nach der zu erwartenden Rechtsfolgenentscheidung. Nicht schon jede zu erwartende Freiheitsstrafe, aber eine Straferwartung von 1 Jahr Freiheitsstrafe sollte schon in der Regel Anlass zur Beiordnung eines Verteidigers geben, vgl. *Meyer-Goßner* § 140 Rn. 23.
26 Vgl. § 111a StPO.

2. Sachverständiger:

Prof. Dr. Herzog, Universität Würzburg

3. Urkunden:

a) Bundeszentralregister- und Verkehrszentralregisterauszüge

b) BAK – Gutachten vom 3.2.2012

II. Mit Akten an den
Herrn Vorsitzenden des Schöffengerichts beim
Amtsgericht Aschaffenburg

Lehrmann
Staatsanwalt

Hilfsgutachten

1. Dadurch, dass der Beschuldigte Eberhard Büttner auf der Autobahn entgegen der Fahrtrichtung gefahren ist, hat er sich nicht nach § 315c I Nr. 2 f StGB strafbar gemacht. Ihm kann nämlich nicht nachgewiesen werden, dass er »rücksichtslos« iSd genannten Vorschrift gehandelt hat. Rücksichtslos handelt nur, wer sich aus eigensüchtigen Gründen über seine Pflichten gegenüber anderen Verkehrsteilnehmern hinwegsetzt oder aus Gleichgültigkeit von vornherein Bedenken gegen sein Verhalten nicht aufkommen lässt oder unbekümmert drauflosfährt. Hier ist der Beschuldigte Eberhard Büttner nach seiner Einlassung infolge Unaufmerksamkeit bzw. menschlichen Versagens auf der Autobahn in entgegengesetzter Richtung gefahren, weshalb Rücksichtslosigkeit nicht vorliegt.[27]

2. Ein gefährlicher Eingriff in den Straßenverkehr gem. § 315b I Nr. 3 StGB kann dem Beschuldigten Eberhard Büttner nicht zur Last gelegt werden. Durch § 315b StGB werden nämlich grundsätzlich nur sog. »verkehrsfremde« Eingriffe erfasst, insbesondere also solche, bei denen ein Fahrzeug nicht lediglich zum Zwecke eigenen Vorwärtskommens, sondern bewusst zweckentfremdend in einer Weise eingesetzt wird, die sich nicht mehr als nur pflichtwidrige Teilnahme am Straßenverkehr darstellt. Bei sog. »Geisterfahrern« liegt ein gefährlicher Eingriff nur dann vor, wenn der Täter es von vornherein darauf angelegt hat, die Autobahn in entgegengesetzter Richtung zu befahren oder zunächst unvorsätzlich in die falsche Richtung eingebogen ist, dann aber in Erkenntnis der Situation kilometerweit weiterfährt, um nach einer Wendemöglichkeit zu suchen. Von einem solch vorsätzlichen Verhalten kann hier nicht die Rede sein, so dass § 315b I Nr. 3 StGB ausscheidet. (Mit entsprechender Begründung a. A. vertretbar). Auch § 315b V StGB kommt nicht in Betracht, da § 315b I Nr. 3 StGB eine bewusste Zweckentfremdung des Fahrzeugs voraussetzt und der Fahrlässigkeitsstrafrahmen damit begrifflich ausgeschlossen ist.[28]

3. Auch eine Aussetzung gem. § 221 I, III StGB kommt nicht in Betracht. Der Beschuldigte Eberhard Büttner hat zwar den Verletzten in hilfloser Lage verlassen, § 221 I 2. Alt. StGB. Es kann ihm aber aufgrund seiner Einlassung nicht nachgewiesen werden, dass er in sein Bewusstsein aufgenommen hat, dass die Ortsveränderung zu einer bedrohlichen Verschlechterung der Lage des Verletzten führen werde. Damit fehlt es am Vorsatz, der Voraussetzung für eine Strafbarkeit ist.

---

27 *Fischer* § 315c Rn. 14 und 14a.
28 *Fischer* § 315b Rn. 5 ff.; § 315 Rn. 19.

3. Klausur: Schlussvortrag des Staatsanwalts

Auszug aus den Akten der Staatsanwaltschaft Aschaffenburg, Az. 111 Js 256/12

Staatsanwaltschaft Aschaffenburg

111 Js 256/12

I. Anklageschrift

in der Strafsache gegen

Löffler Gottfried, geboren am 17.10.1952 in Frankfurt, verheirateter Fliesenleger, deutscher Staatsangehöriger, wohnhaft Wiesenstraße 25, 63736 Aschaffenburg

Wahlverteidiger: Rechtsanwalt Jürgen Beckmann, Mittelweg 1, 63736 Aschaffenburg

Die Staatsanwaltschaft legt auf Grund ihrer Ermittlungen dem Angeschuldigten folgenden Sachverhalt zur Last:

1. Am 5.1.2012 gegen 13.00 Uhr ging der Angeschuldigte im Total-Markt in der Würzburger Straße in Aschaffenburg mit einem Einkaufswagen in die CD-Abteilung. Dort nahm er vier CD's sowie eine Videokassette aus den Auslagen und legte diese Artikel flach auf den Boden seines Einkaufswagens. Danach deckte er diese Gegenstände mit einem Werbeprospekt ab, wobei er sich sichernd umschaute. Anschließend legte er weitere Sachen im Gesamtwert von 70 EUR auf die durch den Werbeprospekt abgedeckten Waren. Sodann begab er sich zur Kasse. Dort legte er nur die »oben« liegenden Gegenstände auf das Band, nicht jedoch die unter dem Werbeprospekt befindlichen Waren. Nach Bezahlung der vorgelegten Waren räumte der Angeschuldigte diese wieder in den Einkaufswagen.

    Unmittelbar nach dem Verlassen des Geschäftes wurde er von einem Detektiv, der das gesamte Tatgeschehen beobachtet hatte, gestellt.

    Der geschädigte Total-Markt hat keinen Strafantrag gestellt; vorsorglich bejaht die Staatsanwaltschaft das besondere öffentliche Interesse an der Strafverfolgung.

2. Nach längeren Streitigkeiten zog die Ehefrau des Angeschuldigten am 12.1.2012 aus der gemeinsamen Wohnung in der Wiesenstraße 25 in Aschaffenburg in der Absicht aus, sich scheiden zu lassen. Der Angeschuldigte wollte ihr einen Denkzettel verpassen. Deshalb durchtrennte er am 14.1.2012 gegen 7.30 Uhr an dem seiner Ehefrau gehörenden Pkw Fiat Uno, amtliches Kennzeichen AB – MU 735, den zum rechten Hinterrad führenden Bremsschlauch. Bei der anschließenden Fahrt mit dem Fahrzeug bemerkte die Ehefrau des Angeschuldigten die Manipulation zunächst nicht. Nach einiger Zeit musste sie vor einer Rotlicht zeigenden Ampel anhalten. Als sie nunmehr das Bremspedal betätigte, merkte sie, dass die Bremse nicht funktionierte. Mit der Handbremse konnte sie aber noch rechtzeitig ihr Fahrzeug anhalten.

3. Am 23.1.2012 gegen 11.00 Uhr begab sich der Angeschuldigte in die Geschäftsräume der Fa. BMW Maier in Aschaffenburg. Dort schloss er mit dem Geschäftsführer Peter Maier einen schriftlichen Kaufvertrag über einen BMW 525. Als Kaufpreis wurden 36.000 EUR vereinbart. Im schriftlichen Kaufvertrag sagte der Angeschuldigte Barzahlung zu, obwohl er wusste, dass er aufgrund seiner schlechten finanziellen Situation nicht in der Lage war, diese Zusage einzuhalten. Zur Übergabe des Pkw's kam es nicht.

Der Angeschuldigte wird daher beschuldigt,

1. in zwei Fällen in der Absicht, sich einen rechtswidrigen Vermögensvorteil zu verschaffen, das Vermögen eines anderen dadurch beschädigt zu haben, dass er durch Vorspiegelung falscher Tatsachen einen Irrtum erregte und

2. vorsätzlich die Sicherheit des Straßenverkehrs dadurch beeinträchtigt zu haben, dass er ein Fahrzeug beschädigte und dadurch vorsätzlich Leib und Leben eines anderen sowie fremde Sachen von bedeutendem Wert gefährdet zu haben,

strafbar als

Betrug in zwei Fällen und vorsätzlichem gefährlichem Eingriff in den Straßenverkehr

gem. §§ 263 I, 315 b I Nr. 1, 53 StGB.

Der Angeschuldigte hat sich durch die Tat als ungeeignet zum Führen von Kraftfahrzeugen erwiesen. Anträge nach §§ 69, 69 a StGB werden in der Hauptverhandlung gestellt werden.

Wesentliches Ergebnis der Ermittlungen:

Der Angeschuldigte hat mit Schreiben vom 2.2.2012 an die Staatsanwaltschaft Aschaffenburg den unter 2 und 3 geschilderten Sachverhalt (vorsätzlicher gefährlicher Eingriff in den Straßenverkehr am 14.1.2012 und Betrug zum Nachteil der Fa. BMW Maier am 23.1.2012) in vollem Umfang eingeräumt. Lediglich zum Vorwurf des Betruges am 5.1.2012 im Total-Markt in Aschaffenburg hat er sich bislang nicht geäußert. Insoweit wird er aber durch den Zeugen Zobel im Sinne der Anklage überführt werden.

Der Angeschuldigte ist wie folgt vorbestraft:

Urteil des AG Darmstadt vom 2.1.2007, rechtskräftig seit dem gleichen Tag, Diebstahl gem. § 242 I StGB, begangen am 1.12.2006, 80 Tagessätze zu 30 EUR.

Bezüglich des unter 2. geschilderten Sachverhaltes wird von der Verfolgung die Sachbeschädigung nach § 154a I StPO ausgeschieden.

Zur Aburteilung ist das Amtsgericht – Strafrichter – Aschaffenburg zuständig (§§ 24, 25 GVG; §§ 7, 8 StPO).

Ich beantrage,

a) das Hauptverfahren zu eröffnen und die Anklage zur Hauptverhandlung vor dem Amtsgericht – Strafrichter – Aschaffenburg zuzulassen,

b) einen Termin zur Hauptverhandlung anzuberaumen.

Als Beweismittel bezeichne ich:

1. Zeugen:

   a) Bruno Zobel, Hautpstraße 4, 63736 Aschaffenburg

   b) Heidi Löffler, Bergstraße 18, 63736 Aschaffenburg

2. Sachverständiger:
   Dipl.-Ing. Edmund Ansmann, Ahornstraße 17, 63736 Aschaffenburg

3. Urkunden:
   Auskunft aus dem Bundeszentralregister

II. Mit Akten
an das
Amtsgericht – Strafrichter –
Aschaffenburg

Aschaffenburg, den 5.3.2012

Gärtner
Staatsanwalt

3. Klausur: Schlussvortrag des Staatsanwalts

Die Anklage wurde dem Verteidiger des Angeschuldigten mit Frist zur Äußerung bis 20.3.2012 zugestellt. Sie wurde ohne Änderung zur Hauptverhandlung zugelassen mit Eröffnungsbeschluss vom 26.3.2012. Termin zur Hauptverhandlung wurde bestimmt auf 6.4.2012, 8.30 Uhr, Sitzungssaal 127, Amtsgericht Aschaffenburg.

Auszug aus dem Protokoll über die öffentliche Hauptverhandlung des Amtsgerichtes Aschaffenburg vom 6.4.2012:

Gegenwärtig:

Richter am Amtsgericht Max Ullrich
Rechtsreferendar Ottmar Hahn als Vertreter der Staatsanwaltschaft,
Justizsekretärin Maria Vogt als Urkundsbeamtin der Geschäftsstelle

Nach Aufruf der Sache wurde festgestellt, dass erschienen sind:

Der Angeklagte mit seinem Verteidiger, Rechtsanwalt Beckmann, der Sachverständige Dipl.-Ing. Ansmann sowie die geladenen Zeugen Zobel und Löffler.

Die Zeugen wurden über ihre Zeugenpflichten belehrt und verließen den Sitzungssaal.

Anschließend wurde der Sachverständige ordnungsgemäß belehrt.

Der Angeklagte erklärte zur Person: Die in der Anklageschrift angegebenen Personalien sind richtig; seit dem 12.1.2012 lebe ich von meiner Ehefrau getrennt.

Der Vertreter der Staatsanwaltschaft verlas den Anklagesatz. Es wurde festgestellt, dass die Anklage ohne Änderungen am 26.3.2012 zur Hauptverhandlung zugelassen wurde.

Der Angeklagte wurde gem. § 243 IV StPO belehrt. Er erklärte sich zur Aussage bereit. Zunächst machte er Angaben zu seinen wirtschaftlichen Verhältnissen:

»Ich bin von Beruf Fliesenleger und verdiene monatlich ungefähr 1.400 EUR; Schulden habe ich nicht. Zur Zeit bin ich noch verheiratet. Meine Ehefrau ist allerdings Ende Januar 2012 aus unserer gemeinsamen Wohnung ausgezogen, sie will sich scheiden lassen. Sie ist ebenfalls berufstätig, Unterhalt zahle ich an sie nicht. Unser 15-jähriger Sohn lebt bei mir.«

Zur Sache:

»Zum Vorfall am 5.1.2012 gegen 13.00 Uhr im Total-Markt in der Würzburger Straße in Aschaffenburg möchte ich mich hier nicht äußern. Auch zum Geschehen vom 14.1.2012 will ich nichts sagen. In meinem Schreiben vom 2.2.2012, das ich an die Staatsanwaltschaft Aschaffenburg geschickt habe, steht alles, was ich zu diesem Komplex zu berichten habe.

Das gilt auch für den beabsichtigten Kauf eines BMW 525 am 23.1.2012. Diesbezüglich steht auch alles in dem erwähnten Schreiben vom 2.2.2012.«

Fragen wurden dem Angeklagten nicht gestellt.

Sodann wurde in die Beweisaufnahme eingetreten.

1. Zeuge:

Bruno Zobel, Kaufhausdetektiv, 55 Jahre alt, verheiratet, wohnhaft Hauptstraße 4, 63736 Aschaffenburg, mit dem Angeklagten nicht verwandt und nicht verschwägert.

Zur Sache:

»Ich bin seit drei Jahren im Total-Markt in der Würzburger Straße in Aschaffenburg als Kaufhausdetektiv angestellt. Am 5.1.2012 gegen 15.30 Uhr beobachtete ich den Angeklagten bei uns im Supermarkt. Er fiel mir auf, weil er sich oft verdächtig umschaute. Nach kurzer Zeit sah ich, dass er zwei CD's und eine Videokassette aus den Regalen nahm und sie nebeneinander auf den Boden seines Einkaufswagens legte. Auf diese Gegenstände legte er dann einen Werbeprospekt unseres Hauses, so dass man die CD's und die Videokassette nicht mehr sehen konnte. Daraufhin schaute er wieder um sich. Anschließend legte er weitere Sachen in den Einkaufswagen, die er später an der Kasse bezahlte. Die unter dem Werbeprospekt liegenden zwei CD's und die Videokassette legte der Angeklagte der Kassiererin nicht zur Bezahlung vor. Diese Artikel konnte unsere Angestellte auch nicht sehen. Nach dem Verlassen des Geschäftes stellte ich den Angeklagten zur Rede. Der Angeklagte äußerte sich zum Vorwurf des Betruges nicht. Ich nahm seine Personalien auf und nach Rücksprache mit der Geschäftsleitung ließ ich ihn dann laufen.

Die zwei CD's und die Videokassette, die der Angeklagte nicht bezahlt hatte, hatten einen Gesamtwert von 60 EUR.«

Auf Frage des Verteidigers:

»Ich bin sicher, dass der Vorfall am 5.1.2012 gegen 15.30 Uhr und nicht gegen 13.00 Uhr war; außerdem waren es nur zwei und nicht vier CD's. Als Angestellter des Total-Marktes bekomme ich ein festes Monatsgehalt und keine zusätzlichen Prämien für die Festnahme eines Straftäters.«

Weitere Fragen wurden nicht gestellt.

Der Zeuge blieb unvereidigt und wurde entlassen.

Das Gericht stellte fest, dass der geschädigte Total-Markt keinen Strafantrag gestellt hat; die Staatsanwaltschaft hat aber das besondere öffentliche Interesse an der Strafverfolgung vorsorglich bejaht.

2. Zeuge:

Heidi Löffler, kaufmännische Angestellte, 42 Jahre alt, verheiratet, wohnhaft Bergstraße 18, 63736 Aschaffenburg, Ehefrau des Angeklagten.

Nach Belehrung erklärt sich die Zeugin aussagebereit.

Zur Sache:

»Am 12.1.2012 bin ich aus der gemeinsamen Wohnung ausgezogen, weil ich mich scheiden lassen will. Gegen 8.00 Uhr am 14.1.2012 wollte ich mit meinem Pkw Fiat Uno, amtliches Kennzeichen AB – MU 735, zu meiner Arbeitsstelle fahren. Zunächst bin ich einige 100 m mit einer Geschwindigkeit von etwa 40 km/h gefahren, bevor ich vor einer Rotlicht zeigenden Ampel anhalten musste. Als ich deshalb das Bremspedal betätigte, merkte ich zu meinem großen Schrecken, dass die Bremse nicht funktionierte. Instinktiv griff ich zur Handbremse und zog diese an. Auf dem Fußgängerüberweg kam mein Pkw schließlich zum Stillstand. Zum Glück ist durch diesen Vorfall weder ein anderer Pkw noch ein Fußgänger gefährdet worden.

Unmittelbar danach habe ich die Polizei verständigt.«

Fragen an die Zeugin wurden nicht gestellt.

Die Zeugin blieb unvereidigt und wurde entlassen.

Der Sachverständige:

Dipl.-Ing. Edmund Ansmann, Sachverständiger für Kraftfahrzeugschäden, 50 Jahre alt, verheiratet, wohnhaft Ahornstraße 17, 63736 Aschaffenburg, mit dem Angeklagten nicht verwandt und nicht verschwägert.

Zur Sache:

»Ich habe den Pkw Fiat Uno, amtliches Kennzeichen AB – MU 735, noch am 14.1.2012 untersucht. Es war der zum rechten Hinterrad führende Bremsschlauch durchtrennt gewesen. Das musste erst unmittelbar vor der Fahrt um 8.00 Uhr geschehen sein.«

Fragen an den Sachverständigen wurden nicht gestellt.

Der Sachverständige blieb gem. § 79 I StPO unvereidigt und wurde entlassen.

Das Gericht verlas nunmehr das Schreiben des Angeklagten vom 2.2.2012 an die Staatsanwaltschaft Aschaffenburg. Darin räumte er die unter I 2 und 3 in der Anklageschrift geschilderten Vorfälle in vollem Umfang ein; der Angeklagte führte aus, er wollte seiner Ehefrau einen Denkzettel verpassen, damit sie ihre Haltung ändern und wieder zu ihm zurückkehren würde.

Weder der Angeklagte noch sein Verteidiger widersprachen der Verlesung des Schreibens vom 2.2.2012.

Es wurde weiter festgestellt, dass der Führerschein des Angeklagten weder sichergestellt noch beschlagnahmt worden ist; auch ist die Fahrerlaubnis nicht vorläufig entzogen worden.

Der Angeklagte bestätigte, dass im Bundeszentralregister folgende Eintragung enthalten ist:

Urteil des AG Darmstadt vom 2.1.2007, rechtskräftig seit dem gleichen Tag, Diebstahl gem. § 242 I StGB, begangen am 1.12.2006, 80 Tagessätze zu 30 EUR.

Das Gericht schloss die Beweisaufnahme unter Beachtung von §§ 240, 257 StPO und erteilte dem Vertreter der Staatsanwaltschaft das Wort.

Vermerk für den Bearbeiter:

Der vollständige Schlussvortrag des Staatsanwalts ist in wörtlicher Rede zu entwerfen.

Es ist davon auszugehen, dass

- die erforderlichen rechtlichen Hinweise nach § 265 StPO erteilt worden sind,
- Verfahrensfehler nicht vorliegen,
- die Aussagen der Zeugen und das Gutachten des Sachverständigen glaubwürdig sind,
- die Beweisaufnahme keine weitere Sachaufklärung erbracht hat,
- die nicht abgedruckten Teile des Protokolls über die bisherige Hauptverhandlung vom 6.4.2012 für die Bearbeitung der Aufgabe nicht von Bedeutung sind.

Soweit in dem Schlussvortrag ein Eingehen auf alle berührten Rechtsfragen nicht erforderlich erscheint, sind diese in einem Hilfsgutachten zu erörtern.

3. Klausur: Schlussvortrag des Staatsanwalts

Lösungsvorschlag

1 Hohes Gericht![1]

I.

2 Die heutige Beweisaufnahme hat den Sachverhalt, so wie er in der Anklageschrift geschildert ist, nur teilweise bestätigt.[2]

3 1. Am 5.1.2012 gegen 15.30 Uhr[3] nahm der Angeklagte in der CD-Abteilung des Total-Marktes in der Würzburger Straße in Aschaffenburg zwei CD's[4] und eine Videokassette im Gesamtwert von 60 EUR[5] aus dem Verkaufsregal und legte diese Artikel flach auf den Boden seines Einkaufswagens. Danach deckte er diese Gegenstände mit einem Werbeprospekt ab. Anschließend legte er weitere Sachen im Gesamtwert von 70 EUR auf die durch den Werbeprospekt abgedeckten Waren. Entsprechend seiner vorgefassten Absicht legte er an der Kasse nur die oberhalb des Werbeprospekts befindlichen Waren auf das Kassenband. Nachdem er die vorgelegten Sachen bezahlt hatte, verließ er den Kassenbereich.[6]

4 2. Um seiner Ehefrau, die einige Tage zuvor aus der gemeinsamen Ehewohnung ausgezogen war, einen Denkzettel zu verpassen, durchtrennte der Angeklagte am 14.1.2012 gegen 7.30 Uhr an dem seiner Ehefrau Heidi Löffler gehörenden Pkw Fiat Uno, amtliches Kennzeichen AB-MU 735, den zum rechten Hinterrad führenden Bremsschlauch vor ihrer neuen Wohnung in der Bergstraße 18 in Aschaffenburg. Er wollte damit erreichen, dass sie ihre Haltung ändern und wieder zu ihm zurückkehren würde; eine Verletzung seiner Ehefrau nahm er billigend in Kauf. Gegen 8.00 Uhr wollte die Geschädigte Heidi Löffler mit ihrem Pkw zu ihrer Arbeitsstelle fahren. Zunächst fuhr sie einige 100 m mit einer Geschwindigkeit von etwa 40 km/h,[7] bevor sie vor einer Rotlicht zeigenden Ampel anhalten musste. Als sie nunmehr das Bremspedal betätigte, merkte sie, dass die Bremse nicht funktionierte. Sie zog deshalb die Handbremse an und kam mit ihrem Pkw auf dem Fußgängerüberweg zum Stillstand. Durch diesen Vorfall wurde weder ein anderes Fahrzeug noch ein Fußgänger gefährdet.[8]

II.

5 Dieser Sachverhalt steht für die Staatsanwaltschaft aufgrund der durchgeführten Beweisaufnahme fest.[9]

---

1 »Vgl. zum Schlussvortrag des Staatsanwalts Nr. 138 RiStBV; die Anrede ist auch bei Kollegialgerichten (Schöffengericht, Strafkammer, Schwurgericht) zu verwenden. Unangebracht sind von manchen Referendaren gebrauchte Formulierungen, wie sie sich zB in Examensarbeiten fanden: ›Sehr geehrte Damen und Herren!‹ oder ›Hohes Gericht, lieber Angeklagter, werter Verteidiger!‹«; *Brunner/v. Heintschel-Heinegg* Sitzungsdienst Rn. 114.
2 Speziell zum Aufbau bei Teilverurteilung und Teilfreispruch *Brunner/v. Heintschel-Heinegg* Sitzungsdienst Rn. 117 f. und 225 ff.
3 Häufig ist in Klausuren der in der Anklageschrift bzw. im Strafbefehl geschilderte Sachverhalt nicht identisch mit dem Sachverhalt, den die Beweiswürdigung ergeben hat. Bei der Abfassung des Sachverhalts ist deshalb besonders auf das Beweisergebnis zu achten!
4 Siehe Fn. 3.
5 Siehe Fn. 3.
6 Der Feststellung in der Anklageschrift, dass der geschädigte Total-Markt keinen Strafantrag gestellt, die Staatsanwaltschaft aber das besondere öffentliche Interesse bejaht hat, kommt nunmehr keine Bedeutung mehr zu, weil der Gesamtwert der entwendeten Sachen 60 EUR betrug (Grenze 25–30 EUR, siehe BGH II 176/04; OLG Oldenburg NStZ-RR, 2005, 111; *Fischer* § 248a Rn. 3). Ein Diebstahl geringwertiger Sachen nach § 248a StGB lag somit nicht vor.
7 Siehe Fn. 3.
8 Siehe Fn. 3.
9 Zu den verschiedenen Möglichkeiten des in die Beweiswürdigung einführenden Satzes *Brunner/v. Heintschel-Heinegg* Sitzungsdienst Rn. 122 ff.

1. Zum Vorwurf des Betruges im Total-Markt, begangen am 5.1.2012, hat sich der Angeklagte nicht geäußert. Die Staatsanwaltschaft ist aber aufgrund der glaubhaften und glaubwürdigen Angaben des Zeugen Bruno Zobel überzeugt, dass sich der Sachverhalt in der bereits dargestellten Art und Weise ereignet hat. Der Zeuge hat den Angeklagten während des gesamten Vorganges beobachtet und deshalb gesehen, wie dieser zwei CD's und eine Videokassette im Gesamtwert von 60 EUR unter einem Werbeprospekt in seinem Einkaufswagen verbarg und an der Kasse nicht bezahlte. Dieser Zeuge ist auch glaubwürdig, weil ... (Nach dem Bearbeitervermerk ist von der Glaubwürdigkeit der Zeugenaussagen auszugehen).[10]

2. Auch zum zweiten Tatkomplex vom 14.1.2012 hat sich der Angeklagte in der Hauptverhandlung nicht geäußert. Allerdings hat er Bezug genommen auf sein Schreiben an die Staatsanwaltschaft Aschaffenburg vom 2.2.2012, das verlesen wurde. Darin hat er diesen Tatvorwurf in vollem Umfang zugegeben. Die in diesem Schreiben enthaltenen Angaben sind nach Auffassung der Staatsanwaltschaft verwertbar. Werden nämlich schriftliche Äußerungen eines Angeklagten in seiner Anwesenheit verlesen und widerspricht der Angeklagte nicht, steht der Verwertung dieser Angaben nach der Rechtsprechung nichts im Wege.

III.

Aufgrund des festgestellten Sachverhalts hat sich der Angeklagte eines Diebstahls[11] und[12] eines versuchten gefährlichen Eingriffs in den Straßenverkehr[13] gem. §§ 242 I, 315 b I Nr. 1, II, 22, 23 I, 53 StGB schuldig gemacht.[14]

1. a) Das Verbergen der beiden CD's und einer Videokassette stellt einen Diebstahl gem. § 242 I StGB und nicht – wie in der Anklage angenommen – einen Betrug gem. § 263 I StGB dar. Nach gefestigter höchstrichterlicher Rechtsprechung schließen sich die Tatbestände des Diebstahls und des Betruges gegenseitig aus: Während beim Diebstahl der dem Verletzten zugefügte Schaden durch eine eigenmächtige Handlung des Täters herbeigeführt wird, tritt beim Betrug der Schaden infolge einer Vermögensverfügung des vom Täter getäuschten Verletzten ein. Maßgebend ist nicht nur das äußere Erscheinungsbild, sondern auch die Willensrichtung des Getäuschten: Betrug liegt danach vor, wenn der Getäuschte aufgrund freier, nur durch Irrtum beeinflusster Entschließung Gewahrsam überträgt, Diebstahl hingegen, wenn die Täuschung lediglich dazu dienen soll, einen gegen den Willen des Berechtigten gerichteten eigenmächtigen Gewahrsamsbruch des Täters zu ermöglichen oder wenigstens zu erleichtern. Da die Kassiererin im vorliegenden Fall nicht bemerkt hat, dass sich im Einkaufswagen noch weitere, verborgene Waren befanden, scheidet die Annahme einer bewussten Vermögensverfügung iSd § 263 I StGB schon gedanklich aus. Ein genereller Verfügungswille der Kassiererin hinsichtlich des gesamten Inhalts des Einkaufswagens wäre eine bloße Fiktion. Die Kassiererin konkretisiert ihren Verfügungswillen grundsätzlich dadurch, dass sie die Preise der vorgelegten Waren in die Kasse eintippt und sie dem Kunden berechnet. Nur auf diese Waren bezieht sich der Abschluss des Kaufvertrages, nur diese Waren will die Kassiererin deshalb auch übereignen. Da es dem Angeklagten darum ging, den Gewahrsam ohne Wissen und damit ohne Einverständnis des Getäuschten aufzuheben, liegt nicht Betrug,

---

10 In Klausuren, in denen nach dem Bearbeitervermerk von der Glaubwürdigkeit der Zeugenaussagen und des Sachverständigengutachtens auszugehen ist, genügt dieser in Klammer gesetzte Hinweis.
11 Es ist nicht erforderlich, die rechtliche Einordnung als Vergehen oder Verbrechen aufzunehmen; BGH NJW 1986, 1116; *Meyer-Goßner* § 260 Rn. 22.
12 Tateinheit wird mit den Worten »in Tateinheit mit ... und mit ...« kenntlich gemacht, Tatmehrheit durch »und« oder »sowie«; BGH NJW 1986, 1116; *Meyer-Goßner* § 260 Rn. 26.
13 Eine andere rechtliche Würdigung als in der Anklageschrift und im Eröffnungsbeschluss ist deshalb möglich, weil nach dem Bearbeitervermerk davon auszugehen ist, dass die erforderlichen rechtlichen Hinweise nach § 265 StPO erteilt worden sind. Das ist eine in Urteils- und Schlussvortragsklausuren besonders häufige Situation.
14 Zur Einleitung in die rechtliche Würdigung *Brunner/v. Heintschel-Heinegg* Sitzungsdienst Rn. 126 ff.

sondern Diebstahl vor.[15] Der BGH hat dieses Ergebnis mit dem zutreffenden Hinweis abgesichert, dass die Annahme von Betrug im Hinblick auf den räuberischen Diebstahl, § 252 StGB, zu schwer erträglichen Unterschieden in der Behandlung nach der Lebensanschauung gleichgelagerter Sachverhalte führt. Als Vortat des räuberischen Diebstahls kommt nämlich nur ein vollendeter Diebstahl in Betracht, nicht aber ein Betrug. Die Annahme von Betrug hätte danach zur Folge, dass der Täter, der nach dem Verlassen des Kassenbereichs gegen den ihn verfolgenden Detektiv tätlich wird, um sich im Besitz der nicht bezahlten Ware zu halten, nur wegen Betruges und Nötigung sowie gegebenenfalls wegen Körperverletzung verurteilt werden könnte. Hätte derselbe Täter demgegenüber die Ware bereits vor dem Passieren der Kasse eingesteckt und damit vollendeten Diebstahl begangen, so wäre er, wenn er unter den gleichen Voraussetzungen Gewalt anwendet, wegen räuberischen Diebstahls zu bestrafen.

10   b) Die Beobachtung des Angeklagten durch den Kaufhausdetektiv steht der Annahme einer vollendeten Wegnahme nicht entgegen. Denn weder ist Diebstahl eine heimliche Tat noch setzt sie Vollziehung des Gewahrsamswechsels derart voraus, dass der Angeklagte endgültigen und gesicherten Gewahrsam erlangt.[16]

11   2. Mit dem Durchtrennen des Bremsschlauchs am Pkw seiner Ehefrau hat sich der Angeklagte des versuchten gefährlichen Eingriffs in den Straßenverkehr gem. §§ 315b I Nr. 1, II, 22, 23 I StGB schuldig gemacht.

12   a) Die Voraussetzungen eines vollendeten Vergehens nach § 315b I Nr. 1 StGB liegen nicht vor.

13   Der Angeklagte hat zwar, indem er einen Bremsschlauch des Pkw's durchtrennte, iSd § 315b I Nr. 1 StGB ein Fahrzeug beschädigt und dadurch abstrakt die Sicherheit des Straßenverkehrs beeinträchtigt, als die Ehefrau des Angeklagten mit ihrem Wagen losfuhr. Infolge dieser Handlung ist es aber nicht zu der vom Tatbestand vorausgesetzten konkreten Gefahr für Leib oder Leben eines anderen oder fremde Sachen von bedeutendem Wert gekommen.

14   Der BGH hat nämlich seine frühere Rechtsprechung[17] aufgegeben, wonach in einem solchen Fall wegen des besonders hohen Unfallrisikos die erforderliche konkrete Gefährdung für den betroffenen Fahrer und sein Fahrzeug in der Regel bereits darin liegt, dass dieser das defekte Fahrzeug startet, um am Straßenverkehr teilzunehmen. Wie der BGH in einer § 315c StGB betreffenden Entscheidung ausgeführt hat, kann eine konkrete Gefahr, soll die Grenze zur abstrakten Gefahr nicht verwischt werden, nur dann angenommen werden, wenn die Tathandlung über die ihr innewohnende latente Gefährlichkeit hinaus im Hinblick auf einen bestimmten Vorgang in eine kritische Situation geführt hat; in dieser Situation muss – was nach der allgemeinen Lebenserfahrung aufgrund einer objektiv nachträglichen Prognose zu beurteilen ist – die Sicherheit einer bestimmten Person oder Sache so stark beeinträchtigt worden sein, dass es nur noch vom Zufall abhing, ob das Rechtsgut verletzt wurde oder nicht. Erforderlich ist ein »Beinahe-Unfall«, also ein Geschehen, bei dem ein unbeteiligter Beobachter zu der Einschätzung gelangt, dass »das noch einmal gut gegangen sei«.[18]

Diese Erwägungen gelten auch für die von § 315b StGB vorausgesetzte konkrete Gefahr. Danach kann die bloße Inbetriebnahme eines Fahrzeugs, dessen Bremsanlage der Angeklagte beschädigt hat, für die Annahme einer solchen Gefahr nicht ausreichen. Zu einer Verkehrssituation, die daran gemessen die Annahme einer konkreten Gefahr rechtfertigt, ist es nach der Schilderung der Zeugin Heidi Löffler nicht gekommen. Sie konnte ihr Fahrzeug ohne weiteres dadurch abbremsen, dass sie instinktiv die Handbremse zog. Eine Kollision mit anderen Fahrzeugen oder sonstigen Gegenständen drohte zu keiner

---

15 BGH NStZ 1995, 593 ff. mit Besprechungen der Entscheidung des BGH von *v. Heintschel-Heinegg* JA 1996, 97 ff. u. JuS 1996, 177.
16 BGHSt 16, 271 ff.; *Fischer* § 242 Rn. 21.
17 BGH NStZ 1985, 263.
18 BGH NStZ 1996, 83 ff.

Zeit. Allerdings kam der Pkw erst auf dem Fußgängerüberweg zum Stehen. Auch im Hinblick darauf war eine konkrete Gefährdung nicht gegeben. Nach der Aussage der Zeugin Heidi Löffler befanden sich auf dem Fußgängerüberweg offensichtlich keine Fußgänger.

    b) Nach den getroffenen Feststellungen hat sich der Angeklagte aber eines versuchten gefährlichen Eingriffs in den Straßenverkehr gem. §§ 315b I Nr. 1, II, 22, 23 I StGB schuldig gemacht. Er nahm nämlich billigend in Kauf, dass für die Zeugin Heidi Löffler eine konkrete Gefahr iSd § 315b I StGB entstehen könne.[19] Anhaltspunkte für einen strafbefreienden Rücktritt gem. § 24 StGB sind nicht vorhanden.

3. Der Diebstahl und der versuchte gefährliche Eingriff in den Straßenverkehr stehen zueinander in Tatmehrheit gem. § 53 StGB.

IV.

1. Bei der Strafzumessung[20] ist zugunsten des Angeklagten zu berücksichtigen, dass er den Vorfall vom 14.1.2012 in seinem Schreiben vom 2.2.2012 an die Staatsanwaltschaft Aschaffenburg eingeräumt hat. Weiterhin spricht für ihn, dass er nicht vorbestraft ist. Zwar befindet sich im Bundeszentralregisterauszug eine Eintragung, wonach der Angeklagte am 2.1.2007 wegen Diebstahls rechtskräftig zu einer Geldstrafe von 80 Tagessätzen zu 30 EUR verurteilt worden ist. Einer Verwertung dieser Eintragung steht aber das Beweisverwertungsverbot des § 51 I BZRG entgegen. Denn die Tilgungsfrist ist am 2.1.2012, also noch vor der ersten Tat des Angeklagten am 5.1.2012, abgelaufen.[21] Die Tat und die Verurteilung dürfen deshalb dem Angeklagten nicht mehr vorgehalten und nicht zu seinem Nachteil verwertet werden.[22]

Umstände, die zu Lasten des Angeklagten gehen, können von der Staatsanwaltschaft nicht festgestellt werden.[23]

2. Unter Abwägung aller Strafzumessungsgesichtspunkte hält die Staatsanwaltschaft

    a) für den Diebstahl am 5.1.2012 eine Geldstrafe von 20 Tagessätzen und

    b) für den versuchten gefährlichen Eingriff in den Straßenverkehr eine Geldstrafe von 100 Tagessätzen für tat- und schuldangemessen.[24]

    Unter nochmaliger Berücksichtigung aller für und gegen den Angeklagten sprechenden Gesichtspunkte beantragt die Staatsanwaltschaft, unter Erhöhung der Einsatzstrafe von 100 Tagessätzen eine Gesamtgeldstrafe von 110 Tagessätzen zu bilden.

    Ein Tagessatz ist auf 40 EUR festzusetzen. Dabei geht die Staatsanwaltschaft vom Nettoeinkommen des Angeklagten in Höhe von ungefähr 1.400 EUR aus. Unter Berück-

---

19 BGH NStZ 1996, 85 f.
20 Grundsätzlich ist bei der Darstellung der Strafzumessung folgende Reihenfolge einzuhalten:
   1. Festlegung des Strafrahmens
   2. Ausfüllung des gefundenen Strafrahmens
   3. Rechtsfolgen der Tat.
   Da gegen den Angeklagten aber nur eine Geldstrafe beantragt wird, ist es unnötig, zunächst den Strafrahmen festzulegen, vgl. *Brunner/v. Heintschel-Heinegg* Sitzungsdienst Rn. 133 ff.
21 §§ 46 I Nr. 1 a, 47 I, 36 I 1 BZRG.
22 Gute Zusammenstellung aller Strafzumessungsgesichtspunkte findet man bei *Fischer* § 46 Rn. 26 ff.
23 Hierzu *Brunner/v. Heintschel-Heinegg* Sitzungsdienst Rn. 148 ff. Besonders ist darauf zu achten, dass nicht gegen § 46 III StGB verstoßen wird. Nach dieser Vorschrift dürfen Umstände, die schon Merkmale des gesetzlichen Tatbestands sind, nicht berücksichtigt werden. Beispiele für einen solchen Verstoß wären: »Gegen den Angeklagten spricht, dass er mit großer krimineller Energie vorgegangen ist, als er den Bremsschlauch am Pkw seiner Ehefrau durchtrennt hat« oder »der Angeklagte hat den Tod eines unschuldigen Kindes verursacht, das sein Leben noch vor sich hatte« (BGH NStZ 1996, 129).
24 Bei jeder tatmehrheitlichen Verurteilung ist nach § 54 StGB eine Gesamtstrafe zu bilden. Dazu sind für jede Tat zunächst Einzelstrafen festzusetzen, deren höchste »Einsatzstrafe« heißt; hierzu *Brunner/v. Heintschel-Heinegg* Sitzungsdienst Rn. 170 ff.

sichtigung der Unterhaltsverpflichtungen für seinen 15-jährigen Sohn in Höhe von 1/10 errechnet sich ein bereinigtes Nettoeinkommen von 1.260 EUR. Das ergibt einen (abgerundeten) Tagessatz von 40 EUR.[25]

21 Die Staatsanwaltschaft hat keine Bedenken, wenn das Gericht dem Angeklagten Zahlungserleichterungen gem. § 42 StGB gewährt. Die monatlichen Teilbeträge sollten dann aber 250 EUR nicht unterschreiten.[26]

22 3. Die Staatsanwaltschaft ist der Auffassung, dass die Fahrerlaubnis dem Angeklagten nicht zu entziehen ist. Zunächst liegt kein Regelfall nach § 69 II StGB vor. Aber auch nach § 69 I 1 StGB kann ihm nicht die Fahrerlaubnis entzogen werden, weil er nicht wegen einer rechtswidrigen Tat, die er bei oder im Zusammenhang mit dem Führen eines Kraftfahrzeugs oder unter Verletzung der Pflichten eines Kraftfahrzeugführers begangen hat, verurteilt wird. Das Durchtrennen eines Bremsschlauches an einem fremden Pkw erfüllt die genannten Voraussetzungen nicht.[27]

Ich beantrage also, den Angeklagten wegen Diebstahls und versuchten gefährlichen Eingriffs in den Straßenverkehr zu einer Gesamtgeldstrafe von 110 Tagessätzen zu 40 EUR zu verurteilen.

V.

23 1. In der Anklage lag dem Angeklagten weiter zur Last, am 23.1.2012 mit der Fa. BMW Maier einen schriftlichen Kaufvertrag über einen BMW 525 zu einem Preis von 36.000 EUR abgeschlossen und dabei Barzahlung zugesagt zu haben, obwohl er gewusst habe, dass er aufgrund seiner schlechten finanziellen Situation nicht in der Lage war, diese Zusage einzuhalten und dadurch einen Betrug gem. § 263 I StGB begangen zu haben.

24 2. Insoweit ist der Angeklagte aus rechtlichen Gründen freizusprechen. Ein vollendeter Betrug scheidet schon deshalb aus, weil eine schadensgleiche Vermögensgefährdung allein im Abschluss eines Kaufvertrages, bei dem Barzahlung vereinbart wurde, nicht gesehen werden kann. Auch ein versuchter Betrug kommt in solchen Fällen nur in Betracht, wenn der Plan des Angeklagten darauf hinausläuft, das bestellte Fahrzeug trotz entgegenstehender Vereinbarungen ohne Barzahlung zu erhalten. Nur unter dieser Voraussetzung könnte der Abschluss des Kaufvertrages unter Umständen bereits ein Beginn der Ausführung des geplanten Betruges sein. Dazu, wie der Angeklagte es sich vorstellte, ohne die vereinbarte Barzahlung an das Fahrzeug zu kommen, konnten keine Feststellungen getroffen werden. Der Angeklagte hat ersichtlich auch keine diesbezüglichen Bemühungen unternommen.[28] Er muss deshalb insoweit freigesprochen werden.

VI.

25 Der Angeklagte hat die Kosten zu tragen, soweit er verurteilt ist; soweit er freigesprochen wird, hat die Staatskasse die Verfahrenskosten und die notwendigen Auslagen des Angeklagten zu tragen, §§ 465 I 1, 467 I StPO.[29]

---

25 Grundlage ist § 40 II StGB; zur Berechnung im einzelnen *Brunner/v. Heintschel-Heinegg* Sitzungsdienst Rn. 154 ff.; *Fischer* § 40 Rn. 6 ff.
26 Ist dem Angeklagten nach seinen persönlichen und wirtschaftlichen Verhältnissen nicht zumutbar, die Geldstrafe sofort zu bezahlen, ist ihm nach § 42 StGB eine Zahlungsfrist zu bewilligen oder zu gestatten, die Strafe in bestimmten Teilbeträgen zu zahlen. Das hat der Staatsanwalt gem. Nr. 138 IV 3 RiStBV zu erörtern.
27 *Fischer* § 44 Rn. 5 f., § 69 Rn. 9 ff.; zum Antrag auf Entziehung der Fahrerlaubnis *Brunner/v. Heintschel-Heinegg* Sitzungsdienst Rn. 187 ff.
28 BGH NStZ-RR 1996, 34 f.
29 *Meyer-Goßner* § 465 Rn. 9.

4. Klausur: Schlussvortrag des Verteidigers

Auszug aus den Akten des Amtsgerichts Aschaffenburg, Az. 5 Ds 126 Js 87/12

Staatsanwaltschaft Aschaffenburg

126 Js 87/12

I. Anklageschrift

in der Strafsache gegen

Ostheimer Peter, geboren am 5.4.1982 in München, lediger Arbeiter, deutscher Staatsangehöriger, wohnhaft Hauptstraße 13, 63736 Aschaffenburg

Wahlverteidiger: Rechtsanwalt Thomas Zenglein, Goldbacher Straße 4, 63736 Aschaffenburg

Die Staatsanwaltschaft legt auf Grund ihrer Ermittlungen dem Angeschuldigten folgenden Sachverhalt zur Last:

1. Am 2.1.2012 gegen 23.00 Uhr drang der Angeschuldigte seinem Plan entsprechend in das Wohn- und Betriebsanwesen der Eheleute Dallinger in der Frühlingstraße 10 in Aschaffenburg ein, um dort Geld zu entwenden. Das Anwesen besteht aus zwei miteinander verbundenen Gebäudekomplexen. In dem einen Gebäudeteil befindet sich ein Café nebst Bürobereich, während im anderen Gebäudeteil der Wohnbereich des Ehepaares untergebracht ist. Die Gebäudeaufteilung war dem Angeschuldigten nicht im Einzelnen bekannt. Er wusste aber, dass das Ehepaar in dem Anwesen auch wohnt. Der Angeschuldigte schlug ein Fenster des Gebäudes ein. In der Wohnung der Eheleute Dallinger nahm er das auf dem Tisch liegende Bargeld in Höhe von 560 EUR an sich und flüchtete.

2. Der Angeschuldigte beschloss am 12.1.2012, den ihm bekannten 25-jährigen Josef Sprung auf dessen nächtlichem Heimweg zu überfallen, um sich für eine vorausgegangene Auseinandersetzung zu rächen. Entsprechend seiner vorgefassten Absicht trat er am 12.1.2012 gegen 22.00 Uhr in der Parkanlage »Schöntal« in Aschaffenburg von hinten an den Fußgänger Josef Sprung heran und hielt ihm ein 2 cm dünnes und 15 cm langes Plastikrohr an den Hals. Der stark alkoholisierte Josef Sprung glaubte, es handele sich um ein Messer; deshalb leistete er keinen Widerstand und hob die Hände. Anschließend schob der Angeschuldigte ihn in einen nahegelegenen Toilettenraum, nahm ihm die Geldbörse, in der sich 110 EUR befanden, sowie ein Mobiltelefon im Wert von 160 EUR weg und verließ sodann den Tatort.

3. Am 24.1.2012 gegen 23.30 Uhr brach der Angeschuldigte zusammen mit dem anderweitig verfolgten Edwin Heeg in das Gartenhaus der Familie Kiefer in der Schönbuschallee 50 in Aschaffenburg ein, um Geld zu stehlen. In diesem Gartenhaus sind lediglich Werkzeuge und ähnliche Gegenstände untergebracht, als Unterkunft ist es nicht geeignet. Entsprechend ihrer vorgefassten Absicht hebelten sie mit einem Brecheisen die Eingangstüre zum Gartenhaus auf und entwendeten das darin befindliche Bargeld in Höhe von 265 EUR.

Der Angeschuldigte wird daher beschuldigt,

1. eine fremde bewegliche Sache einem anderen in der Absicht weggenommen zu haben, die Sache sich rechtswidrig zuzueignen und zur Ausführung der Tat in eine Wohnung eingebrochen zu sein,

2. unter Anwendung von Drohungen mit gegenwärtiger Gefahr für Leib und Leben eine fremde bewegliche Sache einem anderen in der Absicht weggenommen zu haben, die Sache sich rechtswidrig zuzueignen und dabei ein Werkzeug bei sich geführt zu haben, um den Widerstand einer anderen Person durch Drohung mit Gewalt zu verhindern und

3. gemeinschaftlich mit einem anderen eine fremde bewegliche Sache einem anderen in der Absicht weggenommen zu haben, die Sache sich rechtswidrig zuzueignen, wobei er zur Ausführung der Tat in ein Gebäude eingebrochen ist

strafbar als

Wohnungseinbruchdiebstahl und schwerer Raub sowie ein in Mittäterschaft begangener Diebstahl in einem besonders schweren Fall

gem. §§ 242 I, 243 I 2 Nr. 1, 244 I Nr. 3, 249 I, 250 I Nr. 1 b, 53 StGB.

Wesentliches Ergebnis der Ermittlungen:

Der Angeschuldigte hat die Taten vom 2. und 12.1.2012 in vollem Umfang eingeräumt. Den Vorwurf, am 24.1.2012 zusammen mit dem anderweitig verfolgten Edwin Heeg in das Gartenhaus der Familie Kiefer in Aschaffenburg eingebrochen zu sein, hat er hingegen abgestritten. Insoweit wird der Angeschuldigte durch die Aussage seines Mittäters Edwin Heeg im Sinne der Anklage überführt werden.

Der Angeschuldigte ist nicht vorbestraft.

Zur Aburteilung ist das Amtsgericht – Schöffengericht – Aschaffenburg zuständig (§§ 24, 28 GVG; §§ 7, 8 StPO).

Ich beantrage,

a) das Hauptverfahren zu eröffnen und die Anklage zur Hauptverhandlung vor dem Amtsgericht – Schöffengericht – Aschaffenburg zuzulassen,

b) einen Termin zur Hauptverhandlung anzuberaumen.

Als Beweismittel bezeichne ich:

1. Zeugen:

   a) Edwin Heeg, Mittelbachstraße 20, 63736 Aschaffenburg

   b) Rudi Kiefer, Kirchplatz 1, 63736 Aschaffenburg

   c) Josef Dallinger, Frühlingstraße 10, 63736 Aschaffenburg

2. Urkunde:
   Auskunft aus dem Bundeszentralregister

3. Sonstiges:
   Sichergestelltes Plastikrohr

II. Mit Akten

an den

Herrn Vorsitzenden des Schöffengerichts beim

Amtsgericht Aschaffenburg

Aschaffenburg, 27.2.2012

Endres

Staatsanwalt

Auszug aus dem Protokoll über die Hauptverhandlung vor dem Amtsgericht – Schöffengericht – Aschaffenburg vom Mittwoch, den 10.4.2012:

Gegenwärtig:
Richter am Amtsgericht Krebs als Vorsitzender,
Hans Russmann und Anton Meidhof als Schöffen

4. Klausur: Schlussvortrag des Verteidigers

Staatsanwalt Endres als Vertreter der Staatsanwaltschaft,
Justizhauptsekretärin Müller als Urkundsbeamtin der Geschäftsstelle.

Nach Aufruf der Sache wird festgestellt, dass erschienen sind:

Der Angeklagte mit seinem Verteidiger, Rechtsanwalt Zenglein, und die geladenen Zeugen Rudi Kiefer und Josef Dallinger.

Die Zeugen werden gem. § 57 StPO belehrt und verlassen sodann den Sitzungssaal.

Zu seinen Personalien befragt, macht der Angeklagte die in der Anklageschrift enthaltenen Angaben.

Der Vertreter der Staatsanwaltschaft verliest sodann den Anklagesatz aus der Anklageschrift vom 27.2.2012. Der Vorsitzende stellt fest, dass die Anklage durch Beschluss vom 23.3.2012 unverändert zur Hauptverhandlung zugelassen wurde.

Der Angeklagte wird darauf hingewiesen, dass es ihm freistehe, sich zu den ihm zur Last gelegten Taten zu äußern oder nicht zur Sache auszusagen.

Der Angeklagte erklärt sich zur Aussage bereit. Zunächst macht er Angaben zu seinen wirtschaftlichen Verhältnissen:

»Ich bin von Beruf Arbeiter in einem Baustoffgroßhandel und verdiene monatlich ungefähr 1750 EUR netto, Schulden habe ich nicht. Ich bin ledig und habe keine Unterhaltsverpflichtungen.«

Zur Sache:

»Die Taten vom 2. und 12.1.2012 habe ich so begangen, wie sie in der Anklageschrift geschildert wurden.

Der Vorwurf, am 24.1.2012 zusammen mit Edwin Heeg in das Gartenhaus der Familie Kiefer eingebrochen zu sein und 265 EUR entwendet zu haben, trifft jedoch nicht zu. Ich weiß gar nicht, wie Edwin Heeg, den ich nur flüchtig kenne, dazu kommt, mich zu belasten. Bei dem Einbruch war ich jedenfalls nicht beteiligt.«

Fragen werden dem Angeklagten nicht gestellt.

Sodann wird in die Beweisaufnahme eingetreten und der Zeuge Kiefer hereingerufen.

Zur Person:

Rudi Kiefer, 47 Jahre alt, verheirateter Kaufmann, Kirchplatz 1, 63736 Aschaffenburg, mit dem Angeklagten nicht verwandt und verschwägert.

Zur Sache:

»Wir haben in der Schönbuschallee 50 in Aschaffenburg ein Gartenhaus. In diesem Gartenhaus habe ich meine Gartengeräte und den Rasenmäher untergebracht. Damit ist das Gartenhaus ausgefüllt, eine Übernachtungsmöglichkeit gibt es dort nicht. Am frühen Abend des 24.1.2012 war ich im Gartenhaus gewesen und habe dort 265 EUR auf einen Tisch gelegt. Als ich den Garten verließ, habe ich das Geld vergessen; ich habe das Gartenhaus ordnungsgemäß verschlossen und verriegelt. Am 25.1.2012 gegen Mittag wollte ich das vergessene Geld dort abholen. Zu meinem Schrecken musste ich dabei feststellen, dass die Türe zum Gartenhaus gewaltsam aufgebrochen war und das Bargeld in Höhe von 265 EUR fehlte. Ich habe daraufhin sofort Anzeige bei der Polizei erstattet. Naturgemäß kann ich nichts dazu sagen, wer diese Tat begangen hat.«

Fragen an den Zeugen werden nicht gestellt.

Der Zeuge bleibt unvereidigt und wird entlassen.

Sodann wird der Zeuge Dallinger hereingerufen.

4. Klausur: Schlussvortrag des Verteidigers

Zur Person:

Josef Dallinger, 60 Jahre alt, verheirateter Geschäftsinhaber, Frühlingsstraße 10, 63736 Aschaffenburg, mit dem Angeklagten nicht verwandt und verschwägert.

Zur Sache:

Am Morgen des 3.1.2012 habe ich festgestellt, dass in unser Anwesen eingebrochen und aus unserem Wohnzimmer Bargeld in Höhe von 560 EUR entwendet worden ist. Der Täter stieg durch ein Fenster des Cafés in die dortige Herrentoilette ein. Durch eine nicht abgesperrte Türe gelangte er in unsere Wohnung.

Auf Frage des Verteidigers:

In dem einen Gebäudeteil befindet sich ein Café nebst Bürobereich, während im anderen angrenzenden, aber räumlich völlig getrennten Gebäudeteil unser Wohnbereich untergebracht ist.

Weitere Fragen an den Zeugen werden nicht gestellt.

Der Zeuge bleibt unvereidigt und wird entlassen.

Der Vorsitzende erklärt:

»Der Zeuge Edwin Heeg hat sich vorab auf ein umfassendes Auskunftsverweigerungsrecht gem. § 55 StPO berufen und ist deshalb nach Rücksprache mit mir zum heutigen Termin nicht erschienen. Das gegen den Zeugen Edwin Heeg wegen des Diebstahls vom 24.1.2012 geführte Ermittlungsverfahren wurde durch die Staatsanwaltschaft Aschaffenburg am 2.3.2012 gem. § 154 StPO vorläufig eingestellt. In diesem Verfahren hat der Zeuge Edwin Heeg am 10.2.2012 eine schriftliche Erklärung gegenüber der Polizei abgegeben, in der er einräumte, zusammen mit dem Angeklagten in das Gartenhaus der Familie Kiefer eingebrochen zu sein. Ich beabsichtige nunmehr, die schriftliche Erklärung des Zeugen Edwin Heeg vom 10.2.2012 gem. § 251 I Nr. 2 StPO zu verlesen.«

Der Staatsanwalt erklärt sich mit dieser Vorgehensweise einverstanden.

Der Verteidiger widersetzt sich einer Verlesung und bringt vor, dass die Voraussetzungen des § 251 I Nr. 2 StPO nicht erfüllt sind.

Der Vorsitzende verkündet nach geheimer Beratung des Gerichts folgenden

Beschluss:

Die schriftliche Erklärung des Zeugen Edwin Heeg vom 10.2.2012 ist gem. § 251 I Nr. 2 StPO zu verlesen, weil der Zeuge Edwin Heeg in absehbarer Zeit gerichtlich nicht vernommen werden kann, da er von seinem Auskunftsverweigerungsrecht nach § 55 StPO Gebrauch gemacht hat.

Die schriftliche Erklärung des Zeugen Edwin Heeg vom 10.2.2012 wird unter Protest des Verteidigers des Angeklagten verlesen.

Das sichergestellte Plastikrohr wird allseits in Augenschein genommen.

Der Auszug aus dem Bundeszentralregister wird verlesen.

Nachdem keine Beweisanträge mehr gestellt werden, wird die Beweisaufnahme unter Beachtung von §§ 240, 257 StPO geschlossen.

Der Staatsanwalt beantragt ..... (Der Vertreter der Staatsanwaltschaft führt in seinem Schlussvortrag aus, dass er nach der Beweisaufnahme den Sachverhalt der Anklage für erwiesen erachte. Die Verlesung der schriftlichen Erklärung des Zeugen Edwin Heeg vom 10.2.2012 halte er für zulässig. Der Angeklagte habe sich entsprechend der rechtlichen Würdigung der Anklageschrift schuldig gemacht. Eine Gesamtfreiheitsstrafe von 3 Jahren 10 Monaten, und zwar 8 Monate für den Tatkomplex 1, 3 Jahre für den Tatkomplex 2 und 4 Monate für den Tatkomplex 3, sei angemessen).

4. Klausur: Schlussvortrag des Verteidigers

Vermerk für die Bearbeiter:

Der Schlussvortrag des Verteidigers ist in wörtlicher Rede zu entwerfen.

Es ist davon auszugehen, dass eine weitere Aufklärung des Sachverhalts nicht möglich ist und Verfahrensverstöße nicht vorliegen.

Soweit nach Auffassung der Bearbeiter nicht alle aufgeworfenen Rechtsfragen im Schlussvortrag des Verteidigers anzusprechen sind, sind diese in einem Hilfsgutachten zu erörtern.

4. Klausur: Schlussvortrag des Verteidigers

Lösungsvorschlag

1 Hohes Gericht, Herr Staatsanwalt![1]

2 Die Verteidigung ist zur Überzeugung gelangt, dass der Angeklagte sich nach dem Ergebnis der Hauptverhandlung in den Punkten 1 und 2 der Anklage strafbar gemacht hat, allerdings anders als die Staatsanwaltschaft angenommen hat; im Übrigen ist der Angeklagte aber freizusprechen.[2]

Zu den einzelnen Vorwürfen ist folgendes auszuführen:

3 1. Der Vorfall vom 2.1.2012 wird vom Angeklagten eingeräumt. Deshalb hat sich der Angeklagte aber nicht eines Wohnungseinbruchdiebstahls gem. § 244 I Nr. 3 StGB schuldig gemacht, sondern lediglich eines Diebstahls in einem besonders schweren Fall nach §§ 242 I, 243 I 2 Nr. 1 StGB. Die Besonderheit des Falles besteht darin, dass der Angeklagte in ein Geschäfts- oder Ladenlokal einbrach und von dort ungehindert in den Wohnbereich der Eheleute Dallinger gelangte, um dort zu stehlen. Dies hat der Zeuge Josef Dallinger in vollem Umfang bestätigt. Der BGH hat diesbezüglich entschieden, dass jedenfalls dann, wenn der Täter in einem Mischgebäude in einen vom Wohnbereich räumlich eindeutig abgegrenzten und nur zu betrieblichen Zwecken genutzten Geschäftsraum einsteigt, um von dort ohne Überwindung weiterer Hindernisse in den Wohnbereich vorzudringen, eine Verurteilung aus § 244 I Nr. 3 StGB mit der äußersten Auslegungsgrenze des Wortlauts nicht mehr vereinbar ist.[3] Die Vorschrift setzt nämlich den Einbruch **in** eine Wohnung voraus. Vom Wohnbereich völlig getrennt untergebrachte, aber rein geschäftlich genutzte Räumlichkeiten können selbst bei weitester Auslegung des Wohnungsbegriffs diesem jedoch nicht mehr zugeordnet werden. Demnach liegt ein Einbruch in eine Wohnung nicht vor. Der Wohnbereich der Eheleute Dallinger befand sich vollständig räumlich getrennt vom Café und dem Bürobereich. Eingebrochen ist der Angeklagte in die Herrentoilette des Cafés und gelangte dann erst durch das Café in den Wohnbereich. Die Geschäftsräume wurden ausschließlich als solche genutzt und waren unter keinem Gesichtspunkt dem Wohnbereich zuzuordnen. Der Angeklagte hat sich damit lediglich eines vollendeten Diebstahls in einem besonders schweren Fall nach §§ 242 I, 243 I 2 Nr. 1 StGB strafbar gemacht.[4]

4 2. Der Angeklagte hat auch den Vorfall vom 12.1.2012 eingeräumt. Rechtlich ist dieses Geschehen aber nicht als schwerer Raub gem. §§ 249 I, 250 I Nr. 1 b StGB zu würdigen, sondern als »einfacher« Raub gem. § 249 I StGB. Der Qualifikationstatbestand des § 250 I Nr. 1 b StGB setzt nämlich voraus, dass der Täter oder ein anderer Beteiligter am Raub »sonst ein Werkzeug oder Mittel« bei sich führt, um den Widerstand einer anderen Person durch Gewalt oder Drohung mit Gewalt zu verhindern oder zu überwinden. Sowohl aus dem klaren Wortlaut der Vorschrift als auch aus dem systematischen Zusammenhang zu der unmittelbar vorausgehenden Regelung in der Nr. 1 a der Bestimmung, in der das Mit-

---

[1] Unangebracht sind von manchen Referendaren gebrauchte Formulierungen wie zB: »Sehr geehrte Damen und Herren!« oder »Hohes Gericht, werter Herr Staatsanwalt!«

[2] In Klausuren ist der Schlussvortrag des Verteidigers regelmäßig nicht so schematisch aufzubauen wie das Plädoyer des Staatsanwalts. Hier ist nämlich zu beachten, dass der Staatsanwalt unmittelbar vor dem Schlussvortrag des Verteidigers bereits den Sachverhalt und die Beweiswürdigung ausführlich geschildert hat. Deshalb ist es **im Regelfall** für den Verteidiger nicht sinnvoll, nochmals den **gesamten** Sachverhalt und die Beweiswürdigung zu wiederholen, selbst wenn er beides teilweise abweichend würdigt. In diesen Fällen ist es ratsam, im Schlussvortrag die Teile des abweichenden Sachverhalts und/oder der Beweiswürdigung in die rechtliche Würdigung einzubauen, vgl. hierzu *Brunner/v. Heintschel-Heinegg* Sitzungsdienst Rn. 263 mwN.

[3] BGH NStZ 2008, 514 ff. mit Besprechung der Entscheidung des BGH von *v. Heintschel-Heinegg* JA 2008, 742 ff.

[4] Tateinheitlich kommt daneben noch ein versuchter Wohnungseinbruchsdiebstahl gem. §§ 244 I Nr. 3, II, 22, 23 I StGB in Betracht. Aus taktischen Gründen sollte der Verteidiger das aber in seinem Schlussvortrag zumindest dann nicht erwähnen, wenn das Gericht nicht auf diese Vorschrift hingewiesen hat. In einer Klausur erfolgen die entsprechenden Ausführungen im Hilfsgutachten.

führen einer Waffe oder eines anderen gefährlichen Werkzeugs als Qualifikationsmerkmal dient, folgt, dass von § 250 I Nr. 1 b StGB grundsätzlich alle Gegenstände erfasst werden, die als Mittel zur Überwindung des Widerstands des Tatopfers mittels Gewalt oder Drohung geeignet sind, also auch so genannte Scheinwaffen, d.h. Gegenstände, die objektiv ungefährlich sind und deren Verletzungstauglichkeit lediglich vorgetäuscht wird.[5] Der BGH hat jedoch die Einschränkung vorgenommen, dass nur solche Gegenstände erfasst werden, die unter den konkreten Umständen ihrer geplanten Anwendung aus der Sicht des Täters ohne weiteres geeignet sind, bei dem Opfer den Eindruck hervorzuheben, der Gegenstand könne zur Gewaltanwendung verwendet werden und deshalb gefährlich sein. Er hat dies bei einem kurzen gebogenen Plastikrohr von ca. 3 cm Durchmesser verneint, das der Täter dergestalt unter der Jacke trug, dass diese ausbeulte und so der von ihm gewollte Eindruck entstand, es handle sich um eine Schusswaffe. Das Plastikrohr habe einer Waffe nicht ähnlich gesehen. Erst der zusätzliche Hinweis »bin bewaffnet« habe dem Tatopfer den Eindruck vermittelt, dass ihm von einer Waffe Gefahr drohe. Dessen Einschüchterung sei daher maßgeblich durch Täuschung und nicht durch das mitgeführte Werkzeug oder Mittel bewirkt worden. Deshalb wird regelmäßig davon auszugehen sein, dass bei Verwendung eines objektiv ersichtlich ungefährlichen Gegenstandes, den das Opfer nicht oder nur unzureichend sinnlich wahrnehmen kann und soll, das Täuschungselement im Vordergrund steht. Entsprechend dem gesetzgeberischen Willen erscheint es daher weiterhin gerechtfertigt, solche Gegenstände, die bereits nach ihrem äußeren Erscheinungsbild offensichtlich ungefährlich sind, vom Anwendungsbereich des Qualifikationstatbestandes des § 250 I Nr. 1 b StGB auszunehmen.[6] Danach stellt das vom Angeklagten mitgeführte 2 cm dünne und 15 cm lange Plastikrohr kein taugliches Werkzeug oder Mittel iSd § 250 I Nr. 1 b StGB dar. Der Angeklagte hat damit lediglich einen Raub gem. § 249 I StGB begangen.

3. Bezüglich des Vorfalls vom 24.1.2012 ist ein Tatnachweis nicht zu führen. Der Angeklagte bestreitet die Tat. Der Zeuge Rudi Kiefer konnte nicht sagen, wer in sein Gartenhaus eingebrochen ist und Geld in Höhe von 265 EUR entwendet hat. Der Zeuge Edwin Heeg ist zum Hauptverhandlungstermin nicht erschienen. Diesbezüglich hat der Vorsitzende mitgeteilt, dass sich dieser Zeuge auf ein umfassendes Auskunftsverweigerungsrecht nach § 55 StPO berufen hat. In dem gegen den Zeugen geführten Ermittlungsverfahren, das gem. § 154 StPO vorläufig eingestellt wurde, hat dieser Zeuge als dortiger Beschuldigter am 10.2.2012 eine schriftliche Erklärung gegenüber der Polizei abgegeben, in der er einräumte, zusammen mit dem Angeklagten in das Gartenhaus der Familie Kiefer eingebrochen zu sein. Gegen meinen Widerstand hat das Gericht diese schriftliche Erklärung des Zeugen Edwin Heeg verlesen, obwohl die Voraussetzungen des § 251 I Nr. 2 StPO gar nicht vorliegen. Gegen die Annahme, eine Verlesung früherer Protokolle und Erklärungen könne, wenn sich ein Zeuge auf ein Auskunftsverweigerungsrecht beruft, auf § 251 I Nr. 2 StPO gestützt werden, spricht der Wortlaut dieser Vorschrift, die voraussetzt, dass der Zeuge »nicht vernommen werden kann«. Diese Voraussetzung ist bei einer Auskunftsverweigerung gem. § 55 StPO nicht gegeben. § 55 StPO berechtigt grundsätzlich nur zur Verweigerung der Auskunft auf einzelne Fragen.[7] Selbst wenn – wie hier – die gesamte in Betracht kommende Aussage des Zeugen so eng mit einem möglicherweise strafbaren Verhalten zusammenhängt und deswegen ein umfassendes Auskunftsverweigerungsrecht besteht,[8] ist aber eine Vernehmung möglich. Der Zeuge muss Angaben zur Person machen; ggf. muss er gem. § 56 StPO das Bestehen des Auskunftsverweigerungsrechts glaubhaft machen. In vielen Fällen ergibt sich der Umfang eines möglichen Auskunftsverweigerungsrechts auch erst während einer Vernehmung. Dass ein Zeuge, der sich schon im Vorfeld seiner geplanten Vernehmung auf ein umfassendes Auskunftsverweigerungsrecht beruft und mitteilt, er werde keinerlei Angaben zur Sache machen, zur Hauptverhandlung gar nicht mehr geladen wird, stellt sich daher als eine aus praktischen Gründen verfahrensvereinfachende Aus-

---
5 *Fischer* § 250 Rn. 10 ff. u. § 244 Rn. 26.
6 BGH NStZ 2007, 332 ff.; NStZ-RR 2008, 311; *Fischer* § 250 Rn. 10 a.
7 *Meyer-Goßner* § 55 Rn. 12
8 *Meyer-Goßner* § 55 Rn. 2

nahme dar; aus ihr ergibt sich nicht, dass der Zeuge überhaupt nicht vernommen werden könnte. Die schriftliche Erklärung des Zeugen Edwin Heeg durfte also nicht gem. § 251 I Nr. 2 StPO verlesen werden.[9] Da weitere Beweismittel nicht vorhanden sind, bedeutet dies, dass dem Angeklagten die Tat vom 24.1.2012 nicht nachgewiesen werden kann.

6   4. Da die Ziffern 1 bis 3 der Anklage jeweils gesonderte prozessuale Taten darstellen und materiell Tatmehrheit vorliegt, hat hinsichtlich der Ziffer 3 der Anklage Teilfreispruch zu erfolgen.

7   a) Der im Rahmen von Ziffer 1 der Anklage verbleibende Diebstahl in einem besonders schweren Fall gem. §§ 242 I, 243 I 2 Nr. 1 StGB ermöglicht nach meiner Auffassung die Verhängung einer Geldstrafe von 90 Tagessätzen. Für den Angeklagten spricht insbesondere, dass er nicht vorbestraft ist und den Sachverhalt in vollem Umfang eingeräumt hat. Weiter hat er bei dem Einbruchdiebstahl niemanden bedroht oder gar verletzt und die Beute von 560 EUR war nicht sehr hoch. Umstände, die zum Nachteil des Angeklagten gehen, können heute nicht festgestellt werden. Nun sehen die §§ 242 I, 243 I 2 Nr. 1 StGB zwar einen Strafrahmen von drei Monaten bis zu zehn Jahren Freiheitsstrafe vor. Nach § 47 StGB kann aber im vorliegenden Fall eine Geldstrafe verhängt werden, weil eine Freiheitsstrafe über sechs Monate nicht in Betracht kommt und die Verhängung einer Freiheitsstrafe auch nicht unerlässlich ist. In Anbetracht der geschilderten Strafzumessungsgründe bin ich somit der Meinung, dass die Verhängung der Mindeststrafe gegen den Angeklagten tat- und schuldangemessen ist; das ist eine Geldstrafe von 90 Tagessätzen, § 47 I, II StGB. Die Tagessatzhöhe gem. § 40 II StGB ist auf maximal 55 EUR festzusetzen, wenn man das monatliche Nettoeinkommen des Angeklagten von 1750 EUR zugrunde legt.[10]

8   b) Wegen des in Ziffer 2 der Anklage geschilderten Raubes ist zu bedenken, dass hier ein minder schwerer Fall vorliegt, § 249 II StGB. Denn eine Gesamtbetrachtung aller Zumessungsfaktoren ergibt, dass die Anwendung des Regelstrafrahmens des § 249 I StGB, der eine Freiheitsstrafe nicht unter einem Jahr vorsieht, nicht geboten ist. In der Rechtsprechung ist allgemein anerkannt, dass bei der Prüfung eines minder schweren Falles im Rahmen einer Gesamtwürdigung alle Umstände zu berücksichtigen sind, die für die Wertung von Tat und Täter in Betracht kommen, gleichgültig, ob sie der Tat innewohnen, sie begleiten, ihr vorausgehen oder folgen.[11] Somit ist im vorliegenden Fall neben den bereits schon erwähnten, für den Angeklagten sprechenden Strafzumessungsgesichtspunkten besonders hervorzuheben, dass das Maß der Gewalt und auch der Schaden mit insgesamt 270 EUR sehr gering waren. Die Sanktion gegen den Angeklagten muss sich somit am unteren Ende des in § 249 II StGB vorgegebenen Strafrahmens von sechs Monaten bis zu fünf Jahren orientieren. Ich meine, dass eine Freiheitsstrafe von sechs Monaten tat- und schuldangemessen ist, wobei die Vollstreckung dieser Freiheitsstrafe unter den Voraussetzungen des § 56 I, III StGB zur Bewährung ausgesetzt werden muss. Die Sozialprognose des Angeklagten ist nämlich günstig und auch die Verteidigung der Rechtsordnung gebietet nicht die Vollstreckung der Freiheitsstrafe.[12]

9   Abschließend beantrage ich daher,

den Angeklagten wegen eines Diebstahls in einem besonders schweren Fall gem. §§ 242 I, 243 I 2 Nr. 1 StGB und eines Raubes gem. § 249 I, II StGB unter nochmaliger Abwägung sämtlicher Strafzumessungsgesichtspunkte zu einer Gesamtfreiheitsstrafe von sieben Monaten zu verurteilen.[13] Die Vollstreckung dieser Gesamtfreiheitsstrafe muss zur Bewährung ausgesetzt werden. Die Bewährungszeit sollte gem. § 56a I StGB nicht mehr als 2 Jahre betragen. Mein Mandant würde auch akzeptieren, daneben noch einen geringfügigen Geldbetrag zu-

---

9 BGH NJW 2007, 2195 ff.; *Beulke* JA 2008, 758 ff.; *Murmann* StV 2008, 339 ff.; *Meyer-Goßner* § 251 Rn. 11.
10 Zur Bestimmung der Tagessatzhöhe siehe *Brunner/v. Heintschel-Heinegg* Sitzungsdienst Rn. 154 ff.
11 *Fischer* § 46 Rn. 85 mwN; § 249 Rn. 22.
12 Zur Problematik der Freiheitsstrafe mit Bewährung vgl. *Brunner/v. Heintschel-Heinegg* Sitzungsdienst Rn. 161 ff.
13 Zur Gesamtstrafenbildung vgl. *Brunner/v. Heintschel-Heinegg* Sitzungsdienst Rn. 170 ff.

gunsten einer gemeinnützigen Einrichtung zu zahlen, deren Auswahl ich in das Ermessen des Gerichts stelle.[14]

Im Übrigen muss der Angeklagte freigesprochen werden.

Soweit der Angeklagte freigesprochen wird, sind die Kosten des Verfahrens und die notwendigen Auslagen des Angeklagten gem. § 467 I StPO der Staatskasse aufzuerlegen.[15]

5. Nur höchst vorsorglich[16] für den Fall, dass das Gericht meinen Rechtsausführungen nicht folgen sollte, sondern dem Urteil die Auffassung der Staatsanwaltschaft zugrunde legt, weise ich auf Folgendes hin:

    a) Für den Wohnungseinbruchdiebstahl halte ich angesichts der vielen zu Gunsten des Angeklagten sprechenden Umstände die Mindeststrafe von sechs Monaten für ausreichend und angemessen.

    b) Bei der Annahme des schweren Raubes nach § 250 I Nr. 1 b StGB hat die Staatsanwaltschaft übersehen, dass in § 250 III StGB ein minder schwerer Fall vorgesehen ist. Dieser ist vorliegend, wie bereits geschildert, auf jeden Fall zu bejahen. Dann beträgt aber der Strafrahmen Freiheitsstrafe von 1 Jahr bis zu 10 Jahren. Auch hier wäre für den Angeklagten die Mindeststrafe von 1 Jahr tat- und schuldangemessen.

    c) Für den Einbruchdiebstahl am 24.1.2012 halte ich ebenfalls die Mindeststrafe von drei Monaten Freiheitsstrafe bzw. 90 Tagessätzen für ausreichend.

    d) Aus den Einzelstrafen von 6, 12 und 3 Monaten könnte eine Gesamtfreiheitsstrafe von 1 Jahr 3 Monaten gebildet werden, deren Vollstreckung nach den Grundsätzen der §§ 56 I, II u. III, 58 I StGB auch zur Bewährung ausgesetzt werden müsste. Die geforderte Gesamtfreiheitsstrafe von 3 Jahren 10 Monaten ist jedenfalls weit überzogen.

Hilfsgutachten

1. Im Fall 1 der Anklage hat der Angeklagte neben dem Diebstahl in einem besonders schweren Fall nach §§ 242 I, 243 I 2 Nr. 1 StGB tateinheitlich noch einen versuchten Wohnungseinbruchdiebstahl nach §§ 244 I, II, 22, 23 StGB begangen, da er infolge seiner unzureichenden Kenntnisse der Örtlichkeiten ein Einsteigen auch in eine Wohnung billigte.[17]

2. Das Gericht hätte den Polizeibeamten, an den das Schreiben vom 10.2.2012 gerichtet war, zum Inhalt dieses Schreibens vernehmen können. Davon hat das Gericht aber hier keinen Gebrauch gemacht.

---

14 Vgl. hierzu § 56b II Nr. 2 StGB
15 Zur Kostenentscheidung bei Teilfreispruch vgl. *Meyer-Goßner* § 465 Rn. 9.
16 In diesem Fall wird deutlich, dass Hilfsausführungen geboten sein können, um möglicherweise noch auf die Strafzumessung durch das Gericht Einfluss nehmen zu können, sofern das Gericht der rechtlichen Wertung der Staatsanwaltschaft folgen sollte.
17 Vgl. *v. Heintschel-Heinegg* JA 2008, 742 (743).

5. Klausur: Haftrecht

Aktenvermerk – des Rechtsanwalts Dr. Klug, Ottostraße 12 in 97070 Würzburg über die Besprechung und Mandatserteilung vom 19.3.2012 in der JVA Würzburg – U-Haft.

Mandant: Kurt Holzmann, 22 Jahre, Würzburg, Birkenweg 19, betreibt Friseurgeschäft, gute Einkommensverhältnisse, keine Vorstrafen, persönlicher Einsatz im Geschäft ist dringend notwendig; es bestehen enge Bindungen zu den Eltern, die das Geschäft aufgebaut haben und noch mithelfen.

Schilderung des Mandanten: Ich bin Golfspieler. Am Samstag (17.3.2012) probierte ich mein neues Holz 7 aus. Danach traf ich mich mit meiner langjährigen Freundin Bettina Tief im Club-Restaurant. Wir aßen zusammen und tranken anschließend an der Bar einen Grappa. Währenddessen stand meine Sporttasche direkt neben dem Barhocker auf dem Fußboden. In dieser Sporttasche verpackt lag mein neues Holz 7. Als Giovanni Galo – der Pächter des Club-Restaurants – an der Zapfeinrichtung etwas reparieren musste, legte er sein bis dahin getragenes Damenarmband aus Rotgold neben den Zapfhahn. Giovanni hat eine Vorliebe für solchen Schmuck. Den Wert schätze ich hier und jetzt auf etwa 400 EUR. Ich dachte mir, Giovanni sollte besser nicht mit solchem Schmuck herumlaufen. Deshalb nahm ich das Armband an mich. Dies bemerkte Bettina nicht. Ihr wollte ich das Armband später schenken. Nach vielleicht 5 Minuten gingen wir.

Vor dem Eingang – es war etwa 16.00 Uhr – zeigte ich Bettina mein Beutestück. Bettina wollte es nicht. Sie sagte, sie wolle das Armband sofort zurückbringen. Wir begannen uns zu streiten. Dabei gingen wir langsam zu meinem Pkw, der etwa 15 Meter vom Parkplatzrand entfernt abgestellt war. Der Parkplatz endet an einem Waldrand. Dort befindet sich seit einigen Wochen eine Baustelle, die wir beide kennen. Das Gelände ist mit gelben Bändern abgesichert. Es gibt mehrere Schilder mit der Aufschrift: Baustelle, Betreten verboten. Als wir am Auto angekommen waren sagte Bettina schließlich, sie gehe jetzt zurück und rufe den Giovanni heraus. Ich wurde wütend und erklärte ihr, ich würde sie mit meinem neuen Holz 7 über alle 18 Löcher jagen und dabei ihren Hintern grün und blau schlagen. Als ich mich bückte, um das Holz zu ergreifen, begann Bettina zu schreien. Ich holte mit dem Holz wie zum Abschlag aus. In diesem Augenblick rannte Bettina davon. Ich war zunächst überrascht, senkte das Holz 7 und rief ihr nach, dass ich sie kurz und klein schlagen werde. Dann begann ich ihr nachzulaufen. Bettina trug sehr modische, spitze und hohe Schuhe, dennoch hatte sie bereits einen Vorsprung von ca. sechs bis sieben Metern erlaufen. Obwohl ich sie jederzeit hätte einholen können, blieb ich nach einigen Schritten stehen und rief ihr nach, dass ich ihr verzeihen würde. Ich sah, wie sich Bettina umdrehte und mir zurief, sie wolle mit mir nichts mehr zu tun haben. Währenddessen drehte ich mich um, ging zum Auto und anschließend zum Club-Restaurant zurück. Vor dem Eingang angekommen, blickte ich mich nach Bettina um, die aber nicht zu sehen war. Giovanni stand vor der Eingangstüre und fragte mich, was los sei. Ich erklärte ihm meine Wut und den Grund des Streits und das übertriebene Verhalten von Bettina. Sodann riefen wir beide nach ihr, bekamen aber keine Antwort. Ich wurde besorgt, deshalb gab ich Giovanni das Armband und das Holz 7. Der steckte das Armband in seine Hosentasche, warf das Holz 7 auf den Boden und rannte mit mir los, um Bettina zu suchen. Sie war im Wald verschwunden. Dort suchten und fanden wir sie schließlich. Sie war am Rand einer Baugrube abgerutscht und etwa 3 Meter tief gestürzt. Dort lag sie auf einer Steinplatte und rührte sich nicht mehr.

Ich organisierte sofort Hilfe und rief mit meinem Handy den Notarzt, der nach etwa 10 Minuten eintraf. Der Arzt stellte fest, dass sich Bettina das Genick gebrochen hatte. Giovanni wurde wütend und rief die Polizei an. Die traf wenige Minuten später ein. Giovanni erklärte den beiden Beamten, was ich ihm erzählt hatte. Er sagte den Beamten, dies alles sei nur geschehen, weil ich ein kleines Armband gestohlen habe. Er sagte aber auch, gehört und gesehen zu haben, wie ich Bettina nachgerufen habe, ihr zu verzeihen und dass Bettina mir nachgerufen habe, nichts mehr mit mir zu tun haben zu wollen.

Die Polizei hat mich mitgenommen. Ich verbrachte eine Nacht in einer Zelle. Dann wurde ich dem Ermittlungsrichter vorgeführt. Der erließ gegen mich einen Haftbefehl und erklärte mir, dass ich einen Rechtsanwalt nehmen könne. Deshalb habe ich Sie rufen lassen.

Heute ist Montag. Da habe ich meinen Friseursalon ohnehin geschlossen. Aber morgen muss ich wieder in meinem Geschäft sein. Ich bin die Seele des Salons. Die Kundinnen und Kunden erwarten mich. Am Donnerstag werde ich übrigens als Deutscher Meister nach London fliegen, um am Freitag meinen Titel als Vizeweltmeister für Föhnfrisuren zu verteidigen. Der Ermittlungsrichter hält mich wegen dieses Flugtickets für fluchtwillig.

Abschrift Haftbefehl

Amtsgericht Würzburg   Würzburg, den 18.3.2012
– Ermittlungsrichter –
8 Gs 302/2012

Haftbefehl

Gegen den Beschuldigten Kurt Holzmann, geb. am 23.4.1987 in Gemünden, ledig, wohnhaft in Würzburg, Birkenweg 19, Inhaber eines Friseurgeschäfts, deutscher Staatsangehöriger

wird die Untersuchungshaft angeordnet.

Er wird beschuldigt, am 17.3.2012 gegen 16.00 Uhr in Würzburg als Besucher des Restaurants Leone auf dem Gelände des Golfclubs unter Mitführens eines Golfschlägers ein Goldarmband im Wert von mehreren 100 EUR, das dem Restaurantbetreiber Giovanni Galo gehört und von diesem auf dem Tresen abgelegt worden war, an sich genommen zu haben, um es für immer zu behalten. Nach dem Verlassen des Lokals bedrohte der Beschuldigte seine Begleiterin Bettina Tief mit dem Golfschläger, sodass diese die Flucht ergriff. Der Beschuldigte verfolgte seine Begleiterin einige Meter. Nach kurzer Zeit stellte er seine Verfolgung ein. Dabei war ihm bewusst, das seine Begleiterin vor Angst und Schrecken weiterlaufen und später an den Rand einer Baugrube gelangen und dort abstürzen musste. Für diesen Fall nahm er den tödlichen Absturz in Kauf. Wie vorausgesehen fiel Bettina Tief in den Abgrund und brach sich dabei das Genick. Sie verstarb noch am Unglücksort.

Die beiden Handlungen sind mit Strafe bedroht nach §§ 244 I Nr. 1 a und 212 StGB.

Der Beschuldigte ist der Taten dringend verdächtig, weil er noch vor Ort festgenommen werden konnte und gegenüber dem Restaurantbetreiber Giovanni Galo den schweren Diebstahl sowie den Totschlag zugegeben hat. Bei dem ledigen Beschuldigten wurde ein Flugticket gefunden. Deshalb besteht Fluchtgefahr nach § 112 II Nr. 2 StPO.

Die Untersuchungshaft ist anzuordnen, weil sie zu der Bedeutung der Sache und der zu erwartenden Strafe nicht außer Verhältnis steht.

Messer
Richter am Amtsgericht.

Notizen nach Akteneinsicht vom 19.3.2012

Der Haftbefehl erging am Ende der Vernehmung des Mandanten am 18.3.2012. Das Protokoll über die Vernehmung in nichtöffentlicher Sitzung weist den Sitzungsbeginn mit 9.30 Uhr, das Sitzungsende mit 9.45 Uhr aus. Der Mandant hat keine Angaben zur Sache gemacht. Der Haftbefehl ist von Richter Messer unterzeichnet, der im Rahmen des richterlichen Bereitschaftsdienstes tätig wurde, sonst allerdings für Familiensachen zuständig ist. Rechtsanwalt Dr. Klug stellt weiterhin fest, dass dem Mandanten der Haftbefehl ordnungsgemäß eröffnet wurde und dieser ordnungsgemäß über sämtliche Rechte belehrt wurde. Insbesondere erklärte er nach einem Hinweis auf § 140 I StPO, dass er Rechtsanwalt Dr. Klug als seinen Wahlverteidiger beauftragen werde.

Stichpunkte zur Akteneinsicht bei der StA Würzburg, 19.3.2012:

Mandant hat bisher gegenüber der Polizei und dem Ermittlungsrichter keine Angaben zur Sache gemacht. Er ist jeweils über seine Rechte belehrt worden.

Giovanni Galo ist als Zeuge vernommen worden. Er gab an, den Streit zwischen dem Mandanten und dem Opfer durch ein Fenster beobachtet und die Schlussphase im Freien mitgehört zu haben. Der Mandant sei nach kurzer Verfolgung umgekehrt, nach einem Wortwechsel habe sich Bettina Tief enttäuscht abgewendet und sei in Richtung Baustelle gegangen. Später habe der Mandant ohne das Holz 7 mit Giovanni die Suche begonnen. – Das Goldarmband habe Giovanni auf der Theke abgelegt. Die Wegnahme habe er nicht bemerkt. Mandant habe das Armband zurückgegeben und dann die Suche begonnen.

Bundeszentralregisterauszug: Kein Eintrag.

Vermerk für den Bearbeiter:
In einem Gutachten ist zu untersuchen, ob der Haftbefehl zu Recht ergangen ist und ob eine Möglichkeit besteht, die Freilassung des Mandanten zu erreichen. Der erforderliche Schriftsatz ist zu fertigen.

Vorüberlegungen

1   Um rechtliche Schritte einleiten zu können, muss sich der Strafverteidiger Klarheit über den Stand des Verfahrens und die Strafbarkeit des Mandanten verschaffen. Ziel der Verteidigerbemühungen ist die Entlassung des Mandanten aus der U-Haft. In der Sache ist die Rechtmäßigkeit des Haftbefehls zu klären. Ansatzpunkte sind der dringende Tatverdacht, der Haftgrund und die Verhältnismäßigkeit. Die Durchsetzung der Haftentlassung muss über ein Rechtsmittel oder einen Rechtsbehelf erfolgen.

A. Haftrecht

2   I. Der Haftbefehl dient der Sicherung des Strafverfahrens durch Freiheitsentzug. Es gibt verschiedene Ausgangslagen für den Erlass eines Haftbefehls: (1) Häufig erfolgt nach Strafanzeige, § 158 I StPO, die Festnahme durch die Polizei, § 127 II StPO. Der Festgenommene ist dann unverzüglich, spätestens am Tage nach der Festnahme, dem Richter bei dem Amtsgericht, in dessen Bezirk er festgenommen worden ist, vorzuführen, § 128 I StPO. Der Richter entscheidet sogleich über die Freilassung oder erlässt einen Haftbefehl, § 128 II StPO. (2) In anderen Fällen beantragt die Staatsanwaltschaft im Verlauf des Ermittlungsverfahrens (also noch vor Abschluss der Ermittlungen) den Erlass eines Haftbefehls, weil beispielsweise bekannt wird, dass der Beschuldigte nach Kanada auswandern will. (3) Schließlich kann sich im Zwischenverfahren oder nach Beginn der Hauptverhandlung ergeben, dass der Angeschuldigte bzw.[1] Angeklagte in Untersuchungshaft zu nehmen ist. Dann erlässt das mit der Sache befasste Gericht den Haftbefehl. Schließlich gibt es den Erlass eines Haftbefehls nach der Urteilsverkündung. In solchen Fällen wird dem Angeklagten eröffnet,[2] weshalb er bestraft worden ist. Anschließend verkündet das Gericht den Haftbefehl (Beschluss) und lässt den Angeklagten aus dem Gerichtssaal in die Untersuchungshaft verbringen. Zu diesem Zweck werden schon während der Urteilsberatung telefonisch bei der Polizei die notwendigen Vorführungsbeamten[3] angefordert. Diese warten im Zuschauerraum, bis sie vorgerufen werden.

3   Folge des Haftbefehls ist – wird nicht zugleich der Vollzug nach § 116 StPO ausgesetzt – der Freiheitsentzug in Untersuchungshaft. Auf diese Weise soll die Durchführung des Strafverfahrens bei besonderen Gefährdungslagen gesichert werden. Den häufigsten Haftgrund bildet die Fluchtgefahr. Sie besteht, wenn die Würdigung der Umstände des Falles es wahrscheinlicher macht, dass sich der Beschuldigte dem Strafverfahren entziehe, als dass er sich ihm zur Verfügung halten werde.[4] Die Voraussetzungen[5] für den Erlass eines Haftbefehls sind in den §§ 112 ff. StPO vorgegeben. Für den Praktiker sind drei Schlagworte wichtig: *dringender Tatverdacht, Haftgrund, Verhältnismäßigkeit*.

4   Über den Erlass eines Haftbefehls entscheidet der Richter oder ein Gericht, niemals die Staatsanwaltschaft. Im Ermittlungsverfahren[6] obliegt die Entscheidung dem Ermittlungsrichter, §§ 125, 162 StPO. Für Entscheidungen nach Erlass des Haftbefehls (Haftprüfung etc.) gilt § 126 StPO. Nach Erhebung der öffentlichen Klage erlässt den Haftbefehl das mit der Sache befasst Gericht, § 126 II StPO.

5   II. Nach der Aufgabenstellung wurde der Mandant Holzmann von der Polizei festgenommen und nach § 128 I 1 StPO dem Ermittlungsrichter vorgeführt. Verfahrensfehler sind nach den

---

[1] § 157 StPO.
[2] § 268b StPO.
[3] Der Vorführdienst bringt den U-Häftling von der JVA zum Gerichtssaal und verbringt ihn wieder zurück.
[4] *Meyer-Goßner* § 112 Rn. 17.
[5] Im Falle der polizeilich angeordneten vorläufigen Festnahme vgl. § 127 II StPO.
[6] Das Ermittlungsverfahren endet mit dem Verfahrensabschluss. Danach gelangt die Akte zum Gericht, das über die Zulassung der Anklage oder den Erlass eines Strafbefehls zu entscheiden hat.

geschilderten Abläufen der Vorführung nicht ersichtlich. Das Verfahren lief offensichtlich wie folgt ab: Der Richter[7] wies zunächst auf die belastenden Umstände und das Recht hin, sich zur Beschuldigung zu äußern oder nicht zur Sache auszusagen; sodann hatte der Mandant Gelegenheit, die Verdachts- und Haftgründe zu entkräften und die Tatsachen geltend zu machen, die zu seinen Gunsten sprechen, §§ 128 I 2, 115 III StPO.[8] Der Ermittlungsrichter hielt die Voraussetzungen für einen Haftbefehl für gegeben, deshalb erließ er einen entsprechenden Beschluss.[9] Da der Richter die Rechtmäßigkeit der vorläufigen Festnahme nicht zu prüfen hatte, entschied er nur über die Fortdauer der Freiheitsentziehung. In diesem Zusammenhang hat ein Richter die Wahl zwischen (1) Freilassung, (2) Verschonen mit der Festnahme, § 127a StPO,[10] (3) Erlass eines Haftbefehls, §§ 112 ff., 125 StPO und (4) Erlass des Haftbefehls mit gleichzeitigem Aussetzen des Vollzugs nach § 116 StPO. Wegen des betroffenen Freiheitsrechts, ist immer sofort zu entscheiden.

III. Der Ermittlungsrichter gab den Haftbefehl bekannt und händigte eine Abschrift aus, § 114a StPO. Anschließend belehrte er den Mandanten nach § 128 II 3 iVm § 115 IV StPO über die Möglichkeit der Haftprüfung, Haftbeschwerde und die Möglichkeit der Benachrichtigung von Angehörigen, § 114c StPO, sowie die weiteren Rechte, § 114b StPO. Danach wurde der Mandant in die Zelle verbracht. Den Vollzug der Untersuchungshaft regeln §§ 119, 119a StPO sowie die U-Haftvollzugsgesetze der Bundesländer. 6

IV. Während die Akte mit den bisherigen Ermittlungsunterlagen über Polizei/Staatsanwaltschaft zum Ermittlungsrichter gelangte, wird die Polizei die Ermittlungen jetzt weiterbetreiben und alle Ergebnisse der Staatsanwaltschaft zuleiten, § 163 II 1 StPO. Würden sich die Voraussetzungen des Haftbefehls später nicht mehr bestätigen, beantragt die Staatsanwaltschaft nach § 120 III StPO die Aufhebung des Haftbefehls. 7

V. Der Untersuchungshäftling kann sich aus der Zelle heraus wehren. Zunächst wird er einen Strafverteidiger wählen und mit diesem die weiteren »Schritte« besprechen. Zudem hat der Verteidiger nach Maßgabe des § 147 StPO ein Recht auf Akteneinsicht. Der Verteidiger wird prüfen, ob er den Weg der Haftprüfung, § 117 StPO, einschlagen oder die Haftbeschwerde einlegen wird. Ziel beider Maßnahmen ist die Aufhebung des Haftbefehls oder die Aussetzung des Vollzugs nach § 116 StPO. Die Haftprüfung bringt die Sache vor den Richter, der den Haftbefehl erlassen hat. Damit zählt sie mangels Devolutiveffekts nicht zu den Rechtsmitteln. Ihr Vorteil besteht in der nach § 118 I, 5 StPO regelmäßig (unverzüglich spätestens aber innerhalb einer Frist von 2 Wochen) anzuberaumenden mündlichen Verhandlung.[11] Gegen die Entscheidung im Haftprüfungstermin gibt es das Rechtsmittel der Beschwerde, §§ 117 II 2, 304 I, 305 S. 2 StPO. 8

VI. Statt der Haftprüfung kann sogleich die Beschwerde gegen den Haftbefehl eingelegt werden. Klausurwichtig ist in diesem Zusammenhang der Vorrang der Haftprüfung vor der Haftbeschwerde, § 117 II 1 StPO. Die gleichzeitig beziehungsweise vor oder nach dem Haftprüfungsantrag eingelegte Beschwerde ist nämlich unzulässig. Damit bildet der tatsächlich gestellte Haftprüfungsantrag ein Beschwerdehindernis. 9

Unabhängig von der Staatsanwaltschaft und dem Freiheitsdrang des Beschuldigten hat das Gericht den Bestand des Haftbefehls von sich aus zu kontrollieren. Untersuchungshaft soll 10

---

[7] Mit Wirkung zum 1.1.2010 ist das Gesetz zur Änderung des Untersuchungshaftrechts vom 29.7.2009, BGBl. I 2274, in Kraft getreten. Die wichtigsten (examensrelevanten) Änderungen betreffen vor allem die Belehrungspflichten nach § 114b StPO und die Neuerung, dass allein die Vollstreckung der Untersuchungshaft einen Fall der notwendigen Verteidigung begründet (§ 140 I Nr. 4 StPO). Die Belehrungspflichten (insbesondere § 114b II, 4 StPO) treffen über § 127 IV StPO auch die Polizei bei der vorläufigen Festnahme – zu möglichen Konsequenzen vgl. *Bitmann* JuS 2010, 510.
[8] Auf dieser flüchtigen mündlichen Grundlage muss sich ein Beschuldigter verteidigen.
[9] Nichts anderes ist ein Haftbefehl. Ein Richter kann verfügen, beschließen, urteilen; ein Staatsanwalt kann nur verfügen.
[10] *Meyer-Goßner* § 127a Rn. 1.
[11] Hier stehen sich dann Richter, Staatsanwalt, Verteidiger und Beschuldigter unmittelbar gegenüber und können ihre Argumente mündlich austauschen.

nicht länger als sechs Monate dauern. Deshalb verlangt § 121 StPO eine Haftprüfung nach dieser Zeit. Soll die Untersuchungshaft länger dauern, muss darüber das Oberlandesgericht entscheiden.

11 Der früher noch geregelte Fall der Haftprüfung bereits nach drei Monaten (§ 117 IV StPO a.F.) ist durch das Gesetz zur Änderung des Untersuchungshaftrechts vom 29.7.2009 aufgehoben worden, da die Vollstreckung der Untersuchungshaft nunmehr einen Fall der notwendigen Verteidigung begründet (§ 140 I Nr. 4 StPO).

12 Im Rahmen der Eröffnung entscheidet das Gericht im Zwischenverfahren über die Anordnung oder Fortdauer der Untersuchungshaft, § 207 IV StPO. – Bei der Urteilsfällung ist zugleich von Amts wegen über die Fortdauer der Untersuchungshaft durch Beschluss, der mit dem Urteil verkündet wird, zu entscheiden, § 268b StPO.[12]

13 Gesamtschau: Die Untersuchungshaft als freiheitsentziehende Maßnahme wird sehr sorgfältig beobachtet und kontrolliert. Eine Akte bekommt einen roten Aufkleber »Haft«, der Haftbefehl wird auf rotes Papier geschrieben und fällt deshalb in der Akte auf. Die RiStBV enthalten in Nr. 46–60 Regelungen zur Untersuchungshaft. Staatsanwälte führen Haftlisten, aus denen sich ergibt, seit wann ein Beschuldigter einsitzt und wann von Amts wegen Haftprüfungen anstehen. Die laufende Untersuchungshaft wird in der Anklageschrift mit Hinweisen und Anträgen hervorgehoben.[13]

B. Lösungsschritte

14 Immer dann wenn in einer Klausur ein Haftbefehl vorliegt und sie nach der Aufgabenstellung als Wahl- oder Pflichtverteidiger/-in tätig sein sollen, wird regelmäßig zu prüfen sein, ob und gegebenenfalls wie gegen den Haftbefehl mit Erfolg vorgegangen werden kann. Da eine richterliche Entscheidung in der Haftfrage vorliegt, ist die Erfolgsaussicht einer Haftprüfung oder Haftbeschwerde zu prüfen.

I. Haftprüfung oder Haftbeschwerde

15 Das Ziel des Mandanten, aus der U-Haft entlassen zu werden, ist über die Haftprüfung (vor dem Ermittlungsrichter) und über die Haftbeschwerde (durch das Beschwerdegericht) erreichbar. Der zu stellende Antrag richtet sich gegen den Haftbefehl; in Betracht kommt der Antrag auf Aufhebung des Haftbefehls oder auf Außervollzugsetzung.

Abgrenzung Haftprüfung – Haftbeschwerde[14]:

1. Antrag auf Haftprüfung gem. § 117 I StPO

- kann jederzeit gestellt werden (§ 117 I StPO)
- bei dem Gericht, das den Haftbefehl erlassen hat
- Voraussetzung: Beschuldigter ist in Untersuchungshaft (= Vollzug der Haft)
- Antrag formlos möglich
- Antragsberechtigte § 118b StPO
- Begründung des Antrags nicht erforderlich
- Entscheidung mit oder ohne mündliche Verhandlung (in der Praxis ist mündliche Verhandlung die Regel)
- Beschuldigte hat ein (eingeschränktes) Recht auf mündliche Verhandlung (§ 118 III, 4 StPO)
- Entscheidung ergeht durch Beschluss
- Zuständig für die Entscheidung ist gem. § 126 StPO:
  Ermittlungsrichter oder erkennendes Gericht

---

12 Daher können in Klausuren Eröffnungsentscheidungen (Zwischenverfahren) und Urteile mit Haftfragen verbunden sein.
13 *Brunner* Abschlussverfügung Rn. 122, 185.
14 *Meyer-Goßner* § 117 Rn. 1–14.

5. Klausur: Haftrecht

- gegen die Entscheidung ist die Beschwerde statthaft (§§ 117 II S. 2, 304 StPO)

2. Haftbeschwerde gem. § 304 StPO

- statthaft gegen Haftbefehle (egal, ob vollzogen oder nicht oder außer Vollzug gesetzt)
- statthaft auch gegen einzelne Haftgründe
- Beschwerdeberechtigte §§ 296 ff. StPO (auch die Staatsanwaltschaft)
- Form: schriftlich oder zu Protokoll der Geschäftsstelle
- bei dem Gericht, das den Haftbefehl erlassen hat, § 306 I StPO = *iudex a quo*
- zunächst Prüfung der Abhilfe durch Haftgericht, § 306 II Hs. 1 StPO
- Vorlage an das Beschwerdegericht innerhalb von drei Tagen, § 306 II Hs. 2 StPO
- Beschwerdegericht ist das **nächsthöhere** Gericht
- Entscheidung meist ohne mündliche Verhandlung (diese ist aber möglich)
- Entscheidung ergeht durch Beschluss
- gegen die Entscheidung ist uU weitere Beschwerde statthaft, § 310 StPO

3. Verhältnis von Haftprüfung und Haftbeschwerde zueinander

Grundsatz: Vorrang der Haftprüfung

- Haftbeschwerde ist neben Haftprüfung unzulässig, § 117 II 1
- auch nach Rücknahme eines Haftprüfungsantrags bleibt Haftbeschwerde unzulässig
- wenn nach Einlegen der Haftbeschwerde Haftprüfung beantragt wird, wird die Haftbeschwerde unzulässig
- nach Anklageerhebung wird eine eingelegte Beschwerde in einen Antrag auf Haftprüfung umgedeutet

II. Erfolgsaussichten

Aus Verteidigersicht ist für die Erfolgsaussichten entscheidend, ob zum »jetzigen« Zeitpunkt die Voraussetzungen für einen Haftbefehl vorliegen. Es findet weder im Rahmen der Haftprüfung noch im Rahmen der Haftbeschwerde eine reine Rechtmäßigkeitskontrolle statt. Auch das Beschwerdeverfahren ist eine Tatsacheninstanz mit einer sachlichen Entscheidungsbefugnis des Beschwerdegerichts, § 309 II StPO.

Aus Verteidigersicht muss es deshalb das Ziel sein, die Voraussetzungen für einen Haftbefehl mit tatsächlichen und/oder rechtlichen Erwägungen zu entkräften.

1. Dringender Tatverdacht

Im Haftbefehl wird auf Diebstahl mit Waffen und auf Totschlag abgestellt. Beide Annahmen können unzutreffend sein. Deshalb ist jeder Tatkomplex eigenständig zu prüfen. Aus der Sicht des Strafverteidigers kommt es auf den für die Ermittlungsbehörden beweisbaren Sachverhalt an. Für den Tatkomplex »Wegnahme des Goldarmbandes« ist von der Schilderung auszugehen, wie sie der Mandant gegenüber dem Giovanni Galo (Zeuge vom Hörensagen) abgegeben hat. Rechtlich kann das Verhalten ein Diebstahl sein. Der Ermittlungsrichter ordnete das Geschehen als Diebstahl mit Waffen ein (Holz 7 ist »ein anderes gefährliches Werkzeug«). 16

Der Tatkomplex »Tod der Bettina« ist schwieriger zu bewerten. Sollte die Schilderung des Mandanten zutreffen, kommt zunächst eine Bedrohung in Betracht. Dann versuchte der Mandant das Holz 7 gegen Bettina Tief einzusetzen. Die versuchte Körperverletzung brach der Mandant jedoch ab, als er wieder umkehrte. Da Bettina Tief anschließend abstürzte und verstarb, ist die versuchte Körperverletzung mit Todesfolge zu prüfen. Hier stellt sich die Frage, ob der Rücktritt vom Grunddelikt nur noch zum Strafrahmen der fahrlässigen Tötung nach § 222 StGB führt. 17

Die Tatsachenschilderung des Mandanten ist aus der Sicht der Ermittlungsbehörden beweisbar. Denn Giovanni Galo hat durch das Fenster und dann im Freien den Streit, die Flucht von 18

5. Klausur: Haftrecht

Bettina Tief, das Nachsetzen des Mandanten, das Abdrehen des Mandanten und die jeweiligen Zurufe beobachtet bzw. mitgehört. Außerdem hat der Mandant dem Zeugen Giovanni Galo den Streit und den Grund des Streites geschildert. Der Zeuge konnte auch beobachten, dass der Mandant die Suche nach Bettina Tief ohne das Holz und in Sorge um Bettina Tief aufgenommen hat.

19 Der Ermittlungsrichter ordnete das Geschehen als Totschlag ein. Dies setzt Vorsatz voraus, den der Mandant jedoch nicht hatte. Dafür gibt es Ansatzpunkte: Zunächst die hohe Hemmschwelle zum Töten, wie sie bei einem nicht vorbestraften Friseur vorliegt. Entscheidend aber dürfte sein, dass Giovanni beobachtet hat, wie der Mandant schon nach kurzer Zeit die Verfolgung von Bettina aufgegeben hat, Bettina das bemerkt hat und wie der Mandant zusammen mit Giovanni nach Bettina gesucht hat. Deshalb kann kein Vorsatz – der objektiv auch nicht vorgelegen hat – begründet werden. Zu erörtern sind die versuchte Körperverletzung mit Todesfolge, der Rücktritt von der versuchten Körperverletzung, eine eventuell gegebene fahrlässige Tötung und eine Bedrohung. – Der eine Grappa (alkoholisches Getränk) bietet keine ausreichende Grundlage für die Erörterung von §§ 20, 21 StGB.

2. Haftgrund

20 Der Ermittlungsrichter begründet die Fluchtgefahr mit dem Hinweis auf das Flugticket. Hier bietet sich ein weiterer Angriffspunkt gegen den Haftbefehl. Denn der Mandant hat starke familiäre und berufliche Bindungen. Zur Sicherheit wird zu prüfen sein, ob andere Haftgründe vorliegen.

3. Verhältnismäßigkeit

21 Sie bildet keine Haftvoraussetzung, sondern bei Unverhältnismäßigkeit einen Haftausschließungsgrund.[15] Abzuwägen für die Beurteilung der Verhältnismäßigkeit sind die Schwere des Eingriffs in die Lebenssphäre des Mandanten gegen die Bedeutung der Strafsache und die Rechtsfolgenerwartung.[16]

III. Form des Antrags

22 Im Falle der Haftbeschwerde ist eine Beschwerdeschrift zu fertigen; andernfalls der Antrag auf Haftprüfung zu stellen.

---

15 *Meyer-Goßner* § 112 Rn. 8.
16 *Meyer-Goßner* § 112 Rn. 11.

5. Klausur: Haftrecht

Lösungsvorschlag

Gutachten

A. Beurteilung der Rechtmäßigkeit des Haftbefehls

Die vom Mandanten erwartete Freilassung aus der Untersuchungshaft könnte durch Aufhebung des Haftbefehls oder durch Außervollzugsetzung erreicht werden.

I. Der Haftbefehl wäre aufzuheben, wenn die Erlassvoraussetzungen nicht vorliegen: Maßstab sind der dringende Tatverdacht, die Fluchtgefahr und der Grundsatz der Verhältnismäßigkeit.

1. Der dringende Tatverdacht (§ 112 I 1 StPO) erfordert die große Wahrscheinlichkeit, dass der Beschuldigte Täter einer Straftat ist.[17]

a) Indem Holzmann im Gastraum das Goldarmband des Giovanni Galo genommen und eingesteckt hat, kann er einen Diebstahl nach § 242 I StGB begangen haben: Das Goldkettchen ist eine bewegliche Sache, die Holzmann nicht gehörte, also fremd war. Holzmann hat das Schmuckstück weggenommen. Wegnahme ist Bruch fremden und Begründung neuen Gewahrsams. Gewahrsam ist die von einem Gewahrsamswillen getragene tatsächliche Sachherrschaft; ob eine solche vorlag, ist nach der Erfahrung des täglichen Lebens zu entscheiden[18]. Das auf der Theke neben dem Zapfhahn abgelegte Kettchen befand sich noch im Gewahrsam des Giovanni Galo, da dieser jederzeit ohne großen Aufwand seine Sachherrschaft über das Kettchen ausüben konnte. Giovanni Galo hatte zu dieser Zeit Herrschaftswille, weil er nach der Reparatur am Zapfgestänge das Schmuckstück wieder anlegen wollte. Indem Holzmann das Kettchen in seine Hosentasche steckte, hat er den Gewahrsam des Giovanni Galo gebrochen und neuen, eigenen Gewahrsam begründet, auch wenn er erst nach 5 Minuten den Gastraum verlassen hat. Denn nach der Verkehrsanschauung bildet die Hosentasche einen neuen Gewahrsamsraum gegenüber dem von Giovanni Galo beherrschten Gastraum.

Holzmann handelte hinsichtlich der Wegnahme des Goldarmbandes mit Wissen und Wollen und in rechtswidriger Zueignungsabsicht. Absicht rechtswidriger Zueignung erfordert die auf Aneignung gerichtete Absicht und einen auf die Enteignung gerichteten (mindestens) bedingten Vorsatz. Da Holzmann das Kettchen einsteckte, um es später seiner Freundin zu schenken, wollte er in Richtung des Giovanni Galo die Enteignung und die vorübergehende Aneignen für sich selbst. Die erstrebte Zueignung war objektiv rechtswidrig, da Holzmann keinen Anspruch auf das Kettchen hatte.

Holzmann könnte sich überdies wegen eines Diebstahls mit einem anderen gefährlichen Werkzeug im Sinne des § 244 I Nr. 1 lit. a StGB strafbar gemacht haben, weil während des Diebstahls das Holz 7 in der Sporttasche lag. Dadurch führte er den Golfschläger bei sich, da er ihn derart in seiner Verfügbarkeit hatte, dass er sich des Schlägers durch einen bloßen Zugriff bei der Tatbegehung ohne besonderen Aufwandes hätte bedienen können. Zudem müsste der Golfschläger ein anderes gefährliches Werkzeug[19] sein.

Als ›anderes gefährliches Werkzeug‹ gilt grundsätzlich jeder Gegenstand, der geeignet ist, beim Betroffenen nicht unerhebliche Verletzungen herbeizuführen. Diese objektive Eignung hat ein Golfschläger von der Stärke eines Holzes 7. Mit[20] diesem Ausgangspunkt würde allerdings einem Dieb, der keinerlei Neigung zu Gewalttätigkeiten hat, das Bei-Sich-Führen eines

---
17 *Meyer-Goßner* § 112 Rn. 5.
18 *Fischer* § 242 Rn. 11 mwN.
19 Für eine gute Leistung genügt die Problemerfassung, -beschreibung und -lösung; notwendig sind eigene Erwägungen zum objektiven oder subjektiven Lösungsansatz. Je tiefer die Problemerörterung geführt werden kann, um so mehr wird der Prüfer zu Pluspunkten gelangen.
20 Damit setzt die Problembeschreibung ein.

Taschenmessers oder wie hier eines Holzes 7 strafschärfend angerechnet, obwohl die Wahrscheinlichkeit einer gewalttätigen Verwendung und damit der Grad der abstrakten Gefährdung des Opfers anders zu beurteilen ist als bei Waffen, deren Verwendungszweck auf den Einsatz gegen Personen zielt.[21] Da der Gesetzgeber mit § 244 StGB die gesteigerte Gefährlichkeit besonders erfassen will, kann nicht jedes Diebstahlsdelikt, bei dem ein latent gefährlicher Gegenstand mitgeführt wird, zu einem qualifizierten Delikt werden.[22]

30   Die subjektivierende Auslegung stellt deshalb darauf ab, ob der Täter den Gegenstand bei der Tat zum Einsatz gegen Menschen tatsächlich benutzen will (Widmungsakt). Einen solchen Widmungsakt hatte Holzmann nicht vorgenommen. Mithin ist die Qualifikation nicht erfüllt.

31   Die objektivierende Auslegung erreicht eine Einschränkung des weit geratenen Wortlauts von § 244 StGB durch zusätzliche Anforderungen, die unterschiedlich gesetzt sind: Ein gefährliches Werkzeug liege dann nicht vor, wenn der Gegenstand für eine mögliche Verletzung eines Menschen eine Zweckentfremdung erfahre. Nach dieser Betrachtung fehlt dem Golfschläger als Sportgerät die Eigenschaft »gefährliches Werkzeug«. Andere stellen darauf ab, ob der Gegenstand in der konkreten Situation ausschließlich als Gewaltmittel eingesetzt werden könne. Dieses Erfordernis erfüllt ein Golfschläger nicht, da er nur als Sportgerät verwahrt wurde. Schließlich dient als Einschränkungsgesichtspunkt, ob der Gegenstand wegen der ihm innewohnenden Gefährlichkeit von Gesetzes wegen nicht jedermann zur Verfügung stehe. Auch diese Erwägung führt nicht zur Annahme eines gefährlichen Gegenstandes, weil Golfschläger als Sportgeräte von jedem (der das notwendige Geld hat und ohne eine behördliche Genehmigung) erworben werden kann. Ein weiterer Auslegungsansatz der objektiven Ansicht fragt, ob der Gegenstand aufgrund seiner Beschaffenheit wie eine Waffe verwendet werden könne und in der Tatsituation für den objektiven Beobachter nach Gesamtwürdigung der Umstände auf den Einsatz gegen Menschen hindeute. Auch diese Betrachtung führt nicht zum gefährlichen Werkzeug, weil der Golfschläger in der Transporttasche lag und keinen Bezug zur Tat hatte.

32   Damit ist nach allen aufgezeigten Ansichten ein gefährliches Werkzeug nicht gegeben. In der obergerichtlichen Rechtsprechung wird teilweise eine subjektive Auslegung vertreten. Im Anschluss an eine Entscheidung des 3. Strafsenats (BGHSt 52, 257 ff.) dürfte die Rechtsprechung des BGH eher zu einer objektiven Bestimmung tendieren.[23]

33   **Ergebnis:** Holzmann hat einen Diebstahl nach § 242 I StGB begangen.

34   b) Durch die Ankündigung, Bettina Tief mit Schlägen über den Golfplatz zu jagen, könnte Holzmann eine Bedrohung nach § 241 StGB begangen haben. Erforderlich ist allerdings eine Bedrohung mit einem Verbrechen. Das von Holzmann in Aussicht gestellte Übel, Bettina mit einem Golfschläger zu schlagen, würde nach Vollendung den Tatbestand der gefährlichen Körperverletzung erfüllen und damit, weil als Mindeststrafe sechs und nicht zwölf Monate vorgesehen sind, kein Verbrechen auslösen, §§ 224 I, 12 I StGB.

35   c) Fraglich ist, ob der vom Ermittlungsrichter angenommene Totschlag vorliegt. Die nach der Bedrohung mit dem Holz 7 einsetzende Flucht der Bettina Tief endet im tödlichen Absturz. Der Ermittlungsrichter wertete dieses Vorgang als Totschlag. Zwar hat Holzmann eine nicht hinwegzudenkende Ursache für die Flucht, die anschließende Entscheidung zur Trennung und den damit verbundenen Tod seiner Freundin gesetzt. Fraglich ist allerdings, ob der nach § 15 StGB zu fordernde Vorsatz gegeben war. Holzmann dachte daran, Bettina Tief unter Einsatz des Holzes 7 zu schlagen, nicht aber daran, dass die Flucht mit anschließender Trennung im tödlichen Absturz enden könnte. Da er die örtlichen Verhältnisse im Waldbereich nicht näher kannte, hielt er das spätere Geschehen weder für wahrscheinlich, noch für möglich. Auch muss wegen der bei Mitteleuropäern gegebenen hohen Hemmschwelle zum Töten berücksichtigt werden, dass allein aus der Gefährlichkeit eines Handelns nicht auf den Tötungsvorsatz geschlossen werden darf. Überdies sprechen das Verhalten von Holzmann nach

---
21 *Hörnle* Jura 1998, 172.
22 Nun erfolgen Lösungsansätze.
23 Einen guten Überblick zu dieser Problematik gibt *Fischer* § 244 Rn. 14–24 und 52.

dem Streit, seine Sorge um Bettina Tief und die gemeinsame Hilfeaktion mit Giovanni Galo gegen die Annahme eines Tötungsvorsatzes.

d) Holzmann könnte eine versuchte Körperverletzung mit Todesfolge begangen haben: Dem Tod der Bettina Tief ging der Versuch des Holzmann voraus, mit dem Holz 7 zuzuschlagen. Betroffen ist das erfolgsqualifizierte Delikt der Körperverletzung mit Todesfolge, § 227 StGB. Der Versuch kann hier in zwei Fallgestaltungen in Betracht kommen. Zum einen kann der fahrlässig verursachte Tod schon beim Versuch des Grunddelikts eintreten (sog. erfolgsqualifizierter Versuch). Zum anderen kann der Entschluss des Täters die besondere Folge umfassen, seine Handlung aber nicht herbeiführen (versuchte Erfolgsqualifizierung). Da Holzmann zuschlagen wollte, kann die Körperverletzung nur versucht sein. Der Tod der Bettina Tief ist anschließend eingetreten. Mithin ist ein Fall des erfolgsqualifizierten Versuchs zu prüfen.[24] Dabei stellt sich zunächst die Frage, ob der Versuch des erfolgsqualifizierten Delikts überhaupt strafbar ist. Bedenken bestehen, weil eine Vorsatz-Fahrlässigkeits-Kombination vorliegt und bei fahrlässigen Taten der Versuch nicht strafbar ist. Mit dieser Wertung würde § 11 II StGB nicht ausreichend berücksichtigt. Der Gesetzgeber ordnet diese Fälle gerade als Vorsatztaten ein. – Ferner könnte gegen die Strafbarkeit des Versuchs von § 227 StGB sprechen, dass nach § 22 StGB der Versuch auf der Vorstellung des Täters von der Tat aufbaut, der Täter des erfolgsqualifizierten Versuchs aber keine Vorstellung von der gesamten Tat hat, weil er hinsichtlich der besonderen Folge nicht vorsätzlich handelt. Gegen diesen Einwand spricht, dass § 22 StGB nicht den Versuch definiert, sondern der Abgrenzung des Versuchs von der Vorbereitungshandlung dient. Gegen die Versuchstrafbarkeit könnte schließlich der Gesichtspunkt der tatbestandsspezifischen Gefahr (Erfolgsgefährlichkeit) sprechen. Nach § 227 StGB ist nämlich ein Gefahrzusammenhang zwischen dem Erfolg des Grunddelikt und der besonderen Folge zu verlangen. Da es aber beim Versuch des Grunddelikts noch nicht zum Erfolg des Grunddelikts gekommen ist, fehlt es bei diesen Delikten am Zwischenerfolg (Körperverletzung vor dem Eintritt des Todes). Anders hingegen, wer nur auf die Handlungsgefährlichkeit abstellt.[25] 36

Nach dem Sachverhalt ist es nicht zum Eintritt der Körperverletzung durch Einsatz des Holzes 7 gekommen. Damit scheidet die Strafbarkeit des erfolgsqualifizierten Versuchs unter dem Gesichtspunkt der Erfolgsgefährlichkeit aus. Die Rechtsprechung stellt indes auf die Handlungsgefährlichkeit ab. Der Wortlaut der Bestimmung steht einer solchen Auslegung nicht entgegen. Auch der Gesetzgeber ist ihr nicht entgegengetreten. Vielmehr hat er § 227 I StGB durch den Zusatz »(§§ 223 bis 226)« ergänzt, ohne die jeweils in den Absätzen 2 der §§ 223, 224 und 225 StGB enthaltenen versuchten Körperverletzungsdelikte vom Anwendungsbereich des § 227 StGB auszunehmen. 37

Damit ist zu prüfen, ob eine versuchte Körperverletzung als Ausgangspunkt für § 227 StGB verwirklicht worden ist: Holzmann ergriff das Holz, ohne es jedoch einsetzen zu können. Deshalb fehlt der Eintritt der Körperverletzung. Nach §§ 23 I, 12 I, 227 I StGB ist der Versuch strafbar. Holzmann hatte Tatentschluss, weil er mit dem Holz 7 auf den Körper seiner Freundin einschlagen wollte. Er müsste außerdem unmittelbar zur Tat angesetzt haben, § 22 StGB. Ein solches Ansetzen liegt bei Handlungen des Täters dann vor, wenn sie nach dem Tatplan der Verwirklichung eines Tatbestandsmerkmals unmittelbar vorgelagert sind und im Falle ungestörten Fortgangs ohne Zwischenakte in die Tatbestandshandlung unmittelbar einmünden.[26] Nach dem Plan des Holzmann wollte er mit dem ergriffenen und zum Schlag in Position gebrachten Holz 7 aus dem einsetzenden Schwung heraus den Körper von Bettina Tief treffen. Damit setzte Holzmann unmittelbare zur Tatbestandsverwirklichung an. 38

Allerdings könnte Holzmann vom Versuch der Körperverletzung strafbefreiend zurückgetre- 39

---

24 Hier liegt materiellrechtlich ein Schwerpunkt der Arbeit, weil begründet werden muss, ob hinsichtlich der Strafbarkeit des erfolgsqualifizierten Versuchs grundsätzliche Bedenken bestehen. Ein weiterer Problemkreis erschließt sich, sofern erkannt wird, dass Holzmann vom Versuch des Grunddelikts zurückgetreten sein kann. Immerhin hat er Bettina Tief nur kurze Zeit verfolgt und ist dann unverrichteter Dinge umgekehrt.
25 *Fischer* § 227 Rn. 2 ff.
26 *Fischer* § 22 Rn. 10 mwN.

ten sein, weil er nach einigen Verfolgungsschritten umgekehrt und erklärt hatte, zu verzeihen, § 24 I StGB:[27] Bis zum Abbruch der Verfolgung war der Versuch noch nicht beendet; Holzmann hätte ohne weiteres weiterlaufen, Bettina einholen und wie ursprünglich geplant, mit Holz 7 schlagen können. Er beendete die Verfolgung aus freien Stücken und handelte deshalb freiwillig. Da § 24 I StGB keine Einschränkung enthält, ist er auch auf den Rücktritt vom Grunddelikt im Falle der Vorsatz-Fahrlässigkeits-Kombination anwendbar. Erwägungen wie, der Schutzzweck der erfolgsqualifizierten Delikte spreche gegen eine Strafbefreiung oder der Täter habe das gefährdende Geschehen schon aus der Hand gegeben, ändern am klaren Wortlaut des Gesetzes nichts.[28]

40 e) Damit entfällt eine Strafbarkeit nach § 227 StGB. Zu prüfen bleibt der Vorwurf der fahrlässigen Tötung nach § 222 StGB: Durch die Bedrohung mit dem Holz 7 setzte Holzmann eine Ursache für die Flucht und den späteren Absturz seiner Freundin. Die objektive Sorgfaltspflichtverletzung ist gegeben, weil Holzmann mit dem Ausholen zum Schlag und seinen vorherigen Äußerungen die im Verkehr erforderliche Sorgfalt außer acht gelassen hat. Maßstab sind die Anforderungen, die bei einer Betrachtung der Gefahrenlage ex ante an einen besonnenen und gewissenhaften Menschen in der konkreten Lage und der sozialen Rolle des Handelnden zu stellen sind. Im Verlauf eines Streitgesprächs gehört es zu den Sorgfaltspflichten, ein Verhalten zu unterlassen, das den anderen in Angst und Schrecken und zur zunächst unkontrollierten Flucht in Richtung auf ein gefährdendes Gelände veranlasst. Der Tod von Bettina Tief war objektiv vorhersehbar. Dies ist deshalb der Fall, weil der Erfolg in seiner konkreten Gestalt und der wesentliche Kausalverlauf nicht so sehr außerhalb der Lebenserfahrung liegen, dass nicht damit zu rechnen war. Maßstab ist hierbei die Kenntnis von der Panik und der Flucht in Richtung eines deutlich als Baustelle gekennzeichneten Waldbereichs.

41 Allerdings kann die objektive Zurechnung des Erfolgs fehlen. Nach der Rechtsprechung entfällt die Kausalität, wenn die Pflichtwidrigkeit für den Erfolg nicht ursächlich geworden ist. Danach lässt eine freiverantwortliche Selbstgefährdung die objektive Zurechnung entfallen. So liegt der Fall. Denn Holzmann gab nach wenigen Schritten die Verfolgung von Bettina Tief auf, rief ihr nach, er habe ihr verziehen, Bettina Tief erkannte dies, sah sich zu Holzmann um, bemerkte, dass dieser die Verfolgung aufgegeben hatte und brachte dies auch zum Ausdruck, indem sie nachrief, nichts mehr mit ihm zu tun haben zu wollen. Als dann Bettina Tief die Absperrung zur Baustelle selbst überstiegen hat und in den verkehrsgefährdeten Waldbereich hineingegangen ist, änderte sich der Verursachungsbeitrag des Holzmann. Nunmehr war er nur noch Veranlasser einer freiverantwortlichen Selbstschädigung. In solchen Fällen kommt die Strafbarkeit des Veranlassers nur dann in Betracht, wenn er gegenüber dem Opfer ein überlegenes Wissen hat. Da Bettina Tief den Wald und die Baustelle ebenso kannte wie Holzmann, hatte dieser das Risiko nicht besser erfasst als die Rechtsinhaberin Tief; deshalb handelte er nicht aufgrund überlegenen Wissens.

42 Ergebnis: Der Mandant hat sich nicht wegen fahrlässiger Tötung strafbar gemacht.

43 2. Der Haftbefehl vom 18.3.2012 könnte unverhältnismäßig sein, § 112 I 2 StPO.

Die fehlende Verhältnismäßigkeit ist ein Haftausschließungsgrund,[29] der vorliegt, wenn der Eingriff in die Freiheit unzulässig ist, weil die vollständige Aufklärung der Tat oder die rasche Durchführung des Verfahrens einschließlich der Urteilsvollstreckung anders gesichert werden kann. Abzuwägen sind dabei die Schwere des Eingriffs in die Lebenssphäre des Beschuldigten gegen die Bedeutung der Strafsache und die Rechtsfolgenerwartung. Nur wenn die Unverhältnismäßigkeit unter beiden Gesichtspunkten besteht, hindert sie den Erlass des Haftbefehls:[30] Bei zutreffender rechtlicher Bewertung besteht dringender Tatverdacht hinsichtlich eines Diebstahls; der mögliche Wert des Goldarmbandes beläuft sich auf etwa 400 EUR; das Diebesgut ist zurückgegeben und war nur für kurze Zeit angeeignet. Da der Mandant nicht

---

27 Ein fehlgeschlagener Versuch sollte – weil fernliegend – nicht erörtert werden.
28 Nicht erforderlich ist es, auf die dem Tod unmittelbar vorangegangene Körperverletzung während des Absturzes abzustellen. Dieser Vorgang war von Holzmann weder erkannt noch gewollt.
29 *Meyer-Goßner* § 112 Rn. 8.
30 *Meyer-Goßner* § 112 Rn. 11; die hier vorgegebenen Prüfungspunkte können wörtlich in die Lösung übernommen werden.

vorbestraft ist, gestehen wird und in geordneten Verhältnissen lebt, wird eine Geldstrafe von unter neunzig Tagessätzen zu erwarten sein. Demgegenüber steht die Freiheitsentziehung, die Schädigung des geschäftlichen Rufs und die Unmöglichkeit, den Vizeweltmeistertitel zu verteidigen. Insgesamt erweist sich der Haftbefehl als unverhältnismäßig.[31]

3. Der Haftgrund der Fluchtgefahr könnte zu Unrecht angenommen worden sein, § 112 II Nr. 2 StPO. Fluchtgefahr besteht nur dann, wenn die Würdigung der Umstände des Falles es wahrscheinlicher macht, dass sich der Beschuldigte dem Strafverfahren entziehen, als dass er sich ihm zur Verfügung halten werde.[32] Zu berücksichtigen sind alle Umstände des Falles, insbesondere die Art der vorgeworfenen Tat, die Persönlichkeit des Beschuldigten, seine Lebensverhältnisse, sein Vorleben und sein Verhalten vor und nach der Tat. Gegen die Fluchtgefahr sprechen daher die starke familiäre und berufliche Bindung des Beschuldigten, der einen festen Wohnsitz hat, ein Friseurgeschäft erfolgreich führt und dabei mit den Geschäftsgründern, seinen Eltern noch zusammenwirkt. Da eine eher niedrige Geldstrafe zu erwarten ist, führt auch nicht die Angst vor einer besonders hohen Strafe zur Annahme einer Fluchtgefahr. Das beim Beschuldigten gefundene Flugticket steht in keinem Zusammenhang mit einer Fluchtbewegung. Der Beschuldigte hat schon vor dem Unglückstag das Flugticket erworben, um an einer Weltmeisterschaft für Föhnfrisuren in London teilnehmen zu können. Insgesamt fehlt die Fluchtgefahr.

Weitere Haftgründe sind nicht erkennbar.

B. Maßnahmen zur Aufhebung des Haftbefehls

Als U-Häftling kann der Mandant jederzeit die gerichtliche Prüfung mit dem Gegenstand beantragen, ob der Haftbefehl aufzuheben oder dessen Vollzug nach § 116 StPO auszusetzen ist (Haftprüfung, § 117 I StPO). Daneben besteht die Möglichkeit der Haftbeschwerde nach § 304 I StPO, die allerdings neben dem Antrag auf Haftprüfung nicht zulässig ist, § 117 II StPO. Für den Mandanten bietet der Antrag auf Haftprüfung Vorteile. Denn falls der Ermittlungsrichter, der über die Aufhebung des Haftbefehls zu entscheiden haben wird, die Fortdauer der Untersuchungshaft anordnen sollte, kann gegen diese Negativentscheidung anschließend die Haftbeschwerde eingelegt werden. Hierbei spielt auch eine Rolle, dass der »Ermittlungsrichter Messer«, der am Sonntag den Haftbefehl erlassen hat, im Rahmen des Bereitschaftsdienstes tätig wurde und deshalb über einen Haftprüfungsantrag am Montag der geschäftsplanmäßig zuständige Ermittlungsrichter entscheiden wird. Schließlich ist zu erwarten, dass der zur Objektivität verpflichtete Ermittlungsrichter und auch die Staatsanwaltschaft die Unverhältnismäßigkeit der Untersuchungshaft erkennen werden. Demgegenüber ist auch zu berücksichtigen, dass auch das Beschwerdegericht eine Sachentscheidung treffen kann (und zwar regelmäßig ohne mündliche Verhandlung) und hier der Sachverhalt aufgrund der Zeugenaussage im Wesentlichen geklärt ist. Auch wenn wegen der verbleibenden Strafbarkeit wegen Diebstahls auch bei einer Haftbeschwerde, für die hier das Landgericht Würzburg und zwar eine Große Strafkammer zuständig wäre (§§ 73 I, 76 I 2 GVG), »neuer« Tatsachenvortrag zur Frage der Fluchtgefahr wegen des Flugtickets erfolgen müsste, erscheint hier die Haftbeschwerde als die »schnellere« und damit die für die Interessen des Mandanten bessere Variante. Zum einen liegen die fehlerhafte rechtliche Beurteilung und damit die Unverhältnismäßigkeit der Untersuchungshaft deutlich auf der Hand. Zum anderen kann die Fluchtgefahr wegen des Flugtickets auch durch Vorlage von Kopien der Einladung zur Weltmeisterschaft oder ähnliches entkräftet werden. Der geschäftsplanmäßige Ermittlungsrichter, der den Mandanten bislang noch nicht gesehen hat, wird auf einen Haftprüfungsantrag hin – auch ohne Terminsantrag – in der Praxis eher eine Terminsbestimmung in Erwägung ziehen als die Beschwerdekammer auf eine Beschwerde hin, § 118 I u. II StPO.

---

[31] Ob die Verhältnismäßigkeit grundsätzlich abzulehnen ist, wenn keine Freiheitsstrafe zu erwarten ist, ist streitig. Vgl. *Meyer-Goßner* § 112 Rn. 11 aE. Aus Verteidigersicht ist diese Auffassung hier jedenfalls gut zu vertreten.
[32] *Meyer-Goßner* § 112 Rn. 17.

47 Zwar haben Staatsanwaltschaft und Gericht stets von Amts wegen zu prüfen, ob die Fortdauer der Untersuchungshaft gerechtfertigt ist. Der bloße Hinweis an den Ermittlungsrichter, dass die bisherige rechtliche Bewertung unzutreffend ist, würde jedoch nur zu einer Aktenvorlage führen, nicht jedoch ein förmliches Verfahren einleiten. Deshalb wird hier die Haftbeschwerde als Mittel zur Freilassung des Mandanten gewählt, zumal auch diese beim Amtsgericht/Ermittlungsrichter einzulegen ist und dieser auch bereits im Wege der Abhilfe den Haftbefehl aufheben kann (§§ 306 I u. II StPO).

C. Haftbeschwerde

48 Rechtsanwalt 97070 Würzburg, den 19.3.2012
Dr. Klug Ottostraße 12

An das

Amtsgericht Würzburg
– Ermittlungsrichter –

Az. 8 Gs 302/2012

In der Haftsache

gegen Kurt Holzmann, geb. am 23.4.1987 in Gemünden, lediger, deutscher Staatsangehöriger, wohnhaft Birkenweg 19, 97076 Würzburg, zur Zeit in Untersuchungshaft in der JVA Würzburg

wegen Totschlags u.a.,

lege ich als Wahlverteidiger (Vollmacht anbei) gegen den Haftbefehl des Amtsgerichts Würzburg vom 18.3.2012, Aktenzeichen 8 Gs 302/2012,

Beschwerde

ein.

Ich beantrage,

den Haftbefehl des Amtsgerichts Würzburg vom 18.3.2012 aufzuheben.

Begründung:

Der Haftbefehl ist aufzuheben, weil der angenommene dringende Tatverdacht für einen Totschlag und einen Diebstahl mit Waffen nicht besteht. Mein Mandant hat durch die Ansichnahme des Goldarmbands einen Diebstahl nach § 242 StGB begangen, was er hiermit auch einräumt. Hinsichtlich des Todes von Frau Bettina Tief ist meinem Mandanten jedoch kein strafbares Verhalten anzulasten.

1. Die Wegnahme des Goldarmbandes erfüllt den Tatbestand des Diebstahls nach § 242 StGB, nicht aber den des Diebstahls mit Waffen: Der während der Wegnahme des Goldarmbandes auf der Sporttasche liegende Golfschläger ist nämlich kein gefährliches Werkzeug im Sinne von § 244 I Nr. 1 StGB. Inzwischen ist in der Rechtsprechung anerkannt, dass nicht jeder vom Täter bei sich geführte Gegenstand, der zum Zufügen erheblicher Verletzungen geeignet ist, zum Diebstahl mit Waffen führt. Denn andernfalls würde einem Dieb, der keinerlei Neigung zu Gewalttätigkeiten hat, das Bei-Sich-Führen eines Taschenmessers oder wie im Falle meines Mandanten eines Golfschlägers strafschärfend angerechnet, obwohl die Wahrscheinlichkeit einer gewalttätigen Verwendung und damit der Grad der abstrakten Gefährdung des Opfers anders zu beurteilen ist als bei Waffen. Deshalb fordert die Rechtsprechung (zB OLG Stuttgart NJW 2009, 2756) teilweise für die Annahme eines Diebstahls mit Waffen für den Fall des Bei-Sich-Führens eines anderen gefährlichen Werkzeugs, dass der Täter das Werkzeug bewusst gebrauchsbereit bei sich hat. Bei einem Golfschläger in einem Club-Restaurant

liegt ein entsprechendes Bewusstsein nicht auf der Hand. Ein solches Bewusstsein bestand beim Beschuldigten auch zu keinem Zeitpunkt. Mein Mandant war zum Golfspielen gekommen und hatte nur zufällig den Schläger in greifbarer Nähe, als er einer unglücklichen Eingebung folgend, das Goldarmband des Giovanni Golo an sich nahm. Aber selbst wenn man mit der neueren Rechtsprechung des BGH (NJW 2008, 2861) auf eine objektive Abgrenzung abstellt, liegt hier kein gefährliches Werkzeug vor, weil der Golfschläger verpackt in der Sporttasche lag und in der konkreten Tatsituation auch aus der Sicht eines objektiven Betrachters keine waffenvertretende Funktion hatte.

Der somit verbleibende einfache Diebstahl eines Goldarmbandes im Wert von ca. 400 EUR, das überdies schon nach kurzer Zeit an den Eigentümer zurückgegeben worden ist, rechtfertigt unter keinem Gesichtspunkt die angeordnete Untersuchungshaft. Es wäre unverhältnismäßig, bei einer zu erwartenden Geldstrafe, meinen Mandanten in Untersuchungshaft zu belassen. Die vollständige Aufklärung der Tat – wozu mein Mandant durch ein Geständnis beitragen wird – und die Durchführung des Verfahrens einschließlich der Vollstreckung sind auch dann gesichert, wenn mein Mandant wieder aus der Haft entlassen ist. Das bei meinem Mandanten aufgefundene Flugticket nach London dient allein dem Zweck, nach London an- und abzureisen, um dort an der Weltmeisterschaft für Föhnfrisuren teilzunehmen. Mein Mandant will seinen im letzten Jahr errungenen 2. Platz verteidigen bzw. den Weltmeistertitel anstreben. Seine Reise als Deutscher Meister für Föhnfrisuren liegt im nationalen Interesse. Dies alles würde durch den Fortbestand des Haftbefehls unmöglich gemacht. Zur Bestätigung, dass die Reise nur der Teilnahme an der Weltmeisterschaft dient, füge ich Kopien der Urkunden über das Erreichen des 2. Platzes im Vorjahr, des Deutschen Meistertitels und der Einladung zur Weltmeisterschaft bei.

2. Hinsichtlich des von meinem Mandanten außerordentlich bedauerten Todes von Frau Bettina Tief liegt ein Unglück, aber keine Straftat vor.

Der Zeuge Giovanni Galo hat als Augen- und Ohrenzeuge sowie als Zeuge vom Hörensagen bekundet, dass zwischen Frau Bettina Tief und meinem Mandanten ein Streit stattgefunden hat. Auch mein Mandant gibt zu, dass er gedroht hatte, Frau Tief mit dem Golfschläger mittels Schlägen über den Golfplatz zu jagen. Hierzu ist es jedoch durch die Flucht von Frau Tief nicht gekommen. Leider hat sich nach Beendigung der Flucht das Verhalten von Frau Tief zum Unglück hin entwickelt.

Für die Beurteilung des Geschehens sind das Gespräch zwischen Frau Tief und meinem Mandanten und das Weitergehen in den Baustellenbereich maßgeblich. Denn vor dem Übersteigen der Absperrung zur Baustelle, in der das Unglück geschehen ist, war zwischen Frau Tief und meinem Mandanten klar, dass mein Mandant sein ursprüngliches Ansinnen aufgegeben hatte. Dies bekundete auch der Zeuge Giovanni Galo. Auf dieser Tatsachengrundlage ist der Fall rechtlich vollständig neu zu bewerten:

Die Annahme eines Tötungsvorsatzes scheidet aus. Mein Mandant hatte Verletzungsvorsatz, hätte jedoch niemals die Hemmschwelle zum Töten überschritten. Hierbei ist zu berücksichtigen, dass mein Mandant nicht vorbestraft ist und in geordneten Verhältnissen lebt. Es gibt keinen Grund anzunehmen, dass ein angesehener Friseurmeister aus einem Streit heraus seine langjährige Freundin mit einem Golfschläger auf dem Golfplatz vor den Augen der Mitspieler, von Bekannten und Kunden erschlagen will. Bedauern muss mein Mandant, dass er sich überhaupt zu einer Körperverletzungsplanung hat hinreisen lassen. Allein sein Verhalten nach dem Unglück beweist, dass er den Eintritt des tödlichen Erfolgs niemals gewollt hat.

Die geplante Körperverletzung gibt mein Mandant zu. Allerdings ist er von diesem Vorhaben durch Aufgabe der Verfolgung freiwillig zurückgetreten, § 24 I StGB. Dieser Umstand ist bei Erlass des Haftbefehls vollständig unberücksichtigt geblieben. Gleiches gilt für den Versuch des erfolgsqualifizierten Delikts nach § 227 StGB.

Die Bedrohung mit dem Golfschläger führte nicht zu einer fahrlässigen Tötung, § 222 StGB. Es ist zwar leider so, dass mein Mandant die Flucht von Frau Tief in Richtung der Baustelle ausgelöst hat. Frau Tief hat aber nach dem letzten Wortwechsel selbst entschieden, in den Baustellenbereich hineinzugehen. Ab diesem Zeitpunkt wirkte das Handeln meines Mandanten nicht mehr fort. Denn es bestand kein Grund mehr, sich einer längst aufgegebenen Bedrohung durch Flucht zu entziehen. Frau Tief hat sich frei verantwortlich selbst geschädigt. Ihr Verhalten hat den von meinem Mandanten gesetzten Ursachenzusammenhang zerbrochen.

3. Im Hinblick auf die dringend erforderliche Mitarbeit meines Mandanten im Friseurgeschäft – auch um unnötige wirtschaftliche Schädigungen zu vermeiden – bitte ich um kurzfristige Entscheidung, ggf. auch durch den Ermittlungsrichter im Wege der Abhilfeentscheidung. Sollte das Gericht zu dem Ergebnis gelangen, dass der Haftbefehl aufrechtzuerhalten sei, so kann dieser jedenfalls durch geeignete Auflagen und Weisungen nach § 116 StPO außer Vollzug gesetzt werden. Für den Fall, dass das Gericht die Durchführung einer mündlichen Verhandlung für erforderlich halten sollte, steht einer sofortigen Ansetzung heute oder morgen nichts im Wege. Für Rückfragen stehe ich unter meiner Telefon-Nummer jederzeit zur Verfügung.

Dr. Klug

6. Klausur: Strafbefehlsverfahren

Am Samstag, den 11.2.2012 kommt August Maier zusammen mit seiner Ehefrau Klara Maier, geb. Ehrlich, in die Kanzlei des Rechtsanwalts Dr. Hans Klug in 97070 Würzburg, Schnellstraße 1, und schildert folgende Angelegenheit:

»Das Amtsgericht Würzburg ließ mir am 14.1.2012, einem Samstag, einen Strafbefehl zustellen, den ich hiermit übergebe (Anlage 1). Meinen Einspruch vom 28.1.2008 steckte ich am Montag, den 30.1.2009, selbst in den Gerichtsbriefkasten des Amtsgerichts Würzburg. Ich beschwere mich nur gegen die Geldstrafe. – Am Mittwoch, den 8.2.2012, erließ das Amtsgericht Würzburg gegen mich ein Urteil, das mir heute zuging. Das Amtsgericht verwarf am 8.2.2012, 14.30 Uhr meinen Einspruch kostenpflichtig, weil ich nicht zum Termin erschienen bin. Herr Rechtsanwalt, ich konnte zu diesem Termin nicht kommen, weil ich in der Zeit vom 31.1. bis 8.2.2012 im Urlaub war und von der Terminsladung, die am 1.2.2012, einem Mittwoch, durch Niederlegung bei der Post erfolgte, erst am 9.2.2012 Kenntnis erlangte. Ladung zum Termin und der Gerichtstermin fanden also während meines Kurzurlaubs statt. Ich befand mich zusammen mit meiner Frau für neun Tage in Sexten (Südtirol) zum Skilanglauf. Zum Nachweis lege ich Ihnen die Abrechnung des Hotels ›Reiner‹ vor. Meine Frau kann den Urlaub, die Rückkunft und das Abholen der Terminsladung am 9.2.2009 gegen 9.00 Uhr bestätigen.

Ich beschränkte den Einspruch ganz bewusst auf die Rechtsfolgen, weil mein Neffe, ein Jurastudent im 2. Semester, mir dies riet. Wir dachten uns, von dem Vorwurf der Urkundenfälschung komme ich wohl nicht mehr los. Die Strafe will ich aus zwei Gründen nicht hinnehmen: Es handelt sich um meine erste Verurteilung und ich weiß, dass in einem Führungszeugnis Strafen von bis zu 90 Tagessätzen nicht ausgewiesen werden. Ich möchte also von den 100 Tagessätzen weg. Im Übrigen beträgt mein Nettoeinkommen nur 1.500 EUR. Meine Frau hat kein eigenes Einkommen, Kinder haben wir nicht. Ich meine, bei einem Tagessatz von 50 EUR wird meine Frau mitbestraft. Unser Haus ist abbezahlt. Mein Nettoeinkommen steht meiner Gattin und mir voll zur Verfügung. Wir hatten noch für den Einspruch erwogen, ob auf den Urlaub bei Gericht hingewiesen werden sollte, sahen aber wegen der Kürze des Urlaubs davon ab.

Vor Erlass des Strafbefehls bin ich von der Polizei vernommen worden. Ich konnte dort – wie es der Wahrheit entspricht – überzeugend darlegen, dass ich seit 20 Jahren im Autogeschäft als jeweils angestellter Verkäufer erfolgreich tätig bin. Die Firma Fiat-Hofmann hätte also einen guten Autoverkäufer eingestellt. Notfalls kann ich dies durch meine ehemaligen Arbeitgeber im Prozess beweisen. Ich habe in dem selbst verfassten Arbeitszeugnis gegenüber dem Original lediglich meine berufliche Qualifikation etwas geschönt. Heute ärgere ich mich sehr; denn mit dem Originalzeugnis wäre ich sicher eingestellt worden. Herr Rechtsanwalt, man macht eben immer wieder einmal einen dummen Fehler. Ich wollte gar nicht den Eindruck eines Originalzeugnisses erwecken. Aus diesem Grund setzte ich eigens auf mein Fotokopierwerk oben rechts – quer – den Vermerk:

Fotokopie.

Herr Rechtsanwalt, ich bitte Sie, diese verfahrene Situation zu bereinigen und die notwendigen Schritte zu unternehmen. An einen Freispruch glaube ich allerdings selbst nicht.«

Anlage 1

Amtsgericht Würzburg 12.1.2012
12 Cs 123 Js 212/12

Herrn
August Maier
geboren am 9.7.1956 in Würzburg
verheirateter deutscher Autoverkäufer
Münzstraße 19
97070 Würzburg

Strafbefehl

Die Ermittlungen der Staatsanwaltschaft ergaben folgenden Sachverhalt:

Zu einem nicht mehr genau feststellbaren Zeitpunkt vor dem 1.9.2011 stellten Sie mit Wissen und Wollen in Kenntnis des Unrechts Ihres Tuns ein Arbeitszeugnis über Ihre Tätigkeit bei Ihrem früheren Arbeitgeber – Firma VW-Müller, Würzburg – selbst her, indem Sie auf die Rückseite eines mit Ihrem Namen versehenen Briefbogens den von Ihnen selbst erstellten Text eines Arbeitszeugnisses und darunter eine von einem anderen Schreiben ausgeschnittene Unterschrift der Firma VW-Müller, Würzburg, klebten. Über dem Text befestigten Sie den ebenfalls ausgeschnittenen Firmenaufdruck der Firma VW-Müller, Würzburg. Von dem so erstellten und für Sie günstigen Zeugnis fertigten Sie Kopien. Am 1.9.2011 bewarben Sie sich schriftlich bei der Firma Fiat-Hofmann, Würzburg, als Autoverkäufer. Den Bewerbungsunterlagen fügten Sie eine Fotokopie von dem selbst erstellten Zeugnis bei, um auf diese Weise eine Anstellung zu erreichen. Die Kopie war oben auf der rechten Seite mit einem Quervermerk »Fotokopie« versehen. Vom Empfänger wurde die Fälschung erkannt, eine Anstellung abgelehnt und Anzeige bei der Staatsanwaltschaft Würzburg erstattet.

Sie sind daher schuldig,

zur Täuschung im Rechtsverkehr eine unechte Urkunde hergestellt und eine unechte Urkunde gebraucht zu haben,

strafbar als

Urkundenfälschung gem. § 267 I StGB.

Beweismittel:

a) Zeugen: August Müller, Ottostraße 19, 97070 Würzburg,
             PHM Kurt Genauig, Sanderstraße 4, 97070 Würzburg.

b) Urkunden: Zeugnis, das den Bewerbungsunterlagen vom 1.9.2011 beigefügt war,
             Auszug aus dem Bundeszentralregister.

Auf Antrag der Staatsanwaltschaft werden Sie deswegen zu einer Geldstrafe von 100 Tagessätzen verurteilt. Der Tagessatz beträgt 50 EUR. Die Geldstrafe beträgt somit insgesamt 5.000 EUR. Sie haben die Kosten des Verfahrens zu tragen.

Dieser Strafbefehl steht einem rechtskräftigen Urteil gleich und wird vollstreckt werden, wenn Sie nicht innerhalb von zwei Wochen nach der Zustellung bei dem umseitig bezeichneten Amtsgericht schriftlich oder zu Protokoll der Geschäftsstelle Einspruch erheben. Der schriftlich erhobene Einspruch muss vor Ablauf der Frist beim Gericht eingehen. Mit dem Einspruch kann die Angabe der zur Verteidigung dienenden Beweismittel verbunden werden.

Bei rechtzeitigem Einspruch findet Hauptverhandlung vor dem Amtsgericht statt, sofern nicht bis zu ihrem Beginn die Staatsanwaltschaft die Klage fallen lässt oder der Einspruch zurückgenommen wird.

Die Entscheidung über die Kosten und die notwendigen Auslagen kann für sich allein durch sofortige Beschwerde angefochten werden, wenn der Wert des Beschwerdegegenstands 100 EUR übersteigt. Die Beschwerde ist binnen einer Woche nach der Zustellung einzulegen und muss innerhalb dieser Frist bei Gericht eingegangen sein. Die Beschwerde kann beim Amtsgericht Würzburg schriftlich oder zu Protokoll der Geschäftsstelle eingelegt werden. Zur Fristwahrung genügt auch die Einlegung bei dem Beschwerdegericht (Landgericht Würzburg).

Huber
Richter am Amtsgericht

Anlage 2

Auszug aus dem Urteil vom 8.2.2012

Urteil

I. Der Einspruch des Angeklagten gegen den Strafbefehl des Amtsgerichts Würzburg vom 12.1.2012 wird verworfen.

II. Der Angeklagte hat die Kosten des Verfahrens zu tragen.

Gründe:

Der ordnungsgemäß geladene Angeklagte war zur Hauptverhandlung ohne Entschuldigung nicht erschienen. Damit musste wie aus dem Tenor ersichtlich entschieden werden. Die Kostenentscheidung folgt aus dem Gesetz.

Huber

Richter am Amtsgericht

Vermerk für den Bearbeiter:

In einem Gutachten ist auf alle aufgeworfenen Rechtsfragen innerhalb der darzustellenden rechtlichen Möglichkeiten gegen das Urteil des Amtsgerichts Würzburg vom 8.2.2012 einzugehen. Der gegebenenfalls notwendige Schriftsatz an das Gericht ist zu fertigen.

Die Angaben des August Maier entsprechen der Wahrheit. August Maier benannte dem Rechtsanwalt Dr. Klug mehrere ladungsfähige Anschriften von früheren Arbeitgebern. Die Ladung zum Termin vom 8.2.2012 enthielt die erforderliche Belehrung über die Folgen des Ausbleibens.

6. Klausur: Strafbefehlsverfahren

Grundzüge des Strafbefehlsverfahrens

A. Ziele des Mandanten und Ausgangslage

1 Rechtsanwalt Dr. Klug wird zunächst die Ausgangslage klären. Dabei sind die Ziele des Mandanten und die gegebene Verfahrenssituation bestimmend:

2 1. Der Mandant will den Strafbefehl im Schuldspruch akzeptieren, möchte aber eine Änderung der Tagessatzanzahl – höchstens 90 Tagessätze – und der Tagessatzhöhe. Hintergrund dafür ist § 32 II Nr. 5 a BZRG. Bei der Höhe des Tagessatzes sieht der Mandant die persönlichen und wirtschaftlichen Verhältnisse nicht ausreichend berücksichtigt, § 40 II 1 StGB.[1] Dies trifft zu, weil das Nettoeinkommen des Angeklagten für die nichtverdienende Ehefrau um 1/5 zu kürzen ist:[2] Also 1.600 EUR ./. 320 EUR = 1.280 EUR : 30 = 42,66 EUR. Dieser vom Mandanten angesprochene Aspekt kann jedoch dahinstehen, sollte insgesamt ein Freispruch möglich sein.

3 2. Verbesserungen bei den Rechtsfolgen oder gar im Schuldspruch erfordern eine Veränderung des Strafbefehls. Würde der bisherige Strafbefehl rechtskräftig, wäre der Mandant wegen Urkundenfälschung zur Geldstrafe von 100 Tagessätzen zu je 50 EUR verurteilt. Der rechtskräftige Strafbefehl steht einem rechtskräftigen Urteil gleich, § 410 III StPO. Mit Eintritt der Rechtskraft bildet der Strafbefehl die Grundlage für die Vollstreckung, § 449 StPO. Rechtsanwalt Dr. Klug muss mithin den Eintritt der Rechtskraft des Strafbefehls in der jetzigen Fassung verhindern und auf einen anderen Inhalt des Strafbefehls oder gar einen Freispruch hinwirken.

4 Richtiger Rechtsbehelf gegen einen Strafbefehl ist gem. § 410 I 1 StPO der Einspruch. Der Mandant hatte bereits Einspruch eingelegt, ihn auf den Rechtsfolgenausspruch beschränkt – dies lässt § 410 II StPO zu –, den das Gericht für zulässig hielt und daraufhin gem. § 411 I 2 StPO Termin zur Hauptverhandlung anberaumte. Da der Angeklagte am 8.2.2012 bei Beginn der Hauptverhandlung weder erschienen noch durch einen Verteidiger vertreten und nach Auffassung des Amtsgerichts sein Ausbleiben nicht genügend entschuldigt war, verwarf das Amtsgericht den Einspruch des Angeklagten. Damit existieren bisher ein Strafbefehl, ein Einspruch und ein Verwerfungsurteil zum Einspruch.

5 Zwischen dem Strafbefehl, dem Einspruch und dem Verwerfungsurteil besteht eine gefährliche Wechselwirkung: Die Rechtskraft des Verwerfungsurteils bedingt nämlich auch die Rechtskraft des Strafbefehls. Umgekehrt belebt der Wegfall des Verwerfungsurteils die Wirkungen des Einspruchs gegen den Strafbefehl und ebnet den Weg in die neue Hauptverhandlung mit der Möglichkeit, ein vom Strafbefehl abweichendes Ergebnis zu erreichen.

Strafbefehl	Einspruch	Verwerfungsurteil nach § 412 StPO
↑_____		Seine Rechtskraft besiegelt auch die Rechtskraft des Strafbefehls.

6 Für Rechtsanwalt Dr. Klug stellt sich mithin die Frage nach den Angriffsmöglichkeiten gegen ein den Einspruch verwerfendes Urteil. Gelingt die Beseitigung dieses Urteils, muss die neue Situation (Strafbefehl und Einspruch) zu Ende gedacht werden, weil nach der Hauptverhandlung eigenständig über Schuld- und Rechtsfolgenfrage entschieden wird. Dabei sind die durch den Einspruch gezogenen Grenzen zu beachten.

---

1 *Fischer* § 40 Rn. 6.
2 *Fischer* § 40 Rn. 14 ff.; s. auch *Brunner/v. Heintschel-Heinegg* Sitzungsdienst 3. Kap. Rn. 42 ff.

B. Angriffsmöglichkeiten gegen ein Verwerfungsurteil nach § 412 StPO

Es gibt drei Angriffsmöglichkeiten gegen ein Verwerfungsurteil: 7
- Wiedereinsetzung in den vorigen Stand
- Berufung
- Revision

I. Wiedereinsetzung in den vorigen Stand

Gegen ein Verwerfungsurteil lässt § 412 S. 1 StPO grundsätzlich die Wiedereinsetzung in den vorigen Stand zu. Da § 329 III StPO entsprechend anwendbar ist, kann der Angeklagte binnen einer Woche nach der Zustellung des Verwerfungsurteils die Wiedereinsetzung in den vorigen Stand unter den in §§ 44, 45 StPO bezeichneten Voraussetzungen beanspruchen. – Wird Wiedereinsetzung in den vorigen Stand gewährt, entfällt das Verwerfungsurteil – auch ohne besonderen Ausspruch[3]. – Das Verfahren befindet sich dann in der Situation nach Einspruch. Bei dessen Zulässigkeit wird das Amtsgericht Termin zur Hauptverhandlung anberaumen und in den Grenzen des Einspruchs in die Sachprüfung einsteigen, § 411 I 2, II StPO. Der Antrag auf Wiedereinsetzung in den vorigen Stand löst keine Rechtskrafthemmung aus, § 47 I StPO. 8

II. Berufung

Mit dem Rechtsmittel der Berufung kann die Rechtskraft des Verwerfungsurteils verhindert werden, § 316 I StPO. Da ein Verwerfungsurteil nach § 412 StPO ein Urteil des Strafrichters iSd § 312 StPO darstellt, ist die Berufung hier grundsätzlich statthaft. Eine zulässige Berufung würde zur Begründetheitsprüfung führen. In diesem Rahmen würde geprüft, ob die Voraussetzungen für die Verwerfung vorgelegen haben[4]. 9

Würde eine Voraussetzung fehlen, wäre die Berufung erfolgreich. Das Verwerfungsurteil wäre nach § 328 I StPO aufzuheben und grundsätzlich hätte das Berufungsgericht in der Sache selbst zu entscheiden. Das Gesetz fordert die Sachentscheidung für den Normalfall der Berufung gegen ein Urteil des Amtsgerichts in der Sache. Hier liegt indes als Besonderheit ein Verwerfungsurteil vor, das nicht zu einer Sachprüfung, sondern zu den Voraussetzungen des § 412 StPO geführt hatte. Nach der Rechtsprechung des BGH[5] ist in solchen Fällen die Sache entgegen dem Wortlaut des § 328 I StPO an das Amtsgericht zurückzuverweisen. Dieses – weil von den gesetzlichen Vorgaben abweichende – Vorgehen stellt ein Problem der Arbeit dar, es müsste beschrieben und anschließend (begründet) gelöst werden. Danach wäre die Einspruchsverwerfung beseitigt und das Amtsgericht in die Lage nach Einspruch versetzt. Die Situation gliche derjenigen nach Wiedereinsetzung in den vorigen Stand. 10

III. Sprungrevision

Eine weitere Angriffsmöglichkeit bildet die Sprungrevision nach § 335 I StPO, weil gegen das Verwerfungsurteil – wie dargelegt – die Berufung zulässig (statthaft) ist. Nach § 343 I StPO würde durch die rechtzeitig eingelegte Revision die Rechtskraft des Verwerfungsurteils gehemmt. Die Revision könnte auf die Verletzung des formellen Rechts gestützt werden, §§ 344 II, 337 StPO. Als verletztes Gesetz käme vorrangig § 412 StPO in Betracht. Bei Erfolg der Sprungrevision – Voraussetzung ist der rechtsfehlerhafte Umgang mit § 412 StPO durch das Amtsgericht – hebt das Revisionsgericht das Verwerfungsurteil auf und verweist die Sache gem. § 354 II StPO an das Amtsgericht zurück. Das Amtsgericht wäre an die Rechtsauffas- 11

---

[3] *Meyer-Goßner* § 329 Rn. 44.
[4] *Meyer-Goßner* § 412 Rn. 10; Klausurbearbeiter prüfen hier häufig fehlerhaft die materielle Rechtslage.
[5] Dieses Problem ist angesprochen bei *Meyer-Goßner* § 412 Rn. 10 unter Hinweis auf BGHSt 36, 139.

sung des Revisionsgerichts gebunden, § 358 I StPO, die Einspruchsverwerfung wäre nicht mehr existent, das Amtsgericht befände sich in der Lage nach Einspruch. Eine Entscheidung nach § 354 I StPO kommt hingegen nicht in Betracht, weil die bisherigen Feststellungen nur aufgrund des summarischen Strafbefehlsverfahrens erlangt sind.[6]

IV. Zwischenergebnis

12 Alle drei[7] Angriffsmöglichkeiten führen bei Erfolg zur neuen Hauptverhandlung vor dem Amtsgericht: im Falle der Wiedereinsetzung in den vorigen Stand und der Berufung vor demselben Strafrichter; nach der Sprungrevision[8] vor einem anderen Strafrichter desselben Amtsgerichts.

C. Verhältnis der verschiedenen Rechtsbehelfe

13 Eröffnen sich somit drei Möglichkeiten, die Rechtskraft zu verhindern, bleibt zu fragen, ob ein Vorrang für eine der drei Möglichkeiten besteht? – Wiedereinsetzung und Berufung stehen als Rechtsbehelfe gleichberechtigt nebeneinander. Ein Rangverhältnis besteht nicht, weder im Sinn der Spezialität noch der Exklusivität, wie sich aus § 315 StPO ergibt. Wiedereinsetzung und Berufung können gleichzeitig eingelegt werden. Würde sich Rechtsanwalt Dr. Klug nur für die Berufung entscheiden, gälte dies als Verzicht auf die Wiedereinsetzung, § 315 III StPO. – Eine entsprechende Regelung findet sich in § 342 StPO für das Verhältnis der Wiedereinsetzung zur Revision.

14 Das Verhältnis von Berufung zur Sprungrevision regelt § 335 StPO. Hier besteht nach dem Wortlaut des § 335 I StPO ein Wahlrecht. Die Sprungrevision eignet sich, wenn es nur auf die Klärung von Rechtsfragen ankommt. Die Berufung führt hingegen zu einer neuen Hauptverhandlung, in der über alle Tat- und Rechtsfragen nach dem Ergebnis der Berufungsverhandlung neu entschieden wird.[9]

15 Das Wahlrecht zwischen Berufung und Revision wird vorliegend nicht durch die Streitfragen zur Annahmeberufung[10] belastet, weil der Mandant durch den Strafbefehl mit einer Strafe von mehr als 15 Tagessätzen belegt worden ist.[11]

16 Da alle drei Möglichkeiten zur Verfügung stehen, muss nun die konkrete Vorgehensweise entschieden werden:

- Wird Wiedereinsetzung in den vorigen Stand beantragt und gewährt (diese Entscheidung ist unangreifbar, § 46 II StPO), muss das Amtsgericht in einer Hauptverhandlung die Sachprüfung im Rahmen des Einspruchs angehen. Gegen dieses Urteil gäbe es dann als weitere Rechtsmittel die Berufung oder die Sprungrevision.
Hat der Antrag keinen Erfolg, kann die ihn verwerfende Beschlussentscheidung mit der sofortigen Beschwerde angegriffen werden, § 46 III StPO. Die Beschwerdeentscheidung wäre – abgesehen von der Verfassungsbeschwerde – unangreifbar, § 310 II StPO.
- Die Berufung führt bei Erfolg zur Zurückverweisung, bei Misserfolg bleibt die Möglichkeit der Revision, § 333 StPO.
- Mit der Revision würde die Tatsacheninstanz der Berufung übersprungen und die Möglichkeiten des Rechtsschutzes verkürzt. Nach einem Misserfolg der Revision setzt die Rechtskraft des angegriffenen Urteils ein, der Strafbefehl würde im Gefolge ebenfalls rechtskräftig und vollstreckbar. Bei Erfolg hebt das Revisionsgericht das angegriffene Ur-

---

6 *Meyer-Goßner* § 354 Rn. 3.
7 *Meyer-Goßner* § 412 Rn. 9, 10, 11.
8 Revisionsgericht ist das übergeordnete OLG, § 121 GVG.
9 *Meyer-Goßner* Vor § 312 Rn. 1.
10 Es geht um die Frage, ob in Bagatellsachen erst Berufung, deren Annahme und sodann der Wechsel zur Sprungrevision erfolgen kann, oder gleich Sprungrevision möglich ist, dazu *Meyer-Goßner* § 412 Rn. 10, § 335 Rn. 21.
11 *Meyer-Goßner* § 412 Rn. 10.

teil auf und verweist die Sache an das Amtsgericht zurück, § 354 II StPO. Dieser ergebnisgünstige Weg ist aber zeitaufwendiger als die vor Ort betreibbare Wiedereinsetzung in den vorigen Stand. Ferner muss beachtet werden, dass es in der Sache um die unverschuldete Terminsversäumung geht, bei deren Prüfung auch auf Tatsachen abzustellen sein wird. Diese sind im Rahmen der Verfahrensrüge nur eingeschränkt vom Revisionsgericht zu prüfen.[12] Deshalb birgt dieser Weg Ungewissheiten, die vermieden werden sollten. Da sowohl nach Wiedereinsetzung in den vorigen Stand als auch nach Berufung der Weg zum Revisionsgericht grundsätzlich offen bleibt, wird ein vorsichtiger Rechtsanwalt nicht ohne Not Revision einlegen.

Sinnvoll ist es daher, einen Antrag auf Wiedereinsetzung in den vorigen Stand zu stellen. Allerdings hat diese isolierte Betrachtung noch einen »Schönheitsfehler«. Denn nach § 47 I StPO kommt dem Antrag auf Wiedereinsetzung in den vorigen Stand keine vollstreckungshemmende Wirkung zu. Deshalb und wegen § 315 StPO muss der Antrag mit einer Berufung kombiniert werden, der nach § 316 I StPO Suspensiveffekt zukommt. – Der Hinweis auf § 315 StPO hat folgenden Hintergrund: Hätte der allein gestellte Wiedereinsetzungsantrag – auch nach Beschwerde zum Landgericht – keinen Erfolg, würde wegen des Zeitablaufs das Verwerfungsurteil mit Rechtskrafteffekt für den Strafbefehl unabänderlich. Eine nunmehr erst eingelegte Berufung gegen das Verwerfungsurteil wäre wegen Ablaufs der Berufungsfrist, § 314 StPO, unzulässig und bliebe wirkungslos. Wegen dieser Eventualität ist es erforderlich, gleichzeitig mit dem Antrag auf Wiedereinsetzung in den vorigen Stand – jedenfalls aber innerhalb der Berufungsfrist – Berufung einzulegen. Denn nach § 315 I StPO beginnt die Berufungsfrist auch zu laufen, wenn der Angeklagte gegen ein Verwerfungsurteil nach § 412 StPO den Antrag auf Wiedereinsetzung in den vorigen Stand stellt. Bei Erfolglosigkeit des Antrags (nach Beschwerde) wird die Berufungsfrist von einer Woche sicher abgelaufen sein. – Die hingegen neben dem Wiedereinsetzungsantrag vorsorglich[13] eingelegte Berufung wahrt die Berufungsfrist; die Berufung bleibt gem. § 315 II 2 StPO bis zur Erledigung des Wiedereinsetzungsbegehrens ausgesetzt. Wird Wiedereinsetzung bewilligt, so wird die Berufung gegenstandslos,[14] bei rechtskräftiger Ablehnung des Wiedereinsetzungsantrags ist hingegen auf die Berufung einzugehen.

Die bisherigen Überlegungen zeigen, dass Wiedereinsetzung in den vorigen Stand und Berufung zu prüfen sind. Versprechen sie Erfolg, sind sie der richtige Weg.

D. Erfolgsaussichten eines Wiedereinsetzungsantrags

I. Prüfungsschema

Die Wiedereinsetzung in den vorigen Stand setzt das Vorliegen der formellen Voraussetzungen (Zulässigkeit) und die Erfordernisse des § 44 StPO (Begründetheit) voraus.[15] Das Grundschema für eine Prüfung orientiert sich an §§ 44 f. StPO und betrifft den Normalfall der Fristversäumung. Da § 329 III StPO für den Fall der Versäumung einer Verhandlung einen eigenen Regelungsgehalt aufweist, erfährt das Grundschema einige Abweichungen.

II. Zulässigkeit des Antrags

- Die Statthaftigkeit folgt bei Versäumung einer Verhandlung aus §§ 412 S. 1 iVm 329 III StPO.
- Antragsberechtigt ist nach §§ 329 III, 44 StPO der Angeklagte. Den Antrag wird der bevollmächtigte Rechtsanwalt stellen, § 297 StPO.[16]

---

12 *Meyer-Goßner* § 329 Rn. 48, § 412 Rn. 11.
13 *Meyer-Goßner* Einl. Rn. 118.
14 *Meyer-Goßner* § 315 Rn. 2.
15 *Meyer-Goßner* § 46 Rn. 5.
16 *Meyer-Goßner* § 44 Rn. 9.

- Der Antrag ist gem. § 45 I 1 StPO bei dem Gericht zu stellen bei dem die Frist wahrzunehmen gewesen wäre. Bei Terminsversäumung im Falle des § 412 StPO ist richtiger Adressat das Amtsgericht, hier Würzburg.
- Binnen einer Woche nach Zustellung des Urteils, § 329 III StPO, muss der Antrag gestellt werden. Zustellung war am 11.2.2012. Damit steht die Wochenfrist noch voll zur Verfügung. Sie läuft nach § 43 II StPO am Montag, den 20.2.2012, ab.
  - § 43 I StPO: Samstag, 11.2.2012, plus eine Woche führt zum Samstag, 18.2.2012.
  - § 43 II StPO: Verlängerung bis Montag, 20.2.2012.
  Die Zustellung des Urteils durch Übergabe an den Mandanten ist rechtsfehlerfrei, § 37 I StPO iVm § 177 ZPO. Nur eine wirksame Zustellung setzt die Frist in Lauf.
- Da sich die versäumte Handlung – Termin vom 8.2.2012 – aus der Akte ergibt (Protokoll), müssen nur das Hindernis (urlaubsbedingte Abwesenheit, die zur Unkenntnis der Ladung führte) und der Wegfall des Hindernisses (Rückkunft aus dem Urlaub nebst Kenntnis von der Ladung) innerhalb der Wochenfrist des § 329 III StPO näher ausgeführt werden.
- Sodann sind alle Tatsachen, die für die Entscheidung über die Zulässigkeit und Begründetheit des Antrags von Bedeutung sind, glaubhaft zu machen.[17] Bei Terminsversäumung betrifft dies diejenigen Tatsachen, die den Antragsteller ohne sein Verschulden am rechtzeitigen Erscheinen im Hauptverhandlungstermin gehindert haben.
- Die nach § 45 II 2 StPO innerhalb der Antragsfrist nachzuholende versäumte Handlung gibt es bei Terminsversäumung nicht, weil erst die Wiedereinsetzung in den vorigen Stand den Weg zu einem neuen Hauptverhandlungstermin freimacht.

III. Begründetheit des Antrags

21 Der Antrag ist begründet, wenn die Verhandlung am 8.2.2012 unverschuldet versäumt wurde. Die Rechtsprechung[18] gewährt aus Praktikabilitätsgründen ohne Rücksicht auf ein Verschulden die Wiedereinsetzung in den vorigen Stand, sofern die Ladung zum Termin nicht ordnungsgemäß erfolgte. – Nach dem Sachverhalt ist von einer ordnungsgemäßen Ladung auszugehen: Dem Angeklagten wurde die Terminsladung am 1.2.2012 zugestellt. Nach §§ 37 I 1 StPO iVm § 181 ZPO ist die Ersatzzustellung durch Niederlegung wirksam. Die erforderliche Belehrung über die Folgen des Ausbleibens liegt vor.

22 Einfluss auf die Ladung könnte jedoch das Nichteinhalten der Ladungsfrist nach § 217 I StPO gewinnen. Denn das Gericht setzte den Hauptverhandlungstermin auf Mittwoch, den 8.2.2012, obwohl die Ladung erst am Mittwoch, den 1.2.2012, zugegangen war. Unter Beachtung der Zwischenfrist von einer Woche hätte frühestens auf Donnerstag, den 9.2.2012 terminiert werden dürfen. Da aber § 217 StPO nicht das Erscheinen des Angeklagten sichern, sondern nur eine ausreichende Vorbereitungszeit gewährleisten will, was § 217 II StPO ermöglicht, kommt dieser Frist für die ordnungsgemäße Ladung keine Bedeutung zu.[19] Deshalb führt der obige Denkansatz hier nicht weiter.

23 Damit kann der Antrag nur begründet sein, wenn die glaubhaft gemachte Urlaubsabwesenheit zur nicht verschuldeten Terminsunkenntnis führt und dieser Umstand für die Terminsversäumung *kausal* war. Für die Bedeutung des Verschuldens kommt es darauf an, ob dem Angeklagten nach den Umständen des Falles wegen seines Ausbleibens billigerweise ein oder kein Verschulden trifft. Es geht um die mögliche und zumutbare Sorgfalt.[20]

---

[17] Glaubhaftmachung bedeutet, dass die behaupteten Tatsachen so weit bewiesen werden müssen, dass das Gericht sie für wahrscheinlich hält. *Mittel* der Glaubhaftmachung sind insbesondere eidesstattliche Versicherungen von Zeugen, hier der Ehefrau, sowie andere Bescheinigungen und Unterlagen, hier die Reiseunterlagen. Der Mandant kann als Angeklagter keine eidesstattliche Versicherung abgeben. Sie ist mit seiner Stellung im Verfahren nicht vereinbar. Er soll nicht in einen Zwiespalt zwischen Eidespflicht und Verteidigungsrecht gedrängt werden, BayObLG NStZ 1990, 340. – Die Glaubhaftmachung kann mit dem Antrag, aber auch im Verfahren über den Antrag erfolgen, § 45 II 1 StPO. *Meyer-Goßner* § 45 Rn. 6, § 26 Rn. 7.
[18] *Meyer-Goßner* § 329 Rn. 41.
[19] *Meyer-Goßner* § 329 Rn. 11, § 217 Rn. 11.
[20] *Meyer-Goßner* § 44 Rn. 11, 14.

Grundsätzlich muss ein Angeklagter keine besonderen Vorkehrungen treffen, um von Zustellungen Kenntnis zu erlangen. Hier liegt aber eine *Besonderheit* vor: Das Strafverfahren war bereits anhängig und der Mandant hatte selbst Einspruch eingelegt. Bei dieser Sachlage muss er mit Zustellungen rechnen und hat grundsätzlich Vorkehrungen für die Kenntnis von der Zustellung zu treffen. Dies ist unterblieben. – Unterstellt, das Gericht hätte noch am Einspruchstag terminiert, die Zustellung am 1.2.2012 bewirken können und die Zwischenfrist des § 217 StPO beachtet, wäre frühestmöglicher Hauptverhandlungstag Donnerstag, der 9.2.2012 gewesen. Da nicht einmal dieser gesetzlich zulässige Minimalzeitraum beachtet war, zeigt sich eine Überbeschleunigung, mit der kein Angeklagter zu rechnen braucht. Hinzu kommt, dass normalerweise Terminierungen zeitlich weiträumiger erfolgen, wie weitgehend bekannt ist. Sachlich zählt auch die Tatsache des Kurzurlaubs von nur neun Tagen. Unter Berücksichtigung des Zwecks von § 217 StPO, der vom Angeklagten verlangt, die Terminierung zu kennen und sein Recht (auch schriftlich)[21] nach § 217 II StPO geltend zu machen, kann hier bei der Gesamtschau nicht von einem Verschulden ausgegangen werden. Mit dem Nichteinhalten der Ladungsfrist und der ungewöhnlich raschen Terminierung brauchte der Mandant nicht zu rechnen. Deshalb trifft ihn kein Verschulden wegen der fehlenden Vorsorge, während des Urlaubs von der Ladung unterrichtet zu werden. Dies gilt auch für die Erwägung, er hätte im Einspruch auf seine Urlaubsabwesenheit hinweisen können. Denn bei gesetzestreuer Vorgehensweise war vor dem 9.2.2012 nicht mit einem Termin zu rechnen.

Die Urlaubsabwesenheit war auch kausal für die Terminsversäumung, weil der Termin vom 8.2.2012 in die Urlaubszeit fiel.

Nach allem wird der Antrag auf Wiedereinsetzung in den vorigen Stand erfolgreich sein.

IV. Wirkungen der Wiedereinsetzung in den vorigen Stand

Folge der Wiedereinsetzung in den vorigen Stand ist der Wegfall des Verwerfungsurteils nach § 412 StPO, ohne dass es ausdrücklich aufgehoben zu werden braucht.[22] Das Amtsgericht befindet dann in der Lage nach Einspruch und muss – ist der Einspruch wirksam – gem. § 411 I 2 StPO Termin zur Hauptverhandlung anberaumen. In dieser Verhandlung ist es dann Sache von Rechtsanwalt Dr. Klug, den bisherigen Inhalt des Strafbefehls zu verändern. Nach § 411 I StPO kommt es allerdings nur bei zulässigem Einspruch dazu.

V. Zulässigkeit des Einspruchs

Gem. § 410 I 1 StPO kann der Angeklagte gegen den Strafbefehl innerhalb von zwei Wochen nach Zustellung bei dem Gericht, das den Strafbefehl erlassen hat, schriftlich Einspruch einlegen. Hier hat der Angeklagte am 30.1.2012 schriftlich den Einspruch gegenüber dem Amtsgericht Würzburg erklärt. Nach § 43 I StPO läuft die am Zustellungstag (Samstag, den 14.1.2012) ausgelöste Einspruchsfrist bis zum Samstag, den 28.1.2012 und wegen § 43 II StPO bis Montag, den 30.1.2012. Der Einspruch ist also form- und fristgerecht eingelegt worden. Die Beschränkung des Einspruchs auf den Rechtsfolgenausspruch ist nach § 410 II StPO grundsätzlich zulässig. Denn die Rechtsfolgen können unabhängig von bindend feststehenden Schuldspruchfeststellungen neu geprüft werden.[23] – Bei wirksamer Beschränkung des Einspruchs auf den Rechtsfolgenausspruch wäre allerdings der Schuldspruch nicht mehr änderbar. Ob es dabei bleibt, wird noch zu klären sein.

---

21 *Meyer-Goßner* § 217 Rn. 7.
22 *Meyer-Goßner* § 329 Rn. 44, § 44 Rn. 25.
23 *Meyer-Goßner* § 410 Rn. 4.

E. Erfolgsaussichten einer vorsorglichen[24] Berufung

I. Zulässigkeit einer Berufung

29 Die Statthaftigkeit ergibt sich aus §§ 312, 412 StPO. § 313 StPO wirft keine Besonderheiten auf, weil der Strafbefehl bei einer Rechtsfolge von 100 Tagessätzen keine Bagatellsache im Sinne einer Annahmeberufung betrifft. Rechtsanwalt Dr. Klug wird seinen Berufungsschriftsatz an das Amtsgericht Würzburg adressieren, § 314 StPO. Die Berufungsfrist von einer Woche kann zur Zeit noch eingehalten werden. Eine Berufungsbegründung verlangt das Gesetz nicht zwingend, § 317 StPO. Rechtsanwalt Dr. Klug wird aber bereits in der Berufungseinlegungsschrift darauf hinweisen, dass sein Mandant nicht schuldhaft säumig war. Der Mandant ist auch beschwert, weil das Urteil des Amtsgerichts den Einspruch verwirft.

II. Begründetheit der Berufung

30 Das Landgericht hat zu prüfen, ob die Voraussetzungen der Einspruchsverwerfung nach § 412 StPO vorgelegen haben.[25]

31 1. Zulässiger Einspruch gegen den Strafbefehl. Der Mandant hat am 30.1.2012 beim Amtsgericht Würzburg schriftlich Einspruch eingelegt und damit die richtige Form und den richtigen Adressaten gewählt, § 410 I 1 StPO. Die Einspruchsfrist von zwei Wochen wurde gewahrt: Sie begann mit der Zustellung des Strafbefehls am 14.1.2012 zu laufen. Die Tatsache, dass dies ein Samstag war, bleibt auf den Fristbeginn ohne Einfluss, weil § 43 II StPO nur das Fristende verschiebt. Der am Montag, den 30.1.2009 beim Gericht eingegangene Einspruch war somit rechtzeitig.

32 2. Ordnungsgemäße Ladung zum Termin vom 8.2.2009.[26]

3. Nicht erschienen, nicht vertreten, nicht entschuldigt.

33 Der Angeklagte war bei Beginn der Hauptverhandlung vor dem Amtsgericht am 8.2.2009 säumig iSd § 412 I 1 StPO, weil trotz ordnungsgemäßer Ladung nicht erschienen und nicht vertreten. Sein Ausbleiben müsste aber auch nicht genügend entschuldigt sein; fehlt es hieran, liegt keine den § 412 StPO tragende Säumnis vor. Im Berufungsverfahren können dazu neue – dem Amtsgericht nicht bekannte – Tatsachen vorgebracht werden, die das Landgericht zu beachten hat. Hier genügt der Vortrag: Der Angeklagte war zum Zeitpunkt der Ladung und zur Zeit der Hauptverhandlung im Ausland und hatte vom Termin keine Kenntnis. Nach Einspruch durfte er darauf vertrauen, dass das Amtsgericht die gesetzliche Ladungsfrist einhält. Da dies nicht geschehen ist, liegt – wie zum Wiedereinsetzungsantrag ausgeführt – kein Verschulden vor.[27]

34 Gemessen am Gegenstand der Berufung (Verwerfungsurteil und seine Voraussetzungen) wird das Rechtsmittel erfolgreich sein. Nach § 328 I StPO ist daher das Urteil aufzuheben. Die Bestimmung fordert weiter, das Berufungsgericht habe in der Sache selbst zu erkennen. Da auf diese Weise vor dem Amtsgericht keine Verhandlung zu den Tatsachen des Strafbefehls stattfinden würde, fragt sich, ob anders zu entscheiden ist.[28]

35 Unter Berufung auf BGHSt 36, 139 soll eine Zurückverweisung erfolgen. Diese Lösung widerspricht dem Gesetzeswortlaut des § 328 I StPO und muss daher näher begründet werden: Der bisherige Verfahrensgang zeigt, dass der Amtsrichter den Strafbefehl nach einer summarischen Prüfung erlassen hat, bislang aber in der ersten Instanz eine Sachprüfung nach den für eine Hauptverhandlung geltenden Grundsätzen fehlt. Durch § 411 I 2 StPO ist dem Angeklagten die Möglichkeit gegeben, nach Einspruch eine ordentliche erstinstanzliche Hauptver-

---

24 *Meyer-Goßner* Einl. Rn. 118.
25 Der Katalog dieser Voraussetzungen findet sich bei *Meyer-Goßner* § 412 Rn. 2, 10.
26 Dazu oben Rn. 21 ff.
27 *Meyer-Goßner* § 329 Rn. 23.
28 Dieses sicher nicht leicht zu erkennende Problem beschreibt *Meyer-Goßner* § 412 Rn. 10, § 328 Rn. 4.

handlung vor dem Amtsgericht zu erreichen. Würde man nach einem Verwerfungsurteil die Sachentscheidung des Landgerichts fordern, wäre diese erstinstanzielle Sachprüfung abgeschnitten. Deshalb lässt der BGH hier die Zurückverweisung gegen den Gesetzeswortlaut zu. Die erfolgreiche Berufung wird also die Angelegenheit wieder zum Amtsgericht bringen.

F. Ergebnis einer Hauptverhandlung nach Wiedereinsetzung in den vorigen Stand bzw. nach Zurückverweisung durch das Berufungsgericht an das Amtsgericht

I. Beschränkter Einspruch

Gem. § 410 II iVm III StPO tritt bei einem beschränkten Einspruch eine Teilrechtskraft ein. Bei Beschränkung des Einspruchs auf den Rechtsfolgenausspruch steht für das Amtsgericht deshalb der Schuldspruch bindend fest.[29] Rechtsanwalt Dr. Klug müsste sich folglich mit dem Schuldspruch »Urkundenfälschung« abfinden und versuchen, die Anzahl und Höhe der Tagessätze zu verändern. U.U. bietet sich aber auch die Möglichkeit, den Schuldspruch anzugreifen und in einen Freispruch zu wandeln. Dies wäre aus der Sicht des Mandanten das optimale Ergebnis. Die Teilrechtskraft scheint dieser Erwägung aber entgegenzustehen.

36

1. Der nicht angefochtene Teil der Entscheidung wird erst nach Ablauf der Einspruchseinlegungsfrist rechtskräftig. Bis zum Ablauf der Zwei-Wochen-Frist kann die Anfechtung erweitert werden.[30] Dies bedeutet, dass hier – weil die Einspruchsfrist längstens abgelaufen ist – eine Erweiterung des Einspruchs ausscheidet.

37

2. Außerdem kann der im Teileinspruch – nach Ablauf der Einspruchsfrist – liegende Teilverzicht nicht nachträglich durch Widerruf oder Anfechtung beseitigt werden.[31]

38

3. Damit verbleibt gedanklich nur noch der Ansatz, die Einspruchsbeschränkung aus den allgemeinen Grundsätzen zur Wirksamkeit der Einspruchsbeschränkung in Frage zu stellen. Denn bei Rechtsmittelbeschränkungen (Gleiches gilt für den Einspruch) ist anerkannt, dass eine unwirksame Beschränkung nicht die Unwirksamkeit des – hier – Einspruchs zur Folge hat, sondern von einem unbeschränkten Rechtsmittel, hier unbeschränktem Einspruch, auszugehen ist.[32] Der Katalog der Unwirksamkeitsgründe ist umfangreich. Hier kann der Ansatz greifen, dass die Beschränkung eines Rechtsmittels auf den Rechtsfolgenausspruch unwirksam ist, wenn nach den Feststellungen zu dem nicht angefochtenen Schuldspruch eine Straftat überhaupt nicht vorliegt.[33]

39

Dieser Ansatz führt zu der Gedankenfolge: Erfüllt der Sachverhalt des Strafbefehls keine Strafnorm, darf eine Kriminalstrafe für ein nicht strafbares Verhalten nicht verhängt werden. Die vom Mandanten angegriffenen Rechtsfolgen sind aber tatsächlich und rechtlich nicht mehr selbständig beurteilbar, wenn kein strafbares Verhalten vorliegt (s. nur den Katalog in § 46 II StGB). Dann aber muss die Beschränkung unwirksam, der Einspruch umfassend und die Prüfung des Schuld- und Rechtsfolgenausspruchs eröffnet sein. Damit ebnet sich der Weg, auch den Schuldspruch erneut zu prüfen.

40

4. Es ist deshalb zu klären, ob der vorliegende Sachverhalt eine Strafbarkeit trägt. Wenn nicht, verliert die Einspruchsbeschränkung ihre Wirkung und das Amtsgericht wird wegen fehlender Strafbarkeit zugleich freisprechen müssen.

41

---

29 Bei horizontaler Beschränkung wird auch von Bindungswirkung gesprochen. Nicht zulässig ist es, die Bindungswirkung anders als die Teilrechtskraft einzuordnen und deshalb aus Billigkeitsgründen auf eine Durchbrechung der Bindungswirkung abzustellen.
30 *Meyer-Goßner* § 302 Rn. 31.
31 *Meyer-Goßner* § 302 Rn. 21.
32 *Meyer-Goßner* § 318 Rn. 32.
33 *Meyer-Goßner* § 318 Rn. 16 ff., § 410 Rn. 5; – davon zu unterscheiden ist der Fall, dass bei grds. Strafbarkeit des tatsächlichen Sachverhalts, das Amtsgericht nur einen Subsumtionsfehler begangen hat (BGH NStZ 1996, 352).

6. Klausur: Strafbefehlsverfahren

42 Bleibt zu erörtern, ob das Herstellen einer Fotokopiervorlage, das Herstellen einer Fotokopie sowie das Verwenden dieser Fotokopie eine Straftat darstellt. Der Strafbefehl geht von Urkundenfälschung, § 267 StGB, aus. Grundvoraussetzung für die Strafbarkeit ist das Vorliegen einer Urkunde. Sie setzt eine verkörperte menschliche Erklärung voraus, die bestimmt und geeignet ist, im Rechtsverkehr für ein Rechtsverhältnis Beweis zu erbringen und die ihren Aussteller erkennen lässt. Nach Auffassung des BayObLG[34] ist eine Fotokopie, die nur als Fotokopie und nicht als Urschrift verwendet werden soll, keine Urkunde, weil einer Fotokopie nicht die Beweiskraft einer Urschrift zukommt. Sie vermittelt zwar das einigermaßen getreue Abbild einer Urschrift, enthält jedoch lediglich die bildliche Wiedergabe der in einem anderen Schriftstück verkörperten Erklärung. Während eine Urschrift es zulässt, die Urkunde in allen Einzelheiten und Besonderheiten vollständig wahrzunehmen, ermöglicht eine Fotokopie diesen Zweck nicht. Fotokopien stellen nur ausnahmsweise eine Urkunde dann dar, wenn sie den Anschein einer Urschrift erwecken und dies auch sollen.

43 Nach dem Sachverhalt des Strafbefehls legte der Mandant aber lediglich eine Kopie vor, ohne dass damit der Anschein einer Urschrift erweckt werden sollte, wie sich aus dem Aufdruck »Fotokopie« ergibt. Auch die vom Mandanten gefertigte Vorlage für die Kopie stellt keine Urkunde dar, weil sie nur zum Fotokopieren geschaffen wurde. Die zum Zwecke des Fotokopierens zusammengeklebten Bestandteile sind keine Urkunden. Der auf die Rückseite eines mit dem Namen des Mandanten versehenen Briefbogens geklebte Text des Zeugnisses trägt keine Unterschrift, lässt also den Aussteller nicht erkennen. Der Streifen mit dem Firmenaufdruck und die ausgeschnittene Unterschrift enthalten für sich genommen keine gedankliche Erklärung und entbehren deshalb der Eigenschaft als Urkunde.

44 Durch das Zusammenkleben der verschiedenen Teile entstand keine zusammengesetzte Urkunde, weil es an der Eignung und Bestimmung fehlte, im Rechtsverkehr Beweis zu erbringen. Dieses zusammengeklebte Zeugnis konnte nicht als Urschrift vorgelegt werden, weil es zu offensichtlich unecht war.[35] Die Vorlage für eine Fotokopie, die nur zum Fotokopieren geschaffen wurde, stellt mithin keine Urkunde dar, so dass eine Strafbarkeit nach § 267 I StGB entfällt.[36]

45 Rechtsanwalt Dr. Klug wird sich dieser Rechtsauffassung anschließen.

46 Die Gegenauffassung hat das Argument für sich, dass bei Bewerbungen ein Arbeitnehmer im Regelfall mit dem Originalzeugnis nicht auftritt, weil meist eine Vielzahl von Bewerbungen versandt werden. Fotokopien von Zeugnissen sind daher üblich. Genießt – wie hier – die unbeglaubigte Fotokopie die gleiche Akzeptanz wie eine Urschrift, seien alle Urkundenmerkmale vorhanden. – Dagegen lässt sich jedoch vortragen, dass sich an der fehlenden Beweiskraft nichts ändert; vielmehr verzichten die Empfänger lediglich auf den Beweiswert einer Urkunde.

47 Bleibt noch zu erwägen, ob das Verhalten des Mandanten einen strafbaren untauglichen Versuch oder ein strafloses Wahndelikt darstellt: Ausgehend von der Auffassung, dass Fotokopien, die nicht den Anschein einer Originalurkunde erwecken sollen, keine Urkunden darstellen, kann der Mandant allenfalls irrig eine im Sachverhalt – Kopie wird als solche gekennzeichnet – richtig erkannte Handlung für strafbar gehalten haben. Dies aber stellt ein Wahndelikt dar. Beim untauglichen Versuch müsste der Mandant irrig das Gegebensein fehlender Tatbestandsmerkmale angenommen haben. Der Glaube, mit dem Kopiererzeugnis den Anschein eines Originals zu erwecken, würde das bisher fehlende Tatbestandsmerkmal Urkunde ausfüllen und grundsätzlich zum untauglichen Versuch führen. Hier kann aber von diesem Irrtum nicht ausgegangen werden, weil der Mandant auf die Fotokopie den Vermerk Fotokopie setzte. Er kannte also den Einsatz des Schriftstücks als Fotokopie und konnte nur

---

34 BGH NJW 1992, 3311 f.; vgl. auch *Fischer* § 267 Rn. 19 ff. mwN.
35 Wie die Rückseite des Machwerkes (eigener Briefbogen) zeigt.
36 Möglich wäre noch das Gebrauchmachen von einer unechten oder verfälschten Urkunde, § 267 StGB. Dies wird von der Rechtsprechung auch bei Vorlage einer Fotokopie anerkannt, sofern die Fotokopie eine unechte oder verfälschte Originalurkunde betrifft, *Fischer* § 267 Rn. 37. Eine solche Originalurkunde gibt es aber nicht, wie oben zur Kopiervorlage ausgeführt worden ist.

irrig angenommen haben, dies sei strafbar. Da es an der Strafbarkeit in solchen Fällen fehlt, endet diese Überlegung beim straflosen Wahndelikt.[37]

Auch ein Anstellungsbetrug oder ein versuchter Betrug kommen nicht in Betracht, weil es am Schaden fehlt, der nur anzunehmen ist, wenn der Täter der erschwindelten Stellung nicht gewachsen ist oder sonst erforderliche Voraussetzungen nicht erfüllt. Nach den Angaben des Mandanten, die durch Zeugen belegbar sind, erfüllt er alle Voraussetzungen für einen erfahrenen Autoverkäufer.[38] Die Betrugsprüfung führt noch zu weiteren Einzelheiten, die aber die Lösung nicht mehr berühren. Das gewonnene Ergebnis genügt, um das nicht bestehende Verschlechterungsverbot bei Einspruch gegen einen Strafbefehl zu entschärfen. 48

Damit lässt sich der Freispruch verwirklichen. Zunächst genügt es, den Eintritt der Rechtskraft des Urteils nach § 412 StPO zu verhindern. Dazu ist innerhalb der Berufungs- und Wiedereinsetzungsfrist von einer Woche ein Schriftsatz an das Amtsgericht Würzburg zu richten, mit dem Wiedereinsetzung in den vorigen Stand begehrt und vorsorglich Berufung eingelegt wird. Nach Erfolg des Wiedereinsetzungsantrags und Anberaumung einer neuen Hauptverhandlung kann die Rechtsauffassung zum Freispruch schriftlich dem Amtsgericht mitgeteilt werden. 49

Zur Tagessatzhöhe und Tagessatzanzahl sind zur Zeit keine Mitteilungen veranlasst. Würde das Amtsgericht in der künftigen Hauptverhandlung zu erkennen geben, dass es der Rechtsauffassung von Dr. Klug nicht folgen will, würde er dennoch im Plädoyer auf die Rechtsprechung verweisen, Freispruch fordern und hilfsweise darauf hinweisen, dass bei der Tagessatzhöhe die nicht mitverdienende Ehefrau des Mandanten zu berücksichtigen ist. Hinsichtlich der Tagessatzanzahl, die dem Schuldgehalt der Tat entsprechen muss, wird Rechtsanwalt Dr. Klug entlastende Umstände hervorheben. In Betracht kommen (§ 46 I, II StGB): Der Mandant ist Ersttäter und kann auf ein über 50 Jahre währendes straffreies Leben verweisen. Zwar mussten umfangreiche Vorbereitungsmaßnahmen erfolgen (Klebeaktion etc.), jedoch war das Ergebnis wenig wirkungsvoll. Ein Schaden ist nicht eingetreten. Der Mandant gesteht sein Tun und zeigt Reue und Schuldeinsicht. Künftige Bewerbungen sollten nicht durch den Eintrag in das Führungszeugnis belastet werden, da ein Bewerber dieser Altersgruppe ohnehin genug Schwierigkeiten bei der Einstellung hat. Durch eine Einstellung, darauf zielte die Manipulation, hätte der neue Arbeitgeber einen wertvollen Mitarbeiter gewonnen. 50

Abschließender Hinweis: Durch den bevorstehenden Freispruch wird der Mandant auch neben den durch § 473 VII StPO ausgelösten Verfahrenskosten keine weiteren Kosten zu tragen haben. Der Kostenausspruch im Verwerfungsurteil, der zu Unrecht[39] erging, entfällt aufgrund der Wiedereinsetzung in den vorigen Stand bzw. des Berufungsurteils ohnehin. 51

Diese Lösungserwägungen gelten bei Berufung und Berufungsverwerfung nach § 329 StPO ebenso (Urteil des Amtsgerichts, dagegen Berufung, im Termin erscheint der Berufungsführer nicht: gegen dieses Verwerfungsurteil stehen die Revision und die Wiedereinsetzung in den vorigen Stand zur Verfügung). 52

---

37 Zur Abgrenzung vgl. *Fischer* § 267 Rn. 46.
38 *Fischer* § 263 Rn. 91.
39 *Meyer-Goßner* § 412 Rn. 8.

Lösungsvorschlag

A. Gutachten

I. Wiedereinsetzung in den vorigen Stand

53 Gegen das Urteil vom 8.2.2012 könnte Wiedereinsetzung in den vorigen Stand beantragt werden, §§ 412, 329 III StPO. Bei Erfolg würde das angegriffene – den Einspruch verwerfende – Urteil entfallen, die Sache im Rahmen des Einspruchs vor dem Amtsgericht verhandelt und entschieden. Auf diese Weise könnte sich der gegenwärtige Inhalt des Strafbefehls zugunsten des Mandanten verändern.

54 1. Dann müssten die Verfahrensvoraussetzungen für ein Wiedereinsetzungsbegehren gegeben sein. – Aus § 329 III StPO, auf den § 412 StPO verweist, ergibt sich die Statthaftigkeit des förmlichen Rechtsbehelfs. Zugleich folgt aus dieser Norm die Antragsberechtigung des Angeklagten, der den Antrag durch einen bevollmächtigten Rechtsanwalt stellen lassen kann. Von § 297 StPO wird der Fall, weil kein Rechtsmittel betreffend, nicht erfasst. Gem. § 45 I 1 StPO ist der Antrag beim Amtsgericht Würzburg, am Ort der versäumten Hauptverhandlung, zu stellen. Für den Antrag gilt die Frist des § 329 III StPO;[40] sie läuft – ausgelöst durch die Zustellung nach § 37 I StPO iVm § 177 ZPO – zur Zeit und endet am Montag, den 20.2.2012, § 43 I, II StPO. Nach § 45 II 1 und § 329 III StPO hat Dr. Klug zu beachten, dass die versäumte Verhandlung (8.2.2012), der Hinderungsgrund (Urlaub des Mandanten, der zur fehlenden Zustellungskenntnis führte) und der Zeitpunkt des Wegfalls des Hindernisses (Urlaubsrückkunft und Kenntnis von der Terminsladung) innerhalb der Wiedereinsetzungsfrist anzugeben sind. Diese Tatsachen sind – mit Ausnahme der versäumten Verhandlung, die sich aus der Akte ergibt – glaubhaft zu machen. Glaubhaftmachung bedeutet, dass die behaupteten Tatsachen so weit bewiesen werden müssen, dass das Gericht sie – ohne förmliche Beweisaufnahme – für wahrscheinlich hält. Mittel dazu sind die Rechnung des Hotels »Reiner« sowie eine eidesstattliche Versicherung der Ehefrau zum Beginn, Zeitraum und Ende des Urlaubs sowie zur Ankunft in der Wohnung mit anschließender Kenntnis vom Termin. Da der Mandant als Angeklagter nicht in den Zwiespalt zwischen Eidespflicht und Verteidigungsrecht gedrängt werden darf, kommt seine eigene eidesstattliche Versicherung nicht in Betracht. § 45 II 2 StPO mit der Forderung, die versäumte Handlung nachzuholen, gewinnt hier keine Bedeutung, weil die Terminsversäumung vor Neuterminierung nicht nachholbar ist.

55 2. Der somit zulässig gestaltbare Antrag müsste begründet sein. Dies ist dann der Fall, wenn der Mandant ohne Verschulden verhindert war, den versäumten Termin einzuhalten, §§ 412, 329 III, 44 S. 1 StPO. Für die Verschuldensfrage ist die dem Antragsteller mögliche und zumutbare Sorgfalt maßgeblich. Sorgfaltswidrig könnte sein, trotz Einspruch gegen den Strafbefehl, für die Terminsnachricht keine Vorsorge getroffen zu haben. Dieser Erwägung steht jedoch entgegen, dass vom Amtsgericht Würzburg die nach § 217 I StPO einzuhaltende Ladungsfrist von einer Woche nicht beachtet wurde. Als »vertrauensstiftende« Zwischenfrist beginnt sie hier am Donnerstag, den 2.2.2012, und endet am Mittwoch, den 8.2.2012. Da der Termin bereits am 8.2.2012, einem Mittwoch, stattfand, wirkt sich dieser Mangel zugunsten des Antragstellers aus. Er darf auf eine gesetzestreue Vorgehensweise des Gerichts vertrauen und musste nicht mit einer solch kurzfristigen Terminierung rechnen. Hinzukommt die kurze Dauer des Urlaubs, der unmittelbar nach Einspruchseinlegung begann und bereits 9 Tage später endete. Die zu kurz bemessene Ladungsfrist ist auch kausal für die Terminsversäumung; bei Einhaltung der Zwischenfrist wäre ein Termin bei gegebener Zustellung am 1.2.2012 frühestens auf Donnerstag, den 9.2.2012, anzuberaumen gewesen; mithin zu einem Zeitpunkt, als der Antragsteller Terminskenntnis hatte und den Termin hätte wahrnehmen können. Vom Schutzzweck der Norm her ergibt sich kein Gegenargument. Zwar soll nach überwiegender

---

40 Hier zeigen Bearbeiter Schwierigkeiten, weil sie nur § 45 I 1 StPO sehen.

Auffassung ein Verstoß gegen § 217 I StPO keinen Einfluss auf die Wirksamkeit der Ladung haben, weil die Norm nur eine ausreichend lange Verhandlungsvorbereitung gewähren will, was § 217 II StGB sicherstellt. Hier geht es aber nicht um die Unwirksamkeit der Ladung, sondern um die Bewertung dessen, was dem Mandanten zumutbar ist. Die Kürze des Urlaubs sowie die ungewöhnlich rasche Terminierung nebst Verstoß gegen § 217 I StPO begründen die Wiedereinsetzung in den vorigen Stand. Im Interesse der materiellen Gerechtigkeit sollen keine zu hohen Anforderungen an den Unverschuldensmaßstab gestellt werden.

Nicht einschlägig ist die Erwägung, dass bei nicht ordnungsgemäßer Ladung zwar keine Säumnis vorliege, aber dennoch ohne Rücksicht auf ein Verschulden Wiedereinsetzung zu gewähren sei. Denn ein Verstoß gegen § 217 I StPO – mit Rücksicht auf den soeben geschilderten Normzweck – nimmt keinen Einfluss auf die Ordnungsgemäßheit der Ladung. **56**

3. Mit der Wiedereinsetzung in den vorigen Stand gerät das Verwerfungsurteil in Wegfall, das Amtsgericht wird gem. § 411 I 2 StPO Termin zur Hauptverhandlung anberaumen und die Sache in den Grenzen des Einspruchs verhandeln. Dazu kommt es allerdings nur, sofern ein wirksamer Einspruch vorliegt: Erforderlich ist nach § 410 I 1 StPO innerhalb von zwei Wochen nach Zustellung beim Ausgangsgericht – Amtsgericht Würzburg – Einspruch einzulegen, was schriftlich geschah. Die Einspruchsfrist muss eingehalten sein. Nach Zustellung am Samstag, den 14.1.2012, lief die Frist gem. § 43 I StPO bis Samstag, den 28.1.2012, und verlängert sich nach § 43 II StPO bis Montag, den 30.1.2012. An diesem Tag ging der Einspruch bei Gericht ein und war somit rechtzeitig. **57**

4. Indem der Mandant den Einspruch bewusst auf den Rechtsfolgenausspruch beschränkte, könnte hinsichtlich des Schuldspruchs eine Bindungswirkung eingetreten sein. Dann wären in der neuen Hauptverhandlung nur noch die Rechtsfolgen neu zu überdenken. Die horizontale Einspruchsbeschränkung ist grundsätzlich zulässig, weil die Rechtsfolgen unabhängig von der bindend feststehenden Schuldfeststellung geprüft werden können. Sofern die Einspruchsbeschränkung wirksam sein sollte, könnte das Amtsgericht den Strafbefehl nur in den Grenzen des beschränkt eingelegten Einspruchs prüfen und entscheiden, § 410 II iVm III StPO. Dabei gilt kein Verbot der Schlechterstellung. Die Rechtsfolgen könnten sich jedoch zugunsten des Mandanten verändern: Hinsichtlich der Tagessatzanzahl wäre zu bedenken, dass der Mandant Ersttäter ist und bisher über 50 Jahre ein straffreies Leben führte. Trotz der aufgewendeten Mühe, eine Kopiervorlage zu fertigen und davon Kopien herzustellen, spräche weiter für ihn die leichte Durchschaubarkeit seines Tuns, der fehlende Schaden, der geringe Grad der Gefährdung und die tatsächlich vorhandene Berufsqualifikation. Schließlich ist zu berücksichtigen, dass der Mandant aufgrund seines vorgerückten Alters auf dem Arbeitsmarkt nur schwer eine Stelle finden wird, was durch eine Verurteilung mit mehr als 90 Tagessätzen zu einer Aufnahme in das polizeiliche Führungszeugnisses führen und seine Situation weiter erschweren würde, § 32 II Nr. 5 a BZRG. Diese Gesichtspunkte, die Schuldeinsicht und das Einräumen seines Tuns lassen es wahrscheinlich erscheinen, dass im Rahmen der Abwägung nach § 46 I, II StGB eine geringere Strafe als 90 Tagessätze verhängt wird. – Hinsichtlich der Höhe des Tagessatzes ist bisher im Rahmen der persönlichen und wirtschaftlichen Verhältnisse nicht die Unterhaltspflicht gegenüber der Ehefrau, § 1360 BGB, berücksichtigt, § 40 II 1 StGB. Dies führt bei einem Nettoeinkommen von 1.500 EUR zu einer Tagessatzhöhe von 40 EUR, weil für die Ehefrau 300 EUR vom Einkommen abzuziehen sind. Das verbleibende Einkommen von 1.200 EUR führt zu einem Tagessatz von 40 EUR. **58**

5. Dieser sich abzeichnende Erfolg könnte durch einen Freispruch noch verbessert werden. Voraussetzung dafür ist der Zugang zum Schuldspruch. Die bisher angenommene Bindungswirkung müsste insoweit entfallen: (1) Nach Ablauf der Einspruchsfrist ist dies nicht durch Erweiterung des Einspruchs auf die Schuldfrage möglich, weil nunmehr Teilrechtskraft vorliegt. (2) Als Prozesshandlung kann der Teileinspruch auch nicht nachträglich durch Widerruf oder Anfechtung beseitigt werden. (3) Jedoch könnte die Einspruchsbeschränkung unwirksam und damit der Einspruch unbeschränkt sein. Dies käme in Betracht, sofern der Schuldspruch die Verurteilung nicht trägt, weil tatsächlich bei gegebenem Sachverhalt eine Straftat nicht vorliegt. In einem solchen Fall entfällt die Einspruchsbeschränkung nach der Trennbarkeitsformel: Es entspricht herrschender Praxis, dass der Einspruch gegen einen Strafbefehl nur **59**

auf solche Beschwerdepunkte beschränkt werden kann, die ohne Rücksicht auf den nicht angegriffenen Teil der Entscheidung nach dem inneren Zusammenhang tatsächlich und rechtlich selbständig beurteilbar bleiben. Hier fehlt diese Selbständigkeit, weil ohne Schuldvorwurf im Rahmen des § 46 I, II StGB eine isolierte Schuldbewertung nicht mehr erfolgen kann. Damit hängt die Wirksamkeit der Einspruchsbeschränkung von der Strafbarkeit des Mandanten ab. Deshalb ist zu prüfen, ob das Verhalten des Mandanten einen Straftatbestand, zumal des § 267 StGB, erfüllte.

II. Strafbarkeit des Mandanten

60   1. Indem der Mandant eine Fotokopiervorlage fertigte, könnte er eine Urkundenfälschung nach § 267 I 1. Fall StGB begangen haben. Dann müsste die Vorlage eine Urkunde sein – also eine verkörperte menschliche Erklärung, die bestimmt und geeignet ist, im Rechtsverkehr für ein Rechtsverhältnis Beweis zu erbringen und die ihren Aussteller erkennen lässt.

61   Der auf der Rückseite eines Briefbogens gefertigte Text trägt keine Unterschrift und ist folglich als solcher keine Urkunde. Der Streifen mit dem Firmenaufdruck und die aufgeklebte Unterschrift enthalten für sich genommen keine gedankliche Erklärung und erfüllen deshalb nicht ein zu forderndes Urkundenmerkmal. Durch das Zusammenkleben der einzelnen Teile könnte eine zusammengesetzte Urkunde entstanden sein. Da es sich jedoch um ein Klebewerk handelt, eignet sich dieses Produkt nicht als Urschrift, die im Rechtsverkehr Beweis erbringen könnte. Deshalb und weil der Mandant dieses Klebewerk nur als Entwurf verwenden wollte, fehlt jede Beweiseignung und Beweisbestimmung. Eine Urkunde liegt nicht vor.

62   Jedoch könnten die von der Vorlage gefertigten Fotokopien jeweils eine Urkunde darstellen. Indes fehlt auch hier die für eine Urschrift gegebene Beweiskraft. Eine Fotokopie vermittelt zwar ein einigermaßen getreues Abbild einer Urschrift, enthält jedoch lediglich die bildliche Wiedergabe der in einem anderen Schriftstück verkörperten Erklärung. Nur die Urschrift erlaubt es, die Urkunde in allen Einzelheiten und Besonderheiten vollständig wahrzunehmen, kritisch zu beurteilen und zu prüfen. Eine Fotokopie erfüllt diesen Zweck nicht. – Diese für den Mandanten günstige Auffassung vertritt die Rechtsprechung, weshalb die zur Strafbarkeit gelangende Gegenmeinung abzulehnen ist. Sie stellt auf die Übung im Bewerbungsbereich ab. Dort liegen in der Mehrzahl die Fälle so, dass Arbeitszeugnisse in Fotokopie vorgelegt werden, weil ein Bewerber bei mehreren Bewerbungen zwangsläufig das Original nicht mehrfach verwenden kann. Dieses Argument ändert aber nichts an der fehlenden Beweiskraft einer Fotokopie. Vielmehr verzichten Personalabteilungen auf den Beweiswert des Originals und begnügen sich mit einer (manipulationsanfälligen) Fotokopie.

63   Überdies erkennt die Rechtsprechung eine Fotokopie dann als Urkunde an, wenn die Fotokopie den Anschein einer Urschrift erwecken soll. Nach dem Sachverhalt war dies hier gerade nicht der Fall, weil der Mandant die Fotokopie mit einem kennzeichnenden Aufdruck versah.

64   Möglicherweise liegt jedoch das Gebrauchmachen von einer unechten Urkunde vor, § 267 I 3. Fall StGB, weil der Mandant eine Fotokopie an die Firma Fiat-Hofmann, Würzburg, sandte. Voraussetzung wäre allerdings, dass die Vorlage der Fotokopie den Gebrauch einer unechten Originalurkunde bedeutet. Da die Kopiervorlage – wie ausgeführt – keine Urkundenqualität hat, existiert auch keine unechte Originalurkunde, die so gebraucht wurde.

65   2. Da das Tatbestandsmerkmal »Urkunde« nicht vorliegt, bleibt nur noch der Versuch einer Urkundenfälschung. Dann müsste für den strafbaren Versuch nach § 267 II StGB ein entsprechender Tatentschluss vorliegen. Nach dem Sachverhalt, wie ihn der Strafbefehl und der Mandant schildert, wusste Herr Maier, dass er zwar eine schriftliche Lüge fertigt, jedoch ging er nicht von einer Urkundenqualität aus. Dies kommt durch den Quervermerk »Fotokopie« auf der Fotokopie objektiv zum Ausdruck. Selbst wenn man anderer Ansicht sein sollte, endet die Überlegung im Wahndelikt, weil der Mandant dann ein nicht strafbares Verhalten als strafbar eingestuft hätte.

66   3. Als weiterer Straftatbestand könnte ein – weil die Täuschung bemerkt wurde und folgenlos blieb – versuchter Betrug, § 263 II StGB, in Betracht kommen. Der Tatentschluss des Man-

danten war sicher auf eine Täuschung und einen Irrtum gerichtet. Die Vermögensverfügung sollte die Anstellung sein. Jedoch fehlte der auf eine Vermögensschädigung gerichtete Wille. Ein Vermögensschaden läge beim Eingehen einer Anstellung auf Seiten des neuen Arbeitgebers nur vor, wenn der Täter der erschwindelten Stellung nicht gewachsen ist oder sonst erforderliche Voraussetzungen nicht erfüllt. Nach den belegbaren Angaben des Mandanten verfügt er aber über die volle Qualifikation als Autoverkäufer.

Ergebnis: Der Mandant hat sich nicht strafbar gemacht, die Einspruchsbeschränkung entfällt, ein Freispruch muss erfolgen.

III. Berufung

Eine weitere Angriffsmöglichkeit gegen das Urteil vom 8.2.2012 könnte das Rechtsmittel der Berufung sein. Auf diese Weise würde der Eintritt der Rechtskraft gehemmt, § 316 I StPO.

1. Dann müsste die noch einzulegende Berufung zulässig sein. Die Statthaftigkeit folgt aus §§ 312, 412 StPO. § 313 StPO ist nicht einschlägig, weil bei einer Geldstrafe von 100 Tagessätzen keine Bagatellsache vorliegt. Die Berufungsschrift des Anwalts, § 297 StPO, müsste an das Amtsgericht adressiert werden, § 314 StPO. Die Berufungsfrist des § 314 I StPO läuft noch, weil nach § 314 II StPO die Urteilszustellung für den Fristbeginn gegen den bei Verkündung nicht anwesenden Angeklagten maßgeblich ist. Einer Berufungsbegründung bedarf es nicht zwingend, § 317 StPO. Der Mandant ist durch die Einspruchsverwerfung auch beschwert, weil ohne Berufung (und ohne Wiedereinsetzung in den vorigen Stand) der Strafbefehl rechtskräftig wird.

2. Die Berufung ist begründet, wenn das Amtsgericht Würzburg zu Unrecht die Voraussetzungen[41] des § 412 StPO bejaht hat:

(1) Ein zulässiger Einspruch liegt – wie bereits ausgeführt – vor. (2) Der Mandant müsste ferner ordnungsgemäß geladen worden sein. Nach § 37 I 1 StPO iVm § 181 ZPO ist die Ersatzzustellung durch Niederlegung wirksam. Die erforderliche Belehrung über die Folgen des Ausbleibens liegt (nach dem Bearbeitervermerk) vor. Nach überwiegender Rechtsprechung hat der Verstoß gegen § 217 I StPO keinen Einfluss auf die Wirksamkeit der Ladung. Denn Zweck der Ladungsfrist ist es nicht, das Erscheinen des Angeklagten in der Hauptverhandlung zu sichern, sondern ihm die Möglichkeit zu geben, sich genügend auf seine Verteidigung in der Hauptverhandlung vorzubereiten, was § 217 II StPO ausreichend sichert. (3) Der Angeklagte war zwar bei Beginn der Hauptverhandlung nicht erschienen und nicht vertreten. Sein Ausbleiben war aber (wie im Rahmen des Wiedereinsetzungsantrags geprüft) genügend entschuldigt. Im Berufungsverfahren sind diese neuen Tatsachen zu beachten. – Damit erweist sich die Berufung als erfolgreich.

3. Nach § 328 I StPO ist das angefochtene Urteil aufzuheben und in der Sache zu entscheiden. Die reformatorische Konsequenz wird aber im vorliegenden Fall für unbillig erachtet. Denn durch die Sachentscheidung des Berufungsgerichts würde erstmals eine Tatsachenprüfung erfolgen (hier wegen der unwirksamen Einspruchsbeschränkung zur Schuld- und Rechtsfolgenfrage). Das Amtsgericht hatte sich bisher nur bei Erlass des Strafbefehls summarisch mit diesen Fragen befasst. Um eine gründliche Tatsacheninstanz auf der amtsgerichtlichen Ebene zu gewährleisten, § 411 I StPO, muss daher gegen den Wortlaut des § 328 StPO eine Zurückverweisung an das Amtsgericht erfolgen. Dies führt zur selben Ausgangslage wie nach Wiedereinsetzung in den vorigen Stand.

IV. Verhältnis von Berufung und Wiedereinsetzung in den vorigen Stand

Es fragt sich, ob die beiden Angriffsmöglichkeiten zusammen oder einzeln wahrgenommen werden müssen. Wie § 315 StPO zeigt, stehen beide Rechtsbehelfe gleichberechtigt nebenein-

---

[41] Beim Bestimmen der Voraussetzungen zeigen Bearbeiter Schwierigkeiten, indem sie auch das materielle Recht prüfen.

ander. Da ein Rangverhältnis nicht besteht und das bloße Einlegen der Berufung den Verzicht auf die Wiedereinsetzung in den vorigen Stand zur Folge hätte, § 315 III StPO, sind beide Rechtsbehelfe einzusetzen. Denn sollte der Wiedereinsetzungsantrag auch nach sofortiger Beschwerde, § 46 III StPO, ohne Erfolg bleiben, müsste die Berufung als Reserve zur Verfügung stehen. Deren Einlegungsfrist wäre zu diesem Zeitpunkt jedoch verstrichen, § 315 I StPO. Deshalb ist es sinnvoll, Wiedereinsetzung in den vorigen Stand zu beantragen und hilfsweise Berufung einzulegen. Da das Eventualrechtsmittel von einer innerprozessualen Bedingung (Erfolg des Wiedereinsetzungsantrags) abhängt, hindert dieser Umstand die Wirksamkeit der Berufung nicht. Die hilfsweise eingelegte Berufung führt zum Suspensiveffekt, § 316 StPO, den der Wiedereinsetzungsantrag nicht von sich aus bewirken kann, § 47 I StPO. Wird – was zu erwarten sein dürfte – Wiedereinsetzung in den vorigen Stand gewährt, fällt die bis dahin ausgesetzte Berufung als gegenstandslos weg.

V. Sprungrevision

74 Amtsgerichtliche Urteile können nach § 335 StPO grundsätzlich mit der Sprungrevision angegriffen werden. § 335 I StPO eröffnet eine echte Wahlmöglichkeit zwischen Berufung und Revision, die im Ergebnis aber nur exklusiv betrieben werden können. Mit der Revision, die wie die Berufung neben dem Antrag auf Wiedereinsetzung in den vorigen Stand geführt werden müsste, § 342 StPO, würde die Rechtskraft des angegriffenen Urteils gehemmt, § 343 I StPO, und die Tatsacheninstanz der Berufung übersprungen. Obwohl – wie dargelegt – § 412 StPO als verletztes formelles Recht gerügt werden könnte, eignet sich dieser Weg weniger gut. Zeitintensiv müsste über die Revision das angegriffene Urteil kassiert und nach Zurückverweisung an das Amtsgericht dort angesetzt werden, wohin das Wiedereinsetzungsgesuch längst geführt hätte. Wiedereinsetzung in den vorigen Stand und vorsorgliche Berufung belassen den Fall vor Ort, geben bei Bedarf eine Tatsachenerweiterung, die im Revisionsverfahren verwehrt ist, versprechen sicheren Erfolg und tragen die Revisionsmöglichkeit in sich. Die im Urteil vom 8.2.2012 zu Unrecht erfolgte Kostenentscheidung wird im Rahmen des zu erwartenden Freispruchs untergehen. Der Kostennachteil des § 473 VII StPO sollte mit Blick auf die schnellere Lösung gegenüber der Berufung oder Revision in Kauf genommen werden. – Das Revisionsgericht prüft nur das Fehlen der Verfahrensvoraussetzungen des § 412 StPO. Deshalb wird bei Erfolg der Revision die Zurückverweisung nach § 354 II StPO und nicht die eigene Sachentscheidung mit Freispruch, § 354 I StPO, das Ergebnis sein. Nur wenn dies nicht so wäre, böte die Sprungrevision einen schnellen, sicheren und kostenfreien Erfolg.

B. Schriftsatz

75 Dr. Hans Klug   97076 Würzburg, den 11.2.2012[42]
Schnellstraße 1

An das
Amtsgericht Würzburg[43]
– Strafgericht –

In der Strafsache gegen

August Maier, Autoverkäufer, Münzstraße 19, 97070 Würzburg wegen Urkundenfälschung
Az: 12 Cs 123 Js 212/2012

beantrage[44] ich unter Vollmachtsvorlage für den Angeklagten

---

42 Durch den sofortigen Antrag ist die Fristwahrung nach § 329 III StPO gesichert. Entscheidend wird der Eingangsstempel bei Gericht sein. Rechtsanwalt Dr. Klug wird das Schreiben noch am Samstag in den Gerichtsbriefkasten werfen.
43 Durch die richtige Adressierung wird § 45 I 1 StPO gewahrt.
44 Damit kommt der Antrag nach §§ 44 S. 1, 45 I 1 StPO zum Ausdruck.

Wiedereinsetzung in den vorigen Stand gegen die Versäumung der Hauptverhandlung vom 8.2.2009 zu gewähren und

hilfsweise lege ich gegen das Urteil des Amtsgerichts Würzburg vom 8.2.2009 Berufung ein.

Begründung:

1. Mein Mandant war ohne Verschulden gehindert, den Hauptverhandlungstermin am 8.2.2012 wahrzunehmen. Er befand sich nämlich in der Zeit vom 31.1. – 8.2.2012 für kurze Zeit in Skiurlaub und erlangte erst am 9.2.2012, am Tag nach der Rückkunft aus dem Urlaub, Kenntnis von der Terminsladung.

Glaubhaftmachung: Zum Nachweis der Urlaubsdauer lege ich die Abrechnung des Hotels »Reiner« vor.
Zum Nachweis der Dauer, des Beginns und des Endes des Urlaubs sowie der Rückkunft lege ich eidesstattliche Versicherung der Ehefrau des Mandanten vom 11.2.2012 bei.[45]

Die Ladung zum Termin erfolgte am 1.2.2012, einem Mittwoch. Mein Mandant brauchte nicht damit zu rechnen, dass bereits am 8.2.2012 ein Hauptverhandlungstermin anberaumt wird. Denn das Gesetz sieht eine Ladungsfrist von einer Woche vor, die hier frühestens einen Termin für den 9.2.2012 erwarten ließ. Zu diesem Zeitpunkt wäre mein Mandant aber bereits aus dem Urlaub zurückgekehrt gewesen und wäre in Kenntnis der Terminsladung selbstverständlich am Donnerstag, den 9.2.2012, zur Verhandlung erschienen. Die im Grunde begrüßenswert zügige Sachbehandlung führte hier leider zu einer Überbeschleunigung, die meinem Mandanten nicht angelastet werden darf. Denn selbst wenn ihn die Ladung bereits am 1.2.2012 hätte erreichen können, war nach § 217 StPO ein frühestmöglicher Termin erst am Donnerstag, den 9.2.2012, zu erwarten und folglich von meinem Mandanten nach Urlaubsrückkunft wahrnehmbar.

2. Die für den Fall, dass Wiedereinsetzung in den vorigen Stand versagt werden sollte, zur Fristwahrung vorsorglich eingelegte Berufung wird ebenfalls auf den obigen Vortrag gestützt. Denn bei dieser Ausgangslage ist das Ausbleiben meines Mandanten genügend entschuldigt, § 412 StPO. Die bei Erlass des Verwerfungsurteils nicht bekannte Urlaubsabwesenheit in Verbindung mit der zu knapp bemessenen Ladungsfrist werden vom Berufungsgericht als neues Tatsachenvorbringen zu berücksichtigen sein.

Dr. Klug
Rechtsanwalt

Anlage 1: Rechnung
Anlage 2: Eidesstattliche Versicherung

Eidesstattliche Versicherung:

Klara Maier Würzburg, den 11.2.2012
Münzstraße 19

Von Herrn Rechtsanwalt Dr. Klug über die Strafbarkeit falscher Angaben belehrt, versichere ich zur Vorlage in dem Strafverfahren Az: 12 Cs 123 Js 212/2012 gegenüber dem Amtsgericht Würzburg Folgendes:[46]

»Ich bin die Ehefrau von August Maier und befand mich mit ihm in der Zeit vom 31.1. bis 8.2.2012 in Sexten (Südtirol). Wir verbrachten dort gemeinsam einen Skilanglaufurlaub. Die

---

45 Die Tatsachen zur Begründung des Antrags sind auf diese Weise glaubhaft gemacht, § 45 II 1 StPO.
46 Diese Formulierung berücksichtigt § 156 StGB, der auf die zur Abnahme zuständige Behörde abstellt. Die Abnahme ist die Entgegennahme einer Versicherung an Eides Statt durch die Behörde, nicht die Handlung, die erforderlich ist, eine solche Versicherung schriftlich niederzulegen. Abgegeben ist die Versicherung, sobald die hier schriftliche Erklärung bei Gericht in Urschrift eingeht; dazu *Fischer* § 156 Rn. 9.

Rückkunft war am 8.2.2012. Mein Mann begab sich gleich am 9.2.2012 um 9.00 Uhr mit mir zusammen zur Post. Dort stellten wir fest, dass der Hauptverhandlungstag in der Strafsache gegen meinen Mann bereits auf den 8.2.2009 festgesetzt worden war. Wir hatten vor dem Urlaub noch darüber gesprochen, ob im Einspruch gegen den Strafbefehl auf den Urlaub hingewiesen werden sollte, sahen aber wegen der Kürze des Urlaubs und mit Blick auf die allgemein bekannte Überlastung der Gerichte davon ab.«

Klara Maier, geb. Ehrlich

7. Klausur: Beratung

Am 30.3.2012 kommt August Schlitzig in die Kanzlei von Rechtsanwalt Dr. Klug und trägt folgenden Sachverhalt vor:

»Herr Rechtsanwalt, ich brauche Ihre Hilfe. Heute bekam ich mit der Post eine Anklageschrift zugestellt. Ich übergebe Ihnen diese Anklageschrift und lese Ihnen gleich ein beigelegtes Schreiben vor:

›In der Strafsache gegen Sie wird Ihnen die Anklageschrift mitgeteilt. Sie können binnen vier Wochen erklären, ob Sie die Vornahme einzelner Beweiserhebungen vor der Entscheidung über die Eröffnung des Hauptverfahrens beantragen oder Einwendungen gegen diese Eröffnung vorbringen wollen. Wenn Sie die Vernehmung von Zeugen beantragen, sind die Tatsachen anzugeben, über die jeder einzelne Zeuge vernommen werden soll. – Da Ihnen mit der Anklage ein Verbrechen der Geldfälschung (§§ 146, 12 I StGB) zur Last gelegt wird, liegt ein Fall der notwendigen Verteidigung vor. Sie werden daher aufgefordert, binnen einer Woche einen Verteidiger zu wählen oder einen zu bestellenden zu bezeichnen. Der Vorsitzende wird erst nach Ablauf der Frist von einer Woche über die Verteidigerbestellung entscheiden.‹

Die Staatsanwaltschaft Würzburg hat mich offensichtlich angeklagt. Vor ca. fünf Wochen hatte mich die Polizei zu dieser Sache vernommen. Es geht um Franken-Geldscheine im Nennwert von einer halben Million. Ich hatte denen doch damals erklärt, dass diese Geschichte keine Straftat sein kann. Die legten mir zur Last, 25 Bündel Abbildungen von 100-Franken-Noten besorgt und versucht zu haben, diese mit einem Werbeaufdruck versehene Scheine einem Karl Huber aus Schweinfurt für 300.000 EUR anzudrehen. Jetzt klagen die mich wegen Geldfälschung und versuchten Betrugs an. Die Sache mit dem Huber wäre bei Gelingen sicherlich nicht in Ordnung gewesen, weil ich ihm die 300.000 EUR abluchsen wollte. Leider klappte das nicht. Im Hotel Maritim in Würzburg sollte die Sache laufen. Ich hatte mich mit Huber im Foyer des Hotels Maritim getroffen. Ein Beamter in grüner Uniform nahm mich aber gleich fest, nachdem Huber sich zum Übergabeort in die Tiefgarage aufgemacht hatte. Der Beamte muss mich beobachtet und für betrunken gehalten haben. Er begab sich mit mir zum Auto in die Tiefgarage, das zufällig neben dem Wagen des Huber stand. Meine Frau saß inzwischen auf dem Fahrersitz und wartete. Als das gute Stück mich mit dem Polizisten sah, rief sie in ihrer Aufregung: ›Ich habe es doch gewusst, die erwischen dich mit deinen Schweizern. Herr Polizist, ich bin unschuldig.‹ Den Rest können Sie sich denken: Ich musste den Koffer öffnen, der Polizist schaute die Bündel an und sah die Aufdrucke. Dies bemerkte auch Huber, der dann gleich verlangte, mich als Betrüger festzunehmen. Das war übrigens sein Eigentor. Denn dann kam ein zweiter Beamter, Huber zeigte seine 300.000 EUR in echten Scheinen und jetzt stöbert seit Wochen die Steuerfahndung in seinen Millionen herum.

Danach verbrachte mich der Polizist gleich zur Blutentnahme in die Universitätsklinik. Das Beste an dieser Aktion war die junge Ärztin, die wenigstens sanft gestochen hat. Anschließend wurde ich auf der Polizei vernommen. Ich habe meinen Führerschein gleich freiwillig dort gelassen.

Den Vorwurf mit den Franken-Scheinen kann ich gar nicht verstehen. Es handelt sich dabei um bloße Abbildungen von 100-Franken-Scheinen. Die Scheine – ich habe sie am 24.12.2011 in Bern von einem Gastwirt erworben – waren in der Mitte mit Papierstreifen zusammengefasst. Dieser Papierstreifen verdeckte einen Werbeaufdruck auf den Scheinen. Es handelte sich um vier dicke Zeilen mit dem Text:

Faksimile
Restaurant
»TELL«
Bern

Dem Huber wollte ich diese Scheine für gute Euro andrehen. Aber Falschgeld kann das doch nicht sein. Ohne den Papierstreifen zum Zusammenhalten erkennt jeder das unechte Geld. Außerdem zeigt ein Vergleich mit einem echten Geldschein, dass die Farbgebung heller, die Papierstruktur glatter und das Druckbild leicht vergröbert war. Meine Scheine waren auch 0,5 cm kürzer als das Original. Herr Rechtsanwalt, ich bezahle Sie natürlich mit Scheck, aber bitte schaffen Sie mir diese Sache aus der Welt. Ich wagte das Geschäft mit Huber doch nur, weil ich davon ausging, in der dunklen Tiefgarage und der gegebenen Aufregung würde Huber nicht lange nachzählen und nach einem kurzen Kontrollblick die Aktenkoffer schnell austauschen.

Das Ergebnis der Blutentnahme war für mich mit 1,31 ‰ BAK sehr schlecht. Das Amtsgericht Würzburg entzog mir prompt meine Fahrerlaubnis vorläufig. Dies bekam ich am 7.3.2012 mitgeteilt. – Die Polizisten in Uniform beobachteten wohl schon meine Ankunft mit dem Auto in der Tiefgarage des Maritim. Wahrscheinlich war meine wenig ausgeprägte Trinkfestigkeit der Grund, weshalb sie mich heimlich verfolgten. Denn ich lief damals direkt ins Foyer, ging gleich zum Huber, hatte aber wegen des mitgeführten Aktenkoffers – in welchem sich die Noten befanden – etwas Schwierigkeiten bei der Begrüßung. Ich sage es ungern, aber ich stieß vor Aufregung mit der Zunge derart an meine Unterkieferprothese, dass sie mir fast aus dem Mund gefallen wäre. Huber sagte, er wolle in der Tiefgarage auf mich warten und ging weg. Währenddessen kam dann der Polizeibeamte, nahm mich fest und führte mich ab.

Ich wirke im In- und Ausland als Finanzmakler. Deshalb bin ich unbedingt auf meinen Führerschein angewiesen. In meiner Not bin ich heute ohne Führerschein zu Ihnen gefahren. Auf Dauer kostet mich das aber zu viele Nerven. Besorgen Sie mir bitte meinen Führerschein wieder.

Herr Rechtsanwalt, ich will Sie als Strafverteidiger und unterschreibe auch gleich eine entsprechende Vollmacht. Teilen Sie das bitte dem Gericht mit. Meine Frankenabbildungen überließ ich damals der Polizei. Ich lege keinen Wert auf die Rückgabe.«

Der Angeschuldigte erteilte für Rechtsanwalt Dr. Klug eine wirksame Vollmacht. Der Rechtsanwalt erklärte sich mit der Strafverteidigung einverstanden.

Rechtsanwalt Dr. Klug zeigte noch am selben Tag gegenüber dem Landgericht Würzburg die Strafverteidigung an. Er beantragte Akteneinsicht, die am Dienstag, den 3.4.2012, erfolgte. In der Akte befand sich ein Bundeszentralregisterauszug für seinen Mandanten. Danach ist Schlitzig nicht vorbestraft. Von Blatt sieben der Akte fertigte Rechtsanwalt Dr. Klug eine Kopie, die als Anlage 3 auszugsweise beigefügt ist. Der Akteninhalt bestätigt die Schilderung des Mandanten in den wesentlichen Kernbereichen. Rechtsanwalt Dr. Klug notierte sich noch aus der polizeilichen Vernehmungsniederschrift des Huber, dass der Zeuge den Angeschuldigten am 22.2.2012 nicht beim Einfahren in die Tiefgarage gesehen hat.

Anlage 1

Staatsanwaltschaft
Würzburg
12 Js 1040/12

Anklageschrift

in der Strafsache gegen

August Schlitzig, geb. am 24.11.1957 in Würzburg, deutscher Staatsangehöriger, verheiratet, Finanzmakler, wohnhaft in 97076 Würzburg, Ottostraße 19

Die Staatsanwaltschaft legt aufgrund ihrer Ermittlungen dem Angeschuldigten folgenden Sachverhalt zur Last:

Am 22.2.2012 fuhr der Angeschuldigte gegen 10.25 Uhr mit seinem PKW, Opel Ascona, amtl. Kennzeichen: WÜ – LM 104 von seinem Geschäftslokal in der Bahnhofstraße 19 zum Hotel Maritim, Mainstraße 1, obwohl er vorher mehrere Schoppen Wein getrunken hatte. Eine um

11.00 Uhr entnommene Blutprobe ergab eine Blutalkoholkonzentration von 1,31 ‰ im Mittelwert. Der Angeschuldigte wollte sich mit dem anderweit verfolgten Huber treffen, um eine halbe Million Schweizer Franken gegen 300.000 EUR zu tauschen. Während der anderweit verfolgte Huber sich wie vereinbart mit echten Euro-Scheinen zum Treffpunkt in der Tiefgarage des Hotels Maritim begab, befanden sich im Aktenkoffer des Angeschuldigten 25 Bündel mit Abbildungen von 100-Franken-Noten im Gesamtnennbetrag von einer halben Million, die sich der Angeschuldigte am 24.12.2011 in Bern von einem namentlich nicht bekannten Gastwirt besorgt hatte. Bei den Abbildungen handelte es sich um täuschend echte Franken-Scheine, weil sie in der Farbgebung, der Papierstruktur und der Länge nur unwesentlich von echten Geldscheinen abwichen. Zwar befand sich jeweils auf Vorder- und Rückseite der Scheine in der Mitte ein vierzeiliger Aufdruck mit dem Text: Faksimile/Restaurant/»TELL«/Bern, der aber durch Banderolen völlig verdeckt wurde. Der Tauschpartner Huber hätte nach Hergabe seiner echten Geldscheine im Nennwert von 300.000 EUR nur wertlose Franken-Nachbildungen erhalten.

Der Angeschuldigte wird daher beschuldigt

falsches Geld in der Absicht, es als echt in Verkehr zu bringen, sich verschafft zu haben, in Tateinheit dazu versucht zu haben, in der Absicht, sich einen rechtswidrigen Vermögensvorteil zu verschaffen, das Vermögen eines anderen dadurch beschädigt zu haben, dass er durch Vorspiegelung falscher Tatsachen einen Irrtum erregte und in Tatmehrheit im Verkehr ein Fahrzeug geführt zu haben, obwohl er infolge des Genusses alkoholischer Getränke nicht in der Lage war, das Fahrzeug sicher zu führen

strafbar als Trunkenheit im Verkehr sachlich zusammentreffend mit Geldfälschung und mit versuchtem Betrug, gem. §§ 146 I Nr. 2, 263 I, II, 22, 316, 52, 53 StGB.

Wesentliches Ergebnis der Ermittlungen:

Der Angeschuldigte bestreitet die Taten, er wird aber durch die nachfolgend aufgeführten – erdrückenden – Beweismittel überführt werden.

Der Angeschuldigte ist bisher nicht vorbestraft. Er hat sich als charakterlich ungeeignet zum Führen von Kraftfahrzeugen erwiesen. Deshalb wurde ihm mit Beschluss vom 6.3.2012 die Fahrerlaubnis vorläufig entzogen. Im Urteil wird die Fahrerlaubnis endgültig zu entziehen sein, §§ 69, 69a StGB. Die sichergestellten Frankenabbildungen sind gem. § 74 StGB einzuziehen.

Zur Aburteilung ist das Landgericht Würzburg – Strafkammer – zuständig (§§ 24, 74, 76 GVG; §§ 7, 8 StPO).

Ich beantrage

a) die Anklage zur Hauptverhandlung vor dem Landgericht Würzburg – Strafkammer – zuzulassen,

b) dem Angeschuldigten einen Verteidiger zu bestellen, § 140 I Nr. 2 StPO,

c) einen Termin zur Hauptverhandlung anzuberaumen.

Als Beweismittel bezeichne ich:

1. Zeugen: Karl Huber, 97421 Schweinfurt, Kantstraße 12
   POM Hurtig Ernst, zu laden über die Polizeiinspektion Würzburg/Ost
   PHM Tüchtig Heinrich, zu laden über die Polizeiinspektion Würzburg/Ost

2. Urkunden: Bundeszentralregisterauszug
   BAK-Gutachten der Landesuntersuchungsanstalt München

Würzburg, den 23.3.2012

Dr. Blitz
Staatsanwalt

7. Klausur: Beratung

Anlage 2

2 Gs 259/12

Beschluss

In dem Ermittlungsverfahren

gegen den Finanzmakler August Schlitzig,
geboren am 24.11.1957 in Würzburg,
wohnhaft in 97076 Würzburg, Ottostraße 19

wegen Trunkenheit im Verkehr
wird dem Beschuldigten die Erlaubnis zum Führen von Kraftfahrzeugen vorläufig entzogen.

Gründe:

Der Beschuldigte fuhr am 22.2.2012 gegen 10.25 Uhr mit seinem PKW, Opel Ascona, amtl. Kennzeichen WÜ – LM 104 in Würzburg von der Bahnhofstraße 19 zum Hotel Maritim, Mainstraße 1, obwohl er – wie er genau wusste – vorher mehrere Schoppen Wein getrunken hatte. Eine um 11.00 Uhr entnommene Blutprobe ergab eine Blutalkoholkonzentration von 1,31 ‰.

Danach besteht der dringende Verdacht, dass der Beschuldigte sich wegen vorsätzlicher Trunkenheit im Verkehr nach § 316 I StGB strafbar gemacht hat.

Es liegen dringende Gründe für die Annahme vor, dass nach Abschluss der Ermittlungen im Strafurteil nach § 69 II StGB die Fahrerlaubnis entzogen wird, weil sich der Beschuldigte durch das geschilderte Verhalten zum Führen von Kraftfahrzeugen als ungeeignet erwiesen hat.

Deshalb ist nach § 111a I StPO die vorläufige Entziehung der Fahrerlaubnis geboten.

Würzburg, den 6.3.2012
Amtsgericht, Abteilung 2

Dr. Klotz
Richter am Amtsgericht

Anlage 3

Aktenvermerk:

POM Hurtig und Unterzeichner waren am Mittwoch, den 22.2.2012 (Aschermittwoch) um 10.30 Uhr in der Tiefgarage des Hotels Maritim, um in einer anderen Sache zu ermitteln. Wir bemerkten, wie ein Mann zum Aufzug lief, der vorher in die Garage gefahren sein musste. Den Einfahrvorgang selbst haben wir allerdings nicht beobachtet. Der Mann fiel uns auf, weil er deutlich schwankte. Ich eilte ihm über die Treppe nach und konnte ihn im Foyer wiedererkennen. Er begrüßte einen anderen Mann und hatte dabei Schwierigkeiten mit seinen Zähnen. Ich eröffnete ihm den Verdacht einer Straftat nach § 316 StGB, erklärte die vorläufige Festnahme und forderte ihn auf, mit in die Tiefgarage zu kommen. Dieser Aufforderung kam er auch anstandslos nach.

... sodann folgen Schilderungen, die sich mit den Angaben des Schlitzig decken ...

Ein vom Beschuldigten freiwillig durchgeführter Atemalkoholtest ergab einen Atemalkoholwert von 2,0 ‰. Daraufhin ordnete ich eine Blutentnahme an, weil ich befürchtete, dass bei einem Versuch der Einschaltung des zuständigen Ermittlungsrichters, Richter am Amtsgericht Dr. Klotz, der Untersuchungserfolg durch die zeitliche Verzögerung beeinträchtigt wäre. Zum einen ist er um die Mittagszeit immer so schwer erreichbar. Zum anderen ist er immer so zaudernd, so dass ich Bedenken hatte, ob er überhaupt eine Anordnung erlassen wird. Im

Anschluss an die Blutentnahme, bei der der Beschuldigte kooperativ mitwirkte, führte ich nachfolgende Beschuldigtenvernehmung durch.

Würzburg, den 22.2.2012

PHM Tüchtig

Beschuldigtenvernehmung

Zur Person: August Schlitzig, geb. 24.11.1957, verheiratet, Finanzmakler, wohnhaft in Würzburg, Ottostraße 19, deutscher Staatsangehöriger

Zur Sache: Ich gebe zu, dass ich heute früh von meinem Büro in der Bahnhofstraße 19 mit meinem PKW, Opel Ascona, amtl. Kennzeichen: WÜ – LM 104, zum Hotel Maritim und dort bis in die Tiefgarage gefahren bin. Ich hatte vorher mit Kunden einige Schoppen Weißwein getrunken. Dass ich dem Huber nachgemachte Franken-Scheine für 300.000 EUR geben wollte, gebe ich auch zu. Das kann aber nicht strafbar sein, weil solche Scheine doch kein Falschgeld sein können. Auch ist es zur Geldübergabe nicht gekommen. Mehr sage ich nicht. Das mit der Trunkenheitsfahrt kann ich nach der Blutentnahme nicht mehr ungeschehen machen. Meinen Führerschein gebe ich freiwillig der Polizei.

Würzburg, den 22.2.2012

Selbst gelesen, genehmigt und unterschrieben
August Schlitzig   PHM Tüchtig

Vermerk für den Bearbeiter:
1. Welchen dringenden Rat wird Rechtsanwalt Dr. Klug dem Mandanten am 30.3.2012 erteilen?
2. Welche Überlegungen wird Rechtsanwalt Dr. Klug für eine sachgerechte Strafverteidigung bei gegebener Verfahrenslage durchführen? Dazu ist vorab die Strafbarkeit des Mandanten zu würdigen, sodann sind die Verteidigungsschritte zu begründen.
3. Der oder die notwendige(n) Schriftsatz/Schriftsätze an das Gericht sind zu fertigen. Zur Zeit ist die 3. Strafkammer des Landgerichts Würzburg mit der Sache befasst.

Vorüberlegungen

1 Nach dem Bearbeitervermerk sind drei Punkte abzuhandeln. Für Punkt eins ist die Fragestellung zu finden. Punkt zwei wird das Kernstück der Lösung sein. Zur Strafbarkeit und den Verteidigungsschritten fordert der Bearbeitervermerk nicht ausdrücklich den Gutachtenstil. Punkt drei verlangt, das Ergebnis in einen Schriftsatz umzusetzen.

A. Ausgangslage klären

2 Der wichtigste Punkt, der in einer anwaltlichen Beratungsklausur möglichst bald zu klären ist, ist die Frage nach den Interessen/Zielen des Mandanten. Dabei gilt es hier aufgrund der Sachverhaltsangaben zu erkennen, dass es dem Mandanten zumindest derzeit – nicht darum geht, festgestellt zu bekommen, dass die vorläufige Festnahme und die Anordnung der Blutentnahme rechtswidrig waren.[1] Vielmehr begehrt der Mandant in erster Linie wegen zweier Entscheidungen Hilfe. Die Anklageschrift und der Beschluss nach § 111a StPO betreffen zwei grundverschiedene Bereiche, weshalb es sich empfiehlt, getrennt vorzugehen.

I. Anklageschrift

3 Das Ermittlungsverfahren gegen den Mandanten ist durch die Anklageerhebung abgeschlossen, §§ 169a, 170 I StPO. Das Vorverfahren ist jetzt bei dem in der Anklage bezeichneten Gericht anhängig.[2] Die Eröffnung des Hauptverfahrens wird beschlossen, wenn nach den Ergebnissen des vorbereitenden Verfahrens der Angeschuldigte einer Straftat hinreichend verdächtig erscheint, § 203 StPO. Der Eröffnungsbeschluss bildet für das weitere Verfahren eine notwendige Prozessvoraussetzung, die von Amts wegen in allen Lagen des Verfahrens zu prüfen ist und deren Fehlen ein Sachurteil immer ausschließt mit der Folge eines Prozessurteils nach § 260 III StPO.

4 Im Zwischenverfahren prüft das Gericht eigenständig, was bereits von der Staatsanwaltschaft im Rahmen des § 170 I StPO zu beachten war. In seltenen Fällen kommt es während des Zwischenverfahrens zu einzelnen Beweiserhebungen, § 202 StPO, deren Ergebnisse zu Abweichungen gegenüber dem Sachstand zum Zeitpunkt der Anklageerhebung führen können. – Damit wird das Ziel der Aufgabe deutlich. Ein Strafverteidiger wird bemüht sein, die Eröffnung zu verhindern. Gelingt dies, weil das Gericht nicht eröffnet und eine mögliche sofortige Beschwerde der Staatsanwaltschaft nach § 210 II StPO keinen Erfolg hat, kommt es nie zu einer Hauptverhandlung, zu keinem Urteil und zu keiner Vollstreckung. Genau dies will der Mandant.

5 Rechtsanwalt Dr. Klug wird also nach Gründen suchen, die eine Nichteröffnung erzwingen, § 204 StPO. Scheitert diese Möglichkeit, wird er wenigstens eine Eröffnung mit Änderungen zugunsten des Mandanten anstreben, § 207 II StPO. Gegen einen Nichteröffnungsbeschluss oder einen Eröffnungsbeschluss mit Änderungen kann zwar die Staatsanwaltschaft nach § 210 II StPO die sofortige Beschwerde einlegen. Bei rechtlich überzeugenden Gründen wird diese Behörde aber von einer Anfechtung des Beschlusses absehen. Schließlich will kein Staatsanwalt vom Landgericht und anschließend vom Oberlandesgericht bestätigt bekommen, dass der Angeschuldigte einer Straftat nicht hinreichend verdächtig erscheint.

---

1 Dabei ginge es um die zwar interessante – hier aber nicht dringliche – Frage nach den Rechtsschutzmöglichkeiten gegen Zwangsmaßnahmen im Ermittlungsverfahren. – Vgl. für einen ersten Überblick hierzu zB: *Burghardt*, Der Rechtsschutz gegen Zwangsmittel im Ermittlungsverfahren, JuS 2010, 605 ff.
2 Zu den Begriffen Anhängigkeit und Rechtshängigkeit im Strafverfahren *Meyer-Goßner* Einl. Rn. 60b, § 156 Rn. 1.

II. Vorläufige Entziehung der Fahrerlaubnis

Bei dem Beschluss des Amtsgerichts Würzburg handelt es sich um eine vorläufige Entziehung der Fahrerlaubnis nach § 111a StPO: Die übrigen Verkehrsteilnehmer sollen, noch bevor ein Kraftfahrzeuglenker rechtskräftig verurteilt ist, vor einem ungeeigneten Fahrer geschützt werden. Deshalb deckt diese Maßnahme regelmäßig den Zeitraum Tatgeschehen bis Urteilsrechtskraft ab. Gegen den Beschluss gibt es als Rechtsmittel nur die Beschwerde, § 304 I StPO, keine weitere Beschwerde, § 310 II StPO. Der Beschwerde kommt keine Vollzugshemmung zu, § 307 I StPO. Rechtsanwalt Dr. Klug wird diese Angriffsmöglichkeit zu prüfen und zu bedenken haben, dass der Beschluss vom Amtsgericht erlassen wurde, jetzt aber die Akte der Strafkammer vorliegt.

Sofort muss er, dies ist der Sinn der ersten Frage des Bearbeitervermerks, den Mandanten darauf hinweisen, dass er zur Zeit kein Kraftfahrzeug führen darf. Schon am 22.2.2012, als der Führerschein sichergestellt wurde, setzte die Strafdrohung des § 21 II Nr. 2. StVG ein. Der Strafrahmen verschärfte sich noch, als der Beschluss zur vorläufigen Entziehung der Fahrerlaubnis erging, § 21 I Nr. 1 StVG. Die Polizei und das Gericht versäumten zwar, den Beschuldigten auf diese Strafbestimmungen hinzuweisen. Der Vortrag des Mandanten (»Auf Dauer kostet mich das aber zu viele Nerven«) zeigt jedoch sein Unrechtsbewusstsein. Dem Mandanten ist daher die Strafbarkeit seines vergangenen Verhaltens (Fahrt zum Rechtsanwalt) und die Strafbarkeit künftiger Fahrten – auch für den Fall eines Angriffs gegen den Beschluss, § 307 StPO – deutlich zu machen. Wie sich der Mandant entscheidet, bleibt seine Sache. Jedenfalls besteht für den Strafverteidiger keine Anzeigepflicht, s. § 138 StGB.

B. Überlegungen des Strafverteidigers zur Anklage

Der Strafverteidiger wird unter Beachtung des § 203 StPO alle vom Gericht im Rahmen der Eröffnungsentscheidung zu prüfenden Punkte einbeziehen. Der für die Eröffnung hinreichende Verdacht besteht bei vorläufiger Tatbewertung in der Wahrscheinlichkeit der späteren Verurteilung. Zu einer späteren Verurteilung kann es nicht kommen, wenn ein Hindernis[3] für die Strafverfolgung besteht. Ferner muss für ein strafbares Verhalten des Angeschuldigten genügender Beweis vorliegen.

I. Verfahrensvoraussetzungen, Verfahrenshindernisse

Ohne Hinweis in der Aufgabenstellung muss der Bearbeiter erkennen, dass fehlende Verfahrensvoraussetzungen einer Eröffnung entgegenstehen. Ein Hinweis unterblieb, weil auch in der Rechtswirklichkeit ein Mandant diese Zusammenhänge nicht kennt, folglich keine Denkansätze liefert und der Rechtsanwalt selbst den ersten Schritt tun muss.

1. Mögliche Prozesshindernisse sind das Fehlen der örtlichen und sachlichen Zuständigkeit.[4] Hier folgt die örtliche Zuständigkeit aus §§ 7, 8 StPO. Die sachliche Zuständigkeit des Schwurgerichts ist nicht gegeben, § 74 II GVG. Vielmehr greift die Zuständigkeit des Landgerichts nach §§ 24 I Nr. 2, 74 I GVG ein. Mit Blick auf den Tatumfang (300.000 EUR und Falschgeld im Gegenwert von 500.000 Franken) kann eine Freiheitsstrafe von mehr als vier Jahren auch bei einem Ersttäter erwartet werden. Wer hier die Zuständigkeit des Schöffengerichts für gegeben hält, wird als Verteidiger das Gericht auf § 6 StPO hinweisen. Besondere Kenntnisse des Wirtschaftslebens sind für die Beurteilung des Betrugsvorwurfs nicht erforderlich, § 74c I Nr. 6 GVG.

---

[3] *Meyer-Goßner* § 203 Rn. 2; Einl. Rn. 141 ff.
[4] *Meyer-Goßner* Einl. Rn. 145 aE.

11 2. Zu den Prozesshindernissen zählt auch das Fehlen einer wirksamen Anklageschrift.[5] Solch ein Mangel liegt dann vor, wenn unklar bleibt, auf welchen konkreten Sachverhalt sich die Anklage bezieht und welchen Umfang die Rechtskraft eines daraufhin ergangenen Urteils haben würde. Täter, Tatzeit, Tatort und Tathandlung müssen beschrieben sein, damit die *Umgrenzungsfunktion* der Anklageschrift einsetzt.[6] Hier nennt die Anklageschrift

- als Täter: den Mandanten;
- als Tatort: Fahrtstrecke in Würzburg, Tiefgarage/Foyer des Hotels Maritim und für die Noten Bern/Würzburg;
- Tatzeit: 22.2.2012 ab 10.25 Uhr; 24.12.2011;
- Tathandlung: Erwerb der Frankenabbildungen;
  Fahren nach Alkoholkonsum;
  Vereinbarung eines Treffpunkts zum Tausch.

12 Damit ist die prozessuale Tat hinreichend umgrenzt. Die Anklageschrift bezeichnet die dem Angeklagten zur Last gelegte Tat sowie Zeit und Ort ihrer Begehung so genau, dass die Identität des geschichtlichen Vorgangs klargestellt und erkennbar wird, welche bestimmte Tat gemeint ist. Auf diese Weise wird das Tun des Angeschuldigten von anderen gleichartigen strafbaren Handlungen unterscheidbar. Die Anklage schafft Klarheit, über welchen Sachverhalt das Gericht nach dem Willen der Staatsanwaltschaft urteilen muss. Damit ist die Anklage wirksam. – Darüber hinaus hat die Anklage auch die Aufgabe, den Angeschuldigten und die übrigen Verfahrensbeteiligten über weitere Einzelheiten des Vorwurfs zu unterrichten, um Gelegenheit zu geben, das Prozessverhalten auf den mit der Anklage erhobenen Vorwurf einzustellen. Mängel der Anklage in dieser Hinsicht (*Informationsfunktion*) führen grundsätzlich nicht zu ihrer Unwirksamkeit.

13 Solche Informationsmängel finden sich in der Anklage: Im Sachverhalt wird die subjektive Seite der verschiedenen Tatvorwürfe nicht ausgeführt. Dieser Mangel betrifft die Beschreibung der inneren Tatseite, berührt aber nicht die Umgrenzungsfunktion. – Als unschädlich erweist sich auch das Eingehen auf §§ 69 f. StGB im wesentlichen Ergebnis der Ermittlungen; üblich ist diese Darstellung vorher[7] – Hinsichtlich der Trunkenheitsfahrt fehlt als gesetzliches Merkmal der Straftat der Hinweis auf Vorsatz oder Fahrlässigkeit. Dies setzt sich bei der anzuwendenden Strafvorschrift fort. Auch insoweit ist die Umgrenzungsfunktion nicht betroffen.

14 Das wesentliche Ergebnis der Ermittlungen, § 200 II StPO, führt nicht näher die Beweisergebnisse, Beweissituation und Beweiswürdigung der Staatsanwaltschaft an. Dieser Mangel führt nach strenger Ansicht[8] zur Unwirksamkeit der Anklage, weil dem mit Verfassungsrang ausgestatteten Gebot der Gewährung rechtlichen Gehörs keine angemessene Folge geleistet werde. Ein Strafverteidiger wird sich – weil dem Mandanten günstig – dieser Auffassung anschließen und auf eine unwirksame Anklage hinweisen. Folgt die Strafkammer dieser Ansicht, steht die Ablehnung der Eröffnung bevor. Immerhin lässt der BGH[9] die Möglichkeit offen, dass bei gravierenden Informationsmängeln in diesem Bereich eine Anklage unwirksam sein kann.

15 Ein »sicherer Sieg« ergibt sich aus dieser Erwägung jedoch nicht, weil das Gericht einen Schriftsatz des Anwalts der Staatsanwaltschaft im Rahmen des rechtlichen Gehörs, § 33 II StPO, zur Stellungnahme zuleiten wird. Die Staatsanwaltschaft hat dann die Möglichkeit, noch vor Ablehnung der Eröffnung die Anklage zurückzunehmen und nachzubessern, s. auch § 156 StPO. Bleibt die Staatsanwaltschaft im Zwischenverfahren unbelehrbar und geht sie den Weg der sofortigen Beschwerde mit endgültiger Niederlage als Ergebnis, § 210 II StPO, bleibt immer noch die erneute Anklage. Nach § 211 StPO kann die Klage zwar nur aufgrund neuer Tatsachen oder Beweismittel wieder aufgenommen werden. Jedoch soll die Beseitigung des

---

[5] Dieser Punkt ist sicherlich nicht leicht zu erkennen. Zur Anklage als Prozessvoraussetzung. *Meyer-Goßner* Einl. Rn. 145; BGH NStZ 1985, 464.
[6] *Meyer-Goßner* § 200 Rn. 2, 26 mwN.
[7] *Brunner* Abschlussverfügung Rn. 141.
[8] OLG Schleswig StV 1995, 455 ff.
[9] BGH StV 1995, 337 f.; NJW 1996, 1221 f.

Verfahrenshindernisses, fehlende Anklage, zulässig sein.[10] Wegen dieser Unsicherheit sind weitere Mängel zu suchen.

II. Hinreichender Tatverdacht

Als weitere Angriffspunkte bieten sich die rechtlichen Wertungen der Anklageschrift. Rechtsanwalt Dr. Klug wird bei gegebenem Tatsachenstoff die Subsumtion wiederholen und klären, ob tatsächlich eine Geldfälschung, ein Betrugsversuch und eine Trunkenheitsfahrt vorliegt. Dieser Arbeitsblock entspricht klassischer Juristentätigkeit.

Eine Besonderheit ergibt sich aus der mitgeteilten Fotokopie von Blatt 7 der Akte. Aus dieser gilt es zu erkennen, dass der Mandant vor der Beschuldigtenvernehmung nicht nach § 163a IV 2 iVm § 136 I 2 StPO auf seine Rechte hingewiesen worden ist. Nach Rechtsprechung des BGH[11] führt dies zu einem Beweisverwertungsverbot. Damit ist für § 316 StGB nicht mehr nachweisbar, wer Fahrer war. Die Polizeibeamten haben die Ankunft des Mandanten in der Tiefgarage nicht beobachtet, die Ehefrau wird gem. § 52 I Nr. 2 StPO schweigen, Huber hat den Fahrer nicht gesehen.

Darüber hinaus wird es um die Frage gehen, ob das Ergebnis der Blutentnahme verwertbar ist, weil die Blutentnahme nicht durch einen Richter angeordnet wurde. In diesem Zusammenhang darf allerdings nicht vorschnell auf die Problematik »Beweisverwertungsverbot bei Richtervorbehalt« zugesteuert werden. Die Frage nach der Existenz eines Beweisverwertungsverbotes stellt sich erst dann und auch nur dann, wenn eine originäre Anordnungszuständigkeit des Polizeibeamten nach § 81a II StPO nicht bestanden hat. Insoweit gilt es hier insbesondere zunächst zu prüfen, ob PHM Tüchtig zu Recht von Gefahr im Verzug ausgehen durfte. Erst wenn die Rechtswidrigkeit der Maßnahme bejaht wird, kann dazu Stellung genommen werden, ob das aufgrund einer rechtswidrigen Beweiserhebung erlangte Beweisergebnis verwertbar ist.[12]

Im Einzelnen gilt folgendes zu beachten:

1) Gefahr im Verzug besteht, wenn eine richterliche Anordnung nicht eingeholt werden kann, ohne dass der Zweck der Maßnahme gefährdet wird. Das BVerfG hat in seiner Grundsatzentscheidung zu Durchsuchungen ohne richterliche Anordnung (BVerfG NJW 2001, 1121 ff.) klargestellt, dass der unbestimmte Rechtsbegriff »Gefahr im Verzug« vor dem Hintergrund des Art. 19 IV GG einer vollständigen richterlichen Überprüfung zugänglich sein muss. Dazu ist erforderlich, dass die Ermittlungsperson vor oder unmittelbar nach der Maßnahme die Gründe mit auf den Einzelfall bezogenen Tatsachen dokumentieren muss, sofern die Dringlichkeit nicht evident ist. Diese Rechtsprechung hat das BVerfG (NJW 2007, 1345) auf Blutentnahmen ohne richterliche Anordnungen übertragen. Dies hat in der Folgezeit zu einer nahezu unübersehbaren Anzahl von Einzelfallentscheidungen geführt.[13]

Insoweit lassen sich allerdings nachfolgende Grundstrukturen erkennen:

- Die Annahme einer Gefährdung des Untersuchungserfolges muss auf Tatsachen gestützt werden, die auf den Einzelfall bezogen und in den Ermittlungsakten zu dokumentieren sind.
- Pauschale Erwägungen zur typischerweise bestehenden abstrakten – und damit gerade nicht einzelfallbezogenen – Gefahr, dass durch den körpereigenen Abbau der Stoffe der Nachweis der Tatbegehung erschwert oder gar verhindert wird, genügen ebenso wenig wie Erwägungen, dass ein Beschluss aufgrund schriftlicher Unterlagen nicht rechtzeitig zu erreichen ist.

---

10 *Meyer-Goßner* § 211 Rn. 1.
11 *Meyer-Goßner* § 136 Rn. 20; *Brunner* Abschlussverfügung Rn. 63 ff.
12 BVerfG NJW 2008, 3053; BGHSt 51, 285 = NJW 2007, 2269; *Mosbacher*, Aktuelles Strafprozessrecht, JuS 2012, 134 Fall 4 – die angesprochene Prüfungsreihenfolge ist bei allen in Betracht kommenden Beweisverwertungsverboten zu beachten.
13 Vgl. *Meyer-Goßner* § 81a Rn. 25b – Lesenswert erscheinen insbesondere BVerfG NJW 2008, 3053; BVerfG NJW 2010, 2864; OLG Bamberg NJW 2009, 2146.

- Allein eine fehlende Dokumentation führt zur Rechtswidrigkeit der Maßnahme. Die Dokumentation kann nicht durch eine nachträgliche Stellungnahme ersetzt werden.
- Gegeben sein kann Gefahr im Verzug ggf.:
  - bei unklarem oder komplexem Ermittlungsbild zB bei konkreter Nachtrunkbehauptung oder geringer (sichtbarer) Alkoholisierung in der Nähe der Grenzwerte
  - bei Weigerung des Ermittlungsrichters trotz vollständiger Information mündlich zu entscheiden
  - bei einem konkreten Fluchtversuch

2) Es entspricht gefestigter Rechtsprechung, dass – abgesehen von gesetzlich angeordneten Beweisverwertungsverboten (zB § 136 III 2 StPO) – ein **Verstoß gegen Beweiserhebungsvorschriften nicht grds. ein Verwertungsverbot** zur Folge hat. Dies kann vielmehr erst nach den Umständen des Einzelfalls, insbesondere nach Art des Verbots und dem Gewicht des Verstoßes unter Abwägung der widerstreitenden Interessen beantwortet werden (*Meyer-Goßner* § 105 Rn. 18; § 94 Rn. 21; § 98 Rn. 7; BVerfG NJW 2008, 3053). Insoweit finden sich häufig die Formulierungen, dass eine unberechtigte Inanspruchnahme der Eilanordnungskompetenz nur dann zu einem Beweisverwertungsverbot führt, wenn nach den Umständen des Einzelfalls die Voraussetzungen von Gefahr in Verzug willkürlich angenommen, der Richtervorbehalt bewusst und gezielt umgangen bzw. ignoriert wird oder wenn die den Richtervorbehalt begründende Rechtslage in gleichgewichtiger Weise gröblich verkannt bzw. fehlerhaft beurteilt wird.[14]

C. Angriffsmöglichkeiten gegen den Beschluss nach § 111a StPO

18 Die Entscheidung zur vorläufigen Entziehung der Fahrerlaubnis erfolgte in Beschlussform. Systemkonformes Angriffsmittel gegen Beschlüsse ist die Beschwerde. Bei einfacher Beschwerde erfolgt zunächst die Abhilfeprüfung, § 306 II StPO; bei Nichtabhilfe durch das Ausgangsgericht bringt der Devolutiveffekt – konkret die Verfügung des Amtsrichters, der die Aktenvorlage an das Beschwerdegericht anordnet – den Vorgang zum Landgericht als übergeordnetem Beschwerdegericht, § 73 GVG.

19 Dieser einfache Verfahrensgang erfährt in der Aufgabe eine Besonderheit, weil der Beschluss vom Ermittlungsrichter stammt, jetzt aber das Zwischenverfahren erreicht ist und daher nach § 162 III StPO mit Erhebung der öffentlichen Klage ein Zuständigkeitswechsel auf das mit der Sache befasste Gericht, hier also das LG Würzburg eingetreten ist. Eine vergleichbare Regelung findet sich in § 126 II StPO, während in § 98 III iVm II 3 StPO auf § 162 StPO verwiesen wird. Zwar findet sich in § 111a StPO, um den es hier geht, keine entsprechende Regelung, so dass es grds. auch möglich erscheint, einen Zuständigkeitswechsel abzulehnen.

20 Dieser Weg entfernt sich aber stark von den Hilfestellungen im zugelassenen Hilfsmittel[15] und ist nach der Einfügung des III durch das UHaftRÄndG (Art. 1 Nr. 12 Buchst. b nach Maßgabe des Art. 7 Ges. v. 29.7.2009, BGBl. I 2274) in Kraft seit 1.1.2010 kaum noch vertretbar, weil sich aus §§ 126 II, 162 III StPO ein allgemeiner Rechtsgedanke entnehmen lässt, dass nach Erhebung der öffentlichen Klage bis zum Eintritt der Rechtskraft keine Zuständigkeit des Ermittlungsrichters mehr gegeben sein soll.

21 Damit ist aber noch nicht die Frage beantwortet, was gegen den Beschluss vom 6.3.2012 zu unternehmen ist. Eine Möglichkeit wäre ein Antrag auf Aufhebung an das Landgericht, weil dieses infolge des Zuständigkeitswechsels nunmehr nach § 111a II StPO über den Fortbestand der Anordnung zu entscheiden hat. Die andere Möglichkeit wäre eine Beschwerde gegen den Beschluss. Folge des Zuständigkeitswechsels wäre dann allerdings die Zuständigkeit des Landgerichts (und nicht des Ermittlungsrichters) für die Abhilfeentscheidung nach § 306 II

---

[14] *Meyer-Goßner* § 81a Rn. 32; § 105 Rn. 18; BVerfG NJW 2008, 3053; BGH NJW 2007, 2269 = BGHSt 51, 285 –vgl. auch zum Überblick: *Trück*, Die revisionsrechtliche Einordnung der Rüge rechtsfehlerhafter Anwendung des Richtervorbehalts bei Durchsuchung und Blutprobenentnahme, NStZ 2011, 202.

[15] *Meyer-Goßner* § 111a Rn. 7, 14, 19; § 162 Rn. 17, 18, 19.

StPO mit der weiteren Konsequenz der Zuständigkeit des Oberlandesgerichts als Beschwerdegericht (§ 121 I Nr. 2 GVG).

Soweit zum Zeitpunkt des Zuständigkeitswechsels eine Beschwerde bereits eingelegt war, entspricht es überwiegender Auffassung, dass über noch nicht erledigte Beschwerden keine Entscheidung mehr ergeht, sondern die Beschwerde umzudeuten ist in einen Antrag an das nunmehr zuständige erstinstanzliche Gericht.[16] 22

Dies kann damit begründet werden, dass die Beschwerde sich aufgrund des Zuständigkeitswechsels zeitlich überholt habe und deshalb unzulässig sei. Aufgrund dieser Erwägungen erscheint auch bei einem Zuständigkeitswechsel vor Beschwerdeeinlegung die Antragslösung vorzugswürdig. Sie hat insbesondere den Vorteil, dass der Spruchkörper zur Fortdauer der Fahrerlaubnisentziehung entscheidet, der auch später in der Hauptsache über diesen Punkt befindet. Da dies nach § 111a II StPO ohnehin von Amts wegen zu prüfen ist, erfolgt der Anreiz dazu hier atypisch über den Antrag des Angeschuldigten. Die Entscheidung ergeht durch Beschluss, der dann nach allgemeinen Regeln wieder mit der Beschwerde angegriffen werden kann.[17] Dieses Rechtsmittel ist einfache, nicht weitere Beschwerde, weil das Landgericht nicht als Beschwerdegericht entscheidet.[18] 23

Dann gibt es nur eine Entscheidung im Rahmen des § 111a II StPO, die sich mit dem vereinbaren wird, was der Spruchkörper auch in der Hauptverhandlung hervorbringt. Erst die Beschwerde gegen diese Entscheidung würde den Vorgang auf die Oberlandesgerichtsebene verlagern. 24

Ein Bearbeiter wird sich demgemäß für die Antragslösung mit dem Antrag entscheiden, die Notwendigkeit der Fahrerlaubnisentziehung zu prüfen, und hilfsweise Beschwerde einlegen. Innerprozessual hängt die Beschwerde von der Entscheidung des Landgerichts ab, der Antragslösung zu folgen. 25

Der Erfolg des Antrags und der Hilfsbeschwerde hängt vom Vorliegen der Voraussetzungen des § 111a I StPO ab. Dazu ist es notwendig, die Strafbarkeit nach § 316 StPO zu prüfen. 26

D. Aufbauüberlegungen

Gegen die Anklageschrift und damit die Verfahreneröffnung wird sich Rechtsanwalt Dr. Klug mittels einer Schutz- oder Verteidigungsschrift wenden. Alle denkbaren Argumente sind vorzutragen. Es handelt sich dabei im Kern um rechtliche Einwendungen. Die Schrift ist an das Landgericht Würzburg und dort an die mit der Entscheidung befasste Kammer zu richten. Vorher zeigt ein Gutachten auf, welche Angriffspunkte tragfähig sind. Listig wäre es, die nach einer Auffassung unwirksame Anklage nicht zu rügen. Käme es gegen jede Erwartung doch zu einer Hauptverhandlung, wäre dieser Einwand spätestens im Schlussvortrag einzusetzen. In einer Examensklausur wird aber wohl erwartet, die Anklage mit allen Mitteln zu bekämpfen. 27

Im Schriftsatz ist zu beantragen, den Beschluss aufzuheben. Zur Sicherheit wird hilfsweise Beschwerde eingelegt. Adressat ist die Strafkammer. Deshalb kann dieses Begehren mit der Schutzschrift zusammengefasst werden. Erst den Beschluss angreifen und danach die Schutzschrift einzureichen, bietet keinen Vorteil. – Da auf der ganzen Linie ein Erfolg zu erwarten ist, eignen sich auch noch ein Hinweis auf das StrEG und – gleichsam zur Versöhnung – die Freigabe der Frankenabbildungen. 28

---

16 *Meyer-Goßner* § 126 Rn. 7; § 162 Rn. 19 mwN.
17 *Meyer-Goßner* § 111a Rn. 19.
18 OLG Stuttgart NStZ 1990, 141 f.

Lösungsvorschlag

Frage 1:

29 Rechtsanwalt Dr. Klug wird seinen Mandanten am 30.3.2012 sogleich auf die Strafbestimmung des § 21 StVG hinweisen. Nach § 21 II Nr. 2 StVG ist es strafbar, vorsätzlich oder fahrlässig ein Kraftfahrzeug zu führen, obwohl – wie hier am 22.2.2012 geschehen – der Führerschein sichergestellt worden ist. Mit Erlass der Entscheidung nach § 111a StPO (vorläufige Entziehung der Fahrerlaubnis) und deren Bekanntgabe an den Mandanten am 7.3.2012 waren § 21 I Nr. 1 StVG (Vorsatztaten) und § 21 II Nr. 1 StVG (Fahrlässigkeitstaten) von Schlitzig zu beachten. Zumindest die heutige Fahrt zur Kanzlei erfüllte den Straftatbestand des § 21 I Nr. 1 StVG, weil – wie das schlechte Gewissen des Mandanten zeigt – dieser vorsätzlich handelte. Der Anwalt wird dem Mandanten folglich dringend raten, sein Fahrzeug anschließend nicht zu benutzen und bis zur Aufhebung des Beschlusses, § 307 StPO, kein Kraftfahrzeug zu führen.

Frage 2:

A. Strafbarkeit des Schlitzig

I. Vorwurf der Trunkenheit im Verkehr, § 316 StGB

1. Objektiver Tatbestand

30 Für die Erfüllung des objektiven Tatbestands ist erforderlich, dass ein »Wer« (hier: der Mandant) ein Fahrzeug (hier: Opel) führte (hier die Strecke vom Büro zum Hotel), obwohl er infolge des Genusses alkoholischer Getränke nicht in der Lage war, das Fahrzeug sicher zu führen. Letzteres ist bei absoluter Fahruntüchtigkeit von über 1,1 ‰ (hier: 1,31 ‰) immer gegeben.

31 Diese Subsumtion ist nicht mehr möglich, falls der Mandant als Fahrer ausscheidet. Sollte er auf Rat seines Verteidigers in einer künftigen Hauptverhandlung nach der Belehrung gem. § 243 IV 1 StPO zu diesem Punkt schweigen, könnte das Gericht zwar grundsätzlich auf den vernehmenden Polizeibeamten als Zeugen vom Hörensagen zurückgreifen. Diesem gegenüber gab der Mandant am 22.2.2012 die Tat zu. Das Bild ändert sich indes, wenn der Mandant in der Hauptverhandlung schweigt und die Angaben des Polizeibeamten nicht verwertbar sind. Dann gibt es nämlich kein Beweismittel, mit dem die Fahrereigenschaft des Angeklagten dargetan werden könnte: Weder die Polizeibeamten noch Huber haben den Einfahrvorgang beobachtet. Die Ehefrau kommt grundsätzlich als Zeugin in Betracht, offen ist aber, ob sie beim Ankommen bereits Mitfahrerin war und lebensnah die Annahme, eine Ehefrau wird künftig das Zeugnisverweigerungsrecht nach § 52 I Nr. 2 StPO nutzen. Das Vorhandensein des Pkw's in der Tiefgarage lässt nicht den Schluss auf die Fahrereigenschaft zu, weil auch die Ehefrau des Angeschuldigten, die immerhin am Steuer sitzend auf ihn wartete, Fahrerin gewesen sein könnte. Bei dieser Ausgangslage bleiben Zweifel, eine Verurteilung wird mangels Nachweis der Täterschaft unterbleiben.

2. Beweisverwertungsverbot

32 Aus Blatt 7 der Akte ergibt sich, dass der Mandant vor seiner Vernehmung nicht nach §§ 163a IV 2, 136 I 2 StPO belehrt wurde. Der zeitlich vorgelagerte Hinweis auf § 316 StGB im Rahmen der Blutentnahme deckt zwar hier, aber für die späteren Erwägungen nicht alle in Betracht kommenden Straftatbestände ab. Ferner fehlen Hinweise nach § 136 I 2 StPO vollständig. Da hier bereits die nach Nr. 45 I RiStBV erforderliche Dokumentation der Belehrung

fehlt, ist ein Nachweis der erfolgten Belehrung auch durch Angaben des Polizeibeamten nur schwer vorstellbar.[19] Das Gesetz regelt zwar die Frage eines Verwertungsverbotes nicht ausdrücklich. Jedoch nimmt die Rechtsprechung des BGH[20] – wie im Fall des § 243 IV 1 StPO auch – ein Verwertungsverbot an. Denn das Strafverfolgungsinteresse des Staates mit dem Bedürfnis nach Wahrheit muss dann zurückstehen, wenn die verletzte Verfahrensvorschrift dazu bestimmt ist, die Grundlagen der verfahrensrechtlichen Stellung des Beschuldigten im Strafverfahren zu sichern. Dazu zählt die Belehrung über das Aussageverweigerungsrecht, weil nicht jeder Beschuldigter dieses Recht kennt. Das Verwertungsverbot erstreckt sich auf alle Angaben, die der Zeuge vom Hörensagen machen kann. Selbstverständlich bleiben eigene Beobachtungen des Zeugen verwertbar. Solche fehlen aber zur Fahrerfrage.

Ein Verstoß gegen die Belehrungspflicht und in seinem Gefolge ein Beweisverwertungsverbot kommt allerdings nur in Betracht, wenn eine Vernehmung und nicht nur eine informatorische Befragung vorliegt.[21] Zum Zeitpunkt der Vernehmung war der Mandant bereits Beschuldigter, weil mit der Festnahme, der Blutentnahme und dem Verbringen zur Vernehmung mehrere Willensakte der Polizeibeamten in dieser Richtung zum Ausdruck kamen. Damit wurde gezielt wegen einer Straftat nach § 316 StGB gegen ihn vorgegangen. Eine informatorische Befragung scheidet aus. 33

Das Verwertungsverbot (nicht die immer vom Gesetz geforderte Belehrung nach § 136 StPO) entfällt hier nicht ausnahmsweise deshalb, weil der Mandant seine Rechte auch ohne Belehrung gekannt hatte. Als Ersttäter zählte er gerade zu den schutzwürdigen Personen, für die § 136 StPO die Belehrung vorsieht. – Eine Strafbarkeit nach § 316 StGB entfällt mangels Täterschaft, weil aufgrund des bestehenden Beweisverwertungsverbots und fehlender anderer Erkenntnisquellen der Täter nicht zu ermitteln sein wird. 34

Ein weiterer Ansatzpunkt, die Strafbarkeit im objektiven Tatbestand in Frage zu stellen, bildet die absolute Fahruntüchtigkeit mit Blick auf die BAK von 1,31 ‰. Denn wenn die Blutentnahme rechtsfehlerhaft erfolgt wäre, käme u.U. wieder ein Beweisverwertungsverbot in Betracht. Die Rechtsgrundlage für die Blutentnahme bildet § 81a I 2 StPO. Gegen die Anordnung der Blutentnahme durch PHM Tüchtig bestünden dann keine Bedenken, wenn der Mandant mit ihr einverstanden gewesen wäre. Das würde eine eindeutige und ausdrückliche Erklärung voraussetzen. Daran fehlt es hier. Allein der Umstand, dass er nach der Anordnung kooperativ mitgewirkt hat, genügt nicht.[22] Damit kommt es auf die Frage an, ob PHM Tüchtig eine originäre Anordnungszuständigkeit nach § 81a II StPO besaß. Da ein Anfangsverdacht iSv § 152 II StPO durchaus bejaht werden kann, hängt dies davon ab, ob Gefahr im Verzug bestand. 35

Gefahr im Verzug besteht, wenn eine richterliche Anordnung nicht eingeholt werden kann, ohne dass der Zweck der Maßnahme gefährdet wird. Bei dem Begriff »Gefahr im Verzug« handelt es sich um einen unbestimmten Rechtsbegriff, dessen Auslegung und Anwendung durch die Staatsanwaltschaft und deren Hilfsbeamten der unbeschränkten gerichtlichen Kontrolle unterliegt. Ein Beurteilungsspielraum besteht nicht. Das BVerfG hat mehrfach festgestellt, dass dieser Rechtsbegriff mit Tatsachen begründet werden muss, die auf den Einzelfall bezogen sind, wobei allein reine Spekulationen oder hypothetische Erwägungen nicht genügen.

Hier war der Ermittlungsrichter grundsätzlich erreichbar. Da die richterliche Anordnung die Regel ist, hätte zumindest der Versuch unternommen werden müssen, den Richter zu erreichen. Anhaltspunkte dafür, dass eine telefonische Kontaktaufnahme nicht mehr rechtzeitig möglich gewesen wäre, sind nicht ersichtlich und wurden auch nicht dokumentiert. Im Gegenteil, aus dem Vermerk ergibt sich, dass PHM Tüchtig die Einschaltung des Ermittlungs-

---

19 BGH NStZ-RR 2007, 88 = JR 2007, 125 – Bitte nachlesen, weil die Ausführungen zur Frage, wann und wie das Nichtvorliegen eines Beweisverwertungsverbotes nachgewiesen werden kann, Auswirkungen auf nahezu alle strafrechtlichen Klausuren haben kann und sich die Fundstellen in Meyer-Goßner § 136 Rn. 20 (Mitte) und § 136a Rn. 32 scheinbar widersprechen!!!
20 BGH NStZ 1992, 294 f.; *Brunner* Abschlussverfügung Rn. 70.
21 Zur Abgrenzung vgl. BGH NJW 2007, 2706; *Meyer-Goßner* Einl. Rn. 77, 78.
22 *Meyer-Goßner* § 81a Rn. 3, 4 mwN.

richters nur aufgrund der Vermutung unterlassen hat, dieser sei schwer erreichbar. Es bestand auch kein sachlicher Grund, der die Annahme von Gefahr im Verzug rechtfertigen könnte. Es bestand nach dem Vermerk kein Anhaltspunkt für einen Nachtrunk oder der Gefahr des Sichentfernens. Aufgrund des vorhandenen Atemalkoholwertes von 2,0 ‰ war auch nicht die Annahme naheliegend, der Blutalkoholwert des Mandanten könne in unmittelbarer Nähe zum Grenzwert der absoluten Fahruntüchtigkeit liegen. Damit war die Annahme von Gefahr im Verzug nicht gerechtfertigt und das Beweismittel somit auf rechtswidrige Weise erlangt.

36 Allerdings ist der StPO ein allgemein geltender Grundsatz fremd, dass jeder Verstoß gegen Beweiserhebungsvorschriften ein Beweisverwertungsverbot nach sich zieht. Wenn eine dem § 136a III StPO entsprechende Regelung fehlt, ist die Verwertbarkeit rechtswidrig erlangter Erkenntnisse vielmehr nach inzwischen gefestigter Rechtsprechung nach den Umständen des Einzelfalles, insbesondere nach der Art des Verbotes und dem Gewicht des Verfahrensverstoßes und der Bedeutung der im Einzelfall betroffenen Rechtsgüter sowie dem hypothetischen Ermittlungsverlauf zu beurteilen (BVerfG NJW 2008, 3053 [3054]). Damit ist davon auszugehen, dass ein Beweisverwertungsverbot die Ausnahme darstellt. Von einem Beweisverwertungsverbot ist deshalb nur dann auszugehen, wenn das einzelne Rechtsgut so massiv beeinträchtigt worden ist, dass nicht mehr davon ausgegangen werden kann, es liege noch ein rechtsstaatlicher Mindeststandard vor. Das gilt jedenfalls, wenn die Voraussetzungen von Gefahr im Verzug willkürlich angenommen, der Richtervorbehalt bewusst und gezielt umgangen bzw. ignoriert oder die Rechtslage in gleichwertiger Weise gröblich verkannt worden sind (vgl. zB BGHSt 51, 285 [290] = NStZ 2007, 610 ff.).

37 So liegt der Fall hier. Der Polizeibeamte war sich des Richtervorbehalts bewusst. Er hatte Bedenken eine richterliche Anordnung zu erlangen, die ersichtlich in der Person des Richters begründet waren. Wenn er vor diesem Hintergrund Gefahr im Verzug bejaht, dann ist die Grenze zur Willkür erreicht, wenn nicht gar überschritten.

Bei einer solchen Verkennung des Richtervorbehalts kommt auch dem Aspekt des hypothetischen Ermittlungsverlaufs keine Bedeutung mehr zu, auch wenn der Richtervorbehalt bei § 81a StPO – anders als bei der Wohnungsdurchsuchung – nicht zum rechtsstaatlichen Mindeststandart gehört (BVerfG NJW 2008, 3053 [3054]; sowie zusammenfassend BGHSt 51, 285 [292]).

Damit ist dem Mandanten eine Fahruntüchtigkeit nicht nachweisbar. Das BAK-Gutachten unterliegt einem Verwertungsverbot.[23]

3. Subjektive Seite der Tat

38 Selbst wenn der BAK-Wert verwertbar sein sollte, bestehen Bedenken gegen eine Vorsatztat nach § 316 I StGB. Denn nur bei der polizeilichen Vernehmung gab der Mandant den Genuss von einigen Schoppen Frankenwein vor Fahrtantritt zu. Entfällt diese Tatsache, kann allein wegen einer BAK von 1,31 ‰ nicht auf Vorsatz geschlossen werden. Die nach § 316 II StGB strafbewehrte Fahrlässigkeit stünde als Vorwurf grundsätzlich zur Verfügung. Darauf kommt es mangels des objektiven Tatbestandes aber nicht mehr an.

II. Vorwurf der Geldfälschung

1. Beweislage

39 Unabhängig von der Frage, ob der Inhalt der Beschuldigtenvernehmung verwertbar ist, steht der Zeuge Huber für die Absprache des Geldtausches und die Ausführungsbemühungen vom 22.2.2012 zur Verfügung. Auch die beiden Polizeibeamten können, soweit sie nicht Zeugen vom Hörensagen sind, als Beweismittel genutzt werden. Der genaue Erwerb der Abbildungen in Bern ist entsprechend den Ausführungen zum Beweisverwertungsverbot nicht aufklärbar. Beweisbare Tatsache bleibt aber der bloße Besitz der Scheine.

---

23 Im Rahmen einer Revisionsklausur wäre noch die »Widerspruchslösung« zu beachten – vgl. *Meyer-Goßner* § 81a Rn. 34.

2. Tatbestand des § 146 StGB

In Betracht kommt § 146 I Nr. 2 und 3 StGB. Nach dem Plan des Mandanten sollten die Frankenabbildungen durch das Tauschgeschäft mit Huber in Verkehr gebracht werden. Vorher musste Schlitzig sich die Druckwerke verschafft haben. – Der Strafvorwurf setzt im Zusammenhang mit dem Tauschgeschäft Falschgeld voraus, welches als echt in Verkehr gebracht werden sollte. 40

Für den objektiven Tatbestand wird damit das Falschgeld zur Schlüsselstelle: Die vom Mandanten beschafften und für das Tauschgeschäft vorgesehenen Frankenabbildungen könnten Falschgeld sein. Dabei schadet die Zugehörigkeit des Geldes zu einem fremden Währungsgebiet (Schweiz) nicht, weil § 152 StGB die §§ 146 bis 151 StGB auch auf solches Geld für anwendbar erklärt. 41

Die tatgegenständlichen Frankenabbildungen wären echtes Geld, wenn sie vom Schweizer Staat oder seitens einer von ihm ermächtigten Stelle als Wertträger beglaubigte und zum Umlauf im öffentlichen Verkehr bestimmte Zahlungsmittel darstellen. Für echte 100-Franken-Scheine trifft dies zu. 42

Die Falsifikate sind falsches Geld – iSv nachgemachtem Geld –, sofern sie dem echten Geld so ähnlich sind, dass sie mit ihm verwechselt werden können; dabei sind keine hohen Anforderungen zu stellen.[24] Entscheidend ist die Eignung, Arglose im gewöhnlichen Zahlungsverkehr zu täuschen. Denn § 146 StGB will die Sicherheit und Funktionsfähigkeit des Geldverkehrs schützen und ist deshalb schon dann beeinträchtigt, wenn eine Täuschungsmöglichkeit besteht, zumal weil falsches Geld oft an dunklen Orten (hier: Tiefgarage) oder an geschäftsunerfahrene Personen abgegeben wird. 43

Da die Druckwerke des Mandanten auf der Vorder- und Rückseite eine gültige 100-Franken-Note getreu abbilden, hinsichtlich Farbgebung, Papierstruktur und Größe nur gering abweichen, besteht eine Verwechslungsmöglichkeit. Jedoch verhindert der zusätzliche Werbeaufdruck, dass selbst für einen geschäftsunerfahrenen Betrachter der die Geldeigenschaft ausschließende Aufdruck unbemerkt bleibt. Die Banderole, mit der dieser Aufdruck verdeckt wurde, ändert an dieser Bewertung nichts. Geldscheine müssen für sich und nicht im Bündel gesehen werden.[25] 44

Damit hat sich der Mandant nicht nach § 146 I Nr. 2 StGB strafbar gemacht. Auch ein nach § 23 I iVm §§ 146 I, 12 I StGB strafbarer Versuch scheidet aus, weil der Tatentschluss fehlt. Der Mandant verschaffte (jede bewusste Inbesitznahme zu eigener Verfügung) sich die Abbildungen nicht in der Vorstellung, dass es sich um falsches Geld handele. Denn auch Schlitzig erkannten den auffälligen Werbeaufdruck und benutzte daher die Banderolen. Mangels Tatentschlusses kommt daher auch ein untauglicher Versuch nicht in Betracht. 45

Der Anklagevorwurf hinsichtlich einer Geldfälschung erweist sich als nicht haltbar. Rechtsanwalt Dr. Klug wird insoweit rechtliche Einwendungen erheben. 46

III. Betrug zum Nachteil Huber

Da es nicht zum Austausch der Franken-Abbildungen gegen echte Euro-Scheine kam, fehlt eine Vermögensverfügung und auch ein Schaden. Unabhängig vom Vorliegen einer Täuschung scheidet daher ein vollendeter Betrug aus. 47

Der Mandant hatte jedoch den erforderlichen Tatentschluss für einen versuchten Betrug, § 263 II StGB. Ihm kam es darauf an, die 300.000 EUR des Huber für wertlose Abbildungen zu erhalten. Schlitzig wollte sich also einen wegen der Unwirksamkeit des Verpflichtungsvertrages nach § 138 I BGB auch rechtswidrigen Vermögensvorteil verschaffen. Er wusste und wollte, dass mit den verpackten Scheinen der Huber getäuscht würde, bei ihm der Wahrheit zuwider die Vorstellung ausgelöst würde, echte Franken-Scheine zu erhalten (Irrtum), dass 48

---

[24] *Fischer* § 146 Rn. 6.
[25] BGH StV 1995, 468 = JA 1996, 95 (*Sonnen*); ferner *Bartholme* JA 1993, 197.

Huber durch den Tausch sein Vermögen um 300.000 EUR verringern und dadurch sein Vermögen geschädigt würde. Dem Mandanten war auch die Stoffgleichheit – seinen Vorteil (300.000 EUR) entspricht der Schaden des Huber – klar.

49 Fraglich ist, ob der Mandant nach seiner Vorstellung von der Tat zur Verwirklichung des Tatbestandes unmittelbar ansetzte, § 22 StGB. Die tatbestandsmäßige Täuschung kann nicht im Begrüßen und Verabreden des Übergabeortes gesehen werden. Insoweit fehlt ein Handeln, das auf die Vorstellung des Huber einwirken sollte. Für ein tragfähiges Unterlassen (Nichthinweis auf wertlose Abbildungen im Koffer) fehlt eine Garantenstellung.

50 Die Grenze von der Vorbereitungshandlung zum Versuch wird jedoch nicht erst überschritten, wenn der Täter ein Tatbestandsmerkmal verwirklicht (maßgeblich wäre hier die Täuschung), sondern schon dann, wenn er Handlungen vornimmt, die nach seinem Tatplan der Erfüllung eines Tatbestandsmerkmals vorgelagert sind und in die Tatbestandshandlung unmittelbar einmünden.[26] Das Versuchsstadium erstreckt sich deshalb auf Handlungen, die in ungestörtem Fortgang unmittelbar zur Tatbestandserfüllung führen sollen oder die in unmittelbaren räumlichen und zeitlichen Zusammenhang mit ihr stehen. Das ist der Fall, wenn der Täter subjektiv die Schwelle zum »jetzt geht es los« überschreitet und er objektiv zur tatbestandsmäßigen Angriffshandlung ansetzt, so dass sein Tun ohne Zwischenakte in die Erfüllung des Tatbestandes übergeht.

51 Das Treffen im Foyer und Verabreden des Übergabeortes in der Tiefgarage ist der Täuschungshandlung nicht derart vorgelagert, dass es in die Täuschung und Irrtumserregung einmündet. Bei ungestörtem Fortgang mussten der Mandant und Huber sich noch in die Tiefgarage begeben, die Aktenkoffer öffnen und dann – aus der Sichtweise des Mandanten – die Inhalte zur Täuschung und Irrtumserregung vorzeigen. Nach dem Treffen im Foyer sind nach dem Tatplan noch weitere Zwischenakte notwendig, um objektiv zur tatbestandsmäßigen Angriffshandlung (Täuschung) zu gelangen. Deshalb war das Geschehen nach dem Tatplan noch räumlich und zeitlich weit der Täuschung vorgelagert. Ein Betrugsversuch scheidet somit aus.

B. Angriff auf die Anklage

52 Nach Vorlage der Akten an die Strafkammer befindet sich das Verfahren im Zwischenverfahren, § 199 II 2 StPO. Das Gericht teilte dem Angeschuldigten (§ 157 StPO) die Anklageschrift mit, § 201 StPO. Da ein Fall der notwendigen Verteidigung vorliegt, § 140 I Nr. 1 und Nr. 2 StPO iVm § 146 StGB, musste erst die Verteidigung des Angeschuldigten sichergestellt werden. Um den Mandanten vor einer Verurteilung zu schützen, ist die Nichteröffnung des Verfahrens anzustreben, § 204 I StPO. Auf diese Weise entsteht für künftige Verhandlungen und ein Sachurteil ein Verfahrenshindernis, § 260 III StPO. Rechtsanwalt Dr. Klug müsste daher Gründe finden, die zu einem Nichteröffnungsbeschluss des Gerichts führen.

53 Eine Verfahrenseröffnung ist abzulehnen, § 204 StPO, wenn aus tatsächlichen oder rechtlichen Gründen der Angeschuldigte nach den Ergebnissen des vorbereitenden Verfahrens einer Straftat nicht hinreichend verdächtig erscheint, § 203 StPO. Grund dafür können Verfahrenshindernisse oder bei vorläufiger Tatbewertung zu den §§ 146, 263 und 316 StGB die Unwahrscheinlichkeit der späteren Verurteilung sein.

I. Verfahrenshindernisse

54 Nach dem bisherigen Verfahrensgang kommen als prüfbare Verfahrenshindernisse nur die sachliche und örtliche Zuständigkeit sowie die Frage einer wirksamen Anklage in Betracht.

---

26 BGH NJW 1993, 2125.

1. Örtliche und sachliche Zuständigkeit

Das Landgericht Würzburg ist gem. §§ 7, 8 StPO örtlich zuständig. Mit Blick auf den Tatumfang und das Verbrechen der Geldfälschung ergibt sich für das Landgericht die sachliche Zuständigkeit gem. §§ 24 I Nr. 2, 74 I GVG. Ein Vorrang des Schwurgerichts folgt nicht aus § 74 II GVG, weil keiner der dort aufgezählten Straftatbestände betroffen ist. Auch bedarf es zur Beurteilung des Betrugsvorwurfs keiner besonderen Kenntnisse des Wirtschaftslebens, § 74c I Nr. 6, so dass die Wirtschaftsstrafkammer nicht zuständig ist. 55

2. Wirksame Anklage

Die Anklage wird der Umgrenzungsfunktion gerecht, indem Tatort (Fahrtstrecke, Tiefgarage des Hotels Maritim, Bern), Tatzeit (22.2.2012 gegen 10.25 Uhr sowie 24.12.2011), Tathandlung (Erwerb der Franken-Abbildungen in Bern, Fahren nach Alkoholkonsum, Vereinbarung eines Treffpunkts zum Tausch) sowie der Täter konkret genannt werden. 56

Im Anklagesatz fehlen Hinweise zur inneren Tatseite. Dieser Mangel berührt nicht die Umgrenzungsfunktion der Anklage und bleibt unschädlich. Gleiches gilt für den Mangel, dass hinsichtlich der Trunkenheitsfahrt im Rahmen der Angabe der gesetzlichen Merkmale und der anzuwendenden Strafvorschrift der Hinweis auf die Begehungsalternativen Vorsatz bzw. Fahrlässigkeit fehlt. Auch das Eingehen auf §§ 69 f. StGB im – statt wie üblich: vor – dem »Wesentlichen Ergebnis der Ermittlungen«, nimmt auf die Wirksamkeit der Anklage keinen Einfluss. 57

Die Staatsanwaltschaft stellt im »Wesentlichen Ergebnis der Ermittlungen« die Beweisergebnisse, Beweissituation und Beweiswürdigung nicht näher dar. Damit wird dem rechtlichen Gehör – ihm kommt Verfassungsrang zu, Art. 103 I GG – nicht genügt. Zwar gibt es Fälle, in denen vom wesentlichen Ergebnis der Ermittlungen vollständig abgesehen werden kann (§ 200 II 2 StPO oder im Falle der Nachtragsanklage), indes soll gerade bei für den Angeklagten schwerwiegenden Kammeranklagen die Beweisführung der Staatsanwaltschaft offengelegt werden. Dieser Mangel betrifft nicht die Umgrenzungs-, sondern allein die Informationsfunktion der Anklage. Grundsätzlich sollen solche Anklagemängel nicht zur Unwirksamkeit der Anklage führen, weil die prozessuale Tat gleichwohl bestimmt bleibt. Jedoch müssen schwerwiegende Mängel in diesem Bereich ebenso behandelt werden wie die ungenügende Identifizierung der prozessualen Tat, weil andernfalls § 200 II StPO keine eigenständige Bedeutung neben § 200 I StPO hätte.[27] Als Strafverteidiger wird sich Rechtsanwalt Dr. Klug dieser – seinem Mandanten günstigen – Auffassung anschließen. 58

II. Strafbarkeit des Schlitzig

Wie unter Gliederungspunkt I ausgeführt, hat sich Schlitzig nicht strafbar gemacht. Unabhängig von der Bewertung des wesentlichen Ermittlungsergebnisses (§ 200 II StPO) wird in der Sache die Eröffnung abzulehnen sein. 59

C. Vorgehensweise gegen den Beschluss nach § 111a StPO

I. Beschwerde oder Antrag auf Aufhebung des Beschlusses?

Gegen Beschlüsse des Amtsgerichts im Falle der vorläufigen Entziehung der Fahrerlaubnis nach §§ 304 I, 305 S. 2 StPO ist grundsätzlich die Beschwerde gegeben. Dieses Rechtsmittel wäre gegen den Beschluss vom 6.3.2012 unproblematisch der richtige Weg, läge nicht inzwischen die Anklageerhebung zur Strafkammer beim Landgericht vor. Sachgerechter scheint es, das Hauptsachegericht nach § 111a II StPO zur Fortdauer bzw. Aufhebung des amtsgerichtlichen Beschlusses entscheiden zu lassen. Dieser Spruchkörper wird in der Hauptverhandlung 60

---

27 BGH StV 1995, 338; OLG Schleswig StV 1995, 455.

auch über die Fahrerlaubnisentziehung zu entscheiden haben. Basis dieser Erwägung bildet ein Zuständigkeitswechsel, der sich nach der Neuregelung des § 162 StPO jedenfalls nunmehr aus dessen Abs. 3 ergibt. Deshalb vertritt die überwiegende Rechtsprechung die Auffassung, bei eingetretenem Zuständigkeitswechsel infolge Anklageerhebung sei der Antrag des Angeschuldigten, den Beschluss des Amtsgerichts über die vorläufige Entziehung der Fahrerlaubnis aufzuheben, der richtige Weg.

61 Statt der Beschwerde wird mithin ein Antrag gefordert, die Notwendigkeit der § 111a StPO-Entscheidung zu prüfen. Eine dennoch eingelegte Beschwerde wird – weil unzulässig, da durch den Zuständigkeitswechsel überholt – umgedeutet in einen entsprechenden Antrag auf Aufhebung. Nach anderer Ansicht[28] sollte nur eine Beschwerde in Betracht kommen, um eine Umgehung von § 310 II StPO zu verhindern. Diese Auffassung dürfte sich durch die Einfügung des § 162 III StPO erledigt haben. Rechtsanwalt Dr. Klug wird folglich mit der überwiegenden Praxis den Antrag auf Aufhebung wählen und sicherheitshalber – für den Fall, dass das Landgericht Würzburg der Beschwerdelösung folgen will – innerprozessual bedingt Beschwerde gegen den Beschluss einlegen.

II. Begründetheit des Antrags bzw. der Beschwerde

62 Die Beschlussaufhebung hängt davon ab, ob das Amtsgericht bei der Entscheidung das Recht falsch angewendet hat und ob zur Zeit die Entscheidung noch haltbar ist. Diese Erwägung gilt gleichermaßen für den Antrag wie die Hilfsbeschwerde: Das Amtsgericht – Ermittlungsrichter – Würzburg hatte als zuständiges Gericht, § 162 StPO, einen Beschluss nach § 111a StPO erlassen. – Der Beschluss ist aufzuheben, wenn zur Zeit die Voraussetzungen für eine Entscheidung nach § 111a StPO nicht vorliegen. Der dringende Tatverdacht für eine Tat im Sinne des Regeltatbestandes nach § 69 II Nr. 2 StGB besteht – wie oben ausgeführt – nicht.

63 Ergänzend kann noch vorgetragen werden, der Mandant sei beruflich auf die Fahrerlaubnis angewiesen. Dieser Vortrag wird von der Rechtsprechung zwar grundsätzlich nicht anerkannt. Jedoch gibt es Stimmen in der Literatur,[29] die das Argument ausreichen lassen, der Beschuldigte sei durch den bei einem vorläufigen Fahrerlaubnisentzug drohenden Verlust seiner wirtschaftlichen Existenzgrundlage bereits so beeindruckt und deshalb so geläutert, dass von ihm eine Gefahr für die Sicherheit des Straßenverkehrs nicht mehr ausgehe. Als Zusatzargument kann ein Verteidiger sich immer auf eine dem Mandanten günstige Literaturmeinung berufen.

64 Dem Mandanten droht auch keine vorläufige Entziehung der Fahrerlaubnis, weil er plante, nach Vollendung des Verbrechens der Geldfälschung sowie eines erheblichen Betrugs ein Fahrzeug zu benutzen.[30] Diese nur vorgesehene Fahrt trägt eine solche Entscheidung nicht.

Frage 3:

Schriftsatz:

65 Dr. Kurt Klug 97076 Würzburg, den 3.4.2012
Rechtsanwalt Freiheitsallee 19

An das

Landgericht Würzburg
– 3. Strafkammer –
97076 Würzburg

---

28 OLG Stuttgart NStZ 1990, 141.
29 Schönke/Schröder/*Stree* § 69 Rn. 44, 52 ff.
30 *Fischer* § 69 Rn. 18, 29, 40 ff.

In der Strafsache gegen

August Schlitzig, Finanzmakler, Ottostraße 19, 97076 Würzburg,

wegen Geldfälschung u. a.
Az: 3 Kls 12 Js 1040/12

I. Gegen die Eröffnung des Hauptverfahrens in der Strafsache Az: 3 Kls 12 Js 1040/12 erhebe ich für den Angeschuldigten August Schlitzig folgende Einwendungen, § 201 I StPO:

1. Der Verfahrenseröffnung steht das Verfahrenshindernis der unwirksamen Anklage entgegen, weshalb die Eröffnung nach § 204 I StPO abzulehnen ist.

Die Staatsanwaltschaft stellt im wesentlichen Ergebnis der Ermittlungen die Beweisergebnisse, Beweissituation und Beweiswürdigung nicht näher dar. Damit verletzt die Anklageschrift das rechtliche Gehör in gravierendem Umfang, so dass die Verteidigung erheblich behindert wird. Dieser Mangel in der Informationsfunktion steht hier ausnahmsweise der fehlenden Umgrenzung der prozessualen Tat gleich, weshalb von einer unwirksamen Anklageerhebung auszugehen ist. Dieses Verfahrenshindernis steht einer Verfahrenseröffnung entgegen.[31]

2. Die Verfahrenseröffnung wird auch in der Sache abzulehnen sein, weil die Wahrscheinlichkeit einer späteren Verurteilung nicht besteht: Der Angeschuldigte ist einer Straftat nicht hinreichend verdächtig, § 203 StPO.

a) Eine Strafbarkeit meines Mandanten wegen des Vorwurfs der Geldfälschung, § 146 StGB, kommt unter keinem rechtlichen Gesichtspunkt in Betracht:

Bei den von meinem Mandanten verwendeten Frankenabbildungen handelt es sich nicht um nachgemachtes oder verfälschtes Geld, weil die Druckwerke dem echten Geld nicht so ähneln, dass sie mit ihm verwechselt werden können. Denn die Druckwerke weisen jeweils auf der Vorder- und Rückseite deutliche Werbeaufdrucke von einer solchen Größe auf, dass selbst ein Argloser die Druckwerke nicht als Falschgeld auffassen kann. Dies hat auch der Bundesgerichtshof[32] deutlich zum Ausdruck gebracht. Die Banderolen, welche das Erkennungsmerkmal der Druckwerke verdecken, ändern an dieser Betrachtung nichts, weil die einzelnen Druckwerke, nicht aber abgepackte Bündel für die Bestimmung des Falschgeldes heranzuziehen sind.

Auch ein Versuch der Geldfälschung scheidet aus, weil mein Mandant wie jeder Betrachter der Druckwerke erkannte und wusste, dass diese nicht als Falschgeld aufgefasst werden konnten. Gerade deshalb hatte er die Druckwerke mit den Banderolen verpackt. Dies gilt auch für den Vorwurf des Verschaffens.

b) Der meinem Mandanten zur Last gelegte Betrugsversuch liegt nicht vor, weil die Tat im straflosen Vorbereitungsstadium verblieben ist.

Hier ist zunächst anerkennend vorauszuschicken, dass die ermittelnden Polizeibeamten wirkungsvoll eine bevorstehende Straftat und ihren Versuch verhinderten.

Nach Aktenlage, nicht aber nach dem Anklagesatz, der keine Angaben zur subjektiven Seite der Tat enthält, ging mein Mandant davon aus, dem Zeugen Huber für 300.000 EUR die verfahrensgegenständlichen Frankenabbildungen zu überlassen. Dieser Tatentschluss zum Betrug ist aber allein nicht strafbar, weil dem Zeugen Huber kein Schaden entstanden ist und es für einen Versuch am unmittelbaren Ansetzen fehlt, § 22 StGB:

Der Geschehensablauf wurde von den Polizeibeamten zu einem Zeitpunkt unterbrochen, als noch keine Täuschungshandlung erfolgt war. Denn mein Mandant hatte sich lediglich mit dem Zeugen Huber verabredet, das geplante Geschäft in der Tiefgarage des Hotels Maritim durchzuführen. Zu diesem Zeitpunkt waren die verfahrensgegenständlichen Frankenabbildungen in keiner Weise erwähnt noch vorgelegt worden.

---

31 Rechtsanwalt Dr. Klug wird hier das OLG Schleswig StV 1995, 455 ff. zitieren, was in der Klausur regelmäßig nicht möglich sein wird.
32 BGH StV 1995, 468; auch diese Quelle wird in der Klausur nicht zur Verfügung stehen.

Durch die Festnahme blieb das Geschehen in der Vorbereitungsphase stecken. Die Grenze zum Versuch wurde nicht überschritten, weil mein Mandant keine Handlung vorgenommen hat, die nach seinem Tatplan der Erfüllung eines Tatbestandsmerkmals so vorgelagert war, dass sie in die Tatbestandshandlung unmittelbar einmündet. Nach der Begrüßung des Zeugen Huber war es nämlich weiter notwendig, dass sich beide Tauschpartner – der Zeuge Huber und mein Mandant – erst vom Foyer des Hotels in die Tiefgarage begeben, sich dort treffen, die Tauschobjekte zur Verfügung halten und dann die Tauschobjekte in Augenschein nehmen. Die Festnahme meines Mandanten beweist, dass der erste Zwischenschritt – sich aus dem Foyer entfernen zu können – schon nicht gelang. Bei ungestörtem Fortgang des Geschehens hätte mein Mandant zunächst die Tiefgarage aufsuchen und den Zeugen Huber treffen müssen. Des weiteren wäre erforderlich gewesen, die Tauschobjekte vor Ort zu bringen. Erst dann wäre die Täuschungshandlung möglich gewesen.

c) Ein Vergehen der Trunkenheit im Verkehr nach § 316 StGB liegt nicht vor, weil dem Mandanten aus Rechtsgründen nicht nachgewiesen werden kann, Lenker eines Fahrzeugs im fahruntüchtigen Zustand gewesen zu sein.

Mein Mandant wird in einer Hauptverhandlung von seinem Schweigerecht nach § 243 IV 1 StPO Gebrauch machen, soweit es um den Vorwurf der Trunkenheitsfahrt geht. Auch seine Ehefrau, die bisher als Zeugin nicht in der Anklageschrift benannt ist, wird von ihrem Zeugnisverweigerungsrecht nach § 52 I Nr. 2 StPO Gebrauch machen. Der Zeuge Huber war vor meinem Mandanten im Foyer, wartete auf ihn und konnte den Einfahrvorgang nicht beobachtet haben. Die als Zeugen benannten Polizeibeamten haben den Einfahrvorgang nicht beobachtet. Soweit mein Mandant gegenüber dem Zeugen Tüchtig die Fahrt eingestanden hat, sind diese Angaben nicht verwertbar, weil eine Belehrung nach §§ 163a IV, 136 I StPO insoweit vor der Vernehmung unterblieben ist. Nach Aktenlage handelt es sich bei der Beschuldigtenvernehmung vom 22.2.2012 um eine Vernehmung und nicht um eine bloß informatorische Befragung, was deutlich genug aus der vorher durchgeführten Blutentnahme folgt. Mein Mandant kannte zu diesem Zeitpunkt nicht seine Rechte als Beschuldigter. Nach der Rechtsprechung des BGH[33] unterliegen dann aber die Angaben des Beschuldigten einem Beweisverwertungsverbot, so dass die Vernehmung des Zeugen vom Hörensagen ausscheidet. Mangels weiterer Erkenntnismöglichkeiten und weil die Zeugen Tüchtig, Hurtig und Huber bekunden werden, dass die Ehefrau für die Rückfahrt bereits am Steuer des PKW saß, kann die Fahrereigenschaft nicht nachgewiesen werden.

Auch eine Fahruntüchtigkeit kann meinem Mandanten nicht nachgewiesen werden. Eine Einwilligung zur Blutentnahme hat dieser nicht erklärt. Das kooperative Verhalten bei der Durchführung genügt hierfür nicht. PHM Tüchtig war hier auch nicht anordnungsbefugt, weil die Voraussetzungen für Gefahr im Verzug nicht vorlagen. Obwohl nach § 81a II StPO die Anordnung der Blutentnahme durch einen Richter die Regel ist, hat der Polizeibeamte noch nicht einmal versucht den im Dienst befindlichen Ermittlungsrichter zu erreichen. Da mein Mandant sich kooperativ verhielt, kein Nachtrunk im Raum stand und das freiwillig abgegebene Atemalkoholergebnis einen eindeutigen Wert zeigte, war die Annahme von Gefahr im Verzug rechtswidrig. Auch wenn es in der StPO keinen allgemeinen Grundsatz gibt, dass rechtswidrig erlangte Beweisergebnisse nicht verwertet werden dürfen, muss die Abwägung hier zu einem Verwertungsverbot hinsichtlich des BAK-Wertes aus dem Gutachten der Landesuntersuchungsanstalt führen.

Der Polizeibeamte war sich des Richtervorbehalts bewusst. Er hatte Bedenken eine richterliche Anordnung zu erlangen, die ersichtlich in der Person des Richters begründet waren. Wenn er vor diesem Hintergrund Gefahr im Verzug bejaht, dann ist die Grenze zur Willkür erreicht, wenn nicht gar überschritten.

Bei einer solchen Verkennung des Richtervorbehalts kommt auch dem Aspekt des hypothetischen Ermittlungsverlaufs keine Bedeutung mehr zu, auch wenn der Richtervorbehalt bei § 81a StPO – anders als bei der Wohnungsdurchsuchung – nicht zum rechtsstaatlichen Mindeststandard gehört.

---

33 *Meyer-Goßner* § 136 Rn. 20.

Nach allem bestand für die Anklage kein genügender Anlass und jetzt fehlt der hinreichende Tatverdacht nach § 203 StPO. Die Ablehnung der Eröffnung ist rechtlich notwendig.

II. Ich beantrage, den Beschluss des Amtsgerichts – Ermittlungsrichter – Würzburg vom 6.3.2012, der die vorläufige Entziehung der Fahrerlaubnis anordnet, aufzuheben und die Rückgabe des Führerscheins an meinen Mandanten zu veranlassen.

Hilfsweise lege ich gegen den Beschluss des Amtsgerichts – Ermittlungsrichter – Würzburg vom 6.3.2012 Beschwerde ein. Mit diesem Rechtsmittel soll die Aufhebung des Beschlusses begehrt werden, falls die Strafkammer entgegen der herrschenden Rechtsprechung bei eingetretenem Zuständigkeitswechsel die Beschwerde für den statthaften Rechtsbehelf hält.

Die vorläufige Entziehung der Fahrerlaubnis ist sowohl nach dem Hauptantrag wie auch nach der hilfsweise geltend gemachten Beschwerde aufzuheben, weil keine dringenden Gründe für die Annahme vorhanden sind, die den vorläufigen Entzug der Fahrerlaubnis tragen. Denn mein Mandant hat keine rechtswidrige Tat im Sinne des § 69 StGB begangen, die Grundlage für einen Entzug der Fahrerlaubnis bilden könnte. Wie unter I. ausgeführt, liegt kein strafbares Verhalten meines Mandanten vor. Damit fehlt jede Basis für eine vorläufige Entziehung der Fahrerlaubnis nach § 111a StPO. Darüber hinaus ist mein Mandant auf die Fahrerlaubnis aus beruflichen Gründen dringend angewiesen. Ohne die Möglichkeit, ein Fahrzeug benutzen zu können, droht meinem Mandanten als Finanzmakler der Verlust seiner wirtschaftlichen Existenz. Denn mit öffentlichen Verkehrsmitteln kann er die vielfältigen Kundenbesuche im In- und Ausland nicht angemessen wahrnehmen. Deshalb wird ersucht, die Entscheidung mit Blick auf diese Bedürfnisse zeitnah zu treffen und den Beschluss des Amtsgerichts aufzuheben sowie den Führerschein rasch zurückzugeben. Allein dieser Gesichtspunkt wäre bei Vorliegen einer einschlägigen Straftat ausreichend, im Sinne meines Mandanten zu entscheiden.

III. Auf die Rückgabe der sichergestellten Frankenabbildungen verzichtet mein Mandant. Er ist mit der Vernichtung der Druckwerke oder Überlassung an die Polizeibehörde zu Schulungszwecken einverstanden. Falls dies nicht erfolgen kann, bitte ich die Asservate an die Kanzlei auszuhändigen. Mit dem Mandanten ist besprochen, die Druckwerke hier zu vernichten.

IV. Zur Entschädigung für Strafverfolgungsmaßnahmen nach § 2 I, II Nr. 5 StrEG wird nach Aushändigung des Führerscheins gesondert Antrag erfolgen, weil erst dann der Umfang des verursachten Vermögensschadens ermittelbar ist. Dem Grunde nach wird die Entschädigungspflicht schon jetzt auszusprechen sein.

Dr. Klug

8. Klausur: Strafurteil

111 Js 18500/12	An das Amtsgericht Würzburg Strafrichter
Herrn August Mündelheim geb. am 18.7.1980 in Frickenhausen Winzer Kapellenweg 21, 97123 Frickenhausen	Ich beantrage, den nachstehenden Strafbefehl zu erlassen Würzburg, 2.1.2012 Staatsanwaltschaft Würzburg Dr. Flink Staatsanwalt

Verteidiger: Rechtsanwalt Dr. Max Gold,
Kapellenweg 23, 97123 Frickenhausen

Die Ermittlungen der Staatsanwaltschaft ergaben folgenden Sachverhalt:

Sie besuchten am Samstag, den 17.9.2011, das Weinfest in Sulzdorf/Main. Als Sie gegen 20.15 Uhr das Weinfest verließen, waren Sie infolge des vorangegangenen Weingenusses nicht mehr in der Lage, ein Kraftfahrzeug sicher zu führen. In Kenntnis dieses Zustandes traten Sie dennoch mit ihrem PKW VW Golf, amtl. Kennzeichen WÜ – LL 104, die Heimfahrt nach Frickenhausen an. Als Beifahrerin begleitete Sie die Geschädigte Klara Weininger. Bereits nach einer Fahrtstrecke von 2 km steuerten Sie Ihren PKW infolge der Alkoholisierung in den Straßengraben. Dabei entstand an Ihrem Fahrzeug ein Schaden von 1.200 EUR, die Beifahrerin Weininger zog sich an der Stirn eine leichte, inzwischen folgenlos verheilte Hautabschürfung zu. Wären Sie nicht so betrunken gewesen, hätten Sie den Unfall vermeiden können. Nachdem Sie Ihr Fahrzeug wieder aus dem Straßengraben herausgefahren hatten, setzten Sie die Heimfahrt fort. Eine Polizeistreife stellte kurz vor Frickenhausen eine starke Schlangenlinienführung des Fahrzeugs fest und hielt das Fahrzeug nach einer Gesamtfahrtstrecke von ca. 5 km an. Eine Ihnen um 21.00 Uhr entnommene Blutprobe ergab eine Blutalkoholkonzentration von 1,21 ‰. Die Staatsanwaltschaft bejaht das öffentliche Interesse an der Verfolgung der Körperverletzung.

Sie werden daher beschuldigt,

vorsätzlich im Straßenverkehr ein Fahrzeug geführt zu haben, obwohl Sie infolge des Genusses alkoholischer Getränke nicht in der Lage waren, das Fahrzeug sicher zu führen und dadurch fahrlässig Leib und Leben eines anderen und fremde Sachen von bedeutendem Wert gefährdet zu haben und durch dieselbe Tat durch Fahrlässigkeit die Körperverletzung eines anderen verursacht zu haben und durch eine weitere selbständige Tat sich als Unfallbeteiligter nach einem Unfall im Straßenverkehr entfernt zu haben, bevor zugunsten der anderen Unfallbeteiligten die Feststellung Ihrer Person, Ihres Fahrzeugs und die Art Ihrer Beteiligung durch Ihre Anwesenheit und durch die Angabe, dass Sie an dem Unfall beteiligt sind, ermöglicht zu haben und durch dieselbe Tat vorsätzlich im Straßenverkehr ein Fahrzeug geführt zu haben, obwohl Sie infolge des Genusses alkoholischer Getränke nicht in der Lage waren, das Fahrzeug sicher zu führen und dadurch fahrlässig Leib und Leben eines anderen gefährdet zu haben,

strafbar als vorsätzliche Gefährdung des Straßenverkehrs in Tateinheit mit fahrlässiger Körperverletzung und vorsätzlicher Gefährdung des Straßenverkehrs in Tateinheit mit unerlaubtem Entfernen vom Unfallort

nach §§ 315c I Nr. 1 a, III Nr. 1, 229, 142 I Nr. 2, V, 52, 53, 69, 69 a StGB.

Beweismittel: im Original ausgeführt, hier nicht abgedruckt.

Auf Antrag der Staatsanwaltschaft wird gegen Sie
– im Original ausgeführt, hier nicht abgedruckt –

8. Klausur: Strafurteil

Der Strafbefehlsantrag wurde von Richterin am Amtsgericht Klug am 5.1.2012 unterschrieben. Die Zustellung des mit ordnungsgemäßer Rechtsmittelbelehrung versehenen Strafbefehls erfolgte am 7.1.2012. Der Angeklagte legte mit Schreiben vom 19.1.2012, beim Amtsgericht Würzburg am 20.1.2012 eingegangen, Einspruch ein. Gem. § 411 I 2 StPO wurde Termin zur Hauptverhandlung anberaumt auf Montag, den 26.3.2012, zu dem der Angeklagte sowie sein Verteidiger am 6.2.2012 geladen wurden.

Amtsgericht Würzburg
Az: 2 Ds 111 Js 18500/12

Protokoll über die öffentliche Hauptverhandlung des Amtsgerichts – Strafrichter – Würzburg vom Montag, den 26.3.2012

Gegenwärtig:

Richterin am Amtsgericht Klug
Staatsanwalt Dr. Flink als Beamter der Staatsanwaltschaft
Justizassistent Meier als Urkundsbeamter der Geschäftsstelle

Nach Aufruf der Sache wurde festgestellt, dass zur Hauptverhandlung in dem Strafverfahren gegen August Mündelheim wegen Straßenverkehrsgefährdung u. a. erschienen sind: der Angeklagte mit seinem Verteidiger Rechtsanwalt Dr. Max Gold sowie die Zeugen Klara Weininger, Anton Stark, Kurt Wendig und Dr. Huber.

Die Zeugen wurden über ihre Zeugenpflichten belehrt und verließen sodann den Sitzungssaal.

Über die Personalien vernommen erklärte der Angeklagte: »Meine Personalien sind im Strafbefehl richtig angegeben.«

Die Vorsitzende stellte fest, dass der Einspruch gegen den Strafbefehl vom 5.1.2012, dem Angeklagten zugestellt am 7.1.2012, am 20.1.2012 bei Gericht eingegangen ist.

Der Vertreter der Staatsanwaltschaft verlas sodann den Strafbefehl ohne die verhängte Rechtsfolge und die folgenden Bestandteile.

Der Angeklagte wurde gem. § 243 V 1 StPO belehrt.

Er erklärte: »Ich mache Angaben. Es ist richtig, dass ich Fahrer meines PKW war, als mich die Polizei kurz vor Frickenhausen anhielt. Es stimmt auch, dass wegen eines kleinen Unfalls kurz nach Sulzdorf mein Auto etwas Schaden nahm. Die Reparatur kostete 1.200 EUR. Ich war aber bis zum Unfall nicht Fahrer. Für den ersten Teil der Fahrtstrecke benenne ich den Fahrer nicht. Falsch ist es, mich als fahruntüchtig hinzustellen. Ich bin Winzer und vertrage schon was. Ich hatte zwar in Sulzfeld einige Schoppen Silvaner vom Cyriacusberg, eine nach einem wichtigen Weinheiligen benannte, berühmte Weinlage, zu mir genommen. Ich fühlte mich aber prima in Form, als ich das Steuer übernahm. Von Schlangenlinien, wie sie die Polizei festgestellt haben will, weiß ich nichts. Womöglich haben die Herrn im grünen Fahrzeug zu viele Zecher nach dem Weinfest kontrolliert und waren selbst ein wenig angesäuselt.

Auf Frage der Vorsitzenden: »Als Winzer hat man es heute sehr schwer. Zum Leben bleiben gerade je Monat 1.350 EUR.« Auf weitere Frage der Vorsitzenden: »Ich bin in Frickenhausen geboren, besuchte dort den katholischen Kindergarten, anschließend bewältigte ich ohne allzu große Schwierigkeiten die Grund- und Hauptschule in Frickenhausen. Nach einer Lehre bei einem großen Kellereibetrieb und dem Grundwehrdienst in Mellrichstadt machte ich noch meinen Kellermeister. Seit 5 Jahren habe ich einen eigenen kleinen Betrieb. In der Freizeit pflege ich den Gesang im örtlichen Gesangsverein. Seit 3 Jahren lebe ich mit einem Fotomodell zusammen. Und jetzt stehe ich da.«

Die Beweisaufnahme wurde eröffnet.

Die Zeugin Klara Weininger wurde aufgerufen und vernommen wie folgt:

Zur Person: Klara Weininger, 26 Jahre alt, lediges Fotomodell, wohnhaft Kapellenweg 21, 97123 Frickenhausen. Ich lebe mit dem Angeklagten seit drei Jahren in einem eheähnlichen Verhältnis zusammen und will keine Aussage machen. Davon abgesehen bin ich mit ihm nicht verwandt oder verschwägert.

Die Vorsitzende wies die Zeugin darauf hin, dass ihr kein Zeugnisverweigerungsrecht zustehe.

Zur Sache: »Ich war am Unfalltag zusammen mit dem Angeklagten in Sulzfeld auf dem Weinfest. Der Angeklagte fuhr das Auto, nachdem es in einem Straßengraben zum Stehen gekommen war, bis kurz vor Frickenhausen. Dann hielt uns die Polizei an. Ich zog mir bei dem Unfall eine leichte Hautabschürfung am Kopf zu; sie ist folgenlos verheilt. Man sieht keine Narbe, was für mich als Fotomodell sehr wichtig ist. Selbstverständlich habe ich keinen Strafantrag gestellt. Ich habe den Strafbefehl gelesen und kann wirklich nicht verstehen, wo da eine Unfallflucht geschehen sein soll. Als uns die Polizei angehalten hatte, wurde mein Freund ja wenig später zur Blutentnahme in die Universitätsklinik nach Würzburg verbracht. Mehr weiß ich jetzt nicht.«

Auf Frage des Gerichts: »Wer das Auto in den Straßengraben gefahren hat, sage ich nicht. Bevor mein Freund, der Angeklagte, sich an das Steuer setzte, versicherte er mir noch, ohne Probleme das Auto fahren zu können.«

Auf Frage des Staatsanwalts: »Ich habe während der Fahrt keine Schlangenlinien bemerkt. Wir überholten kein Fahrzeug, uns kam auch kein Fahrzeug entgegen.«

Anordnung der Vorsitzenden: »Die Zeugin ist zu vereidigen.«

Die Zeugin wurde vereidigt und entlassen.

Der Zeuge Anton Stark wurde aufgerufen und vernommen wie folgt:

Zur Person: Anton Stark, 40 Jahre alt, verheirateter Polizeihauptmeister, ladungsfähige Anschrift: Polizeiinspektion Würzburg, Münzstraße 19, mit dem Angeklagten nicht verwandt und nicht verschwägert.

Zur Sache: »Kollege Wendig und ich fuhren am 17.9.2012 gegen 20.00 Uhr Streife im Bereich des Weinfestes Sulzfeld. Etwa zwei Kilometer vor Frickenhausen fiel uns ein Fahrzeug auf. Eigenartigerweise war es das einzige Fahrzeug auf der Strecke von Sulzfeld nach Frickenhausen. Auch Gegenverkehr fehlte damals. Wir bemerkten, dass der Fahrer vor uns die rechte Fahrbahnseite nicht einhalten konnte. Er fuhr ganz deutliche Schlangenlinien, so dass wir uns entschlossen, das Fahrzeug zu überholen und anzuhalten. Dies war etwa einen Kilometer vor Frickenhausen. Der Angeklagte stieg auf der Fahrerseite aus und hatte dabei schon Schwierigkeiten, die Türe zu öffnen. Als er sich mühsam aus dem Auto bewegte, roch er stark nach Alkohol. Für mich war klar, dass er sich strafbar gemacht hatte. Deshalb fragte ich ihn gleich, wo er losgefahren sei. Er gab an, er komme vom Weinfest. Inzwischen hatten wir bemerkt, dass der rechte Kotflügel beschädigt und das rechte Scheinwerferlicht kaputt waren. Ich wies den Angeklagten auf diese Schäden hin. Er meinte, das müsse der Straßengraben gewesen sein. Da wir wegen des Verdachts einer Trunkenheitsfahrt noch eine Blutprobe benötigten, fuhren wir im Einverständnis mit dem Angeklagten in die Universitätsklinik nach Würzburg. Um 21.00 Uhr wurde dem Angeklagten dort in seinem Einverständnis eine Blutprobe entnommen. Diese versandte ich dann an das Landesamt für das Gesundheitswesen, Nordbayern zur Auswertung. Wir klärten danach noch ab, ob Unfallspuren auf der Strecke Sulzfeld/Frickenhausen zu erkennen waren. Etwa zwei Kilometer nach dem Ortsende von Sulzfeld fanden wir im Straßengraben kleinere Beschädigungen in der Grasnarbe sowie Glassplitter und blaue Lackteile, die vom blauen Fahrzeug des Angeklagten stammen mussten. Näher auswerten ließen wir diese Spuren nicht. Über der Schadensstelle im Straßengraben ist sicherlich inzwischen Gras gewachsen.«

Auf Frage des Verteidigers: »Ich habe den Angeklagten nicht über seine Rechte als Beschuldigter belehrt. Das war auch nicht nötig, weil ich zunächst nur informatorisch befragte.«

8. Klausur: Strafurteil

Rechtsanwalt Dr. Gold erklärte: »Ich wende mich ausdrücklich dagegen, die Angaben des Zeugen zu verwerten, weil sie ohne die notwendige Belehrung meines Mandanten erlangt wurden. Die Angaben meines Mandanten sind von der Polizei erschlichen.«

Staatsanwalt Dr. Flink erklärte: »Die Angaben sind vollständig verwertbar, weil nicht auf einer Vernehmung beruhend.«

Angeklagter, Verteidiger und Staatsanwalt verzichteten auf die Vereidigung des Zeugen. Anordnung der Vorsitzenden: »Der Zeuge bleibt unvereidigt.« Der Zeuge wurde entlassen.

Der Zeuge Kurt Wendig wurde aufgerufen und vernommen wie folgt:

Zur Person: Kurt Wendig, 32 Jahre alt, verheirateter Polizeimeister, ladungsfähige Anschrift: Polizeiinspektion Würzburg, Münzstraße 19, mit dem Angeklagten nicht verwandt und nicht verschwägert.

Zur Sache: »Ich führte einen Teil der weiteren Ermittlungen. Leider konnten keine weiteren Tatzeugen gefunden werden. Als ich die Beifahrerin vernehmen wollte, berief sie sich wegen des eheähnlichen Verhältnisses auf ihr Zeugnisverweigerungsrecht.«

Der Angeklagte, der Verteidiger und der Staatsanwalt verzichteten auf die Vereidigung des Zeugen.

Verfügung der Vorsitzenden: »Der Zeuge bleibt unvereidigt.« Der Zeuge wurde entlassen.

Das Ergebnis der Blutalkoholuntersuchung durch das Landesuntersuchungsamt für das Gesundheitswesen, Nordbayern, wurde verlesen. Daraus ergibt sich eine festgestellte Blutalkoholkonzentration von 1,21 ‰ im Mittelwert.

Der Auszug aus dem Bundeszentralregister wurde verlesen:

Strafbefehl des Amtsgerichts Würzburg vom 17.10.2011, rechtskräftig seit 1.11.2011. Der Angeklagte wurde wegen Diebstahls zu einer Geldstrafe von 20 Tagessätzen zu je 45 EUR verurteilt.

Der Angeklagte erklärte: »Das war damals eine Dummheit. Ich habe unter mäßiger Weineinwirkung in einem Kaufhaus eine Uhr im Wert von 49 EUR mitgenommen und vergessen zu bezahlen. Die Strafe habe ich noch nicht bezahlt.«

Sodann wurde festgestellt, dass gem. Beschluss des Amtsgerichts Würzburg vom 26.9.2011, Blatt 4 der Akten, dem Angeklagten die Fahrerlaubnis vorläufig entzogen wurde. Der Beschluss wurde am 4.10.2011 zugestellt und vollzogen.

Die Vorsitzende schloss die Beweisaufnahme. §§ 240, 248, 257, 273 Ia 3 StPO wurden beachtet.

Der Staatsanwalt hielt seinen Schlussvortrag und beantragte, den Angeklagten wegen vorsätzlicher Gefährdung des Straßenverkehrs in zwei Fällen einmal in Tateinheit mit fahrlässiger Körperverletzung zu einer Gesamtgeldstrafe von 90 Tagessätzen zu je 45 EUR zu verurteilen, die Fahrerlaubnis zu entziehen, den Führerschein einzuziehen, eine Sperrfrist von 6 Monaten auszusprechen und dem Angeklagten die Kosten des Verfahrens aufzuerlegen.

Der Verteidiger beantragte, den Angeklagten freizusprechen. Denn für den ersten Teil der Fahrtstrecke sei kein Fahrer bekannt geworden. Im Übrigen fehle ein Strafantrag der Zeugin Klara Weininger. Richtig sei zwar, dass der Angeklagte als Fahrer von der Polizei erkannt worden sei. Die Angaben der Polizeibeamten seien aber nicht verwertbar. Ferner habe die Beweisaufnahme die Fahruntüchtigkeit des Mandanten nicht ergeben. Die Blutprobe sei nicht alles. Des Weiteren könne die Zeugin Gertrud Trinkel, geborene Blau, Zwinger 19 in Sulzfeld bekunden, dass der Angeklagte beim Verlassen des Weinfestes keine Symptome von Trunkenheit aufwies und völlig fahrtauglich war. Für den Fall der Verurteilung wird die Vernehmung dieser Zeugin beantragt, die nur zur Fahrtauglichkeit, nicht aber dazu aussagen könne, wer beim Losfahren am Steuer saß. Der Angeklagte und die Zeugin sollen sich nämlich in der Gaststätte zur »Goldenen Gans« getrennt haben. Die Zeugin sei in der Gaststätte verblieben.

Der Staatsanwalt beantragte, diesen Beweisantrag als unbehelflich abzulehnen.

Der Angeklagte hatte das letzte Wort.

Vermerk für den Bearbeiter:

Das vollständige Urteil des Gerichts ist zu entwerfen. Dabei ist davon auszugehen, dass der Aktenauszug alle für die Entscheidung wesentlichen Aktenstücke enthält. Eine weitere Aufklärung ist nicht zu erzielen.

Soweit der Bearbeiter einen Hinweis gem. § 265 StPO oder sonst einen Hinweis für erforderlich hält, ist davon auszugehen, dass nochmals in die Verhandlung eingetreten und der Hinweis gegeben wurde und dass keiner der Verfahrensbeteiligten eine weitere Erklärung abgegeben hat.

Ladungen, Zustellungen, Vollmachten und sonstige Formalien sind in Ordnung. Verfahrensfehler liegen, soweit sie sich nicht aus dem Sachverhalt entnehmen lassen, nicht vor.

8. Klausur: Strafurteil

Vorüberlegungen

A. Ausgangslage

1 Zu fertigen ist ein Strafurteil nach vorausgegangenem Strafbefehl, dessen Schuld- und Rechtsfolgenausspruch weder der Strafverteidiger noch der Staatsanwalt für richtig halten. Während die Staatsanwaltschaft meint, durch die Fahrt bis zum Unfall und danach habe der Angeklagte jeweils Personen und Sachen konkret gefährdet, gibt sie den Vorwurf auf, der Angeklagte habe sich unerlaubt vom Unfallort entfernt. In der Gegenposition fordert der Strafverteidiger uneingeschränkt Freispruch. Unter dem Eindruck dieser Auffassungen wird das Gericht die Wahrheit zu finden haben. Die Lösung muss bei den Tatsachen ansetzen, zur Subsumtion führen und den Schuldspruch hervorbringen. Auf seiner Grundlage sind anschließend die Rechtsfolgen zu bestimmen.

2 Die Sachverhaltsschilderung des Strafbefehls enthält zwar Tatsachen, die aber im Hinblick auf § 261 StPO zurücktreten. Entscheidend ist das Tatsachenmaterial, wie es die Hauptverhandlung hervorgebracht hat. Die Sachverhaltsschilderung des Strafbefehls kann damit im Einklang stehen, sie kann aber auch davon abweichen. Das Gericht wird dies herausfinden müssen. Die Meinungen der Staatsanwaltschaft und des Strafverteidigers sind nur Bewertungen durch diese Verfahrensbeteiligten. Entscheidungsträger zu den Fragen, welche Tatsachen erwiesen sind, welche rechtliche Einordnung damit notwendig (rechtliche Würdigung) und wie zu bestrafen sein wird (Strafzumessung), ist allein das Gericht. An seiner Stelle steht nun die Klausurbearbeiterin oder der Klausurbearbeiter. Losgelöst von den Vorgaben des Strafbefehls und den Schlussvorträgen sind die entscheidungserheblichen Tatsachen eigenständig zu finden.

3 Entscheidungsmaßstab:

- Sachverhalt des Strafbefehls:
  Für die Subsumtion ohne Bedeutung.

- Ergebnis der Hauptverhandlung zu den Tatsachen:
  Für die Lösung entscheidend.

- Bewertung durch die Staatsanwaltschaft:
  Eine Meinung, die das Gericht zur Kenntnis nimmt.

- Bewertung durch den Strafverteidiger:
  Eine Meinung, die das Gericht zur Kenntnis nimmt.

B. Notwendige Denkschritte

4 Sinnvoll ist es, wie in einer Urteilsberatung vorzugehen und zuerst die für die Subsumtion notwendigen Tatsachen festzulegen. Dann erfolgt die Subsumtion, danach kann über den Schuldspruch abgestimmt werden. Steht dieser Tenorpunkt fest, muss die Strafzumessung erfolgen. Die Grobreihenfolge heißt: Tatsachen, rechtliche Würdigung, Strafzumessung. In Einzelschritte zerlegt, gestaltet sich der Weg zum fertigen Schuldspruch wie folgt:

(1) Erfassen aller Erkenntnisquellen.

(2) Ausscheiden der nicht verwertbaren Erkenntnisquellen. – Hier geht es um Beweisverwertungsverbote.

(3) Welches Beweismittel bringt welche Tatsache hervor?

(4) Darlegen, weshalb das Gericht vom Vorliegen der Tatsache überzeugt ist. – Entspricht im Urteil der Beweiswürdigung.

8. Klausur: Strafurteil

(5) Jetzt steht der festgestellte Sachverhalt fest. – Entspricht in den Urteilsgründen dem Sachverhalt, soweit er für die Subsumtion notwendig ist. – Sicherheitsabfrage: Betrifft der festgestellte Sachverhalt noch die angeklagte Tat?

(6) Einbringen des Sachverhalts in die Subsumtion.

(7) Jetzt steht/stehen das/die verletzte Strafbestimmung(en) fest. – Entspricht im Urteil der rechtlichen Würdigung. Hier entscheiden sich auch die Konkurrenzen.

(8) Vergleich des Ergebnisses mit dem Eröffnungsbeschluss,[1] dem hier der Strafbefehl entspricht. Ist er als prozessuale Tat vollständig abgearbeitet? Ergeben sich Abweichungen in der Wertung? Dies führt u. U. zu einem Teilfreispruch oder zu § 265 StPO.

(9) Liegen alle Verfahrensvoraussetzungen vor? Sollte dies nicht der Fall sein, kommt § 260 III StPO in Betracht. – Mit diesem Punkt kann man auch beginnen, sollte ihn aber in Kenntnis der geprüften Strafnormen nochmals aufgreifen, weil aus der angewendeten Strafnorm Bezüge zu den Verfahrensvoraussetzungen entstehen können (zB: Verjährung, besondere Antragsdelikte).

Diese Erwägungen führen zum Schuldspruch sowie zu der Frage, ob eine Einstellung oder ein Freispruch erfolgen muss. Ergebnis dieser Überlegungen kann sein:

- eine Verfahrenseinstellung
- eine Verurteilung
- ein Freispruch
- ein Teilfreispruch mit Teilverfahrenseinstellung
- eine Teilverurteilung
  mit Teilfreispruch und/oder Teilverfahrenseinstellung

Der Weg dorthin führt über die Tatsachen zur Subsumtion und zum Abarbeiten des Eröffnungsbeschlusses, dem hier der Strafbefehl entspricht.

C. Feststellen der Tatsachen

I. Erkenntnisquellen des Falles

Die in Betracht zu ziehenden Erkenntnisquellen ergeben sich aus dem Hauptverhandlungsprotokoll. Hauptperson ist der Angeklagte mit seinen Angaben. Ferner gibt es die Zeugen Weininger, Stark und Wendig. Des Weiteren erfolgte die Verlesung von Urkunden (Auszug aus dem Bundeszentralregister, das Blutalkoholgutachten sowie der Beschluss nach § 111a StPO).

II. Beweisverwertungsverbote

Die genannten Quellen sind u.U. bei Eingreifen eines Beweisverwertungsverbots von vornherein ohne Bedeutung. Deshalb ist zu klären, ob einzelne Beweismittel wegen eines Beweisverwertungsverbots ausfallen. Hier liefert die Aufgabe einen Hinweis auf ein mögliches Beweisverwertungsverbot:

- Die Angaben des PHM Stark sollen wegen fehlender Belehrung nicht verwertbar sein.

Ergiebig könnten auch die Zusammenhänge mit der Zeugin Weininger sein (»wilde Ehe«, Eid).

1. Blutprobe

Als Polizeihauptmeister war der Zeuge Stark zur Anordnung der Blutentnahme befugt, § 152 GVG. Wegen des Einverständnisses des Angeklagten durfte ohne vorherige telefonische An-

---

1 *Meyer-Goßner* § 411 Rn. 3.

ordnung des zuständigen Richters entschieden werden.[2] Nicht bekannt ist, wer die Blutentnahme durchführte. Doch selbst wenn dieser Eingriff nicht durch einen Arzt erfolgt sein sollte, löst dies im Normalfall kein Verwertungsverbot aus, weil § 81a StPO die Gesundheit und die Menschenwürde des Beschuldigten schützen will, der Beweiswert durch die Entnahme seitens eines Nichtarztes aber unbeeinflusst bleibt.[3]

2. Zeuge Stark

11 Die für eine Subsumtion wichtige – weil Fahrtstrecke betreffende – Angabe des Zeugen Stark (»Er gab an, er komme vom Weinfest«) könnte nach §§ 163a IV iVm 136 I 2 StPO unverwertbar sein. Eine informatorische Befragung, die keine Belehrung voraussetzt, lag damals nicht vor. Der Polizeibeamte fragte gezielt den Fahrer, nachdem die Fahrweise als unsicher erkannt, das Fahrzeug angehalten und der Fahrer eindeutig als alkoholisiert eingestuft worden war. Die erforderliche Belehrung fehlte hier. Der nunmehr verteidigte Angeklagte hat dies im Rahmen der Befragung aufgrund § 257 StPO rechtzeitig gerügt. Damit liegt insoweit ein Beweisverwertungsverbot vor. Der Hinweis auf das Schweigerecht soll ein faires Verfahren sichern; bei fehlender Belehrung wird der Beschuldigte – der (wie hier) sein Schweigerecht nicht kennt – in seiner verfahrensrechtlichen Stellung unzureichend geschützt.[4]

3. Eheähnliches Verhältnis

12 Das im Aufgabentext nicht ausdrücklich als Problem angesprochene eheähnliche Verhältnis zwischen dem Angeklagten und der Zeugin Weininger führt nach überwiegender Auffassung zu keinem Zeugnisverweigerungsrecht und löst kein Beweisverwertungsverbot aus. Eine psychische Konfliktsituation der Zeugin spricht zwar für ein Zeugnisverweigerungsrecht; der gesetzgeberische Wille, das Zeugnisverweigerungsrecht ersichtlich auf legale Angehörigkeitsverhältnisse zu beschränken,[5] spricht aber dagegen.

4. Zeugenvernehmung Weininger

13 Dass die Zeugin von ihren Angaben zur »Fahrerfrage« nicht nach § 55 II StPO belehrt wurde, schadet nicht. Diese Norm erfasst vom Schutzzweck her nicht den Angeklagten.[6] Jedoch hätte § 60 Nr. 2 StPO beachtet werden müssen, weil die Zeugin unter dem Verdacht steht, bis zum Unfall Fahrerin gewesen zu sein (aufgrund des Beweisverwertungsverbots hinsichtlich des Zeugen Stark muss das Gericht davon ausgehen, dass zur »Fahrerfrage« bis zum Unfall keine Angaben vorliegen). Da die gesamte Fahrtstrecke eine prozessuale Tat[7] bildet, kam auch eine Teilvereidigung, die mehrere selbständige Taten voraussetzen würde, nicht in Betracht.[8] In der Beratung stellt sich dieser Fehler heraus. Seine Heilung erfolgt durch uneidliche Wertung der Aussage, nachdem unter Wiedereintritt in die Verhandlung dies protokolliert bekanntgegeben wird.[9] Davon ist nach dem Bearbeitervermerk auszugehen.

5. Aufbaufragen

14 Im zu fertigenden Urteil stellt sich die Frage, ob alle durch Beweisverwertungserwägungen ausgelösten Erörterungen in die Gründe aufzunehmen sind oder nicht. Mit Blick auf eine spätere Revision würde es genügen, Beweismittel, die verwertbar bleiben, einfach in der Beweiswürdigung heranzuziehen und unverwertbare nicht zu erwähnen. Damit zeigt sich der Einfluss auf das Urteil, die restlichen Revisionstatsachen ergeben sich aus dem Protokoll. Deshalb können diese Erwägungen grundsätzlich in den Gründen ausgespart und in einem Hilfsgutachten ausgeführt werden. Da aber ein Teil dieser Fragen im Rahmen der Hauptverhandlung angesprochen wurden, erwarten die Beteiligten auch eine Antwort im Urteil. Prak-

---

2 *Meyer-Goßner* § 81a Rn. 2, 3.
3 *Meyer-Goßner* § 81a Rn. 32, 33.
4 *Brunner* Abschlussverfügung Rn. 70.
5 *Meyer-Goßner* § 52 Rn. 5 aE.
6 *Meyer-Goßner* § 55 Rn. 17.
7 *Meyer-Goßner* § 264 Rn. 6.
8 *Meyer-Goßner* § 60 Rn. 9, 26.
9 *Meyer-Goßner* § 60 Rn. 30.

tiker nehmen daher solche Fragen in die Gründe auf. So soll es auch hier geschehen. Wer hier ganz oder teilweise abweichen will, müsste die im Urteil nicht angesprochenen Rechtsfragen in einem Hilfsgutachten ausführen.

III. Ergebnisse der Beweisaufnahme

Der Angeklagte behauptet, erst nach dem Unfall gefahren zu sein, auch sei er nach dem Besuch des Weinfestes fahrtüchtig gewesen. Er bekundet den Schaden am eigenen PKW. – Die Zeugin Weininger sagt aus, der Angeklagte habe nach dem Unfall den PKW gefahren; sie beschreibt ihre Verletzung. Ferner hält sie die Fahrtüchtigkeit des Angeklagten für gegeben. – Der Zeuge Stark beschreibt die Verkehrsverhältnisse, die Fahrweise des Angeklagten, dessen Verhalten nach dem Anhalten, Trunkenheitsanzeichen, Schäden am PKW, das Erlangen der Blutprobe und die Unfallspuren auf der Erdoberfläche. – Der Zeuge Wendig macht Angaben zum Sachschaden und bekundet die Unaufklärbarkeit der »Fahrerfrage« bis zum Unfall. – Aus dem BAK-Gutachten ergibt sich eine Tatzeit-BAK von 1,21 ‰ (verlesen nach § 256 I StPO). – Aus dem BZR-Auszug ergibt sich eine nicht einschlägige Vorstrafe (verlesen nach § 249 I 2 StPO).

15

IV. Beweiswürdigung

Die Frage, wer bis zum Unfallzeitpunkt den PKW gefahren hat, konnte die Beweisaufnahme nicht klären. Es spricht zwar eine gewisse Wahrscheinlichkeit dafür, dass der Halter eines Fahrzeugs dieses selbst steuert.[10] Dies reicht jedoch nicht, um vom Halter auf den Unfallverursacher zu schließen. Immerhin saß nach dem Unfall die Zeugin Weininger im PKW, sie kann bis zum Unfall das Fahrzeug geführt haben. – Fahrer des PKW nach dem Unfall ist der Angeklagte: Er räumt dies selbst ein. Bestätigt wird diese Einlassung durch die Zeugen Weininger und Stark, dessen eigene Beobachtung dem Beweisverwertungsverbot nicht unterliegt. Es handelt sich um einen nahestehenden Zeugen und einen neutralen Zeugen. Zweifel bleiben nicht. – Die Fahrtstrecke wird von den Zeugen ebenfalls bestätigt. – Sie beschreiben die Verkehrsverhältnisse während des Tatzeitraums, der Zeuge Stark darüber hinaus die Fahrweise des Angeklagten. Als neutraler Zeuge ist er glaubwürdig. – Der Angeklagte hält sich für fahrtauglich. Auch die Zeugin Weininger bekundet diese Einschätzung. Für ein Wissen und Wollen (Vorsatz) des Angeklagten um die Fahruntauglichkeit ergibt sich kein hinreichender Anhaltspunkt. – Die absolute Fahruntüchtigkeit[11] folgt aus dem BAK-Gutachten. Vernünftige Zweifel an der Richtigkeit des BAK-Gutachtens bestehen nicht. Soweit für den Fall der Verurteilung ein Hilfsbeweisantrag vorliegt, dessen Beweismittel die Tatsache ergeben soll, der Angeklagte sei dennoch fahrtauglich, wird dieser gem. § 244 III 1 StPO abzuweisen sein.[12] – Die Vorverurteilung wird vom Angeklagten bestätigt.

16

V. Festgestellter Sachverhalt

Aus dem Inbegriff der Hauptverhandlung stehen nach Beweiswürdigung folgende Tatsachen für die Subsumtion zur Verfügung:

17

(1) Belastend: Tag des Geschehens (Datum, Uhrzeit), Ort des Geschehens (Fahrtstrecke), Fahrer nach dem Unfall (Angeklagter), Fahrweise und Gefährdungsgrad (Beifahrerin, Alkoholisierung, Schlangenlinien, kein Verkehr), absolute Fahrunsicherheit (BAK), Sorgfaltsverstoß.

18

(2) Entlastend: Schaden trat am eigenen PKW auf; feststellungsinteressiert nach dem Unfallgeschehen können nur sein: der Angeklagte selbst, seine verletzte Freundin, die den Angeklagten genau kennt, der Eigentümer des Straßenkörpers, dem kein nennenswerter Schaden entstanden ist. Während der Fahrt nach dem Unfall kam es nicht zur Gefährdung von anderen

---
10 *Fischer* § 142 Rn. 15.
11 Bei BAK von mindestens 1,1 ‰, *Fischer* § 316 Rn. 25.
12 *Fischer* § 316 Rn. 13.

Fahrzeugen oder Fußgängern, die Beifahrerin befand sich in einem Fahrzeug, dessen Führung schlangenlinienförmig verlief.

(3) Zweifel bleiben hinsichtlich der Frage, wer bis zum Unfall den PKW gefahren hat und ob der Angeklagte bei Fahrtantritt seine alkoholbedingte Fahrunsicherheit kannte.

D. Subsumtion

19 Der festgestellte Sachverhalt muss jetzt unter die in Betracht kommenden Strafbestimmungen subsumiert werden.

I. Fahrt bis zum Unfall

1. § 315c I Nr. 1 a StGB

20 § 315c ist zu prüfen, weil eine Insassin verletzt und ein Fahrzeug sowie ein Straßenkörper beschädigt wurden. Dadurch kann sich die konkrete Gefährdung einer Person sowie einer Sache von bedeutendem Wert ergeben. Kurz nach diesem Schadensfall wurde der Angeklagte mit einer BAK von 1,21 ‰ als Fahrer von der Polizei angehalten. Da die BAK über 1,1 ‰ liegt, besteht bei ihm absolute Fahruntüchtigkeit. Jedoch kann die Subsumtion nicht hinsichtlich der Voraussetzung »wer« abgeschlossen werden. Der Fahrer bis zum Unfall ist nicht bekannt: Es fehlen Beweismittel, die den Fahrer klar bestimmen.

21 In der Hauptverhandlung konnte bzw. wollte keiner der Zeugen den Fahrer vom Start bis zum Unfallpunkt benennen. Der Angeklagte selbst schweigt zu diesem Thema. Zur vollen Überzeugung des Gerichts kann damit das Sachverhaltselement »Fahrer« nicht bewiesen sein. Ebenso könnte die Zeugin Weininger oder gar ein bisher nicht bekannter Dritter Fahrer gewesen sein. Weitere Erkenntnismöglichkeiten bestehen nach Angaben des Zeugen Wendig nicht, § 244 II StPO. Da nach der Beweiswürdigung berechtigte Zweifel bleiben, gebietet »in dubio pro reo« (Entscheidungsregel),[13] § 315c StGB als nicht einschlägig zu werten. Möglich wäre noch, auf Beihilfe abzustellen, sofern zur Überzeugung des Gerichts feststünde, die Zeugin Weininger sei Fahrerin gewesen, habe alkoholbedingt den Unfall ausgelöst und der Angeklagte habe Beihilfe dazu geleistet. Aber auch hier fehlen ausreichende Anhaltspunkte für die Fahrereigenschaft der Zeugin und das Ob und Wie ihrer Alkoholisierung ist völlig im Dunkeln.

2. § 229 StGB

22 Da der Fahrer als Unfallverursacher und Täter einer möglichen fahrlässigen Körperverletzung nicht bekannt ist, scheidet auch § 229 StGB aus.

II. Fahrt nach dem Unfall

1. § 142 StGB

23 Bleibt zu fragen, ob sich der Angeklagte durch die Weiterfahrt nach § 142 StGB strafbar gemacht hat. Der Beginn der Fahrt nach dem Unfallgeschehen, bei deren »Ende« der Angeklagte zweifelsfrei Fahrer war, kann § 142 StGB auslösen.

24 Vorliegen muss ein Unfall im Straßenverkehr. Das Abkommen von der Straße in den Straßengraben stellt ein plötzliches Ereignis im Verkehr dar, das mit dessen typischen Gefahren, wie zB Nichteinhalten der Fahrbahn, Einschlafen, unachtsames Fahren, Trunkenheit, zusammenhängt. Der Vorgang muss unmittelbar zu einem nicht völlig belanglosen Personen- oder Sachschaden geführt haben.[14] Die Spuren in der Grasnarbe stellen einen belanglosen Schaden dar (Grenze 25 EUR). Das Gras wird sich von selbst erneuern und die Spuren beseitigen. Soweit

---

13 *Meyer-Goßner* § 261 Rn. 26.
14 *Fischer* § 142 Rn. 11.

die Verletzung der Mitfahrerin betroffen ist, kann nach der Rechtsprechung bei geringfügigen Hautabschürfungen ebenfalls von einem völlig belanglosen Schaden gesprochen werden.[15] Eindeutig erheblich sind jedoch die Schäden am PKW des Angeklagten (Reparaturkosten von 1.200 EUR). Das Tatbestandsmerkmal »Unfall im Straßenverkehr« liegt mithin vor.

Es ist anerkannt, dass aufgrund des Schutzzwecks der Norm § 142 StGB ausgeschlossen ist, wenn sämtliche Berechtigte endgültig auf die Feststellungen verzichten oder nur der Unfallverursacher selbst Schaden erlitten hat.[16] Schutzzweck der Norm ist allein die Feststellung und Sicherung der durch einen Unfall entstandenen Ansprüche sowie der Schutz vor unberechtigten Ansprüchen.[17] § 142 I und II StGB sind daher nicht anwendbar, wenn keine Ansprüche zu sichern und festzustellen sind. So liegt es hier für den Angeklagten, soweit er selbst geschädigt ist. War die Zeugin Weininger Unfallverursacher, gilt Gleiches. Soweit aus der Sicht des Fahrers jeweils der andere Insasse einen Schaden erlitten hat, bedarf es keiner Feststellung und Sicherung von Ansprüchen, weil beide Beteiligte sich über die Abwicklung des Schadens einig waren.[18] Sie kannten sich genau und fuhren weiter, weil jeder seinen Schaden selbst tragen wollte. Für den Eigentümer des Straßengrundstücks liegt bereits kein Unfall vor.

Da die Straflosigkeit feststeht, kann dahinstehen, ob der Angeklagte Unfallbeteiligter iSv § 142 V StGB ist.

2. § 315c StGB

Der Angeklagte führte auf der Strecke vom Unfallort bis vor Frickenhausen im Straßenverkehr seinen PKW und war dabei infolge von Alkoholkonsum bei einer BAK von 1,21 ‰ absolut fahruntüchtig. Bei dieser Fahrt müssten Leib und Leben eines anderen – hier der Beifahrerin – oder fremde Sachen von bedeutendem Wert gefährdet worden sein. Das eigene Fahrzeug des Angeklagten scheidet als Gefährdungsobjekt aus. Andere Fahrzeuge oder Personen sind während der Fahrt nicht begegnet. Damit stellt sich die Frage, ob die Beifahrerin allein durch die bloße Mitnahme konkret gefährdet war. Eine konkrete Gefahr besteht nur, wenn die Sicherheit der Beifahrerin so stark beeinträchtigt ist, dass es letztlich nur vom Zufall abhängt, ob das Rechtsgut verletzt wird oder nicht.[19] Zwar ist eine Beifahrerin bei einer BAK des Fahrers von 1,21 ‰ ständig abstrakt gefährdet, weil die hohe Alkoholisierung die Gefahr eines Fehlers und damit eines Unfalls mit sich bringt. Jedoch ist es notwendig – soll das abstrakte Gefährdungsdelikt des § 316 StGB in solchen Fällen noch einen Anwendungsbereich gegenüber § 315c StGB behalten –, neben der hohen (hier gegebenen) Alkoholisierung zusätzlich zu fordern, dass die alkoholische Beeinflussung des Fahrers einen solchen Grad erreicht hat, der kontrollierte Fahrmanöver nicht mehr zulässt. Dies ist erst der Fall, wenn der Fahrer zur kontrollierten Betätigung der wesentlichen technischen Einrichtungen seines Fahrzeugs (Lenkung, Bremsen, Gaspedal) nicht mehr in der Lage war. Einen solchen Zustand hat die Beweisaufnahme nicht ergeben. Der Zeuge Stark konnte nur von einer schlangenlinienförmigen Fahrweise berichten. Diese folgenlosen Fahrfehler genügen nicht zur Annahme einer konkreten Gefahr.[20] § 315c StGB scheidet mithin aus.

3. § 316 StGB

Der Angeklagte hat im Zustand der absoluten Fahruntüchtigkeit, dh mit einer BAK von über 1,1 ‰,[21] ein Fahrzeug im Straßenverkehr geführt. Allerdings war ihm nicht bewusst, dass er infolge des Genusses alkoholischer Getränke zur sicheren Führung des Fahrzeugs nicht mehr in der Lage war. Er hielt sich als trinkgewohnter Winzer für fahrsicher. Dies bestätigte auch die Zeugin Weininger. Allein aus der Höhe der BAK von 1,21 ‰ kann nicht zwingend geschlossen werden, der Angeklagte sei sich der Möglichkeit seiner Fahruntüchtigkeit bewusst

---

15 *Fischer* § 142 Rn. 11.
16 *Fischer* § 142 Rn. 12, 31.
17 *Fischer* § 142 Rn. 2.
18 *Fischer* § 142 Rn. 31.
19 BGH NStZ 2010, 572; *Fischer* § 315c Rn. 15 mwN.
20 *Fischer* § 315c Rn. 15a mwN.
21 BGHSt 37, 89.

gewesen und habe sich dennoch zum Fahren entschlossen.[22] Der Angeklagte hat bei der bewussten Aufnahme von Wein in fahrlässiger Unkenntnis der Fahruntüchtigkeit gehandelt, als er sich spätestens nach dem Unfall – also zeitnah zu dem Besuch des Weinfestes – an das Steuer seines PKW setzte und losfuhr. Dies ist sowohl objektiv wie subjektiv voraussehbar und vermeidbar. Der Unfall als die Fahruntüchtigkeit bewusstmachendes Ereignis lässt den Schluss auf Vorsatz nicht zu, weil die Fahrereigenschaft des Angeklagten bis zum Unfall nicht feststeht.

29 Einen Gegenbeweis zur Fahruntüchtigkeit, wie es der Verteidiger mit seinem Hilfsbeweisantrag erzwingen will, kommt nicht in Betracht, § 244 III 1 StPO. Der Antrag ist als echter Hilfsbeweisantrag in den Gründen des Urteils negativ zu verbescheiden.[23]

30 Der in den Schuldspruch aufzunehmende Straftatbestand war bisher nicht Verhandlungsgrundlage; es muss durch Wiedereintritt in die Verhandlung nach § 265 StPO ein entsprechender Hinweis erfolgen. Davon ist nach dem Bearbeitervermerk auszugehen.

III. Ergebnis und Eröffnungsbeschluss

31 Die rechtliche Würdigung führt mithin zu folgendem Ergebnis:
- § 315c I Nr. 1 a und III StGB entfällt, weil die Täterschaft für die erste Fahrtstrecke nicht festgestellt werden kann. Auch für eine Teilnahme fehlen Ansatzpunkte.
- § 316 StGB kommt insoweit aus denselben Erwägungen nicht in Betracht.
- § 229 StGB scheidet aus, weil der Täter nicht ermittelt werden kann.
- § 142 StGB entfällt, weil die verletzte Grasnarbe nicht zu einem »Unfall« führt und im Übrigen der Schutzzweck der Norm einer Verurteilung entgegensteht.
- § 316 II StGB liegt für die Fahrt bis zum Anhalten durch die Polizei vor.

32 »Abarbeiten« des Eröffnungsbeschlusses, der hier im Strafbefehl zu sehen ist:[24]

33 Die §§ 315c, 229 StGB standen in Tatmehrheit zu § 142 StGB, dieser in Tateinheit mit § 315c StGB. Deshalb ist für die Vorwürfe bis zur Weiterfahrt ein Freispruch notwendig.[25]

34 § 142 StGB stand mit § 315c StGB in Tateinheit, ein Freispruch entfällt mithin für § 142 StGB. In den Schuldspruch ist allein § 316 II StGB aufzunehmen.[26]

E. Strafzumessung

I. Allgemeines[27]

35 Nach § 46 I 1 StGB ist die Schuld des Täters die Grundlage für die Zumessung der Strafe. Während in der rechtlichen Würdigung der Schuldvorwurf[28] zum Inhalt hat, sich nicht rechtstreu verhalten zu haben, obwohl dies möglich gewesen wäre, ist jetzt auf das Maß der Vorwerfbarkeit bei der Verwirklichung des tatbestandsmäßigen Unrechts abzustellen. Es geht um das Maß des Unrechts (Erfolgsunrecht) und das Maß der persönlichen Vorwerfbarkeit (Handlungsunrecht).

---

22 *Fischer* § 316 Rn. 42 ff.
23 *Meyer-Goßner* § 244 Rn. 44 a.
24 *Meyer-Goßner* § 411 Rn. 3.
25 *Meyer-Goßner* § 260 Rn. 13.
26 *Meyer-Goßner* § 260 Rn. 12.
27 Die Strafzumessung ist ein Kapitel für sich: Der Richter benötigt dazu Erfahrung, der junge Richter wird sie erst erlangen müssen (er richtet sich nach den alten Richtern), der Rechtsreferendar steht fast vor dem Nullpunkt. Zum Einstieg empfiehlt sich in einer stillen Stunde oder auch mehreren das Studium der Kommentierung bei *Fischer* zu § 46 StGB.
28 Alt genug, § 19 StGB, schuldfähig, § 20 StGB, keine Entschuldigungsgründe, etc.

II. Strafrahmen

Den Ausgangspunkt für die Strafzumessung bildet der Strafrahmen (hier: § 316 I StGB) mit den möglichen Ober- und Untergrenzen für die Strafe (hier: Geld- oder Freiheitsstrafe bis zu 1 Jahr). Innerhalb dieses Spielraums ist die schuldangemessene Strafe zu finden. Für die heranzuziehenden Kriterien gibt § 46 StGB eine Hilfestellung. Es werden also Argumente zu suchen sein, die das Maß des Unrechts und der persönlichen Vorwerfbarkeit kennzeichnen. Nach einer Abwägung geschieht dann ein logisch nicht mehr fassbarer Vorgang: Aus sachlichen Argumenten wird als schuldangemessen eine zu bestimmende Geld- oder Freiheitsstrafe abgeleitet. Dieser »output« muss sich im Strafrahmen bewegen, er kann je nach Gericht unterschiedlich ausfallen, bleibt oft ein Rätsel und sollte den Anfänger nicht entmutigen. Das Rechtsgefühl kommt meistens der Sache recht nahe. 36

III. Strafzumessungsgesichtspunkte

Der Strafrahmen ist bereits bekannt. Grundsätzlich kann er sich verändern, zB § 49 StGB oder beim Vorliegen minder schwerer oder besonders schwerer Fälle. Kurz anzudenken ist § 21 iVm § 49 StGB. Eine verminderte Schuldfähigkeit prüfen die Gerichte aber erfahrungsgemäß erst bei einer BAK von etwa 2 ‰. Hiervon ist der Angeklagte weit entfernt. Deshalb und weil auch eine Rückrechnung den Schwellenwert nicht erreichen kann, bleibt es unter Berücksichtigung einer möglichen Rückrechnung beim Regelstrafrahmen.[29] 37

Zunächst sind Umstände zu sammeln, die für und gegen den Angeklagten sprechen. 38

- Da Vorsatz schwerer wiegt als Fahrlässigkeit und bewusste mehr Gewicht aufweist als unbewusste, ist die bewusste Fahrlässigkeit des Angeklagten hervorzuheben.
- Die abstrakte Gefährlichkeit eines Trunkenheitsfahrers ist um so höher, je stärker die BAK ausgeprägt war. Deshalb ist hier festzuhalten, dass die BAK nur knapp über der absoluten Fahruntüchtigkeitsgrenze lag. Es wäre ein typischer Anfängerfehler und zugleich ein Verstoß gegen § 46 III StGB, die Trunkenheit generell als straferschwerend anzusehen. Hier wurde vielmehr das Ausmaß der Trunkenheit berücksichtigt. Dies macht Schuldunterschiede aus.
- Wegen des Erfolgs – abstrakt gefährliche Fahrt im Straßenverkehr – darf berücksichtigt werden, ob die Fahrstrecke kurz oder lang war. Ein Verstoß gegen § 46 III StGB läge wieder vor, generell auf die Teilnahme am Straßenverkehr abzustellen. Zulässig ist es aber, nach der Länge der Fahrstrecke und der Dauer des Zustandes zu differenzieren. Hier waren ca. 2 km betroffen. Dabei bestand kein Gegenverkehr, was günstig war.
- Da Trunkenheit so sein kann, dass ein Fahrer sein Fahrzeug wie ein Nüchterner bewegt, muss beachtet werden, dass es hier zu deutlichen Ausfallerscheinungen, Schlangenlinien, und damit zu einer höheren Gefährlichkeit – zumindest für die Mitfahrerin – gekommen ist.
- Zugunsten des Angeklagten spricht, dass er bisher nicht einschlägig vorbestraft (also Ersttäter) ist.

Diese Gesichtspunkte bilden die bestimmenden Umstände. Es ist nicht erforderlich, den Katalog des § 46 II StGB abzuhandeln. 39

IV. Zumessungsakt

Das Gesamtbild der Tat stellt sich damit als durchschnittliche Trunkenheitsfahrt eines Ersttäters dar, von der nur eine mäßige abstrakte Gefahr ausgegangen ist. Deshalb ist eine Geldstrafe schuldangemessen. Schon wegen der bewussten Fahrlässigkeit bedarf es einer spürbaren Geldstrafe von 40 Tagessätzen. Antialkoholiker und Bearbeiter »mit Biss« werden 50 oder 60 Tagessätze geben wollen. Das liegt über der üblichen Taxe für dieses Massendelikt (Gleichbehandlungsgrundsatz), geht aber auch in Ordnung. 40

---

29 *Fischer* § 20 Rn. 12; § 316 Rn. 16 ff.

V. Tagessatzhöhe

41 Die Höhe des Tagessatzes bemisst sich nach dem Einkommen. Der ledige Angeklagte hat monatlich nach eigenen Angaben 1.350 EUR zur Verfügung. Nach § 40 II StGB beträgt ein Dreißigstel dieser Summe 45 EUR.[30]

VI. Nachträgliche Gesamtstrafenbildung

42 Im Normalfall wäre jetzt der Strafzumessungsakt zu Ende. Hier muss aber eine aus dem BZR ersichtliche Besonderheit beachtet werden. Denn die jetzt abgeurteilte Tat liegt zeitlich vor dem im BZR mitgeteilten Erlass eines Strafbefehls. Danach rückt § 55 StGB ins Blickfeld. Diese Norm verlangt, eine rechtskräftige, noch nicht vollstreckte Strafe in einer nachträglichen Gesamtstrafe zu berücksichtigen, sofern die heute abzuurteilende Tat zeitlich vor dem Tag des Urteils der rechtskräftig abgeschlossenen anderen Sache liegt: Wäre damals neben dem Diebstahl auch die Trunkenheitsfahrt angeklagt gewesen, hätte das Gericht am 17.10.2011 eine Gesamtstrafe bilden müssen, §§ 53, 54 StGB, die nach § 54 II 1 BGB die Summe der Einzelstrafen nicht erreichen darf. Gesamtstrafenbildung hat also einen Rabatteffekt, der nicht untergehen darf, nur weil beide Taten in zwei Verhandlungen hintereinander abgeurteilt werden.

43 Deshalb sind hier die Voraussetzungen der nachträglichen Gesamtstrafenbildung auszuführen. Sodann muss nach § 54 I 2 StGB die Strafe für die Trunkenheitsfahrt – sie hat die höhere Rechtsfolge im Vergleich zum Diebstahl ausgelöst – als Einsatzstrafe unter nochmaliger Würdigung des Täters und der Taten schuldangemessen erhöht werden, § 54 I 3 StGB.

44 Der Strafrahmen für die Gesamtstrafe muss eine Einheit über der Einsatzstrafe und eine Einheit unter der Summe beider Strafen liegen, § 54 I 2, II 1 StGB: 41 Tagessätze bis 59 Tagessätze.

45 Ausgangspunkt für den Zumessungsakt ist eine Gesamtschau aller Taten:[31] Hierbei sind namentlich das Verhältnis der einzelnen Straftaten zueinander, insbesondere ihr Zusammenhang, ihre größere Begehung, die Gleichheit oder Verschiedenheit der verletzten Rechtsgüter und die Begehungsweise sowie das Gesamtgewicht des abzuurteilenden Sachverhalts zu berücksichtigen. Maßgeblich ist ferner die zusammenfassende Würdigung der Person des Täters, neben seiner Strafempfindlichkeit vor allem seine größere oder geringere Schuld im Hinblick auf das Gesamtgeschehen sowie die Frage, ob die mehreren Straftaten einem kriminellen Hang bzw. bei Fahrlässigkeitstaten einer allgemeinen gleichgültigen Einstellung entspricht oder ob es sich um Gelegenheitsdelikte ohne innere Verbindung handelt.

46 Aus der Summe dieser Denkansätze ist hier wichtig, dass § 316 und § 242 StGB verschiedene Rechtsgüter betreffen. In beiden Fällen handelt es sich um geringere Rechtsgutverletzungen bei Alkoholisierung, so dass die Gesamtgeldstrafe erkennbar über der Einsatzstrafe liegen sollte. Angemessen werden 50 Tagessätze sein.

VII. Maßregel, §§ 69, 69 a StGB

47 Die Entziehung der Fahrerlaubnis nach §§ 69 f. StGB ist Maßregel und keine Strafe. Sie sollte in Fällen der §§ 316, 315 c und 142 StGB immer erwogen werden. Es wäre bei solch offensichtlichen Anwendungsfällen ein schwerer Fehler, diesen Umstand nicht zu beachten.

48 In der rechtlichen Würdigung wurde bereits ausgeführt, dass eine rechtswidrige Tat, §§ 316 II, 11 I Nr. 5 StGB, vorliegt. Die Trunkenheitsfahrt beruht auf dem Führen eines Kraftfahrzeugs. Nach § 69 II StGB liegt in den vier genannten Regelfällen, wozu § 316 StGB zählt, die Ungeeignetheit zum Führen von Kraftfahrzeugen vor (hier: charakterliche Ungeeignetheit, weil im absolut fahruntüchtigen Zustand gefahren). Gesichtspunkte, die diese Regelwertung des Ge-

---

30 Dieser Punkt würde sofort komplizierter, wenn der Angeklagte verheiratet ist und Kinder hat; *Fischer* § 40 Rn. 14.
31 BGHSt 24, 270.

setzes ausnahmsweise verändern, sind nicht ersichtlich. Dies wäre zB der Fall, wenn ein Täter auf einem Parkplatz sein Fahrzeug im trunkenen Zustand nur ein kurzes Stück bewegt, um einen verkehrsstörenden Zustand zu beseitigen. Dann wäre für diesen Fall ein Fahrverbot (Nebenstrafe) nach § 44 StGB angebracht. Beim Fahrverbot bleibt die Fahrerlaubnis, ihre Nutzung wird für einen Monat bis drei Monate lediglich untersagt. Hingegen führt eine Entscheidung nach §§ 69 f. StGB zum Verlust der Fahrerlaubnis (die Verurteilten empfinden dieses Übel weit stärker als ein Fahrverbot).

Damit ist klar, dass der Führerschein eingezogen und die Fahrerlaubnis entzogen werden muss. Würde der Führerschein nicht eingezogen, käme der Entzug der Fahrerlaubnis bei einer Verkehrskontrolle kaum an das Tageslicht. Würde nach dem Entzug der Fahrerlaubnis ein Täter dennoch ein Kraftfahrzeug im Straßenverkehr führen, greift § 21 StVG als Strafnorm ein. 49

Des Weiteren ist noch anzusprechen, wie lange keine neue Fahrerlaubnis von der Verwaltungsbehörde erteilt werden darf (Sperrfrist). Hier gibt es in der Praxis Erfahrungswerte, die von den Gerichten wegen der gebotenen Gleichbehandlung beachtet werden. Bei bewusster Fahrlässigkeit und einer BAK von unter 1,3 ‰ sind zehn Monate angemessen. Die seit der vorläufigen Entziehung der Fahrerlaubnis verstrichene Zeit ist hiervon abzuziehen, § 69a IV StGB. 50

VIII. Einziehung, § 74 StGB

Wegen des bloßen Fahrlässigkeitsvorwurfs ist die hier ohnehin abwegige Einziehung des PKW indiskutabel. 51

F. Restposten

Die Kostenentscheidung folgt grundsätzlich aus §§ 464, 465 StPO, hier aber wegen des Teilfreispruchs aus § 467 StPO. Das Urteil trägt eine Unterschrift. 52

Beschlüsse nach §§ 268a bis c StPO sind nicht veranlasst. 53

G. Aufbaufragen

Zu fertigen ist ein Urteil nach Einspruch gegen einen Strafbefehl. Der Angeklagte legte innerhalb der Zweiwochenfrist der §§ 410 I 1, 43 I StPO am letzten Tag form- und fristgerecht Einspruch ein. Damit ist der Schuld- und Rechtsfolgenausspruch angegriffen und muss im Rahmen des § 261 StPO ohne Geltung des Verschlechterungsverbots neu bestimmt werden. Weder in der Urteilsformel noch in den Urteilsgründen wird der Einspruch erwähnt. 54

Die Teilverurteilung gliedert sich in Lebenslauf (wichtig für die Zumessung), Sachverhalt, Beweiswürdigung, rechtliche Würdigung und Zumessung. Sodann ist auszuführen, weshalb ein Teilfreispruch erfolgt. Hier ist § 267 V 1 StPO einschlägig: 55

- Angeben, welche Tat dem Angeklagten in der zugelassenen Anklage zur Last gelegt wurde = Gefährdung des Straßenverkehrs in Tateinheit mit fahrlässiger Körperverletzung.
- Den dazu in der Hauptverhandlung festgestellten Sachverhalt mitteilen.
- Ausführen, dass dieser Sachverhalt den Tatbestand aus tatsächlichen Gründen nicht erfüllt.

§ 142 StGB ist bereits in der rechtlichen Würdigung zur Teilverurteilung auszuführen. Hier erfolgt dann auch der Hinweis, dass ein Teilfreispruch bei materieller Tateinheit als Ausgangslage nicht ergehen kann. 56

Besonderheiten würde ein auf den Rechtsfolgenausspruch beschränkter Einspruch auslösen. Hier wäre darzulegen, dass die Beschränkung wirksam ist und hinsichtlich der Schuldfrage eine Bindungswirkung vorliegt. Darauf kommt es hier aber nicht an. 57

8. Klausur: Strafurteil

Lösungsvorschlag

58 Amtsgericht Würzburg
2 Ds 111 Js 18500/12

Im Namen des Volkes!

Urteil

In der Strafsache gegen

August Mündelheim, geboren am 18.7.1980 in Frickenhausen, deutscher Staatsangehöriger, lediger Kellermeister, wohnhaft in 97123 Frickenhausen, Kapellenweg 23,

wegen Trunkenheit im Verkehr

hat das Amtsgericht Würzburg in der öffentlichen Sitzung vom 26.3.2012, an der teilgenommen haben:

1. Richterin am Amtsgericht Klug als Strafrichter

2. Staatsanwalt Dr. Flink als Vertreter der Anklagebehörde

3. Rechtsanwalt Dr. Gold als Verteidiger

4. Justizassistent Meier als Urkundsbeamter der Geschäftsstelle

für Recht erkannt:

59 1. Der Angeklagte wird wegen fahrlässiger Trunkenheit im Verkehr zu einer Gesamtgeldstrafe von 50 Tagessätzen zu 45 EUR verurteilt. In diese Gesamtstrafe ist die Geldstrafe aus dem Strafbefehl des Amtsgerichts Würzburg vom 17.10.2011 einbezogen.[32]

2. Im Übrigen wird der Angeklagte freigesprochen.[33]

3. Dem Angeklagten wird die Fahrerlaubnis entzogen. Sein Führerschein wird eingezogen. Vor Ablauf von vier Monaten darf die Verwaltungsbehörde ihm keine neue Fahrerlaubnis erteilen.[34]

4. Soweit der Angeklagte verurteilt wurde, werden ihm die Kosten des Verfahrens auferlegt;[35] im Übrigen fallen die Kosten des Verfahrens und die notwendigen Auslagen des Angeklagten der Staatskasse zur Last.[36]

60 Angewandte Strafvorschriften: §§ 316 I, II, 69, 69 a StGB.[37]

---

32 Typische Fehler: (1) Die fahrlässige Begehensweise wird nicht angegeben; unnötigerweise wird der Zusatz »Vergehen« vor der rechtlichen Bezeichnung der Tat (§ 260 IV 1 StPO) aufgenommen. (2) Bearbeiter sind nicht in der Lage, nach den Vorgaben bei *Fischer* § 55 Rn. 38 eine nachträgliche Gesamtstrafe zu formulieren.

33 Hier ist nicht anzugeben, dass § 315c StGB in Tateinheit mit § 229 StGB gemeint sind. Dies ergibt sich aus den Gründen.

34 *Fischer* § 69a Rn. 47.

35 Für die Kostenentscheidung findet sich bei *Böhme/Fleck/Kroiß* Formularsammlung Nr. 39 Anmerkung 2. A. d) ein Vorschlag. Hinsichtlich der Teilverurteilung genügt die Verurteilung zu den Verfahrenskosten, § 465 I StPO. Die notwendigen Auslagen trägt der Angeklagte, solange sie nicht der Staatskasse auferlegt werden, ohnehin selbst.

36 Soweit Freispruch erfolgte, müssen die Kosten des Verfahrens und die notwendigen Auslagen – nur sie werden von der Staatskasse ersetzt – der Staatskasse auferlegt werden, § 467 I StPO.

37 Dieser Punkt wird von Bearbeitern oft gar nicht, oder ungenauer, als § 260 V StPO es fordert, ausgeführt. Sicherheit gibt insoweit *Meyer-Goßner* § 260 Rn. 49 ff.

Gründe:

I.

1. Der Angeklagte wurde am 18.7.1980 in Frickenhausen geboren, besuchte dort die Grund- und Hauptschule, durchlief in einer Großkellerei des Heimatorts eine Ausbildung in der Kellereiwirtschaft, bildete sich nach Ableisten des Grundwehrdienstes zum Kellermeister aus und führt seit 5 Jahren einen eigenen Winzerbetrieb in Frickenhausen. Der Angeklagte ist ledig.[38] Das Amtsgericht Würzburg verurteilte ihn mit Strafbefehl vom 17.10.2011, rechtskräftig seit 1.11.2011, wegen Diebstahls einer Uhr im Wert von 49 EUR zur Geldstrafe von 20 Tagessätzen zu 45 EUR. Die Strafe ist noch nicht bezahlt.

2. Der Angeklagte besuchte am 17.9.2011 das Weinfest in Sulzdorf/Main. Nach dem Verlassen des Festes gegen 20.00 Uhr begaben sich der Angeklagte und seine Begleiterin Klara Weininger auf den Heimweg nach Frickenhausen. Sie benutzten für die 5 Kilometer lange Strecke das Fahrzeug des Angeklagten, das nach einer Fahrstrecke von ca. 2 Kilometern in den Straßengraben gesteuert wurde. Der unbekannte Fahrer für die Fahrt bis zum Unfall beschädigte den PKW des Angeklagten (Reparaturkosten: 1.200 EUR), fügte der Begleiterin Klara Weininger eine leichte, folgenlos verheilte Hautabschürfung zu und verursachte in der Grasnarbe des Straßengrabens eine inzwischen überwachsene Beschädigung. Nach dem Unfall führte der Angeklagte während der Heimfahrt von Sulzdorf nach Frickenhausen bei Verkehrsstille von Kilometer 2 bis Kilometer 4 seinen PKW VW Golf, amtl. Kennzeichen WÜ – LL 104. Beifahrerin war Klara Weininger. Der Angeklagte hatte vor Fahrtantritt mehrere Viertelitergläser Weißwein getrunken, dessen Alkoholanteil seine Fahruntüchtigkeit bewirkte. Bei Beachtung der gebotenen und ihm möglichen Sorgfalt hätte er erkennen können und müssen, dass er nicht mehr fahrtüchtig war. Eine um 21.00 Uhr entnommene Blutprobe ergab eine Blutalkoholkonzentration von 1,21 ‰ im Mittelwert. Die Fahrt endete einen Kilometer vor Frickenhausen, weil das Fahrzeug von einer Polizeistreife kontrolliert wurde.

II.

Dieser Sachverhalt steht zur Überzeugung des Gerichts fest aufgrund des glaubwürdigen Geständnisses des Angeklagten – soweit ihm gefolgt werden konnte – und der Aussagen der Zeugen Weininger, Stark und Wendig.

Die Zeugen bestätigten die Angaben des Angeklagten, Fahrer gewesen zu sein. Die Aussage der Zeugin Weininger wertete das Gericht als uneidlich, weil bei der Beeidigung § 60 Nr. 2 StPO mit Blick auf eine mögliche unerlaubte Entfernung vom Unfallort verkannt und dennoch vereidigt wurde. Darauf sind die Verfahrensbeteiligten in der Sitzung hingewiesen worden. Ein Beweisverwertungsverbot besteht im Hinblick auf die Zeugenaussage Weininger nicht: Ein eheähnliches Verhältnis berechtigt nämlich nicht zur Zeugnisverweigerung, weil – trotz gegebener Konfliktslage – § 52 III StPO nur für legale Angehörigkeitsverhältnisse, die bei einem eheähnlichen Verhältnis nicht vorliegen, gilt. Soweit bei der Vernehmung keine Belehrung nach § 55 II StPO wegen der möglichen Strafbarkeit der Zeugin als Unfallverursacher erfolgte, steht dieser Verstoß einer Verwertung nicht entgegen. Denn die Norm erfasst vom Schutzzweck her nicht die Rechte des Angeklagten.

Zur Fahruntüchtigkeit meint der Angeklagte, dass sie nicht vorgelegen habe. Das Gegenteil ergibt sich jedoch unwiderleglich aus dem Blutalkoholgutachten des Landesuntersuchungsamtes Nordbayern. Danach betrug die Blutalkoholkonzentration des Angeklagten um 21.00 Uhr, dem Zeitpunkt der Blutentnahme, 1,21 ‰ im Mittelwert. Der Angeklagte war absolut fahruntüchtig.

Soweit der Angeklagte hilfsweise beantragte, zur Frage der Fahrtüchtigkeit die Zeugin Gertrud Trinkel zu vernehmen, ist dieser Beweisantrag gem. § 244 III 1 StPO als unzulässig zu-

---

[38] Der Lebenslauf mit der Vorverurteilung wird im Rahmen der Strafzumessung als Tatsachengrundlage benötigt. Vielfach besteht die Übung, den Lebenslauf vor die Sachverhaltsschilderung zu stellen. Er könnte auch innerhalb der Strafzumessung ausgeführt werden. Mit Blick auf § 46 StGB stellt sein Fehlen einen Fehler dar.

rückzuweisen. Das allein maßgebliche Blutalkoholgutachten unterliegt keinem Beweisverwertungsverbot, weil die Blutprobe infolge der Einwilligung des Angeklagten in rechtmäßiger Weise erlangt wurde. Anhaltspunkte für eine fehlende Einsichtsfähigkeit bzw. Verstandesreife des Angeklagten zum Zeitpunkt der Erklärung des Einverständnisses sind weder vorgebracht worden noch sind sie sonst ersichtlich. Insbesondere ergeben sich solche nicht allein aus der festgestellten Blutalkoholkonzentration.[39] Hier ist zwar ungeklärt, ob die Blutentnahme von einem Arzt durchgeführt wurde. Jedoch würde ein Verstoß gegen diese Anforderungen nicht zu einem Beweisverwertungsverbot führen, weil die Norm die Gesundheit und die Menschenwürde des Beschuldigten schützen will, der Beweiswert durch die Entnahme seitens eines Nichtarztes aber unbeeinflusst bleibt.

Der Angeklagte hielt sich, wie die Zeugin Weininger bestätigte, vor Fahrtantritt für fahrtauglich.

III.

66 Der Angeklagte hat sich der fahrlässigen Trunkenheit im Verkehr gem. § 316 I, II StGB strafbar gemacht, weil er mit seinem PKW vom Unfallpunkt weg nach Frickenhausen fuhr und er infolge Weingenusses bei einer Blutalkoholkonzentration von 1,21 ‰ absolut fahruntüchtig war. Dabei ließ er sich von seiner berufsbedingten Trinkfestigkeit in der Annahme leiten, noch fahrtüchtig zu sein. Deshalb und weil die Blutalkoholkonzentration nicht erheblich über 1,1 ‰ liegt, kommt eine Vorsatztat nicht in Betracht. Der Straftatbestand des § 316 StGB tritt auch nicht subsidiär hinter den Vorwurf der Gefährdung des Straßenverkehrs nach § 315c StGB zurück. Denn eine konkrete Gefährdung von Personen oder Sachen von bedeutendem Wert trat nicht ein. Indem während der Fahrt kein Gegenverkehr herrschte, scheidet die Gefährdung Dritter von vornherein aus. Der eigene PKW ist – weil nicht fremd – kein geeignetes Gefährdungsobjekt. Auch eine konkrete Gefährdung der Beifahrerin Weininger lag nicht vor. Von einer konkreten Gefahr kann nämlich nur ausgegangen werden, wenn der Eintritt eines Schadens wahrscheinlicher als sein Ausbleiben ist. Hier war die Sicherheit der Beifahrerin jedoch nicht derart stark beeinträchtigt, dass es nur vom Zufall abhing, ob ihre Gesundheit verletzt wird oder nicht. Zwar barg die hohe Alkoholisierung des Fahrers die ständige Gefahr eines Fahrfehlers, der zu einem Unfall und Schaden führen kann. Jedoch ist es notwendig – soll das abstrakte Gefährdungsdelikt des § 316 StGB in solchen Fällen noch einen Anwendungsbereich gegenüber § 315c StGB behalten –, neben der hier gegebenen hohen Alkoholisierung zusätzlich zu fordern, dass der Fahrer nicht mehr zu kontrollierten Fahrmanövern in der Lage ist. Einen solchen Zustand hat die Beweisaufnahme nicht ergeben. Der Zeuge Stark konnte nur von einer schlangenlinienförmigen Fahrweise berichten. Diese folgenlosen, alkoholbedingten Fahrfehler genügen nicht zur Annahme einer konkreten Gefahr.

67 Die Anklage legte dem Angeklagten tateinheitlich mit der Gefährdung des Straßenverkehrs, die hier nicht vorliegt, an deren Stelle jedoch die fahrlässige Trunkenheit im Verkehr getreten ist, ein Vergehen des unerlaubten Entfernens vom Unfallort gem. § 142 StGB zur Last. Nach der Beweisaufnahme kann dieser Vorwurf nicht aufrecht gehalten bleiben. Zwar liegt durch das Abkommen von der Straße ein Unfall vor, der auch zu einem Schaden von 1.200 EUR am PKW des Angeklagten führte. Dies gilt wegen Geringfügigkeit nicht für den Schaden am Straßenkörper und der folgenlos verheilten Hautabschürfung bei der Zeugin Weininger. Jedoch fehlt als Anknüpfungspunkt der unfallauslösende Fahrer. Die Nachforschungen des Polizeibeamten Wendig lieferten keine Erkenntnismöglichkeiten. Deshalb und weil der Angeklagte sowie die Beifahrerin Weininger den Fahrer nicht benannten, bleibt der Unfallverursacher unbekannt. In der Rechtsprechung ist indes anerkannt, dass ein Mitinsasse eines Wagens zum Unfallbeteiligten wird, wenn er im Verdacht steht, selbst das Fahrzeug gesteuert zu haben. – Dies gilt insbesondere für den Fahrzeughalter. Jedoch führt auch diese Erwägung, deren subjektive Seite nicht näher gewürdigt wird, hier zu keinem anderen Ergebnis. Denn nach dem Schutzzweck der Norm, allein die Feststellung und Sicherung der durch einen Unfall entstandenen Ansprüche sowie den Schutz vor unberechtigten Ansprüchen zu gewährleisten, kann diese Strafbestimmung auf den vorliegenden Fall nicht angewendet werden.

---

39 Vgl. *Meyer-Goßner* § 81a Rn. 3, 4 mwN.

§ 142 I, II StGB ist nicht einschlägig, wenn keine Ansprüche zu sichern und festzustellen sind. So verhält es sich beim Angeklagten, der als Unfallbeteiligter (Mitfahrer und Fahrerfrage) selbst einen Schaden erlitten, aber keinen Anspruch gegen sich selbst erlangt hat. War die Zeugin Weininger Unfallverursacher, gilt für ihren Schaden Gleiches. Soweit aus der Sicht des Fahrers jeweils der andere Insasse einen Schaden erlitten hat, bedarf es keiner Feststellung und Sicherung von Ansprüchen, weil beide Beteiligte sich über die Abwicklung des Schadens einig waren. Sie kannten sich genau und fuhren weiter; jeder wollte seinen Schaden selbst tragen. Aus der Sicht des Eigentümers des Straßengrundstücks liegt bereits kein Unfall vor, weil der Schaden in der Grasnarbe zu gering ist. Im Übrigen werden bei solchen Bagatellschäden üblicherweise keine Schadensersatzansprüche geltend gemacht. Mithin bestand nach dem Schutzzweck der Norm keine Warte- und nachträgliche Feststellungspflicht. Auch aus dem Gesichtspunkt, bei Zweifeln aus der milderen Begehungsweise eine Strafbarkeit abzuleiten, ist hier kein anderes Ergebnis zu gewinnen. Denn selbst wenn die Zeugin Weininger Fahrerin gewesen wäre, käme eine Beihilfe des Angeklagten zu § 142 StGB nicht in Betracht, weil der Schutzzweck der Norm einer Strafbarkeit der Zeugin entgegensteht.

Eines Teilfreispruchs bedurfte es insoweit nicht, weil das unerlaubte Entfernen vom Unfallort nach dem Strafbefehl, der hier zugleich den Eröffnungsbeschluss bildet, in Tateinheit mit der Straßenverkehrsgefährdung stand, die nunmehr durch die Trunkenheit im Verkehr ersetzt und abgeurteilt wird[40]. 68

IV.

Bei der Strafzumessung ließ sich das Gericht im Rahmen des § 316 I, II StGB von folgenden Erwägungen leiten: 69

Da auch bei einer Rückrechnung auf den Tatzeitpunkt bei einer Blutalkoholkonzentration von 1,21 ‰ kein Grund für die Annahme einer verminderten Schuldfähigkeit besteht, kam eine Minderung des Strafrahmens nach §§ 49, 21 StGB nicht in Betracht. Zugunsten des Angeklagten sprach, dass er ohne Vorsatz, andererseits aber mit bewusster Fahrlässigkeit handelte. Mit einer Blutalkoholkonzentration von 1,21 ‰ lag eine ausgeprägte Fahruntüchtigkeit vor, die bei Dunkelheit und einer Fahrtstrecke von etwa 2 Kilometern zur Wirkung kam und sich durch Schlangenlinienfahren ausdrückte. Zugunsten war der fehlende Gegenverkehr zu berücksichtigen sowie das Fehlen von einschlägigen Vorstrafen. Auch muss gesehen werden, dass der bodenständige Angeklagte aus der Weinwirtschaft kommt und deshalb die Gefahren des Alkohols zu unterschätzen geneigt ist. Das Gesamtbild der Tat stellt sich als Trunkenheitsfahrt eines Ersttäters dar, von der eine mäßige Gefahr ausging. Das Gericht hält deshalb eine Geldstrafe von 40 Tagessätzen für schuldangemessen. Der Tagessatz beträgt bei einem Nettoeinkommen von 1.350 EUR für den ledigen Angeklagten gem. § 40 II StGB 45 EUR. 70

Das Amtsgericht Würzburg verurteilte den Angeklagten mit Strafbefehl vom 17.10.2011 wegen Diebstahls zu einer Geldstrafe von 20 Tagessätzen zu 45 EUR. Da diese Verurteilung seit 1.11.2011 rechtskräftig und noch nicht vollstreckt ist sowie zeitlich nach der hier abzuurteilenden Tat liegt, war gem. § 55 I StGB nachträglich eine Gesamtstrafe zu bilden. Gegenstand dieses Verfahrens war der Diebstahl einer Uhr im Wert von 49 EUR. Bei der Tat stand der Angeklagte unter Alkoholeinfluss. Obwohl die Straßenverkehrsgefährdung vom 17.9.2011 gänzlich verschieden vom Diebstahl ist, verbinden beide Taten doch die gewohnte Alkoholaufnahme des Angeklagten. Im Kern überwiegt jedoch der Gelegenheitsdeliktscharakter, der den Taten weitgehend ihr Eigengewicht lässt. Unter Berücksichtigung des bisher zielstrebigen, wirtschaftlich im Aufbau befindlichen Werdegangs des Angeklagten, der auch den schönen Seiten des Lebens zugewandt ist und zum gelegentlichen Leichtsinn neigt, erhöhte das Gericht die Einsatzstrafe von 40 Tagessätzen, § 54 I 3 StGB, im Rahmen der durch § 54 I 2, II 1 StGB gezogenen Ober- und Untergrenzen auf 50 Tagessätze. 71

Die Trunkenheitsfahrt nach § 316 I, II StGB bildet einen Regelfall nach § 69a II StGB, demzufolge bei hier fehlenden besonderen Umständen die Fahrerlaubnis zu entziehen ist. Der Angeklagte hat sich durch sein Verhalten als charakterlich ungeeignet zum Führen eines 72

---

40 Damit ist nur § 316 I, II StGB einschlägig. Eine Normenkonkurrenz liegt nicht vor.

Kraftfahrzeugs erwiesen. Der Führerschein ist einzuziehen. Die Verwaltungsbehörde darf vor Ablauf einer Frist von vier Monaten keine neue Fahrerlaubnis erteilen. Bei der Fristberechnung beachtete das Gericht § 69a IV StGB. Nach dieser Vorschrift war in die Gesamtfrist von 10 Monaten die seit der vorläufigen Entziehung der Fahrerlaubnis verstrichene Zeit vom 4.10.2011 bis 26.3.2011 einzurechnen.

V.

73 Anklage und Eröffnungsbeschluss legten dem Angeklagten ferner ein Vergehen der Gefährdung des Straßenverkehrs in Tateinheit mit fahrlässiger Körperverletzung zur Last. Danach soll der Angeklagte bereits vom Weinfest weg bis zum Unfall nach etwa 2 Kilometern Fahrtstrecke als Fahrer den Unfall verschuldet haben. Diesen Vorwurf bestätigte die Beweisaufnahme nicht, weil ungeklärt blieb, wer in der verfahrensgegenständlichen Zeit Fahrer des PKW gewesen war. Sowohl der Angeklagte wie die Beifahrerin Weininger machten zur Fahrerfrage keine Angaben. Der Angeklagte hatte zwar unmittelbar nach dem Anhalten durch die Polizei am 17.9.2011 gegenüber dem Zeugen Tüchtig bekundet, dass er vom Weinfest komme. Diese vom Zeugen in der Hauptverhandlung wiedergegebene Bekundung war auch Gegenstand der mündlichen Verhandlung, § 261 StPO. Jedoch sind diese Angaben nicht verwertbar. Denn der Zeuge Tüchtig befragte seinerzeit den Beschuldigten gezielt und nicht nur informatorisch. Dies deshalb, weil er nach Beobachtung der Fahrweise sich zum Anhalten des Fahrzeugs entschloss und den aussteigenden Fahrer, der erkennbar nach Alkohol roch, befragte, ohne ihn nach §§ 163a IV iVm 136 I 2 StPO über seine ihm nicht bekannten Rechte zu belehren. Dies rügte der Anwalt des Angeklagten in der Hauptverhandlung auch rechtzeitig, § 257 StPO. Bei dieser Ausgangslage greift ein Beweisverwertungsverbot hinsichtlich der genannten Angabe des Zeugen vom Hörensagen ein. Denn die Belehrung soll ein faires Verfahren sichern. Geschieht dies – wie hier gegenüber einem Beschuldigten, der seine Rechte nicht kannte – nicht, wird der Beschuldigte in seiner verfahrensrechtlichen Stellung unzureichend geschützt. Dies entspricht nunmehr ständiger Rechtsprechung des BGH. Da auch keine weiteren Erkenntnisquellen zur Fahrerfrage zur Verfügung stehen, blieb diese Tatbestandsvoraussetzung ungeklärt. Sowohl für die Straßenverkehrsgefährdung wie auch die fahrlässige Körperverletzung kommt der Angeklagte als Täter nicht in Betracht. Wegen der tatmehrheitlichen Anklage zur Fahrt nach dem Unfall musste deshalb hinsichtlich des Vorwurfs nach § 315c und § 229 StGB, für den kein Strafantrag vorliegt, was wegen des von der Staatsanwaltschaft bejahten besonderen öffentlichen Interesses an der Strafverfolgung, § 230 I StGB, unschädlich ist, Freispruch erfolgen.

VI.

74 Die Kostenentscheidung beruht auf §§ 464, 465, 467 StPO.

75 Klug
Richterin am Amtsgericht

9. Klausur: Gutachten nach eingelegter, aber noch nicht begründeter Revision

Auszug aus den Strafakten des Landgerichts München I
Az.: 6 KLs 234 Js 1253/12

Protokoll über die öffentliche Hauptverhandlung vor dem Landgericht München I, 6. große Strafkammer, vom 4.4.2012

Strafsache gegen:

Dr. Michael Müller, Wahlverteidiger: Rechtsanwalt Dr. Heinrich Huber

wegen Betruges u. a.

Gegenwärtig:

Vorsitzende Richterin am Landgericht Dr. Rüber,
die Richter am Landgericht Dr. Klein und Dr. Kern als Beisitzer,
Heiner Klug, Angestellter, und Gerda Breit, Hausfrau, als Schöffen,
Staatsanwältin Lotz als Vertreterin der Staatsanwaltschaft,
Justizobersekretärin Wollke als Urkundsbeamte der Geschäftsstelle.

Bei Aufruf der Sache wurde festgestellt, dass erschienen waren:

der Angeklagte mit seinem Verteidiger,

die geladenen Zeugen Dr. Bauer, Hermes und Zober sowie der Sachverständige Prof. Dr. Groß.

Die Zeugen wurden gemäß § 57 StPO belehrt und verließen den Sitzungssaal. Der Sachverständige wurde gesetzlich belehrt, er verblieb im Sitzungssaal.

Zur Person vernommen erklärte der Angeklagte:

Dr. Michael Müller, geboren am 31.1.1963, ledig, Arzt, deutscher Staatsangehöriger, wohnhaft in München, Dachauer Straße 408.

Die Vertreterin der Staatsanwaltschaft verlas den Anklagesatz.

Die Vorsitzende stellte fest, dass die Anklage vom 24.2.2012 durch Beschluss vom 16.3.2012 unverändert zur Hauptverhandlung zugelassen wurde.

Der Angeklagte wurde darauf hingewiesen, dass es ihm freistehe, sich zu den ihm zur Last gelegten Taten zu äußern oder nichts zur Sache auszusagen.

Der Angeklagte äußerte sich zu seinen persönlichen Verhältnissen und zur Sache.

Sodann wurde der Zeuge Dr. Bauer hereingerufen und wie folgt vernommen:

Dr. Bernhard Bauer, 45 Jahre alt, Arzt, wohnhaft in München, Zentnerstraße 3, mit dem Angeklagten nicht verwandt und nicht verschwägert.

Der Zeuge wurde von der Vorsitzenden gemäß § 55 StPO belehrt.

Der Zeuge erklärte, dass er sich nicht zur Sache äußern werde.

Der Zeuge wurde entlassen.

Sodann wurde der Zeuge Hermes hereingerufen und wie folgt vernommen:

Hans Hermes, 63 Jahre alt, Hauptgeschäftsführer der Kassenärztlichen Vereinigung in München, wohnhaft in Grünwald, Auenstr. 2, mit dem Angeklagten nicht verwandt und nicht verschwägert.

9. Klausur: Gutachten nach eingelegter, aber noch nicht begründeter Revision

Der Zeuge sagte zur Sache aus.

Die Vorsitzende traf folgende

Verfügung:

Der Zeuge bleibt unvereidigt.

Der Zeuge wurde entlassen.

Sodann wurde der Zeuge Zober hereingerufen und wie folgt vernommen:

Josef Zober, 52 Jahre alt, KHK beim PP München, dort auch zu laden, mit dem Angeklagten nicht verwandt und nicht verschwägert.

Der Zeuge sagte zur Sache aus.

Die Vorsitzende traf folgende

Verfügung:

Der Zeuge bleibt unvereidigt.

Der Zeuge wurde entlassen.

Anschließend erging folgende Anordnung der Vorsitzenden:

Gemäß § 249 StPO sind zu verlesen: Die in der Praxis des Angeklagten am 9.1.2012 beschlagnahmten Kranken- und Abrechnungsunterlagen sowie der den Angeklagten betreffende Auszug aus dem Bundeszentralregister.

Der Verteidiger widersprach der Verlesung der Kranken- und Abrechnungsunterlagen, da dies den Grundrechten des Angeklagten widerspreche und beantragte, eine Entscheidung des Gerichts herbeizuführen.

Die Vertreterin der Staatsanwaltschaft erhielt Gelegenheit, hierzu Stellung zu nehmen.

Nach kurzer Unterbrechung und Beratung verkündete die Vorsitzende folgenden Gerichtsbeschluss:

Die beim Angeklagten am 9.1.2012 beschlagnahmten Kranken- und Abrechnungsunterlagen sind zu verlesen.

Gründe:

Bezüglich der Unterlagen besteht weder aufgrund Verfassungsrechts noch nach der StPO ein Verlesungs- oder ein Verwertungsverbot; sie dürfen daher nach § 249 I StPO verlesen werden.

Die Unterlagen und der Auszug aus dem Bundeszentralregister wurden verlesen.

Sodann wurde der Sachverständige hervorgerufen und vernommen wird folgt:

Prof. Dr. Gernot Groß, 62 Jahre alt, Universitätsprofessor am Klinikum Großhadern der Ludwig-Maximilian-Universität München, wohnhaft in Gräfelfing, Waldweg 1, mit dem Angeklagten nicht verwandt und nicht verschwägert.

Der Sachverständige machte Angaben.

Die Vorsitzende traf folgende

Verfügung:

Der Sachverständige bleibt unvereidigt.

Der Sachverständige wurde entlassen.

Der Verteidiger des Angeklagten stellte nunmehr folgenden Beweisantrag:

Zum Beweis der Tatsache, dass die Kassenärztliche Vereinigung ab Juli 2011 einen konkreten Verdacht gegen den Angeklagten hatte und sich deshalb über die Richtigkeit der Abrechnungen für das III. und IV. Quartal 2011 nicht geirrt hat, beantrage ich die Vernehmung des Zeugen N. N., zu laden bei der Kassenärztlichen Vereinigung, München. Der Name des Zeugen kann nicht angegeben werden, weil dieser dem Angeklagten nicht bekannt ist, jedoch kann das Gericht gegebenenfalls durch Vernehmung geeigneter Mitarbeiter der Kassenärztlichen Vereinigung dessen Identität feststellen.

Die Vertreterin der Staatsanwaltschaft erhielt Gelegenheit, zu diesem Beweisantrag Stellung zu nehmen.

Nach kurzer Unterbrechung zur Beratung verkündete die Vorsitzende folgenden Gerichtsbeschluss:

Der Beweisantrag des Verteidigers wird zurückgewiesen.

Gründe:

Der Beweisantrag ist abzulehnen, weil bereits aufgrund der Vernehmung des Zeugen Hermes feststeht, dass der Kassenärztlichen Vereinigung ab dem 11.7.2011, also im III. und IV. Quartal 2011, der Name des Angeklagten in Zusammenhang mit einem möglichen Abrechnungsbetrug bekannt war.

Die Beweisaufnahme wurde unter Beachtung der §§ 240, 248, 257 StPO geschlossen.

Die Vertreterin der Staatsanwaltschaft hielt ihren Schlussvortrag und beantragte: ...

Der Verteidiger des Angeklagten hielt seinen Schlussvortrag und beantragte: ...

Der Angeklagte hatte das letzte Wort.

Die Sitzung wurde um 11.15 Uhr zur Beratung unterbrochen.

Um 12.30 Uhr wurde die Hauptverhandlung in Anwesenheit der oben bezeichneten Personen fortgesetzt.

Die Vorsitzende verkündete zunächst folgenden Beschluss:

Entsprechend dem im Schlussvortrag der Staatsanwältin gestellten Antrag und mit der ebenfalls im Schlussvortrag bzw. dem letzten Wort erteilten Zustimmung des Verteidigers und des Angeklagten wird von der Verfolgung der bezüglich der Abrechnungen für das III. und IV. Quartal 2011 angeklagten Taten (im 2. Tatkomplex) gemäß § 154 II StPO abgesehen.

Sodann verkündete die Vorsitzende durch Verlesen der Urteilsformel und mündliche Mitteilung der Urteilsgründe im Namen des Volkes folgendes Urteil:

1. Der Angeklagte wird wegen Betruges in sechs Fällen sowie wegen fahrlässiger Körperverletzung in drei Fällen zu einer Gesamtfreiheitsstrafe von einem Jahr verurteilt.

    Die Vollstreckung der Strafe wird zur Bewährung ausgesetzt.

2. Der Angeklagte hat die Kosten des Verfahrens zu tragen.

Ferner verkündete die Vorsitzende den anliegenden Beschluss gemäß § 268a I StPO.

Rechtsmittelbelehrung sowie Belehrung gemäß § 268a III StPO wurden erteilt.

Das Protokoll wurde am 10.4.2012 fertig gestellt.

Dr. Rüber	Wollke
Vorsitzende Richterin am Landgericht	Justizobersekretärin

9. Klausur: Gutachten nach eingelegter, aber noch nicht begründeter Revision

Auszug aus den Gründen des am 4.4.2012 verkündeten Urteils:

I.

... . [Ausführungen zu den persönlichen Verhältnissen des Angeklagten.]

II.

1. Der Angeklagte war ab 2003 als Assistenzarzt im Krankenhaus »XYZ« in München tätig. Nachdem er dort zunächst in der inneren Abteilung beschäftigt war, kam er 2006 in die Thorax-, Herz- und Gefäßchirurgie.

Nach der Entdeckung des Hepatitis B-Virus im Jahr 1970 und der späteren Entwicklung von Impfstoffen wurden im Krankenhaus »XYZ« seit den 80er-Jahren regelmäßig Vorsorge- und Kontrolluntersuchungen beim ärztlichen und medizinischen Personal vorgenommen, bei denen obligatorisch auch der Hepatitis B-Status erhoben wurde und bei denen eine entsprechende Infektion mit Sicherheit festgestellt worden wäre. Diese Praxis ging auf die zum damaligen Zeitpunkt in Deutschland und anderen westlichen Ländern verbreitete Erkenntnis zurück, dass medizinisches Personal in besonderer Weise dem Risiko einer Infektion mit ansteckenden Krankheiten, insbesondere auch Hepatitis B, ausgesetzt ist und dass umgekehrt auch die nicht unerhebliche Gefahr einer Ansteckung von Patienten durch infizierte Mitarbeiter bestand. Deshalb wurde – auch im Krankenhaus »XYZ« – infizierten Mitarbeitern jeder Kontakt zu Patienten untersagt, auch wurden infizierte Ärzte von der Teilnahme an Operationen ausgeschlossen.

Die Untersuchungen, zu denen das gesamte Personal des Krankenhauses herangezogen wurde, fanden seit 1987 in regelmäßigen Intervallen zu Beginn eines jeden Jahres statt; bei Personen, die in besonders risikoträchtigen Bereichen eingesetzt waren, erfolgten die Kontrollen in noch kürzeren Abständen. Beim Angeklagten wurden jedoch – überwiegend wegen Urlaubs und krankheitsbedingter Fehlzeiten – weder anlässlich seines Dienstantritts noch in den folgenden Jahren solche medizinischen Untersuchungen durchgeführt; insbesondere war der Angeklagte einer entsprechenden schriftlichen Aufforderung der Krankenhausleitung vom Januar 2006, die ihn erreicht hatte, infolge Nachlässigkeit (Vergessens) nicht nachgekommen.

Auch dem Angeklagten war die in Ärztekreisen und Fachliteratur eingehend diskutierte Problematik der Gefahr wechselseitiger Hepatitis-Infektionen zwischen Ärzten und Patienten – einschließlich des besonderen Risikos bei chirurgischer Tätigkeit – bekannt; seit Beginn der 90er-Jahre gehörte es darüber hinaus zum allgemeinen medizinischen Kenntnisstand, dass unter Umständen schon winzige, optisch nicht wahrnehmbare Mengen von Blut- oder Serumspuren (zB Schweißtropfen) für eine Übertragung des Virus ausreichend sind. Ebenso wusste der Angeklagte, dass das gesamte Personal der Klinik – auch er – in regelmäßigen Abständen zu Kontrollen einbestellt wurde.

Spätestens im Jahr 2004 infizierte sich der Angeklagte mit Hepatitis B, ohne jemals Krankheitssymptome an sich festzustellen. Die Erkrankung, von der der Angeklagte keine positive Kenntnis hatte, nahm einen chronischen Verlauf und vom Angeklagten ging eine extrem hohe Infektiosität aus. Im Zeitraum vom 27.5.2006 bis 6.11.2006 infizierte er bei Herzoperationen drei seiner Patienten, bei denen es spätestens am 25.11.2006 zu erheblichen gesundheitlichen Beschwerden kam.

2. Nachdem der Angeklagte Ende 2006 sein Arbeitsverhältnis im Krankenhaus »XYZ« einvernehmlich beendet hatte, eröffnete er Anfang 2007 eine Arztpraxis als reine Privatpraxis, weil er wegen seiner Erkrankung sowie weiterer – hier nicht bedeutsamer – Umstände einen Antrag auf Zulassung als Kassenarzt nicht als Erfolg versprechend ansah.

Um auch Kassenpatienten behandeln und die für diese erbrachten Leistungen abrechnen zu können, setzte er ab Ende 2009 den als Kassenarzt zugelassenen Zeugen Dr. Bauer, der seine eigene Arztpraxis wegen hoher Schulden und fehlender Einnahmen hatte aufgeben müssen, in seiner Praxis gegen eine monatliche Zahlung von 3.000 EUR als »Strohmann« ein. Der Angeklagte behandelte neben seinen Privatpatienten auch 90% der Kassenpatienten, Dr. Bauer nur die restlichen 10%. Entsprechend der von beiden getroffenen Abrede erstellte der Angeklagte sodann quartalsweise die Abrechnungen für die Kassenpatienten und ließ diese von Dr. Bauer unterzeichnen. Anschließend reichte der Angeklagte sic bei der Kassenärztlichen Vereinigung in München (im Folgenden: KV) ein, wobei er – bzw. durch seine Unterschrift Dr. Bauer – versicherte, dass alle angegebenen Leistungen vom Unterzeichner persönlich erbracht worden seien.

Auf diese Weise wurden der KV im Zeitraum vom 1.1.2010 bis 31.12.2011 in acht Fällen von Dr. Bauer unterzeichnete Leistungsanträge vorgelegt, die die jeweiligen Jahresquartale im oben genannten Zeitraum betrafen. Die KV zahlte nach Prüfung der Unterlagen durch den jeweils maßgeblichen Entscheidungsträger innerhalb von 14 Tagen nach Eingang der jeweils am ersten Tag des neuen Quartals erstellten Abrechnungen Honorare in Höhe von insgesamt rund 1,26 Mio. EUR an Dr. Bauer aus, wovon 0,88 Mio. EUR auf das Jahr 2010 sowie das I. und II. Quartal 2011 entfielen. Wie von Anfang an geplant vereinnahmte der Angeklagte das Geld – abgesehen von der monatlichen Zahlung von 3.000 EUR an Dr. Bauer – für sich.

Bereits in einer bei der KV im August 2010 eingegangenen und an die Staatsanwaltschaft weitergeleiteten anonymen Anzeige wurde der Angeklagte bezichtigt, Behandlungen von Kassenpatienten über einen anderen Kassenarzt abzurechnen. Da der Name des abrechnenden Kassenarztes nicht mitgeteilt war, wurde das Ermittlungsverfahren eingestellt; auch die KV verfolgte die Anzeige nicht weiter, weil keine Hinweise darauf gefunden werden konnten, wer die falschen Abrechnungen eingereicht haben könnte, so dass eine Überprüfung der Richtigkeit der Anzeige unmöglich war.

Nachdem Mitte 2011 in einer weiteren, direkt an die Staatsanwaltschaft gerichteten anonymen Anzeige der Name des abrechnenden Kassenarztes mit »Dr. B. Bauer« genannt worden war, nahm die Staatsanwaltschaft das Verfahren wieder auf und unterrichtete die KV am 11.7.2011 von der Anzeige, die daraufhin hausinterne Ermittlungen einleitete. Diese Ermittlungen waren jedoch erst Ende 2011 abgeschlossen.

Mit dem von der KV gefertigten Bericht erfuhr die Staatsanwaltschaft dann erstmals am 5.1.2012 auch von den unter 1. geschilderten Ereignissen (also den Hepatitis-Infektionen). Während der Tätigkeit des Angeklagten als niedergelassener Arzt bestand im Übrigen aufgrund besonderer Vorsichtsmaßnahmen für die von ihm behandelten Patienten keine Ansteckungsgefahr; es traten auch tatsächlich in der Praxis des Angeklagten keine Hepatitis-Infektionen auf.

III.

Der Angeklagte hat die ihm zur Last gelegten Taten umfassend und glaubhaft gestanden. ... . Er hat lediglich geltend gemacht, dass die Kassenärztliche Vereinigung schon ab August 2010 davon gewusst habe, dass Dr. Bauer auch von ihm behandelte Patienten abrechne.

Letzteres ist jedoch aufgrund der glaubhaften Aussage des Zeugen Hermes widerlegt. ... .

Im Übrigen sind die oben getroffenen Feststellungen durch die Aussagen der Zeugen Hermes und Zober sowie die Ausführungen des Sachverständigen Prof. Dr. Groß zur Überzeugung des Gerichts erwiesen. ... . Dabei hat der Sachverständige auch überzeugend dargelegt, dass kein Zweifel daran bestehe, dass die drei Patienten vom Angeklagten infiziert worden seien. ...

Einer Verwertung der in der Praxis des Angeklagten beschlagnahmten Kranken- und Abrechnungsunterlagen bedurfte es daher nicht. Ebenso wenig war von Bedeutung, dass der als Zeuge vernommene Dr. Bauer, gegen den das Verfahren wegen dieser Vorfälle noch anhängig ist, wie schon im Ermittlungsverfahren unter Berufung auf sein Auskunftsverweigerungsrecht nach § 55 StPO keine Angaben zur Sache gemacht hat.

IV.

Der Angeklagte hat sich aufgrund des festgestellten Sachverhalts des Betrugs in sechs Fällen sowie der fahrlässigen Körperverletzung in drei Fällen schuldig gemacht.

9. Klausur: Gutachten nach eingelegter, aber noch nicht begründeter Revision

1. Nach Auffassung der Kammer war der Angeklagte angesichts des in seinem Tätigkeitsbereich besonders hohen Infektionsrisikos verpflichtet, sich den angeordneten Kontrolluntersuchungen zu unterziehen. Gegen diese ärztliche Sorgfaltspflicht hat er verstoßen und dadurch fahrlässig bei drei Patienten Gesundheitsschädigungen verursacht, da er bei Wahrnehmung der Untersuchung spätestens zu Beginn des Jahres 2006 Kenntnis von seiner Infizierung erhalten und von den zu den Schädigungen der drei Patienten führenden Operationen abgesehen hätte.

2. Hinsichtlich des zweiten Tatkomplexes war für die Zeit vor der Unterrichtung der KV über die zweite anonyme Anzeige am 11.7.2011 jeweils ein vollendeter Betrug gegeben.

Dagegen lag bezüglich der nachfolgenden zwei Abrechnungen (III. und IV. Quartal 2011) nur jeweils ein versuchter Betrug vor, weil die Entscheidungsträger der KV auf Grund der zweiten Anzeige einen verstärkten Verdacht gehegt hatten und davon ausgingen, dass die Abrechnungen mit überwiegender Wahrscheinlichkeit nicht den Tatsachen entsprächen. Insofern wurde indes das Verfahren in der Hauptverhandlung nach § 154 II StPO eingestellt.

V.

.... [Es folgen Ausführungen zur Strafzumessung.]

VI.

Die Kostenentscheidung ergibt sich aus §§ 464 I, 465 I StPO.

Dr. Rüber	Dr. Klein	Dr. Kern
Vorsitzende Richterin am Landgericht		Richter am Landgericht

Gegen dieses Urteil hat der Verteidiger des Angeklagten mit Schriftsatz vom 11.4.2012 Revision eingelegt, der am selben Tag beim Landgericht München I einging. Er bittet – nach Zustellung des Hauptverhandlungsprotokolls und des Urteils am 20.4.2012 – den ihm zugewiesenen Rechtsreferendar, in einem Gutachten zu den Erfolgsaussichten der Revision Stellung zu nehmen und dabei auf alle aufgeworfenen Rechtsfragen einzugehen.

Vermerk für den Bearbeiter:

Das Gutachten des Referendars ist zu fertigen; es soll einen Vorschlag für den in der Revisionsbegründung zu stellenden Antrag enthalten.

Hierbei ist davon auszugehen, dass die nicht abgedruckten Teile des Hauptverhandlungsprotokolls und des Urteils sowie der Inhalt der Strafakten im Übrigen für die Bearbeitung nicht erheblich sind und sich aus ihnen keine weiterführenden Erkenntnisse herleiten lassen. Erforderliche Aussagegenehmigungen (§ 54 StPO) wurden erteilt; ferner ist zu unterstellen, dass das Abrechnungsverfahren der KV im Übrigen ordnungsgemäß war.

Strafvorschriften außerhalb des StGB sind nicht zu prüfen.

Der Sachbericht ist erlassen.

Lösungsvorschlag

Hinweise zu einem Gutachten nach eingelegter, aber noch nicht begründeter Revision[1]

Eine solche Aufgabenstellung kommt in zwei Alternativen vor.

I. In der ersten Alternative lautet der Bearbeitervermerk typischerweise:

».... in einem Gutachten ist zu den Erfolgsaussichten der Revision Stellung zu nehmen.«

Dieses Gutachten sollte folgendermaßen gegliedert werden:

1. Zulässigkeit
   a) Statthaftigkeit → § 333 StPO (Sprungrevision: §§ 335 I, 312 StPO)
   b) Einlegungsberechtigung und Beschwer → §§ 296 ff. StPO
   c) Form, Frist und Inhalt der Revisionseinlegung → § 341 StPO
   d) Form, Frist und Inhalt der Revisionsbegründung → §§ 344, 345 StPO
      Die Wahrung von Frist, Form und Inhalt der Revisionsbegründung kann noch nicht geprüft werden, weil diese noch nicht vorliegt; auf sie sollte daher erst in der Zusammenfassung am Ende eingegangen werden.
   e) kein Rechtsmittelverzicht → § 302 StPO
      Dieser Punkt sollte allerdings nur angesprochen werden, wenn der Sachverhalt wenigstens einen geringen Anhaltspunkt für die Erklärung eines Rechtsmittelverzichts bietet.

2. Begründetheit
   a) Verfahrensvoraussetzungen → zB: wirksame Anklage und wirksamer Eröffnungsbeschluss, keine Verjährung, wirksamer Strafantrag, keine anderweitige Rechtshängigkeit, kein Strafklageverbrauch
   b) Prüfung des Verfahrens → Durchsicht vor allem des Protokolls, ob Verfahrensfehler vorliegen, die zu absoluten (§ 338 StPO) oder relativen Revisionsgründen (§ 337 I StPO) führen
   c) Prüfung der Anwendung materiellen Rechts → Prüfung des Urteils (Rechtsfehler in der Sachverhaltsfeststellung, der Beweiswürdigung, der rechtlichen Würdigung und der Strafzumessung)

   Hinweise: Bei einer Revision des Angeklagten ist die Erforderlichkeit einer Beschwer auch im Hinblick auf den konkreten Verfahrens- oder materiell-rechtlichen Fehler zu beachten (Stichwort zu Verfahrensfehlern: Rechtskreistheorie). Bei einer zum Nachteil des Angeklagten eingelegten Revision der Staatsanwaltschaft ist § 301 StPO zu berücksichtigen (Prüfung auch auf Rechtsfehler hin, die nur zum Vorteil des Angeklagten wirken würden). Die Staatsanwaltschaft kann sich im Übrigen bei einer zu Ungunsten des Angeklagten eingelegten Revision nicht auf die Verletzung eines Gesetzes berufen, das lediglich zu dessen Gunsten wirkt (vgl. § 339 StPO).

3. Ergebnis (Zusammenfassung):
   Welche Revisionsgründe – Verfahrensrügen und/oder Sachrüge – bieten Aussicht auf Erfolg?
   Liegen Verfahrenshindernisse vor?
   In welchem Umfang (Beschränkung) soll die Revision durchgeführt werden?
   Hier kann auch auf Form und ggf. Frist der Revisionsbegründung hingewiesen werden. Vorteilhaft ist es ferner, den Antrag mitzuteilen, der in der Revisionsbegründung gestellt werden soll (auch wenn dies im Bearbeitervermerk nicht ausdrücklich gefordert ist).

II. In der zweiten Alternative lautet der Bearbeitervermerk typischerweise:

»... ist ein Gutachten dazu zu erstellen, ob Rechtsverstöße vorliegen, die eine Revision begründen können.«

In einem solchen Fall muss die Zulässigkeit der Revision nicht geprüft werden; der Aufbau entspricht aber dem unter I. dargestellten von »Prüfung der Begründetheit« (2) bis »Ergebnis« (3). Im Ergebnis kann kurz auf die Zulässigkeit der Revision – v. a. Form and Frist der Revisionsbegründung – eingegangen werden.

---

[1] Einen Überblick zur »Revisionsklausur im Strafrecht« gibt auch *Titz* JA 2002, 65.

9. Klausur: Gutachten nach eingelegter, aber noch nicht begründeter Revision

A. Zulässigkeit der Revision

I. Statthaftigkeit

2 Die Revision ist statthaft, da sie sich gegen ein erstinstanzliches Urteil einer großen Strafkammer richtet (§ 333 StPO).

II. Einlegungsberechtigung und Beschwer

3 Der Verteidiger des durch dieses Urteil beschwerten Angeklagten ist auch einlegungsberechtigt (§ 297 StPO).

III. Form, Frist und Inhalt der Revisionseinlegung

4 Die Einlegung der als solcher bezeichneten Revision erfolgte durch Anwaltsschriftsatz; den sich aus § 341 I StPO ergebenden Anforderungen an Form und Inhalt ist daher genügt. Auch ist das Rechtsmittel rechtzeitig eingelegt; die Verkündung des Urteils erfolgte am Mittwoch, 4.4.2012, so dass die Wochenfrist des § 341 I StPO gemäß § 43 I StPO am Mittwoch, 11.4.2012, 24 Uhr, endete. An diesem Tag ging die Rechtsmittelschrift beim Landgericht München I ein.

5 **Ergebnis:** Die Revision ist – soweit dies bisher beurteilt werden kann – zulässig.

B. Verfahrensvoraussetzungen

I. Verjährung

6 Hinsichtlich der zwischen 27.5. und 6.11.2006 begangenen fahrlässigen Körperverletzungen könnte ein Verfahrenshindernis – nämlich Verjährung – vorliegen.

7 Gemäß § 78 III Nr. 4 StGB verjährt die fahrlässige Körperverletzung, deren Strafrahmenobergrenze bei drei Jahren liegt (§ 229 StGB), in fünf Jahren; die Frist beginnt mit der Beendigung der Tat bzw. dem Erfolgseintritt (§ 78a StGB), hier also spätestens am 25.11.2006, da – nach den Feststellungen im Urteil (II. 1. am Ende) – an diesem Tag die durch die Infektionen verursachten gesundheitlichen Beschwerden bei den Patienten eingetreten waren.[2] Sofern die Verjährung nicht unterbrochen wurde, war daher im Zeitpunkt des Urteils bereits Verfolgungsverjährung eingetreten.

8 Eine solche Unterbrechung (vgl. § 78c I StGB) könnte hier aber frühestens am bzw. nach dem 5.1.2012 eingetreten sein, da die Staatsanwaltschaft erst an diesem Tag von den (möglichen) Straftaten in Zusammenhang mit den Hepatitis-Infektionen Kenntnis erlangt hat (vgl. II. 2. des Urteils am Ende). In diesem Zeitpunkt war die fünfjährige Verjährungsfrist indes längst abgelaufen.

9 **Ergebnis:** Soweit die Verjährungsfrist – was nach dem Sachverhalt ausgeschlossen erscheint – nicht anderweitig unterbrochen wurde, ist die Verfolgung der im Jahr 2006 begangenen fahrlässigen Körperverletzungen verjährt. Das Verfahren ist daher bezüglich dieser Taten vom Revisionsgericht (§§ 354 I, 206a I StPO) oder – nach Aufhebung und Zurückverweisung – vom Tatgericht wegen eines Verfahrenshindernisses einzustellen (§§ 206a I, 260 III StPO). Einer ausdrücklichen Rüge in der Revisionsbegründung bedarf es hierzu jedenfalls dann nicht, wenn das Rechtsmittel mit einer anderen Rüge – etwa der allgemeinen Sachrüge – ausreichend begründet wird, da das Revisionsgericht die Verfahrensvoraussetzungen – im Fall

---

2 Zum Erfolgseintritt bei Körperverletzungsdelikten [Eintritt des letzten Körperschadens]: Schönke/Schröder/Stree/Sternberg-Lieben § 78a Rn. 2 aE.

einer zulässig eingelegten Revision – von Amts wegen zu beachten hat;[3] zweckmäßig ist eine solche Beanstandung in der Revisionsbegründung jedoch gleichwohl.[4]

II. Fehlende Strafanträge

Hinsichtlich der fahrlässigen Körperverletzungen teilt die Strafkammer nicht mit, ob insofern von den Verletzten Strafanträge gestellt wurden (§ 230 I StGB). Sollte es hieran fehlen, kann indes davon ausgegangen werden, dass die Staatsanwaltschaft zumindest mit der Anklageerhebung das besondere öffentliche Interesse an der Verfolgung dieser Straftaten bejaht hat (§ 230 I StGB), so dass insofern ein Verfahrenshindernis nicht vorliegt.[5]

III. Sonstige Verfahrensvoraussetzungen und Ergebnis

Die Verurteilung wegen fahrlässiger Körperverletzung in drei Fällen erfolgte zu Unrecht, da insoweit Verjährung eingetreten ist; wegen dieser Taten wird das Verfahren daher eingestellt werden. Weitere Verfahrenshindernisse liegen nach dem mitgeteilten Sachverhalt nicht vor.

C. Verfahrensrügen[6]

I. Verfahrensfehler in Bezug auf den Sachverständigen

1. Belehrung und Anwesenheit des Sachverständigen während der Hauptverhandlung

Hinsichtlich der Belehrung des Sachverständigen weist das Protokoll keinen Rechtsfehler aus; die verkürzte Wiedergabe der nach §§ 72, 57 StPO durchzuführenden Belehrung im Protokoll mit »Der Sachverständige wurde gesetzlich belehrt« begegnet keinen Bedenken, zumal es sich insofern nicht um eine wesentliche Förmlichkeit iSd § 273 I 1 StPO handelt.[7]

Auch das Verbleiben des Sachverständigen im Sitzungssaal bis zu seiner Anhörung war zulässig. Anders als bei Zeugen (vgl. §§ 243 II 1, 58 I StPO) kann dem Sachverständigen die Anwesenheit während der gesamten Hauptverhandlung gestattet werden (vgl. auch § 80 II StPO),[8] zumal er ohne Kenntnis etwa der Einlassung des Angeklagten oder der Aussagen von Zeugen sein Gutachten häufig nicht sachgerecht erstatten kann. Entsprechend ist die Vorsitzende hier ersichtlich verfahren.

2. Vernehmung und Unterlassen der Vereidigung

Hinsichtlich der Vernehmung des Sachverständigen zur Person und zur Sache liegen keine Rechtsfehler vor; ein Aussageverweigerungsrecht gemäß § 53 I Nr. 3 StPO hat ein als gerichtlicher Sachverständiger tätiger Arzt im Übrigen nicht, soweit er die tatsächlichen Grundlagen seines Gutachtens allein in Zusammenhang mit der Gutachtenerstattung in dem betreffenden Verfahren gewonnen hat.[9]

---

[3] Vgl. KK/*Pfeiffer/Hannich* Einl. Rn. 130, 134; vgl. aber auch *Meyer-Goßner* Einl. Rn. 143 ff., 150, der danach unterscheidet, ob das Vorliegen eines Verfahrenshindernisses zu einem »Befassungsverbot« (zB unwirksame Anklage, unwirksamer Eröffnungsbeschluss) oder zu einem »Bestrafungsverbot« (zB fehlender Strafantrag, Verjährung) führt; nur erstere sollen in der Revision von Amts wegen beachtet werden, während die Berücksichtigung eines »Bestrafungsverbotes« nur auf eine Sach- oder eine Verfahrensrüge hin erfolgen soll; näher dazu *Meyer-Goßner* NStZ 2003, 169; vgl. auch BGH NJW 2007, 853 (854).
[4] *Bröβler* StrafProzRevision Rn. 60.
[5] *Fischer* § 230 Rn. 4.
[6] Ein Überblick zur »Verfahrensrüge in der Revision« findet sich bei *Bick* JA 2001, 691; die »strafprozessuale Verfahrensrüge« behandelt auch *Lips* JA 2006, 719.
[7] *Meyer-Goßner* § 57 Rn. 5; vgl. zur Entbehrlichkeit der Belehrung bei häufig vor Gericht auftretenden Sachverständigen: *Meyer-Goßner* § 72 Rn. 1.
[8] *Meyer-Goßner* § 80 Rn. 5.
[9] *Meyer-Goßner* § 53 Rn. 20, § 76 Rn. 2.

15 Dass der Sachverständige unvereidigt blieb, ist nicht zu beanstanden. Die Vorsitzende durfte die Entscheidung im Rahmen ihrer Sachleitungsbefugnis (vgl. § 238 I StPO) zunächst alleine treffen.[10] Fehler bei der Ausübung des Ermessens können die Revision nicht begründen; solche Fehler sind vorliegend im Übrigen nicht ersichtlich.[11]

16 **Ergebnis:** Bei der Vernehmung des Sachverständigen ist dem Gericht kein revisibler Rechtsfehler unterlaufen.

II. Verfahrensfehler in Bezug auf den Zeugen Dr. Bauer

1. Zeugnisverweigerungsrecht gemäß § 53 StPO und Unterlassen der Belehrung

17 Dem Zeugen stand als Arzt ein Zeugnisverweigerungsrecht gemäß § 53 I Nr. 3 StPO zu, sofern er – wie nahe liegend – auch Angaben zu oder über von ihm behandelte Patienten machen müsste.[12] Anders als bei § 52 StPO – vgl. dessen Absatz 3 – sieht § 53 StPO keine Verpflichtung des Gerichts zur Belehrung über dieses Zeugnisverweigerungsrecht vor, weil regelmäßig davon ausgegangen werden kann, dass die Aussageverweigerungsberechtigten dieses Recht kennen.[13] Da im vorliegenden Fall keine Anhaltspunkte dafür gegeben sind, dass die Vorsitzende etwa aufgrund der ihr dem Zeugen gegenüber obliegenden Fürsorgepflicht zu dessen Belehrung gehalten war, kann aus deren Unterlassen kein Revisionsgrund hergeleitet werden.

18 Im Übrigen würde auf dem Unterlassen der Belehrung das Urteil auch nicht beruhen, weil der Zeuge ohnehin keine Angaben zur Sache gemacht hat und in der Entscheidung seine »Aussage« auch nicht verwertet wurde.

2. Auskunftsverweigerung gemäß § 55 StPO

19 Durch das Unterlassen der (weiteren) Vernehmung des Zeugen Dr. Bauer zur Sache könnte gegen § 245 I StPO verstoßen worden sein, wenn dem Zeugen kein (umfassendes) Auskunftsverweigerungsrecht zustand und er daher – zumindest teilweise – zur Aussage verpflichtet war.[14]

20 Der Zeuge hatte jedoch ein Auskunftsverweigerungsrecht gem. § 55 I StPO, da gegen ihn noch ein Verfahren wegen dieser Taten anhängig war (vgl. III. des Urteils am Ende) und er deshalb verdächtigt wurde, an den Straftaten (Betrug) beteiligt gewesen zu sein.

21 Das somit gegebene Auskunftsverweigerungsrecht besteht zwar an sich nur bezüglich einzelner Fragen, es kann sich aber zu einem Aussageverweigerungsrecht »verdichten«, wenn sich der Zeuge durch jede Antwort möglicherweise selbst belasten könnte.[15] Dies war hier der Fall; denn der Zeuge hätte bei wahrheitsgemäßer Beantwortung jeder relevanten Frage mit seiner Aussage einräumen müssen, an dem Geschehen, das diesem Anklagekomplex zugrunde liegt, beteiligt gewesen zu sein.

3. Unterlassen der Vereidigung

22 Es könnte gegen § 59 StPO verstoßen worden sein, weil eine Entscheidung über die Vereidigung des Zeugen Dr. Bauer nicht vorliegt. Der Eid umfasst alle Angaben des Zeugen, auch die zur Person.[16] Nach einer Ansicht ist eine ausdrückliche Entscheidung über die Vereidigung

---

10 *Meyer-Goßner* § 79 Rn. 2; vgl. auch BGHSt 21, 227, wonach die Nichtvereidigung, da sie die »Regel« ist, an sich keiner ausdrücklichen Entscheidung bedarf.
11 *Meyer-Goßner* § 79 Rn. 13.
12 Vgl. *Meyer-Goßner* § 53 Rn. 18.
13 *Meyer-Goßner* § 53 Rn. 44.
14 Vgl. dazu *Brößler* StrafProzRevision Rn. 248, 272 sowie *Meyer-Goßner* § 55 Rn. 18. Wurde der Zeuge zu Unrecht nach § 55 StPO belehrt und verweigert er daraufhin die Auskunft, setzt die Zulässigkeit der Verfahrensrüge voraus, dass der Zwischenrechtsbehelf des § 238 II StPO erhoben worden ist: BGH NStZ 2007, 230 f.
15 *Meyer-Goßner* § 55 Rn. 2.
16 Vgl. *Meyer-Goßner* § 59 Rn. 6.

9. Klausur: Gutachten nach eingelegter, aber noch nicht begründeter Revision

nach Abschluss der Vernehmung, spätestens bis zum Schluss der Beweisaufnahme notwendig[17] und muss daher auch nach einer Vernehmung erfolgen, die sich auf die Angaben zur Person und Mitteilung der vollständigen Auskunftsverweigerung beschränkt. Zwar kann – bei Vorliegen einer Entscheidung – die Revision nicht auf eine fehlerhafte Ermessensausübung gestützt werden; unterlässt allerdings – wie hier – die Vorsitzende eine Entscheidung über die Vereidigung, so kann dies auch dann gerügt werden, wenn keine Entscheidung des Gerichts nach § 238 II StPO herbeigeführt worden ist.[18] Nach anderer Ansicht ist eine »negative Entscheidung über die Vereidigung« nur dann zu treffen und zu protokollieren, wenn ein Verfahrensbeteiligter einen Antrag auf Vereidigung des Zeugen gestellt hat.[19] Da ein solcher Antrag – ausweislich des Protokolls – nicht gestellt worden ist, ist es nach dieser Auffassung nicht rechtsfehlerhaft, dass der Zeuge entlassen wurde, ohne dass zuvor ausdrücklich eine Entscheidung nach § 59 I StPO getroffen wurde.

[Marginalie: an sich ist man ohne Beschluss/§ 238 II präkludiert]

Es kann dahinstehen, welche Auffassung vorzugswürdig ist. Auch nach der erstgenannten Ansicht kann das Urteil auf einer Gesetzesverletzung nicht beruhen, da die Aussage des Zeugen Dr. Bauer im Urteil nicht verwertet wurde. 23

Ergebnis: Bezüglich der Vernehmung des Zeugen Dr. Bauer sind der Strafkammer keine revisiblen Rechtsfehler unterlaufen; insbesondere kann die Revision weder auf das Unterlassen der (weiteren) Vernehmung noch der Entscheidung über eine Vereidigung des Zeugen gestützt werden, auch das Unterbleiben der Belehrung über das Aussageverweigerungsrecht gemäß § 53 I Nr. 3 StPO kann das Rechtsmittel nicht begründen. 24

III. Verlesung der beim Angeklagten beschlagnahmten Kranken- und Abrechnungsunterlagen

Ob der Beschlagnahme eine Durchsuchung vorausgegangen ist, teilt der Sachverhalt nicht mit,[20] jedoch könnte die Beschlagnahme gegen § 97 I StPO verstoßen haben, da zumindest die Krankenunterlagen, möglicherweise aber auch die Abrechnungsunterlagen,[21] nach § 97 I Nr. 2 StPO beschlagnahmefrei gewesen sein könnten.[22] 25

Ist aber der Zeugnisverweigerungsberechtigte – wie hier – selbst der Beschuldigte, so findet § 97 StPO keine Anwendung, weil diese Vorschrift vor einer Umgehung des Zeugnisverweigerungsrechts schützen will, das dem Beschuldigten jedoch nicht zusteht.[23] 26

In einem solchen Fall ergibt sich ein aus einem etwaigen Beschlagnahmeverbot folgendes Verwertungsverbot auch nicht aus der Verfassung. Der – zumindest möglicherweise – aus Art. 12 I GG herzuleitende Schutz des Vertrauensverhältnisses zwischen Arzt und Patient ist nämlich nicht darauf gerichtet, den Arzt vor einer strafrechtlichen Verurteilung zu schützen.[24] Eine etwaige Verletzung der Persönlichkeitsrechte der Patienten ist dagegen nicht geeignet, ein Verwertungsverbot zugunsten des Angeklagten zu begründen (Rechtskreistheorie).[25] 27

Im Übrigen würde das Urteil aber jedenfalls nicht auf dem Rechtsfehler beruhen, da die Strafkammer die Kranken- und Abrechnungsunterlagen im Urteil nicht verwertet hat (§ 337 I 28

---

17 Vgl. BGH NStZ 2005, 340 (341) (3. Senat); vgl. auch *Meyer-Goßner* § 59 Rn. 12 mwN. zur Notwendigkeit, die Tatsache der Vereidigung oder Nichtvereidigung als wesentliche Förmlichkeit im Protokoll zu beurkunden.
18 Vgl. *Meyer-Goßner* § 59 Rn. 9, 13.
19 BGH NStZ 2006, 234 (235) (2. Senat); vgl. auch BGH (1. Senat) NStZ 2009, 647, wonach der Entlassungsverfügung (vgl. § 248 S. 2 StPO) des Vorsitzenden (konkludent) zu entnehmen sei, das Gericht habe die Voraussetzungen, vom regelmäßigen Verfahrensgang abzuweichen, als nicht gegeben angesehen.
20 Insofern ist nach dem Bearbeitervermerk ohnehin davon auszugehen, dass kein Rechtsfehler vorliegt; zweifelhaft könnte die Ordnungsmäßigkeit der Durchsuchung etwa im Hinblick auf § 110 StPO sein.
21 Vgl. *Meyer-Goßner* § 97 Rn. 30 (Buchungs- und Geschäftsunterlagen).
22 *Meyer-Goßner* § 97 Rn. 29.
23 BGHSt 38, 144 (146); *Meyer-Goßner* § 97 Rn. 4a.
24 BVerfG NJW 2000, 3557 (3558).
25 Vgl. auch BVerfG NJW 2002, 2090 (zum Schutz des Vertrauensverhältnisses zwischen Rechtsanwalt und Mandanten und der Persönlichkeitsrechte der Mandanten).

StPO; vgl. III. des Urteils).²⁶

29 Zweifelhaft ist dagegen, ob die Kranken- und Abrechnungsunterlagen verlesen werden durften; denn der damit verbundene Eingriff in die Persönlichkeitsrechte der Patienten dürfte jedenfalls dann unverhältnismäßig gewesen sein, wenn – wie hier – diese Unterlagen weder zur Überführung des Angeklagten noch zu dessen Entlastung von Bedeutung waren. Dies bedarf indes im Hinblick auf § 337 I StPO im Revisionsverfahren keiner Erörterung, da dieses ausschließlich der Überprüfung des Urteils auf Rechtsfehler hin dient, nicht aber der Kontrolle des Ermittlungs- oder Strafverfahrens als solchem (vgl. auch § 336 S. 1 StPO); zudem wäre die Gesetzesverletzung auch nicht geeignet, zugunsten des Angeklagten ein Verwertungsverbot zu begründen (→ Rn. 27).

30 **Ergebnis:** Aus der Beschlagnahme und Verlesung der Kranken- und Abrechnungsunterlagen kann der Angeklagte keinen Revisionsgrund herleiten.

IV. Verlesung und Verwertung der BZR-Auskunft

31 Der den Angeklagten betreffende Auszug aus dem Bundeszentralregister durfte nach § 249 I StPO verlesen werden; seiner Verwertung stand kein Verbot (§ 51 I BZRG) entgegen.²⁷

V. Ablehnung des Beweisantrags

32 Dagegen könnte die Ablehnung des Beweisantrags des Verteidigers fehlerhaft gewesen sein.

1. Beweisermittlungsantrag

33 Fraglich ist insofern schon, ob es sich bei dem Antrag tatsächlich um einen Beweisantrag handelte.

34 Ein Beweisantrag ist das Begehren eines Prozessbeteiligten, eine konkret behauptete Tatsache durch ein – nach der StPO zulässiges – bestimmtes Beweismittel festzustellen (vgl. auch § 219 I 1 StPO). Ein Beweisermittlungsantrag liegt dagegen insbesondere dann vor, wenn die für einen Beweisantrag erforderliche Bestimmtheit fehlt, etwa weil die Tatsache nicht behauptet wurde, sondern erst aufgefunden werden soll (Ausforschungsbeweis); kein Beweis-, sondern nur ein Beweisermittlungsantrag, ist ferner gegeben, wenn das zu verwendende Beweismittel nicht konkret benannt ist.²⁸

35 Dies war hier der Fall; denn der Zeuge war nicht namentlich, sondern nur mit »N. N.« bezeichnet, sein Name und die ladungsfähige Anschrift sollten erst durch die Vernehmung ebenfalls nicht näher bezeichneter Zeugen herausgefunden werden. Damit fehlte es aber sowohl bezüglich des Hauptzeugen (N. N.) als auch bezüglich der Mitarbeiter, mittels derer dieser Zeuge gefunden werden sollte, an einer ausreichenden Individualisierung;²⁹ denn der Verteidiger hat es ebenfalls unterlassen, den bzw. die Zeugen etwa durch ihre Stellung oder ihre Funktion, zB als Sachbearbeiter für einen bestimmten Tätigkeitsbereich innerhalb der KV, eindeutig erkennbar zu machen.³⁰

2. Ablehnung eines Beweisermittlungsantrags

36 Für die Ablehnung des somit gegebenen Beweisermittlungsantrags gelten die Absätze 3 bis 6 des § 244 StPO nicht unmittelbar. Das Gericht hat einem Beweisermittlungsantrag vielmehr

---

26 Wird gegen das an das Zeugnisverweigerungsrecht eines Arztes (vgl. § 53 I Nr. 3 StPO) anknüpfende Beschlagnahmeverbot verstoßen (vgl. § 97 I StPO), richtet sich die Verwertung der so erlangten Beweismittel nach § 160a II 3 StPO; vgl. dazu *Meyer-Goßner* § 97 Rn. 50; § 160a Rn. 13.
27 Vgl. dazu auch den Bearbeitervermerk.
28 Vgl. *Meyer-Goßner* § 244 Rn. 25.
29 Vgl. BGHSt 40, 3 = NStZ 1994, 247 m. Anm. *Widmaier*; *Meyer-Goßner* § 244 Rn. 21, 25.
30 Vgl. OLG Köln NStZ-RR 2007, 150; *Herdegen* NStZ 1999, 176 (179 f.).

nur im Rahmen der Aufklärungspflicht des § 244 II StPO nachzugehen;³¹ es muss also zwar alle für den Schuld- und den Rechtsfolgenausspruch erheblichen Tatsachen feststellen, aber beispielsweise nicht jede Einzelheit der Vorgeschichte oder des Randgeschehens der Tat klären.³²

Auf dieser Grundlage war das Gericht zur Ermittlung und Vernehmung des bzw. der Zeugen nicht verpflichtet, zumal einem Beweisermittlungsantrag grundsätzlich nicht nachgegangen werden muss, wenn einer der Ablehnungsgründe des § 244 III, IV StPO vorliegt.³³ Das war hier aber der Fall, weil das Gericht die Beweisbehauptung schon aufgrund der Aussage des Zeugen Hermes als erwiesen ansah (§ 244 III 2 StPO).³⁴ Dass das Gericht daraus – also aus der Beweistatsache selbst (hier: Bestehen des Verdachts) – nicht den Schluss ziehen will, den der Antragsteller anstrebt (hier: kein Irrtum), würde an der Richtigkeit der Ablehnung des Antrags im Übrigen nichts ändern.³⁵ Ob dazu ein förmlicher Beschluss in entsprechender Anwendung des § 244 VI StPO notwendig war, kann dahin stehen, da nach der Rechtsprechung auch bei einem Beweisermittlungsantrag der Antragsteller nicht im Unklaren darüber gelassen werden darf, weshalb seinem Antrag nicht nachgegangen wird.³⁶

3. Beruhen

Im Übrigen würde das Urteil auf der irrtümlichen Behandlung des Beweisermittelungsantrags als Beweisantrag nicht beruhen. Ein Beruhen ist zum einen bereits deshalb ausgeschlossen, weil das Gericht die Beweiserhebung zu Recht nicht vorgenommen hat. Zum anderen wurde der Angeklagte wegen der im III. und IV. Quartal 2011 begangenen Taten gar nicht verurteilt.

Ergebnis: Aus der Ablehnung des »Beweisantrags« kann daher ein Revisionsgrund nicht hergeleitet werden.

VI. Unterlassen der Schlussvorträge, Nichtgewährung des letzten Wortes

Nach § 258 StPO halten Staatsanwalt und Verteidiger nach der Beweisaufnahme ihre Schlussvorträge, anschließend hat der Angeklagte das letzte Wort. Tritt das Gericht daraufhin erneut in die Verhandlung ein, sind diese Rechte grundsätzlich abermals zu gewähren. Mit dem Wiedereintritt in die Verhandlung haben nämlich die früheren Ausführungen ihre Bedeutung als abschließende Äußerungen iSd § 258 StPO verloren.

Insofern kann zunächst dahinstehen, ob die teilweise Verfahrenseinstellung gemäß § 154 II StPO einen Wiedereintritt in die Verhandlung darstellt. Denn selbst wenn man hiervon ausginge, musste die Vorsitzende zu den Schlussvorträgen nicht nochmals das Wort erteilen. Denn das Gericht durfte davon ausgehen, dass die Staatsanwältin und der Verteidiger das Recht, abermals zu plädieren, kennen; bei ihnen wäre daher eine ausdrückliche Aufforderung zum erneuten Schlussvortrag ohnehin entbehrlich gewesen, es wäre vielmehr zu unterstellen, dass sie – mit ihrem Schweigen – auf ihre früheren Ausführungen verwiesen haben.³⁷

Der Angeklagte hätte dagegen im Fall des Wiedereintritts in die Verhandlung auf sein Recht, abermals das letzte Wort sprechen zu dürfen, förmlich hingewiesen werden müssen. Auch dies war im vorliegenden Fall nicht erforderlich. Denn die nach dem zunächst gewährten letzten Wort vorgenommene Teileinstellung nach § 154 II StPO ist kein Wiedereintritt in die Ver-

---

31 Vgl. zB BGH NStZ 1997, 562 und *Meyer-Goßner* § 244 Rn. 23, 27.
32 BGH NStZ 1994, 247 (248).
33 Vgl. BGH NStZ-RR 2003, 205 (206); *Meyer-Goßner* § 244 Rn. 12 aE.
34 Vgl. auch *Meyer-Goßner* § 244 Rn. 57.
35 Vgl. auch BGHSt 51, 364 (365), wonach zwar eine als bereits erwiesen angesehene Beweistatsache zu Gunsten oder zu Lasten des Angeklagten verwertet werden darf, das Gericht aber im Falle einer zugesagten Wahrunterstellung gegen diese verstößt, wenn es die Beweistatsache ohne entsprechenden Hinweis zu seinem Nachteil verwertet; vgl. dazu auch *Meyer-Goßner* § 244 Rn. 71a.
36 Vgl. BGH NStZ 2008, 109, wonach der Beweisermittlungsantrag entweder durch Beschluss gem. § 244 VI StPO oder durch begründete Anordnung des Vorsitzenden nach § 238 I StPO zurückzuweisen ist; vgl. auch *Meyer-Goßner* § 244 Rn. 27.
37 Vgl. BGHSt 22, 278 (279); *Meyer-Goßner* § 258 Rn. 27.

handlung, sondern ein Teil der abschließenden – lediglich aus formalen Gründen getrennten – Entscheidung des Gerichts, zumal der Angeklagte auch dann, wenn das Gericht dem Einstellungsantrag der Staatsanwältin nicht gefolgt wäre, nicht die Möglichkeit gehabt hätte, sich erneut zu äußern.[38]

43 Im Übrigen würde auf der Nichterteilung des letzten Wortes das Urteil nicht beruhen, da die Verhandlung nach dem »Wiedereintritt« nur einen Vorwurf betraf, den das Gericht ohnehin nicht abgeurteilt hat. Zu den Tatvorwürfen, die zur Verurteilung des Angeklagten geführt haben, war das vor der Verfahrensbeschränkung gewährte letzte Wort des Angeklagten dagegen die abschließende Äußerung zur Sache.[39]

44 **Ergebnis:** Auch eine Verletzung von § 258 StPO kann in der Revision nicht mit Aussicht auf Erfolg beanstandet werden. Der Strafkammer sind auch im Übrigen keine Verfahrensfehler unterlaufen, die das Rechtsmittel begründen könnten.

D. Sachlich-rechtliche Fehler

I. Fehler in Bezug auf die getroffenen Feststellungen und die Beweiswürdigung

45 Die im Urteil getroffenen Feststellungen zu den persönlichen Verhältnissen und zu den Taten sowie die Beweiswürdigung weisen keine Rechtsfehler auf;[40] insofern besteht – von nachfolgend erörterten Ausnahmen abgesehen (Rn. 53, 62) – kein Anlass zu näheren Ausführungen.

II. Fehler in Bezug auf die materiell-rechtliche Wertung im 1. Tatkomplex (fahrlässige Körperverletzungen)[41]

1. Tatbestandsverwirklichung durch aktives Tun oder Unterlassen

46 Auf der Grundlage der Feststellungen der Strafkammer könnte zweifelhaft sein, ob der Angeklagte den Tatbestand des § 229 StGB durch ein aktives Handeln oder durch ein Unterlassen verwirklicht haben soll. Denn das dem Angeklagten vorzuwerfende Verhalten könnte einerseits in der Durchführung der Operationen (aktives Tun), andererseits aber auch im Unterlassen der gebotenen Vorsorgeuntersuchungen zu sehen sein.

47 Die Rechtsprechung fasst die Abgrenzung zwischen Tun und Unterlassen als Wertungsfrage auf, die nicht nach rein äußeren oder formalen Kriterien zu entscheiden ist, sondern eine normative Betrachtung unter Berücksichtigung des sozialen Handlungssinns verlangt. Maßgeblich ist insofern, wo der Schwerpunkt der Vorwerfbarkeit liegt.[42]

48 Im vorliegenden Fall ist der Schwerpunkt des strafrechtlich relevanten Verhaltens in der Vornahme der Operationen zu sehen, die unmittelbar und ohne weitere Zwischenschritte zur Infektion der drei Patienten geführt haben. Dem steht nicht entgegen, dass die Operationen (als solche) lege artis erfolgt sind und daher keine geeigneten Anknüpfungspunkte für die Strafbarkeit darstellen; denn eine Beschränkung auf den rein operativ-handwerklichen Vorgang greift insofern zu kurz. Maßgeblich ist vielmehr, dass ein Chirurg mit hochgradig ansteckender Hepatitis nicht operieren darf, so dass schon alleine die Durchführung der Operationen im infektiösen Zustand als nicht ordnungsgemäß und damit strafrechtlich relevant zu werten ist. Die Ursache der Infektionen der Patienten lag daher in einem tätigen Handeln des Angeklagten.

49 Dass der Angeklagte pflichtwidrig davon absah, sich den Kontrolluntersuchungen zu unterziehen, begründet hingegen nur den für das Fahrlässigkeitsdelikt elementaren Sorgfaltspflichtverstoß. Diese »Unterlassenskomponente« – die bei Fahrlässigkeitsdelikten häufig im

---

38 BGH NJW 2001, 2109; *Meyer-Goßner* § 258 Rn. 30.
39 Vgl. auch BGH NStZ 1999, 244.
40 Vgl. dazu auch den Bearbeitervermerk.
41 Der Fall ist nachgebildet der Entscheidung BGH NStZ 2003, 657.
42 Vgl. BGHSt 40, 257 (265); *Fischer* Vor § 13 Rn. 17.

Unterlassen von Sorgfaltsvorkehrungen besteht – ist hier aber wesensnotwendig mit dem fahrlässigen aktiven Tun verbunden und ändert daher nichts am aktiven Begehungscharakter der Verhaltensweise des Angeklagten.

Es ist somit nicht zu beanstanden, dass sich das Landgericht im Urteil ausdrücklich weder mit den Voraussetzungen noch mit den Folgen einer Unterlassungsstrafbarkeit (§ 13 StGB) auseinandergesetzt hat. 50

2. Fahrlässigkeit und Körperverletzung

Die Strafkammer hat in nicht zu beanstandender Weise eine objektive und subjektive Sorgfaltspflichtverletzung des Angeklagten bejaht und dabei insbesondere berücksichtigt, dass sich Art und Maß der anzuwendenden Sorgfalt aus den Anforderungen ergeben, die bei Betrachtung der Gefahrenlage »ex ante« an einen besonnenen und gewissenhaften Menschen in der konkreten Lage und sozialen Rolle des Handelnden zu stellen sind; maßgeblich war also, wie sich ein umsichtiger und erfahrener Arzt derselben Fachrichtung in gleicher Situation verhalten hätte, so dass nachträgliche wissenschaftliche Erkenntnisse außer Betracht zu bleiben haben.[43] 51

Das Landgericht legt insofern – sachverständig beraten – dar, dass und aus welchen Gründen zum Zeitpunkt der Vornahme der Operationen durch den Angeklagten die Gefahr einer Übertragung von Viren auch vom Arzt auf den Patienten in das Bewusstsein nicht nur von Virologen, sondern von Ärzten allgemein und des Angeklagten speziell gerückt war. Nach den fehlerfrei getroffenen Feststellungen bestand nach damaligem Kenntnisstand insbesondere für Chirurgen ein nicht unerhebliches Risiko der Übertragung von Hepatitis B auf den Patienten. Ohne Rechtsfehler hat die Strafkammer daher den Schluss gezogen, der Angeklagte sei verpflichtet gewesen, sich den regelmäßigen Untersuchungen zu unterziehen. 52

Dass die Strafkammer aufgrund der Ausführungen des Sachverständigen keinen Zweifel daran hatte, dass die Hepatitis-Infektion der drei Patienten nur vom Angeklagten verursacht worden sein konnte, begegnet keinen Bedenken. Auch unterliegt die Ursächlichkeit zwischen dem Pflichtverstoß durch den Angeklagten und dem Verletzungserfolg keinem Zweifel; bei der hierbei vorzunehmenden Prüfung ist nämlich der Pflichtverstoß hinwegzudenken und durch ein sorgfaltsgemäßes Verhalten zu ersetzen.[44] Wäre der Angeklagte aber den Kontrolluntersuchungen nachgekommen, so wäre dabei seine Hepatitis-Infektion festgestellt worden und der Angeklagte hätte nicht mehr operieren dürfen. Die Infektion der drei Patienten wäre mithin vermieden worden, zumal keine Anhaltspunkte dafür vorliegen, dass sich der Angeklagte über das Operationsverbot hinweggesetzt hätte. Ebenso steht außer Frage, dass eine solche Infektion eine Gesundheitsschädigung im Sinn der §§ 223 I, 229 StGB darstellt. 53

Ergebnis: Die Verurteilung des Angeklagten wegen fahrlässiger Körperverletzung in drei Fällen verstößt zwar nicht gegen das materielle Recht; wie oben ausgeführt besteht insofern aber das Verfahrenshindernis der Verjährung. 54

III. Fehler in Bezug auf die materiell-rechtliche Wertung im 2. Tatkomplex (Betrug)[45]

1. Täuschung

Nach den vom Landgericht getroffenen Feststellungen hatte der Angeklagte in den von ihm erstellten und von Dr. Bauer (lediglich) unterzeichneten, für die KV bestimmten und vom Angeklagten dort eingereichten Abrechnungen angegeben, dass Dr. Bauer alle dort aufgeführten Kassenpatienten behandelt und die in Rechnung gestellten Leistungen selber erbracht habe. Da dies nicht der Wahrheit entsprach, hat er durch »Vorspiegeln falscher Tatsachen« getäuscht.[46] 55

---

43 Vgl. auch BGH NJW 2000, 2754 (2758).
44 BGH NStZ 2004, 151.
45 Der Fall ist nachgebildet der Entscheidung BGH NJW 2003, 1198 = StV 2003, 276 = NStZ 2003, 313 m. Anm. *Beckemper/Wegner*.
46 Vgl. auch *Fischer* § 263 Rn. 18.

2. Irrtum

56 Fraglich ist jedoch im Hinblick auf die in den Jahren 2010 und 2011 erstatteten Anzeigen, welchen Einfluss beim Betrugstatbestand Zweifel des Opfers an der Wahrheit der vorgetäuschten Tatsache auf das Vorhandensein eines Irrtums haben.

57 Die herrschende Lehre geht davon aus, dass auch der Zweifelnde im Sinne des § 263 StGB irrt und Zweifel solange irrelevant sind, als er die Wahrheit der Tatsache noch für möglich hält. Der Getäuschte fällt danach der List des Täters auch dann zum Opfer, wenn er trotz seiner Zweifel infolge der Täuschung die Vermögensverfügung vornimmt. Ein tatbestandsmäßiger Irrtum soll deshalb erst dann nicht mehr gegeben sein, wenn der Getäuschte die vorgespiegelte Tatsache zwar für möglich hielt, jedoch zur Frage der Wahrheit innerlich nicht Stellung bezog, sie ihm also gleichgültig war und er die Vermögensverfügung unabhängig von ihrer Wahrheit traf.[47] Demgegenüber vertritt eine Mindermeinung mit durchweg viktimologisch orientierten Erwägungen und im Einzelnen differierenden Abgrenzungen die Auffassung, dass der Betrugstatbestand bei zweifelnden Opfern wegen deren verminderter Schutzbedürftigkeit nicht anwendbar sei.[48] Teilweise wird dabei auch auf den Intensitätsgrad des Zweifels oder auf dessen Konkretisierung abgestellt.[49]

58 Die Rechtsprechung des Bundesgerichtshofs stimmt im Wesentlichen mit der herrschenden Auffassung im Schrifttum überein.[50] Allerdings wurden bislang nur Fälle entschieden, in denen das Opfer von einer überwiegenden Wahrscheinlichkeit der Wahrheit der behaupteten Tatsache (»wenn er die Möglichkeit der Unwahrheit für geringer hält«) ausgegangen ist.

59 Die viktimologisch motivierten Ansätze zur Einschränkung des Betrugstatbestandes wegen geringerer Schutzbedürftigkeit des zweifelnden Tatopfers finden im Wortlaut von § 263 StGB keine Stütze und nehmen den strafrechtlichen Schutz vor Angriffen auf das Vermögen durch Täuschung unangemessen weit zurück; ihnen ist daher nicht zu folgen. Die These, dass keines Schutzes vor solchen Angriffen bedarf, wer Zweifel an der Wahrheit einer behaupteten, für seine Entscheidung über eine Vermögensverfügung erheblichen Tatsache hegt, trifft nicht zu. Die ihr zugrunde liegende Vorstellung, dass sich das Tatopfer bei solchen Zweifeln vergewissern oder von der schädigenden Vermögensverfügung Abstand nehmen könne, läuft auf eine dem Strafrecht fremde Bewertung eines Mitverschuldens hinaus, das auch sonst nicht tatbestandsausschließend wirkt. Sie begegnet zudem in ihren tatsächlichen Prämissen Bedenken; insbesondere in Fällen, in denen das Tatopfer unter Täuschung über das Vorliegen der Voraussetzungen auf gesetzlich oder vertraglich geschuldete Leistungen in Anspruch genommen wird, ist nämlich seine Freiheit, die Erfüllung wegen Zweifeln an der Wahrheit der anspruchsbegründenden Behauptungen zu verweigern, faktisch schon durch das mit dieser Weigerung verbundene Prozessrisiko begrenzt.

60 Folgt man daher der Rechtsprechung und herrschenden Lehre, so ist die Annahme eines Irrtums und eines vollendeten Betrugs in den Fällen 1 bis 6 (2010 und I. sowie II. Quartal 2011) nicht zu beanstanden. Die im August 2010 eingegangene anonyme Anzeige nannte zwar den Angeklagten namentlich, enthielt jedoch keinen Hinweis darauf, über welchen zugelassenen Kassenarzt er die von ihm erbrachten Leistungen abrechnet. Es liegt daher auf der Hand, dass kein mit der Prüfung der Abrechnungen von Dr. Bauer befasster und für die Auszahlungsanordnung zuständiger Mitarbeiter der KV auf den Gedanken kam, dass gerade in dessen Anträgen die vom Angeklagten durchgeführten Behandlungen abgerechnet sein könnten, und diesen Sachverhalt dann auch noch als wahrscheinlicher angesehen hat als die in den Abrechnungen behauptete Selbsterbringung der Leistungen.

61 Zudem spielt es für die Tatbestandsmäßigkeit keine Rolle, ob die Entscheidungsträger der KV bei sorgfältiger Prüfung der Abrechnungen die Täuschung durch den Angeklagten und

---

47 Vgl. Schönke/Schröder/*Cramer/Perron* § 263 Rn. 40.
48 Vgl. die Nachweise in der BGH-Entscheidung (Fn. 45).
49 Vgl. auch insoweit die Nachweise in der BGH-Entscheidung (Fn. 45).
50 BGH wistra 1990, 305; 1992, 95 (97); *Fischer* § 263 Rn. 55.

Dr. Bauer hätten erkennen können; denn selbst leichtfertige Opfer werden durch das Strafrecht geschützt.[51]

Da der Tatbestand des Betrugs voraussetzt, dass die Vermögensverfügung durch einen Irrtum 62 des Getäuschten veranlasst worden ist, müssen die Urteilsgründe regelmäßig darlegen, wer die Verfügung getroffen hat und welche Vorstellungen er dabei hatte.[52] Der Bestand des landgerichtlichen Urteils könnte daher dadurch gefährdet sein, dass die Strafkammer es unterlassen hat, in den Urteilsgründen im Einzelnen darzulegen, wer in den abgeurteilten Abrechnungsfällen jeweils die »maßgeblichen Entscheidungsträger« innerhalb der KV waren und welche konkreten Vorstellungen diese über die Wahrheit der Angaben in den Anträgen hatten. Ihre – hier für die Annahme eines Irrtums genügende – Überzeugung, dass die Entscheidungsträger innerhalb der KV vor dem 11.7.2011 lediglich einen vagen und zudem nicht auf die vom Angeklagten eingereichten Abrechnungen gerichteten Verdacht hatten, konnte die Strafkammer jedoch ohne Rechtsfehler dadurch gewinnen, dass sie den Hauptgeschäftsführer als Zeugen – auch zur Behandlung und Bewertung der ersten anonymen Anzeige – befragt hat. Da sich dabei keine Anhaltspunkte dafür ergeben haben, dass es innerhalb der KV weitergehende Erkenntnisse gegeben haben könnte, durfte die Strafkammer angesichts des standardisierten, auf Massenerledigung angelegten Abrechnungsverfahrens auch ohne namentliche Feststellung und Vernehmung der einzelnen Sachbearbeiter den Schluss ziehen, dass diese allenfalls einen vagen Verdacht hatten, der – wie dargelegt – einen Irrtum indes nicht in Frage stellt.

Für die nach dem 11.7.2011 bearbeiteten Anträge (III. und IV. Quartal 2011) liegt trotz des 63 nunmehr verstärkten und in Richtung von Dr. Bauer konkretisierten Verdachts zwar immer noch nahe, dass die Strafkammer – gemessen an den vorstehenden Ausführungen – zu strenge Anforderungen an die Annahme eines täuschungsbedingten Irrtums gestellt hat.[53] Hierdurch ist der Angeklagte jedoch nicht beschwert. Im Übrigen hätte das Landgericht – angesichts der Mitteilung der Staatsanwaltschaft vom 11.7.2011 und des dadurch deutlich stärkeren Verdachts – insofern auf die Feststellung der jeweils verfügenden Mitarbeiter und deren Vorstellungen über die Wahrheit der behaupteten Tatsachen nicht verzichten dürfen, wenn es den Angeklagten wegen vollendeter Betrugstaten hätte verurteilen wollen. Da die Strafkammer indes für diesen Zeitraum ohnehin einen Irrtum verneint und daher nur – schließlich auch noch nach § 154 II StPO eingestellte – versuchte Betrugstaten angenommen hat, kommt es auf die tatsächlichen Vorstellungen der Mitarbeiter der KV aber ohnehin nicht an. Für einen versuchten Betrug würde nämlich genügen, dass der Angeklagte mit einem Irrtum der zuständigen Sachbearbeiter rechnete oder ihn jedenfalls ernsthaft für möglich hielt; der tatsächliche Eintritt des Irrtums ist dagegen für eine Bestrafung wegen versuchten Betrugs nicht erforderlich.

3. Vermögensverfügung und Vermögensschaden

Die Strafkammer hat in der Auszahlung der Honorare an den Zeugen Dr. Bauer für die Leistungen, die der Angeklagte als Nichtkassenarzt erbracht hatte, ohne Rechtsfehler eine Vermögensverfügung und einen entsprechenden Vermögensschaden gesehen. 64

Nach der für den Bereich des Sozialversicherungsrechts geltenden streng formalen Betrachtungsweise[54] genügt hierfür bereits der Umstand, dass der Angeklagte ohne kassenärztliche Zulassung nicht berechtigt war, an der durch die KV erfolgten Verteilung der von den Krankenkassen bezahlten Honorare teilzunehmen. Dabei spielt es keine Rolle, dass den Kassen 65

---

51 Ständige Rechtsprechung, vgl. BGHSt 34, 199 (201); BGH wistra 1992, 95 (97).
52 BGH NJW 2003, 1198 (1199); vgl. auch BGH NStZ 2004, 568 (569); vgl. auch BGH NStZ 2007, 213 (215), wonach bei standardisierten, auf Massenerledigung angelegten Abrechnungsverfahren für die Annahme eines Irrtums nicht erforderlich ist, dass der jeweilige Sachbearbeiter hinsichtlich jeder einzelnen geltend gemachten Position die positive Vorstellung hat, sie sei der Höhe nach berechtigt, vielmehr genügt dessen stillschweigende Annahme, die Abrechnung sei insgesamt »in Ordnung«; vgl. dazu auch *Fischer* § 263 Rn. 62.
53 Der BGH hat im Übrigen in der Entscheidung (Fn. 45) weiter ausgeführt, dass er der Ansicht zuneige, dass Zweifel so lange nicht geeignet seien, die Annahme eines tatbestandsmäßigen Irrtums in Frage zu stellen, als das Opfer gleichwohl noch die Wahrheit der behaupteten Tatsache für möglich hält und deswegen die Vermögensverfügung trifft, das Opfer also trotz seiner Zweifel, seien sie auch noch so erheblich, der List des Täters zum Opfer fällt.
54 Vgl. auch BGH NStZ 1995, 85 f.; *Fischer* § 263 Rn. 155.

infolge der Behandlung ihrer Patienten durch den Angeklagten Aufwendungen in möglicherweise gleicher Höhe erspart geblieben sind, die ihnen bei einer Behandlung durch einen anderen, bei der Kasse zugelassenen Arzt entstanden wären. Denn eine solche Kompensation findet bei der Schadensberechnung nicht statt,[55] zumal dann ein hypothetischer Sachverhalt zugrunde gelegt werden würde und offen bleiben müsste, ob ein anderer Arzt tatsächlich die gleiche Behandlungsweise gewählt hätte.

4. Subjektiver Tatbestand

66 Am Vorliegen der Bereicherungsabsicht und an einem vorsätzlichen Handeln des Angeklagten bestehen nach den von der Strafkammer getroffenen Feststellungen keine Zweifel.

67 **Ergebnis:** Die Verurteilung des Angeklagten wegen Betruges in sechs Fällen entspricht dem materiellen Recht. Soweit das Landgericht bezüglich der nach § 154 II StPO eingestellten Taten lediglich einen versuchten Betrug annimmt, ist dies nach den getroffenen Feststellungen ebenfalls in Ordnung; bei weiteren Feststellungen – zur Frage des Irrtums (durch Vernehmung der Entscheidungsträger der KV) – hätte indes auch insofern möglicherweise wegen vollendeten Betruges verurteilt werden können. Hierdurch ist der Angeklagte jedoch nicht beschwert; zudem hätte wegen dieser weiteren Taten das Verfahren – vor einer solchen Verurteilung – erst wieder gem. § 154 V StPO aufgenommen werden müssen.

E. Ergebnis

68 Das Urteil des Landgerichts weist nur insofern einen den Angeklagten beschwerenden Rechtsfehler auf, als die Strafkammer übersehen hat, dass die im Jahr 2006 begangenen fahrlässigen Körperverletzungen verjährt sind. Daher sollte die eingelegte Revision auf diese Taten sowie die verhängte Gesamtstrafe beschränkt werden.

69 Die Revision muss mittels Anwaltsschriftsatz begründet werden (§ 345 II StPO), da dem Verteidiger die Möglichkeit einer Begründung zu Protokoll des Urkundsbeamten nicht offen steht;[56] die Revisionsbegründung darf sich auf die Geltendmachung eines Verfahrenshindernisses beschränken.[57]

70 Der Schriftsatz muss spätestens am 21.5.2012, 24 Uhr, beim Landgericht München I eingehen, weil das Urteil am 20.4.2012 zugestellt wurde; die Monatsfrist des § 345 I StPO liefe zwar an sich schon am 20.5.2012 ab, da dies jedoch ein Sonntag ist, verlängert sie sich bis zum Montag, 21.5.2012 (§ 43 II StPO).

71 In der Begründung sollte – auf der Grundlage obiger Ausführungen – lediglich die Verjährung der fahrlässigen Körperverletzungen sowie die Höhe der Gesamtstrafe geltend gemacht bzw. beanstandet werden; sie sollte folgenden Antrag enthalten:

Ich beantrage, das Urteil des Landgerichts München I vom 4.4.2012

1. aufzuheben, soweit der Angeklagte wegen fahrlässiger Körperverletzung in drei Fällen verurteilt wurde, und das Verfahren insofern einzustellen,

2. im Ausspruch über die Gesamtstrafe aufzuheben und die Sache insofern zur neuen Verhandlung und Entscheidung – auch über die Kosten des Rechtsmittels – an eine andere Strafkammer des Landgerichts München I zurückzuverweisen.

---

55 Vgl. auch BGH NStZ 1995, 85 (86); vgl. aber auch MüKoStGB/*Hefendehl* § 263 Rn. 527, wonach unter dem Aspekt des Vermögensschutzes kein Grund bestehe, auf eine Kompensation zu verzichten, wenn die ärztlichen Leistungen dem standardisierten einheitlichen Bewertungsmaßstab entsprechend erbracht worden seien.
56 *Meyer-Goßner* § 345 Rn. 9.
57 *Brößler* StrafProzRevision Rn. 60, 65.

10. Klausur: Fertigen einer Revisionsbegründungsschrift

Aus den Strafakten des Landgerichts Stuttgart
Az.: 12 KLs 34 Js 369/12

Auszug aus der unverändert zur Hauptverhandlung zugelassenen Anklageschrift:

...

in der Strafsache gegen

1. Heiner Brandt ...

2. Gerold Peters ...

...

Am 15.1.2012 gegen 23.30 Uhr betraten die Angeschuldigten die Halle des Hotels »Fernblick« in Stuttgart, Waldstr. 1. Entsprechend des zuvor verabredeten Planes zog der Angeschuldigte Brandt dort eine geladene und entsicherte Pistole der Marke Walther PPK aus seiner Jackentasche und hielt sie dem allein anwesenden Nachtportier Heinz Hösle vor. Während der Angeschuldigte Brandt den Portier weiter mit der Waffe bedrohte, durchsuchte der Angeschuldigte Peters einen hinter der Rezeption gelegenen Geschäftsraum. Dort fand er einen geschlossenen Safe. Nachdem Heinz Hösle den Angeschuldigten mehrfach und überzeugend erklärt hatte, dass nicht er, sondern nur der nicht anwesende Geschäftsführer den Schlüssel zu diesem Tresor habe, schlug ihm der Angeschuldigte Brandt mit dem Griff der Pistole mehrfach auf den Kopf, bis dieser bewusstlos zu Boden ging. Anschließend hoben die Angeschuldigten den Safe auf eine in der Hotelhalle abgestellte Gepäckkarre, brachten ihn zu ihrem Pkw, luden ihn ein und flüchteten.

Heinz Hösle erlitt durch die ihm vom Angeschuldigten Brandt zugefügten Schläge einen Schädelbasisbruch; infolgedessen befand er sich in akuter Lebensgefahr, konnte aber gerettet werden. Der Angeschuldigte Brandt hatte den Tod des Portiers zwar nicht billigend in Kauf genommen, der Gefährlichkeit seiner Handlung war er sich allerdings bewusst.

Die Angeschuldigten werden daher beschuldigt,

gemeinschaftlich einen Raub begangen zu haben, bei dem sie eine Waffe verwendet und eine andere Person körperlich schwer misshandelt sowie in die Gefahr des Todes gebracht haben, und durch dieselbe Handlung eine Körperverletzung mittels eines gefährlichen Werkzeugs und einer das Leben gefährdenden Behandlung begangen zu haben, ...

Auszug aus dem Protokoll über die öffentliche Hauptverhandlung vor dem Landgericht Stuttgart vom Montag, 26.3.2012:

...

Zur Person vernommen erklärten die Angeklagten: ...

Der Vertreter der Staatsanwaltschaft verlas die Anklageschrift.

Die Angeklagten wurden darauf hingewiesen, dass es ihnen freistehe, sich zu den ihnen zur Last gelegten Taten zu äußern oder nicht zur Sache auszusagen.

Die Angeklagten erklärten sich zu ihren persönlichen Verhältnissen. Der Angeklagte Brandt machte zur Sache keine Angaben, der Angeklagte Peters äußerte sich zur Sache.

Sodann teilte der Vorsitzende mit, dass erwogen werde, während der Vernehmung des Zeugen Hösle die Öffentlichkeit auszuschließen. Der Staatsanwalt schloss sich dem an; die Verteidiger der Angeklagten widersetzten sich einer Ausschließung der Öffentlichkeit. Nach kurzer Beratung verkündete der Vorsitzende folgenden Gerichtsbeschluss:

Die Öffentlichkeit wird für die Dauer der Vernehmung des Zeugen Hösle ausgeschlossen.

Die Öffentlichkeit wurde ausgeschlossen.

Nunmehr begründete der Vorsitzende obigen Beschluss wie folgt:

Der Zeuge hat bei seiner polizeilichen und der ermittlungsrichterlichen Vernehmung mitgeteilt, dass ihm in mehreren anonymen Anrufen für den Fall seiner Aussage vor Gericht angedroht worden sei, dass »ihm etwas passiere«. Es liegt daher der Ausschlussgrund nach § 172 Nr. 1 a GVG vor.

Anschließend wurde der Zeuge Hösle hereingerufen, nach § 57 StPO belehrt und wie folgt vernommen:

Heinz Hösle, 63 Jahre alt, ledig, Nachtportier, wohnhaft in Stuttgart, Hotel Fernblick, Waldstr. 1, mit den Angeklagten nicht verwandt und nicht verschwägert.

Der Zeuge sagte zur Sache aus.

Nunmehr wurde die Öffentlichkeit wieder hergestellt.

Es erging folgende Verfügung des Vorsitzenden:

Der Zeuge bleibt unvereidigt.

Der Zeuge wurde entlassen.

Sodann wurde der Zeuge Hart hereingerufen, nach § 57 StPO belehrt und wie folgt vernommen:

Ludwig Hart, 37 Jahre alt, verheiratet, Kriminalhauptkommissar, Kriminalpolizei Stuttgart, dort auch zu laden, mit den Angeklagten nicht verwandt und nicht verschwägert; Aussagegenehmigung nach § 54 StPO liegt vor.

Der Zeuge sagte zur Sache aus.

Es erging folgende Verfügung des Vorsitzenden:

Der Zeuge bleibt unvereidigt.

Der Zeuge wurde entlassen.

Nunmehr wurde die Zeugin Brandt hereingerufen, nach § 57 StPO belehrt und wie folgt vernommen:

Jasmin Brandt, 41 Jahre alt, Hausfrau, wohnhaft in Stuttgart, Lerchenweg 1, geschiedene Ehefrau des Angeklagten Brandt.

Die Zeugin wurde über ihr Aussageverweigerungsrecht nach § 52 StPO belehrt.

Die Zeugin machte keine Angaben zur Sache.

Es erging folgende Verfügung des Vorsitzenden:

Die Zeugin bleibt unvereidigt.

Die Zeugin wurde entlassen.

Der Staatsanwalt beantragte nunmehr, den schriftlichen Bericht vom 28.1.2012 zu verlesen, den die Zeugin Brandt anlässlich ihrer polizeilichen Vernehmung zu den Akten gegeben hat. Die Verteidiger der Angeklagten widersprachen der Verlesung.

Nach kurzer Beratung verkündete der Vorsitzende folgenden Gerichtsbeschluss:

Der von der Zeugin Brandt bei der polizeilichen Vernehmung vom 28.1.2012 zu den Akten gegebene Bericht vom selben Tag ist zu verlesen.

Gründe:

Die Zeugin war anlässlich ihrer polizeilichen Zeugenvernehmung über ihr Aussageverweigerungsrecht nach § 52 StPO belehrt worden. Gleichwohl übergab sie bei dieser Vernehmung den von ihr hierfür erstellten schriftlichen Bericht, in dem sie die ihr von ihrem geschiedenen Ehemann mitgeteilte Vorgeschichte und Ausführung der angeklagten Tat schilderte. Anschließend nahm sie auf diesen Bericht Bezug und machte ergänzende Angaben zur Sache. Insoweit darf die Vernehmungsniederschrift gemäß § 252 StPO zwar nicht verlesen werden, der Verlesung und Verwertung des schriftlichen Berichts steht diese Vorschrift aber nicht entgegen.

Das Schreiben der Zeugin Brandt vom 28.1.2012 wurde verlesen.

Der Verteidiger des Angeklagten Brandt stellte nunmehr folgenden Beweisantrag:

Zum Beweis der Tatsache, dass der Angeklagte Brandt am Abend des 15.1.2012 bis gegen 24 Uhr in Böblingen einen ehemaligen Arbeitskollegen besucht hatte, beantrage ich die Vernehmung dieses Arbeitskollegen, des Zeugen Ibrahim Gestü, zu laden in Istanbul, ...

Der Staatsanwalt erhielt Gelegenheit, zu diesem Beweisantrag Stellung zu nehmen; er wies darauf hin, dass der Zeuge bereits bei einer ermittlungsrichterlichen Vernehmung angegeben habe, dass der Angeklagte zur Tatzeit nicht bei ihm gewesen sei. Der Verteidiger des Angeklagten Peters hatte ebenfalls Gelegenheit zur Stellungnahme.

Nach kurzer Unterbrechung der Sitzung teilte der Vorsitzende mit, dass der Berichterstatter soeben mit dem Zeugen Gestü in Istanbul telefoniert habe. Dieser habe nach eindringlicher Unterrichtung mitgeteilt, dass der Angeklagte Brandt am 15.1.2012 nicht bei ihm gewesen sei, zu diesem Zeitpunkt habe er sich mit Sicherheit nicht mehr in Böblingen, sondern bereits in Istanbul aufgehalten. Weil »die Sache so klar« sei und er dies bereits bei der richterlichen Vernehmung ausgesagt habe, werde er auch nicht nach Deutschland kommen, um in einer Hauptverhandlung gegen den Angeklagten aufzutreten.

Die Beteiligten erhielten Gelegenheit, hierzu Stellung zu nehmen; ferner wurde ihnen die Möglichkeit eingeräumt, sich zu einer audiovisuellen Vernehmung des Zeugen und zur Verlesung der richterlichen Niederschrift über die Aussage des Zeugen zu äußern.

Nach kurzer Unterbrechung verkündete der Vorsitzende folgenden Gerichtsbeschluss:

Der Antrag des Verteidigers des Angeklagten Brandt, den Zeugen Gestü zu vernehmen, wird abgelehnt, auch eine audiovisuelle Vernehmung des Zeugen wird nicht durchgeführt; stattdessen wird die Verlesung der Niederschrift über die richterliche Vernehmung des Zeugen vom 26.1.2012 angeordnet.

Gründe:

Der Beweisantrag auf Vernehmung des Zeugen Gestü war abzulehnen, weil der Zeuge unerreichbar ist, da er angekündigt hat, einer Ladung zur Hauptverhandlung keine Folge zu leisten. Auch seine kommissarische Vernehmung ist nicht geboten; das Gericht bewertet eine solche Vernehmung als ungeeignet, weil es im Hinblick auf das Beweisergebnis im Übrigen bei einem vermeintlichen Alibizeugen unerlässlich ist, dass das Gericht sich selbst und unmittelbar den für die Glaubwürdigkeitsbeurteilung notwendigen Eindruck von dem Zeugen verschafft.

Aufgrund der Aussage des Zeugen gegenüber dem Ermittlungsrichter und den telefonischen Angaben des Zeugen gegenüber dem Berichterstatter und unter Berücksichtigung des Beweisergebnisses im Übrigen erachtet das Gericht auch eine Videovernehmung des Zeugen (§ 247a StPO) als für die Wahrheitserforschung nicht erforderlich.

Da die (unmittelbare) Vernehmung des Zeugen nicht möglich ist, ist aber die Verlesung der Vernehmungsniederschrift vom 26.1.2012 geboten (§ 251 II Nr. 1 StPO).

Die Niederschrift über die richterliche Vernehmung des Zeugen Gestü vom 26.1.2012 wurde verlesen.

Anschließend stellte der Vorsitzende fest, dass der Zeuge nach seiner Vernehmung nicht vereidigt worden ist.

Es erging folgende Verfügung des Vorsitzenden:

Der Zeuge Gestü bleibt unvereidigt.

Der Vorsitzende erteilte nunmehr folgende Hinweise:

- Es kommt – neben der Anwendung der in der Anklage erwähnten Strafvorschriften – auch eine tateinheitliche Verurteilung wegen schwerer räuberischer Erpressung in Betracht, falls das Gericht es als erwiesen ansieht, dass die Angeklagten nicht nur den Safe weggenommen haben, sondern sich zuvor unter Androhung der Schusswaffe die Tageskasse aushändigen ließen.
- Beim Angeklagten Peters kommt eine Verurteilung statt wegen Mittäterschaft wegen Beihilfe in Betracht, wenn das Gericht davon ausgehen sollte, dass dieser Angeklagte den Angeklagten Brandt durch sein Dabeisein vor und nach der unmittelbaren Tatausführung lediglich unterstützt hat.

Die Beteiligten erhielten Gelegenheit, sich zu diesen Hinweisen zu äußern.

Sodann erging nach Gewährung rechtlichen Gehörs für die Verfahrensbeteiligten folgende Anordnung des Vorsitzenden:

Gemäß § 249 I StPO sind zu verlesen:

- die die Angeklagten betreffenden Auszüge aus dem Bundeszentralregister sowie
- gemäß § 256 StPO der im Namen des Krankenhauses erstellte Bericht der Universitätsklinik Heidelberg vom 4.3.2012, unterzeichnet von Dr. Heese, über die Verletzungen sowie die Behandlung des Zeugen Hösle.

Die Auszüge aus dem Bundeszentralregister sowie das Attest von Dr. Heese wurden verlesen.

Die Beweisaufnahme wurde unter Beachtung der §§ 240, 248, 257 StPO geschlossen.

Der Vertreter der Staatsanwaltschaft hielt seinen Schlussvortrag und beantragte: ...

Der Verteidiger des Angeklagten Brandt hielt seinen Schlussvortrag und beantragte: ...

Der Verteidiger des Angeklagten Peters hielt seinen Schlussvortrag und beantragte: ...

Die Angeklagten hatten das letzte Wort. Der Angeklagte Peters gab unter anderem Folgendes an: »Es tut mir leid, dass Herr Hösle so schwer verletzt wurde. Das war aber der Brandt, ich habe doch nur im Auto gewartet.«

Der Angeklagte Brandt gab keine Erklärung mehr ab.

Die Sitzung wurde um 14.15 Uhr zur Beratung unterbrochen.

Um 16.30 Uhr wurde die Hauptverhandlung in Anwesenheit der oben bezeichneten Personen fortgesetzt.

Der Vorsitzende verkündete durch Verlesen der Urteilsformel und mündliche Mitteilung der Urteilsgründe im Namen des Volkes folgendes Urteil:

1. Der Angeklagte Brandt ist schuldig des schweren Raubes in Tateinheit mit schwerer räuberischer Erpressung und mit gefährlicher Körperverletzung. Er wird deshalb zu einer Freiheitsstrafe von sechs Jahren verurteilt.
2. Der Angeklagte Peters ist schuldig der Beihilfe zu den vom Angeklagten Brandt begangenen Straftaten. Er wird deshalb zu einer Freiheitsstrafe von zwei Jahren und einem Monat verurteilt.
3. Die Angeklagten haben die Kosten des Verfahrens zu tragen.

Rechtsmittelbelehrung wurde erteilt.

Das Protokoll wurde am 28.3.2012 fertiggestellt.

[Es folgen die Unterschriften des Vorsitzenden und der Protokollführerin.]

Gegen dieses Urteil hat der Verteidiger des Angeklagten Brandt mit Schriftsatz vom 2.4.2012, der am selben Tag beim Landgericht Stuttgart einging, Revision eingelegt.

Am 10.4.2012 wurde den Verteidigern das vollständige Urteil des Landgerichts zugestellt. Es enthält unter anderem folgende Ausführungen:

...

II.

Der Angeklagte Brandt befand sich seit einiger Zeit in finanziellen Schwierigkeiten. Er entschloss sich daher Anfang Januar 2012, seinen ehemaligen Arbeitgeber, das Hotel »Fernblick« in Stuttgart, zu überfallen. Um die Tat nicht allein begehen zu müssen, bat er seinen Nachbarn und Freund, den Angeklagten Peters, bei der Tatausführung dabeizusein, allein »traue er sich die Sache nicht zu«. Der Angeklagte Peters erklärte sich hierzu bereit, teilte aber auch mit, dass er weder an der Planung noch an der unmittelbaren Ausführung mitwirken werde, er wolle auch keinen Anteil an der Beute. Seine Unterstützung sei vielmehr ein »Freundschaftsdienst«.

Entsprechend des nunmehr vom Angeklagten Brandt entwickelten Tatplans fuhren die Angeklagten am 15.1.2012 gegen 23.30 Uhr zum Hotel »Fernblick« in Stuttgart, Waldstr. 1. Der Pkw, ein VW-Bus, wurde vom Angeklagten Brandt gesteuert, der Angeklagte Peters fuhr auf dem Rücksitz als Beifahrer mit. Während der Fahrt weihte der Angeklagte Brandt den Angeklagten Peters in die Einzelheiten der beabsichtigten Tatausführung ein. Anders als noch in der zugelassenen Anklage angenommen, blieb der Angeklagte Peters aber nach der Ankunft am Hotel im Fahrzeug sitzen und der Angeklagte Brandt betrat allein die Hotelhalle. Dort zog er die möglicherweise schussbereite Pistole der Marke Walther PPK aus seiner Jackentasche, hielt sie dem allein anwesenden Nachtportier Heinz Hösle vor und forderte ihn seinem Tatplan entsprechend auf, die Tageskasse herauszugeben. Unter dem Eindruck der Drohung mit der Pistole kam Heinz Hösle dieser Aufforderung nach und übergab dem Angeklagten die Kasse mit 3.700 EUR.

Der Angeklagte Brandt, der aufgrund seiner früheren Tätigkeit in dem Hotel mit den dortigen Verhältnissen bestens vertraut war, schlug nunmehr wie geplant mit dem Griff seiner Pistole mehrfach wuchtig auf den Nachtportier ein. Dabei billigte er zwar nicht dessen Tod, er erkannte aber, dass diese gegen den Kopf geführten Schläge zu erheblichen, auch lebensbedrohlichen Verletzungen führen konnten. Tatsächlich erlitt Heinz Hösle durch die Schläge einen Schädelbruch und befand sich in akuter Lebensgefahr, konnte aber in mehrstündigen Operationen gerettet werden.

Nachdem Heinz Hösle infolge der Verletzungen bewusstlos geworden war, betrat der Angeklagte Brandt entsprechend seinem Vorhaben das hinter der Rezeption gelegene Geschäftszimmer. Wie er wusste, befand sich dort der Tresor des Hotels, in dem er erhebliche Geldbeträge und auch von den Hotelgästen deponierte Wertsachen vermutete. Den geschlossenen Safe hob der Angeklagte auf eine in der Hotelhalle abgestellte Gepäckkarre und brachte ihn zu seinem Pkw. Nachdem der Angeklagte Brandt den Tresor in den VW-Bus geladen hatte, fuhren die Angeklagten weg.

In dem Tresor befanden sich 12.800 EUR und Schmuck im Wert von 2.600 EUR. Den Schmuck verkaufte der Angeklagte Brandt, das Geld gab er – wie von Anfang an auch bezüglich der übrigen Beute geplant – für sich aus.

III.

Dieser Sachverhalt steht zur Überzeugung des Gerichts fest aufgrund des Geständnisses des Angeklagten Peters, des in der Hauptverhandlung verlesenen schriftlichen Berichts der Zeugin Brandt und der Aussagen der Zeugen Hösle und Hart.

Der Angeklagte Brandt hat sich weder im Ermittlungsverfahren noch in der Hauptverhandlung zur Sache geäußert, der Angeklagte Peters hat zunächst bestritten, an der Tat beteiligt gewesen zu sein. Er hat vorgetragen, er sei am Tatabend alleine zu Hause gewesen, habe bis gegen 22.00 Uhr ferngesehen und sei anschließend zu Bett gegangen. In seinem letzten Wort hat er dann aber glaubhaft eingeräumt, dass der Überfall vom Angeklagten Brandt begangen worden sei, während er vor dem Hotel im Fahrzeug gewartet habe. Ferner hat er in allen Einzelheiten das Geschehen – soweit er es aufgrund der Mitteilung des Tatplanes durch den Angeklagten Brandt und seiner Beobachtungen mitbekommen hat – so geschildert, wie es oben wiedergegeben ist.

Das Gericht ist aufgrund dieses Geständnisses davon überzeugt, dass sich die Tat wie festgestellt ereignet hat. Hierfür spricht auch die Aussage des Zeugen Hösle. Dieser hat bekundet, dass er am Abend des 15.1.2012 überfallen und niedergeschlagen worden sei. An Einzelheiten des Ablaufs und auch daran, wie viele Personen die Tat begangen haben und wie diese aussahen, konnte sich der Zeuge zwar nicht mehr erinnern; dies ist im Hinblick auf die schweren Verletzungen, die er bei der Tat erlitten hat, aber glaubhaft.

Die Einzelheiten der Tat werden jedoch auch in dem schriftlichen Bericht der Zeugin Brandt, den das Gericht verlesen hat, mitgeteilt. Danach hat der Angeklagte Brandt seiner geschiedenen Ehefrau am Abend des 17.1.2012 bei einem verabredeten Essen erzählt, dass er es seinem früheren Arbeitgeber, dem Hotel Fernblick, »zurückgezahlt« habe. Dort habe man ihn nämlich unter falschen Anschuldigungen entlassen, was Grund für seine finanzielle Misere sei. Als »Ausgleich« für diese zu Unrecht erfolgte Kündigung habe er sich »sein Geld geholt«, sie – die Zeugin – wisse ja, was er mit »seiner PPK« alles machen könne; er sei nunmehr ein »gemachter Mann« und die Zeugin solle zu ihm zurückkehren. Zur Tat habe er den Angeklagten Peters mitgenommen, diese »Memme« habe sich jedoch geweigert, sich auch aktiv zu beteiligen; er wolle »noch nicht 'mal Geld«. An der Richtigkeit dieser Angaben hat das Gericht keinen Zweifel; die Zeugin hatte keinen Anlass, den Angeklagten zu Unrecht zu belasten, sie ist nämlich – wie der Angeklagte Peters glaubhaft angegeben hat – mit dem Angeklagten Brandt immer noch befreundet. Auch ist nicht ersichtlich, warum sich der Angeklagte Brandt gegenüber seiner geschiedenen Ehefrau fälschlich einer Straftat bezichtigt haben soll, zumal am 17.1.2012 die Tat der Öffentlichkeit noch nicht bekannt war. Wäre die Selbstbezichtigung gegenüber seiner früheren Ehefrau falsch gewesen, hätte im Übrigen nahe gelegen, dass der Angeklagte Brandt den Grund dafür in der Hauptverhandlung mitteilt.

Den Umstand, dass die Öffentlichkeit von der Tat erst am 19.1.2012 unterrichtet wurde, hat der Zeuge Hart überzeugend bekundet; bis dahin hatten Staatsanwaltschaft und Polizei nämlich eine Nachrichtensperre verhängt. Der Zeuge hat ferner – glaubhaft – ausgesagt, dass nach der Mitteilung des Geschäftsführers die Tageskasse mit 3.700 EUR sowie der Tresor mit 12.800 EUR Bargeld und Schmuck im Wert von 2.600 EUR mitgenommen worden seien. Schließlich hat der Zeuge auch ausgesagt, dass anlässlich einer Durchsuchung der Wohnung des Angeklagten Brandt eine Pistole der Marke Walther PPK aufgefunden worden sei; unklar ist jedoch, ob diese Waffe bei dem Überfall geladen war.

Die Verletzungen, die der Angeklagte Brandt dem Zeugen Hösle zugefügt hat, sind zur Überzeugung des Gerichts durch den verlesenen ärztlichen Bericht bewiesen.

Aufgrund der oben ausgeführten Umstände hat das Gericht keinen Zweifel daran, dass sich die Tat wie festgestellt ereignet hat. Insbesondere scheidet der Angeklagte Brandt auch nicht wegen eines Alibis als Täter aus. Der Zeuge Gestü hat nämlich in der verlesenen ermittlungsrichterlichen Vernehmung vom 26.1.2012 glaubhaft angegeben, dass der Angeklagte Brandt am Tatabend nicht bei ihm gewesen sei; er – der Zeuge – habe sich am 15.1.2012 vielmehr in Istanbul aufgehalten, er sei lediglich am 25.1.2012 für drei Tage nach Deutschland zurückgekehrt, um noch einige Angelegenheiten erledigen zu können.

IV.

Durch sein Verhalten hat sich der Angeklagte Brandt der schweren räuberischen Erpressung (§§ 255, 253, 250 II Nr. 1 StGB) in Tateinheit mit schwerem Raub schuldig gemacht. Letzterer wurde unter Verwendung einer Waffe (§ 250 II Nr. 1 StGB) und unter körperlich schwerer Misshandlung des Opfers begangen, durch die das Opfer in die Gefahr des Todes gebracht wurde (§ 250 II Nr. 3 StGB). Ebenfalls in Tateinheit liegt eine gefährliche Körperverletzung (§ 224 I Nr. 2, 5 StGB) vor.

Abweichend von der Anklage ist der Angeklagte Brandt allerdings Alleintäter; der Angeklagte Peters ist daher nur der Beihilfe zu den vom Angeklagten Brandt begangenen Straftaten schuldig. ... .

V.

1. Bei der Strafzumessung bezüglich des Angeklagten Brandt war mildernd zu berücksichtigen, dass er bislang nicht vorbestraft ist. Strafschärfend fiel dagegen ins Gewicht, dass er mehrere Straftatbestände verwirklicht hat, dass Heinz Hösle erheblich – er befand sich in akuter Lebensgefahr – verletzt wurde und dass der Schaden beträchtlich ist. Unter Abwägung dieser Umstände scheidet die Annahme eines minder schweren Falles (§ 250 III StGB) aus, das Gericht hält vielmehr eine Freiheitsstrafe von sechs Jahren für tat- und schuldangemessen.

2. Beim Angeklagten Peters war Folgendes zu berücksichtigen: ... . Das Gericht erachtet bei ihm daher eine Freiheitsstrafe von zwei Jahren und einem Monat als angemessen.

VI.

Die Kostenentscheidung ergibt sich aus §§ 464 I, 465 I StPO.

[Es folgen die Unterschriften der Berufsrichter]

Nach der Zustellung des Urteils bittet der Verteidiger des Angeklagten Brandt den ihm zur Ausbildung zugewiesenen Rechtsreferendar um die Fertigung eines Gutachtens zu den Erfolgsaussichten der Revision sowie des Entwurfs einer Revisionsbegründungsschrift.

Vermerk für den Bearbeiter:

Es sind zu erstellen:
- zunächst das Gutachten zu den Erfolgsaussichten der Revision des Angeklagten Brandt,
- anschließend der Entwurf der Revisionsbegründungsschrift.

Der Sachbericht ist erlassen, ein Hilfsgutachten ist nicht zu fertigen; Strafvorschriften außerhalb des StGB sind nicht zu erörtern.

Es ist davon auszugehen, dass die nicht abgedruckten Teile der Strafakten, des Hauptverhandlungsprotokolls und des Urteils für die Bearbeitung nicht erheblich sind und sich aus ihnen weder weiterführende Erkenntnisse noch Rechtsfehler herleiten lassen.

10. Klausur: Fertigen einer Revisionsbegründungsschrift

Lösungsvorschlag

1 Hinweise zum »Fertigen einer Revisionsbegründungsschrift«

In der Regel wird hier im Bearbeitervermerk zunächst ein Gutachten und dann die Revisionsbegründung gefordert.

Das – als Gliederungsziffer I. zu erstellende – Gutachten → (Gutachtenstil verwenden) kann dann folgendermaßen aufgebaut werden:

1. Zulässigkeit
   a) Statthaftigkeit → § 333 StPO (Sprungrevision: §§ 335 I, 312 StPO)
   b) Einlegungsberechtigung und Beschwer → §§ 296 ff. StPO
   c) Form, Frist und Inhalt der Revisionseinlegung → § 341 StPO
   d) Form, Frist und Inhalt der Revisionsbegründung → §§ 344, 345 I StPO
      Form und Inhalt der Revisionsbegründung können noch nicht geprüft werden, weil diese noch nicht vorliegt; auf sie sollte daher – mit der Frist, innerhalb derer sie einzureichen ist – erst in der Zusammenfassung am Ende eingegangen werden.
   e) kein Rechtsmittelverzicht → § 302 StPO
      Dieser Punkt sollte allerdings nur angesprochen werden, wenn der Sachverhalt wenigstens einen geringen Anhaltspunkt für die Erklärung eines Rechtsmittelverzichts bietet.
2. Begründetheit
   a) Verfahrensvoraussetzungen → zB: wirksame Anklage und wirksamer Eröffnungsbeschluss, keine Verjährung, wirksamer Strafantrag, keine anderweitige Rechtshängigkeit, kein Strafklageverbrauch
   b) Prüfung des Verfahrens → Durchsicht v. a. des Protokolls, ob Verfahrensfehler vorliegen, die zu absoluten (§ 338 StPO) oder relativen Revisionsgründen (§ 337 I StPO) führen
   c) Prüfung der Anwendung materiellen Rechts → Prüfung des Urteils (Rechtsfehler in der Sachverhaltsfeststellung, der Beweiswürdigung, der rechtlichen Würdigung und der Strafzumessung)

   Hinweise: Bei einer Revision des Angeklagten ist die Erforderlichkeit einer Beschwer auch im Hinblick auf den konkreten Verfahrens- oder materiell-rechtlichen Fehler zu beachten (Stichwort zu Verfahrensfehlern: Rechtskreistheorie). Bei einer zum Nachteil des Angeklagten eingelegten Revision der Staatsanwaltschaft ist § 301 StPO zu berücksichtigen → (Prüfung auch auf Rechtsfehler hin, die nur zum Vorteil des Angeklagten wirken würden). Die Staatsanwaltschaft kann sich im Übrigen bei einer zu Ungunsten des Angeklagten eingelegten Revision nicht auf die Verletzung eines Gesetzes berufen, das lediglich zu dessen Gunsten wirkt (vgl. § 339 StPO).
3. Ergebnis
   Welche Revisionsgründe – Verfahrensrügen und/oder Sachrüge – bieten Aussicht auf Erfolg? Liegen Verfahrenshindernisse vor? In welchem Umfang (Beschränkung) soll die Revision durchgeführt werden?
   Hier sollten auch Form und Frist der Revisionsbegründung angesprochen werden.

Unter der Gliederungsziffer II. folgt dann die Revisionsbegründung.

Hinweise zur Form: Entweder Schriftsatz des Anwalts oder der Staatsanwaltschaft; jeweils mit Datum, Angabe von Absender und Empfänger sowie des Betreffs und Unterschrift (Muster bei *Böhme/Fleck/Krois* Formularsammlung Nr. 42).

Hinweise zum Inhalt:
- Antrag → §§ 344 I, 353 f. StPO (der Antrag wird so formuliert, wie man sich den Hauptsachetenor der Entscheidung des Revisionsgerichts erhofft)
- Begründung:
  1. bestehende Verfahrenshindernisse
  2. Verfahrensrügen → (§ 344 II 2 StPO)
  3. Sachrüge:
     – zunächst allgemein erheben,
     – dann Einzelausführungen

10. Klausur: Fertigen einer Revisionsbegründungsschrift

> Ist nach dem Bearbeitervermerk neben der Revisionsbegründung kein Gutachten, sondern »nur« ein Hilfsgutachten zu fertigen, muss zunächst der Schriftsatz und im Anschluss daran das Hilfsgutachten erstellt werden. Im Hilfsgutachten sind idR auszuführen:
> - Prüfung der Zulässigkeit der Revision (Statthaftigkeit, Beschwer, Einlegungsberechtigung, Form und Frist der Einlegung, Hinweis auf Frist und Form der Revisionsbegründung).
> - Prüfung der nicht durchgreifenden Verfahrenshindernisse und der in Betracht kommenden Verfahrens- und materiell-rechtlichen Fehler, die die Revision letztlich aber nicht rechtfertigen, sowie aller im Fall sonst noch bestehenden Probleme.

A. Gutachten zu den Erfolgsaussichten der Revision

I. Zulässigkeit der Revision

Die Revision ist statthaft, da sie sich gegen ein erstinstanzliches landgerichtliches Urteil richtet (§ 333 StPO). Der Angeklagte ist durch die Verurteilung beschwert; sein Verteidiger war zur Einlegung des Rechtsmittels berechtigt (§ 297 StPO). 2

Die Revision wurde auch form- und fristgerecht eingelegt (§ 341 I StPO), nämlich schriftlich beim Landgericht Stuttgart innerhalb einer Woche nach Verkündung des Urteils. Die Rechtsmitteleinlegungsfrist endete gemäß § 43 I StPO am 2.4.2012; an diesem Tag ging die Revisionseinlegungsschrift beim Landgericht Stuttgart auch ein. Inhaltlich genügte der Schriftsatz ebenfalls den sich aus § 341 I StPO ergebenden Anforderungen, da das Rechtsmittel als Revision bezeichnet wurde. 3

Ergebnis: Die Revision ist – soweit dies bislang beurteilt werden kann – zulässig. 4

II. Verfahrensvoraussetzungen

Zweifelhaft könnte sein, ob die Prozessvoraussetzung einer zugelassenen Anklage gegeben ist; denn die von der Staatsanwaltschaft eingereichte, unverändert zur Hauptverhandlung zugelassene Anklageschrift beschreibt nur die Wegnahme des Tresors, nicht aber die Herausgabe der Tageskasse. 5

Maßgeblich dafür, ob das Gericht ein strafbares Verhalten des Angeklagten aburteilen darf, ist der prozessuale Tatbegriff, nicht aber die von der Anklagebehörde oder dem eröffnenden Gericht vorgenommene rechtliche Bewertung (§§ 264 II, 155 II StPO). Gegenstand der Urteilsfindung ist also die angeklagte Tat im prozessualen Sinn (§§ 264 I, 155 I StPO), worunter der geschichtliche Vorgang zu verstehen ist, der bei natürlicher Betrachtungsweise mit dem in der Anklage geschilderten Geschehen einen einheitlichen Lebensvorgang darstellt.[1] 6

Ein solcher einheitlicher Lebensvorgang lag hier aber im Hinblick auf das gesamte Tatgeschehen vor; denn das Herausgabeverlangen bezüglich der Tageskasse und die Wegnahme des Tresors waren sowohl zeitlich als auch räumlich eng miteinander verknüpft, sie wurden zudem durch den Tatplan und das Ziel des Handelns des Angeklagten so miteinander verbunden, dass eine Aufspaltung in getrennte Vorgänge als »unnatürlich« empfunden werden würde. Anhaltspunkte dafür, dass sich der Verfolgungswille der Staatsanwaltschaft auf die Wegnahme des Tresors beschränkt, nicht aber auch auf die Herausgabe der Tageskasse bezogen hat, liegen nicht vor. Im Übrigen wäre eine Beschränkung des Verfolgungswillens – etwa infolge Verkennung der Untrennbarkeit der geschichtlichen Vorgänge – unbeachtlich, sofern keine Beschränkung des Verfahrens auf einen Teil der Tat nach § 154a StPO eingetreten ist.[2] 7

Ergebnis: Das Gericht war berechtigt und auch verpflichtet, das Verhalten des Angeklagten Brandt insgesamt abzuurteilen; es fehlte also nicht an der Prozessvoraussetzung der zugelas- 8

---
1 *Meyer-Goßner* § 264 Rn. 2.
2 *Meyer-Goßner* § 264 Rn. 5, 7a.

senen Anklage. Inwieweit vor der Verurteilung wegen schwerer räuberischer Erpressung (Herausgabe der Tageskasse) allerdings Hinweise erforderlich waren, wird – da insofern eine Verfahrensvoraussetzung nicht in Frage steht – unten erörtert (Rn. 39 ff.). Sonstige Verfahrenshindernisse liegen nach dem mitgeteilten Sachverhalt nicht vor.

III. Mögliche Verfahrensrügen

1. Ausschluss der Öffentlichkeit

a) Fehlerhafter Ausschluss der Öffentlichkeit

9 Die Strafkammer könnte gegen § 169 S. 1 GVG verstoßen haben, wenn die Öffentlichkeit zu Unrecht nach § 172 Nr. 1 a GVG ausgeschlossen worden sein sollte, weil der von ihr bejahte Ausschlussgrund nicht gegeben war. Jedoch prüft das Revisionsgericht nicht nach, ob die vom Ausgangsgericht dabei angenommenen Tatsachen vorlagen.[3]

10 Auf dieser Grundlage kann in der Revision nicht mit Aussicht auf Erfolg geltend gemacht werden, dass der Ausschlussgrund des § 172 Nr. 1 a GVG tatsächlich nicht gegeben gewesen sei; auch nach einer anonymen Drohung ist die Annahme des Gerichts, der Zeuge sei im Fall einer Aussage in öffentlicher Hauptverhandlung an Leib oder Leben gefährdet, vielmehr vertretbar und vom Revisionsgericht hinzunehmen.

b) Nichtöffentliche Ausschlussbegründung

11 Das Gericht könnte jedoch gegen § 174 I 2 GVG verstoßen haben, indem es die Gründe für den Ausschluss der Öffentlichkeit erst mitgeteilt hat, nachdem die Öffentlichkeit ausgeschlossen worden war.

12 Nach § 174 I 2 GVG ist der Beschluss, der die Öffentlichkeit ausschließt, grundsätzlich öffentlich zu verkünden. Zu dieser Verkündung gehört nach § 174 I 3 GVG in den Fällen der §§ 171b, 172, 173 GVG auch die Angabe des Grundes für den Ausschluss.

13 Den sich daraus ergebenden Anforderungen hat die Strafkammer durch die Darlegung der Ausschlussgründe erst in nichtöffentlicher Hauptverhandlung nicht genügt, sie hat damit gegen § 174 I 2 GVG verstoßen. Es ist auch nicht erkennbar, dass die Ausschließung der Öffentlichkeit wegen einer befürchteten erheblichen Störung ausnahmsweise erst nach der Umsetzung des Beschlusses begründet werden durfte (§ 174 I 2 GVG).[4]

14 Der Verstoß gegen § 174 I 2 GVG ist in der Revision mit einer Verfahrensrüge vorzutragen; er führt zum Vorliegen des absoluten Revisionsgrundes des § 338 Nr. 6 StPO.[5]

15 Dies wird auch nicht dadurch in Frage gestellt, dass der BGH in einigen Entscheidungen betont hat, dass das Fehlen der Angabe des Ausschlussgrundes die Revision möglicherweise nicht rechtfertigen kann, wenn dieser für jedermann offensichtlich war.[6] Denn im vorliegenden Fall war nicht erkennbar, welchen Ausschlussgrund das Gericht annehmen könnte, zumal der bisherige Gang der Verhandlung hierauf – insbesondere auf die vom Gericht schließlich bejahte Gefährdung des Zeugen – keinerlei Hinweise gab.[7]

16 **Ergebnis:** Das Gericht hat beim Ausschluss der Öffentlichkeit während der Vernehmung des Zeugen Hösle gegen § 174 I 2 GVG verstoßen. Dies führt zum Vorliegen des absoluten Revisionsgrundes des § 338 Nr. 6 StPO und ist in der Revision mit einer Verfahrensrüge vorzutragen.

---

[3] *Meyer-Goßner* GVG § 174 Rn. 21.
[4] Vgl. BGH NStZ 1996, 202 (203).
[5] *Meyer-Goßner* § 338 Rn. 48 mwN.
[6] BGHSt 45, 117 (119 f., 122); BGH NStZ 1999, 372; kritisch *Gössel* NStZ 2000, 181.
[7] Vgl. auch *Meyer-Goßner* GVG § 174 Rn. 9.

2. Verstoß gegen §§ 250 S. 2, 252 StPO

Mit der Verlesung und Verwertung des Schreibens der Zeugin Brandt vom 28.1.2012 könnte das Gericht §§ 250 S. 2, 252 StPO verletzt haben. 17

Nach § 250 S. 2 StPO darf die Vernehmung eines Zeugen nicht durch die Verlesung einer schriftlichen Erklärung, die dieser zu Beweiszwecken verfasst hat, ersetzt werden.[8] Vielmehr geht in solchen Fällen der Personalbeweis, mithin die Zeugenvernehmung, dem Urkundenbeweis vor. 18

Zudem dürfen nach der Rechtsprechung Schriftstücke, die ein Zeuge bei seiner polizeilichen Vernehmung überreicht und zum Bestandteil seiner (weiteren) Aussage gemacht hat, auch wegen § 252 StPO nicht verlesen werden, wenn der Zeuge in der Hauptverhandlung berechtigt von seinem Zeugnisverweigerungsrecht Gebrauch macht. Bezüglich solcher Schriftstücke ist die Sachlage nämlich nicht anders zu beurteilen, als wenn der Zeuge den Inhalt des Schriftstücks insgesamt nur mündlich mitgeteilt hätte. Da in einem solchen Fall aber die Verlesung der Vernehmungsniederschrift nach § 252 StPO ausgeschlossen wäre, darf auch ein entsprechendes Schriftstück nicht verlesen werden.[9] 19

So lag der Fall aber hier. Die Zeugin hatte den Bericht anlässlich ihrer polizeilichen Zeugenvernehmung erstellt und übergeben, sie hat ihn zudem durch die Bezugnahme zum Gegenstand ihrer Aussage gemacht. Auch inhaltlich befasste sich der Bericht mit dem Thema, zu dem sie als Zeugin vernommen werden sollte und vernommen wurde, nämlich der ihr vom Angeklagten mitgeteilten Vorgeschichte der Tat und der Tatausführung. 20

Es handelte sich somit um ==ein zu Beweiszwecken verfasstes Schriftstück==, das schon nach § 250 S. 2 StPO nicht verlesen werden durfte. Dabei war die Verlesung auch nicht nach § 251 I StPO zulässig, weil ein Vernehmungshindernis im Sinn dieser Vorschrift nicht gegeben ist, wenn die Aussage des Zeugen wegen einer berechtigten Zeugnisverweigerung nicht erlangt werden kann.[10] 21

Da die Zeugin zudem in der Hauptverhandlung berechtigt – das Aussageverweigerungsrecht gemäß § 52 I Nr. 2 StPO besteht schon nach dessen Wortlaut nach der Ehescheidung fort – die Aussage verweigert hat, durfte das Schreiben auch nach § 252 StPO nicht verlesen werden. 22

Ergebnis: Das Gericht hat mit der Verlesung des Berichts der Zeugin Brandt vom 28.1.2012 sowohl gegen § 250 S. 2 als auch gegen § 252 StPO verstoßen. Beide Gesetzesverletzungen führen zu einem Verwertungsverbot.[11] Auf ihnen beruht das Urteil auch (§ 337 I StPO); denn das Gericht würdigt die Mitteilungen in dem Schreiben der Zeugin als Schuldindiz zum Nachteil des Angeklagten (vgl. III. des Urteils). Die Gesetzesverletzungen können daher mit der Revision – dort in einer Verfahrensrüge – vorgebracht werden; sie werden zum Erfolg des Rechtsmittels führen. 23

3. Ablehnung des Beweisantrags

Mit der Ablehnung des Beweisantrags auf Vernehmung des Zeugen Gestü könnte das Gericht gegen § 244 III StPO verstoßen haben, wenn die Strafkammer fehlerhaft von der Unerreichbarkeit des Zeugen ausgegangen sein sollte. 24

==Ein im Ausland lebender Zeuge ist unerreichbar, wenn seine Vernehmung in absehbarer Zeit an nicht zu beseitigenden Hindernissen scheitert.== Ein solches Hindernis liegt – unter anderem – vor, wenn der Zeuge einer ordnungsgemäßen Ladung zur Hauptverhandlung nicht folgt, da ein sich im Ausland aufhaltender Zeuge nicht dazu gezwungen werden kann, in der Hauptverhandlung vor einem deutschen Gericht zu erscheinen. ==Kommt das Gericht jedoch schon vor einer Ladung nach== gewissenhafter Prüfung zu der Überzeugung, dass der Zeuge einer 25

---

8 *Meyer-Goßner* § 250 Rn. 8.
9 BGH NStZ-RR 1998, 367; BGH StV 1996, 196; ähnlich BGH bei *Kusch* NStZ 1998, 26 (Nr. 6); KK/*Diemer* § 252 Rn. 3; missverständlich *Meyer-Goßner* § 252 Rn. 9.
10 *Meyer-Goßner* § 251 Rn. 11.
11 Vgl. KK/*Diemer* § 250 Rn. 17; *Meyer-Goßner* § 252 Rn. 12.

etwaigen Vorladung zur Hauptverhandlung keine Folge leisten wird, so ist es nicht verpflichtet, vor der Ablehnung des Beweisantrags den aussichts- und zwecklosen Versuch einer Ladung zu unternehmen. In einem solchen Fall wäre die Ladung vielmehr eine »leere Förmelei«.[12]

26 Kann aber das Gericht in einem solchen Fall von der Ladung absehen, so bedeutet dies noch nicht, dass der Zeuge allein deshalb als unerreichbar angesehen werden darf. Das Gericht muss dann vielmehr prüfen, ob eine kommissarische Vernehmung des Zeugen möglich und sinnvoll ist. An Letzterem fehlt es jedoch, wenn es für die Beurteilung der Glaubwürdigkeit des Zeugen notwendig ist, sich von ihm einen persönlichen Eindruck zu verschaffen.[13] Diesen kann nämlich eine kommissarische Vernehmung nicht vermitteln.

27 Schließlich muss das Gericht vor der Ablehnung eines Beweisantrags, der auf die Vernehmung eines im Ausland lebenden Zeugen gerichtet ist, auch beachten, dass ein solcher die unmittelbare Anhörung des Zeugen betreffender Antrag auch jedes »Weniger« umfasst. Ein solches »Weniger« ist aber vor allem die audiovisuelle Vernehmung des Zeugen nach § 247a StPO.[14]

28 Alternativ kann das Gericht die Vernehmung eines Auslandszeugen auch nach § 244 V 2 StPO ablehnen; diese Regelung ist gegenüber § 244 III StPO aber nicht lex specialis, sie macht jedoch eine Erörterung von § 247a StPO entbehrlich.[15]

29 Bei der Prüfung, ob auf dieser Grundlage die Ablehnung eines Beweisantrags rechtsfehlerhaft war oder nicht, ist schließlich auch zu beachten, dass das Tatgericht die Voraussetzungen für die Ablehnung eines Beweisantrages im Freibeweisverfahren feststellen darf;[16] die Strafkammer durfte daher ihrer Entscheidung den Inhalt des Telefongesprächs zwischen dem Berichterstatter und dem Zeugen zugrunde legen und auch die Aussage des Zeugen vor dem Ermittlungsrichter berücksichtigen.[17] Dann ist sie aber zu Recht von der Unerreichbarkeit des Zeugen ausgegangen; denn der Zeuge hatte bei dem Telefonat mit dem Berichterstatter – in Kenntnis aller relevanten Umstände – erklärt, dass er zu einer Hauptverhandlung gegen den Angeklagten in Deutschland nicht erscheinen werde. Damit hat sich aber auch seine förmliche Ladung erübrigt; das Landgericht durfte vielmehr davon ausgehen, dass der Zeuge trotz einer solchen Ladung zur Hauptverhandlung nicht erscheinen werde. Auch die Möglichkeit einer kommissarischen Vernehmung hat die Strafkammer ohne Rechtsfehler abgelehnt.

30 Hinsichtlich der von der Strafkammer abgelehnten audiovisuellen Vernehmung des Zeugen ist zu beachten, dass diese gegenüber der Verlesung einer richterlichen Vernehmungsniederschrift nicht schon an sich vorrangig – also das bessere Beweismittel – ist. Wie die Gesetzesmaterialien, der Wortlaut und auch der Zweck von § 247a StPO belegen, sollte vielmehr bei Vorliegen der Voraussetzungen sowohl des § 251 II Nr. 1 StPO als auch des § 247a S. 1 StPO nur die Möglichkeit geschaffen werden, den Zeugen audiovisuell zu vernehmen, wenn die Verlesung des richterlichen Vernehmungsprotokolls zur Erforschung der Wahrheit nicht ausreicht. Dementsprechend beseitigt die Möglichkeit der audiovisuellen Vernehmung auch nicht das Vernehmungshindernis, das § 251 II Nr. 1 StPO voraussetzt.[18]

31 Im Ergebnis ist für die Frage, ob die Verlesung einer Niederschrift über eine richterliche Zeugenvernehmung oder eine audiovisuelle Vernehmung des Zeugen erfolgen soll oder muss,

---

12 BGH StV 2001, 664; vgl. auch *Meyer-Goßner* § 244 Rn. 64.
13 BGH NStZ 2004, 347 (348); *Meyer-Goßner* § 244 Rn. 65.
14 Vgl. BGHSt 45, 188 (190 f.); *Meyer-Goßner* § 244 Rn. 63. Vgl. aber auch BGH (5. Senat) NStZ 2008, 232 (233), der zu der Auffassung neigt, »dass es einem ausdrücklich zu formulierenden Begehren eines Beweisantragstellers obliegt, ob er sich nach Feststellung der Unerreichbarkeit eines Zeugen für dessen von ihm begehrte Vernehmung in der Hauptverhandlung mit dem bei einer Bild-Ton-Übertragung gegebenen Defizit an Unmittelbarkeit ... im Vergleich zur konfrontativen Vernehmung im Gerichtssaal begnügen möchte ...«
15 BGH NJW 2001, 695 (696); *Meyer-Goßner* § 244 Rn. 63. aE.
16 *Meyer-Goßner* § 244 Rn. 7.
17 Zur Zulässigkeit einer Kontaktaufnahme mit dem Zeugen durch das Gericht zur Klärung der Aussagebereitschaft: *Meyer-Goßner* § 244 Rn. 63
18 Zum Ganzen: BGHSt 46, 73 (76 ff.); *Diemer* NStZ 2001, 393 (394 f.); *Meyer-Goßner* § 247a Rn. 6.

entscheidend, ob von der audiovisuellen Vernehmung eine weitergehende oder bessere Sachaufklärung zu erwarten ist als durch die Verlesung.

Hierfür waren im vorliegenden Fall jedoch keine Anhaltspunkte gegeben. Denn der Zeuge hatte nicht nur bei der richterlichen Vernehmung ein Alibi für den Angeklagten in Abrede gestellt, er hat dies vielmehr auch bei dem Telefonat mit dem Berichterstatter ausdrücklich und nach umfassender Unterrichtung über den Verfahrensgegenstand wiederholt. Daher lagen auch unter Berücksichtigung des Beweisergebnisses im Übrigen keine Anhaltspunkte dafür vor, dass der Zeugen im Rahmen einer audiovisuellen Vernehmung andere Angaben machen würde, so dass die Strafkammer eine solche Vernehmung auch nicht unter dem Blickwinkel der Aufklärungspflicht durchführen musste. 32

In der Revision könnte ein Verfahrensfehler in diesem Zusammenhang im Übrigen ohnehin nur als Verstoß gegen § 250 StPO (falls die Voraussetzungen von § 251 StPO nicht vorlagen), gegen § 244 III StPO (falls das Gericht den Zeugen zu Unrecht als unerreichbar angesehen haben sollte) oder als Verletzung von § 244 II StPO geltend gemacht werden (falls das Gericht die zur Aufklärung gebotene audiovisuelle Vernehmung des Zeugen überhaupt nicht erörtert haben sollte); dagegen könnte das Rechtsmittel wegen §§ 247a S. 2, 336 S. 2 StPO nicht darauf gestützt werden, die vom Gericht im Rahmen des § 247a S. 1 StPO insbesondere in Bezug auf die Aufklärungstauglichkeit der Videovernehmung im Vergleich zur Verlesung einer Vernehmungsniederschrift getroffene Ermessensentscheidung sei falsch.[19] Auch §§ 247a S. 2, 336 S. 2 StPO stünden daher im vorliegenden Fall dem Erfolg der Revision entgegen. 33

Schließlich wäre die Ablehnung des Beweisantrags auf Vernehmung des Zeugen Gestü auch gemäß § 244 V 2 StPO möglich gewesen (vgl. → Rn. 28); denn hier darf das Gericht (ebenfalls) eine Beweisantizipation vornehmen und im Freibeweisverfahren gewonnene Erkenntnisse berücksichtigen.[20] Die Strafkammer hätte sich somit auch hier darauf berufen können, dass der Zeuge sowohl bei seiner ermittlungsrichterlichen Vernehmung als auch fernmündlich gegenüber dem Berichterstatter die Richtigkeit der Beweisbehauptung in Abrede gestellt und das Ergebnis der Beweisaufnahme im Übrigen diese Bekundung bestätigt hat. Allerdings darf das Revisionsgericht einen vom Tatgericht bejahten Grund für die Ablehnung eines Beweisantrages nicht ohne weiteres austauschen;[21] im vorliegenden Fall würde ein solcher im Rahmen der Beruhensprüfung vorzunehmender »Austausch« jedoch keinen Bedenken begegnen, weil das Landgericht die im Rahmen des § 244 V 2 StPO maßgebliche Aufklärungspflicht zutreffend – wenn auch in Zusammenhang mit § 247a StPO – erörtert hat.[22] 34

Ergebnis: Auf die Ablehnung des Beweisantrages auf (unmittelbare) Vernehmung des Zeugen Gestü und auch dessen audiovisuelle Vernehmung kann die Revision nicht mit Aussicht auf Erfolg gestützt werden. 35

4. Verlesung der Niederschrift über die Vernehmung des Zeugen Gestü

Das Landgericht ist – wie sich aus obigen Ausführungen ergibt (Rn. 25, 30 ff.) – zu Recht vom Vorliegen der Voraussetzungen des § 251 II Nr. 1 StPO ausgegangen.[23] 36

Der Strafkammer sind bezüglich der Verlesung der Vernehmungsniederschrift auch keine formellen Fehler unterlaufen. Sie wurde in einem begründeten Gerichtsbeschluss angeordnet (§ 251 IV 1, 2 StPO), auch hat der Vorsitzende die Nichtvereidigung des Zeugen festgestellt (§ 251 IV 3 StPO). Die inhaltlich nicht zu beanstandende Entschcidung über die (Nicht-)Vereidigung des Zeugen durfte zunächst auch der Vorsitzende alleine treffen (§ 238 I StPO);[24] eine Entscheidung des Gerichts gem. § 238 II StPO wurde nicht beantragt. 37

---

19 *Diemer* NStZ 2001, 393, 395 ff.; *Meyer-Goßner* § 247a Rn. 13; zur Ungeeignetheit einer audiovisuellen Vernehmung bei geringerem Beweiswert: BGH NStZ 2004, 347 (348).
20 BGH NJW 2001, 695 (696); *Meyer-Goßner* § 244 Rn. 43 f.
21 Vgl. *Meyer-Goßer* § 244 Rn. 86 mwN.
22 Vgl. BGH StV 1994, 635 m. Anm. *Müller*; BGH NStZ 1997, 286 (jeweils zu § 244 V 2 StPO).
23 Vgl. auch BGHSt 46, 73 (76 ff.).
24 Vgl. *Meyer-Goßner* § 59 Rn. 9; § 251 Rn. 44.

38 **Ergebnis:** Bezüglich der Verlesung der Niederschrift über die richterliche Vernehmung des Zeugen Gestü liegen keine Rechtsfehler vor.

5. Unterlassener Hinweis

a) Unterlassener Hinweis auf den Wechsel der Täterschaftsform

39 Die Anklage hatte den Angeklagten zur Last gelegt, Mittäter eines schweren Raubes gewesen zu sein. In der Hauptverhandlung hat das Gericht zwar den Angeklagten Peters darauf hingewiesen, dass bei ihm eine Verurteilung nur wegen Beihilfe in Betracht komme, der Hinweis an den Angeklagten Brandt, dass er nunmehr Alleintäter sein könne, wurde dagegen nicht erteilt. Damit könnte das Gericht gegen § 265 I StPO verstoßen haben.

40 Zweck des § 265 I StPO ist es, den Angeklagten vor überraschenden Entscheidungen zu schützen und ihm die Möglichkeit einer sachgerechten Verteidigung zu eröffnen.[25] Vor allem der letztere Gesichtspunkt erfordert aber beim Übergang vom Vorwurf der Mittäterschaft zu dem der Alleintäterschaft einen Hinweis des Gerichts;[26] denn gegen den Vorwurf der Alleintäterschaft ist – anders als bei Mittäterschaft – die Verteidigung schon dann erfolgreich, wenn das Gericht es für möglich hält, dass der Angeklagte auch nur ein Merkmal des objektiven oder subjektiven Tatbestandes nicht in seiner Person erfüllt hat.

41 Obwohl hier der somit beim Angeklagten Brandt erforderliche Hinweis auf den Wechsel der Täterschaftsform nicht ausdrücklich erteilt wurde, hat das Gericht nicht gegen § 265 I StPO verstoßen. Weil nämlich der Angeklagte Peters darauf hingewiesen wurde, dass bei ihm eine Verurteilung wegen Beihilfe in Betracht kommt, bedeutete dies – da andere Mittäter ersichtlich nicht beteiligt waren – für den Angeklagten Brandt zwangsläufig, dass er jetzt als Alleintäter angesehen werden könnte. Er konnte und musste sich und seine Verteidigung also infolge des Hinweises an den Angeklagten Peters auf diese Verurteilung einstellen, für ihn war die Entscheidung des Gerichts daher nicht überraschend.[27]

b) Unterlassener Hinweis auf die Begehungsweise bei § 255 StGB

42 Im Rahmen des Hinweises auf die Anwendbarkeit des § 255 StGB hätte, da dieser auf die §§ 249 f. StGB verweist, mitgeteilt werden müssen, welche der verschiedenen Begehungsweisen des hier in Betracht kommenden § 250 StGB nach Auffassung des Gerichts vorliegen könnte.[28] Der Hinweis muss nämlich so gehalten sein, dass es dem Angeklagten und seinem Verteidiger möglich ist, die Verteidigung auf den neuen rechtlichen Gesichtspunkt auch effektiv einzurichten.

43 Das Unterlassen einer solchen Spezifizierung war hier jedoch unschädlich, da sich aufgrund der in dem Hinweis erwähnten Verwendung einer Schusswaffe, der Anklageschrift und der dort vorgenommenen rechtlichen Bewertung von selbst verstand, dass der Qualifikationstatbestand des § 250 StGB für die schwere räuberische Erpressung in Form dessen Absatz 2 Nr. 1, 3 Anwendung finden kann.[29]

44 **Ergebnis:** Aus unterlassenen oder unklaren Hinweisen kann der Angeklagte keinen Revisionsgrund herleiten.

6. Verlesung des ärztlichen Berichts

45 Die Verlesung des im Namen des Krankenhauses erstellten Berichts der Universitätsklinik Heidelberg vom 4.3.2012 über die Verletzungen sowie die Behandlung des Zeugen Hösle durfte erfolgen, da es sich hierbei um ein Behördengutachten iSd § 256 StPO handelte;[30] als ärztliches Attest hätte der Bericht dagegen nicht verlesen werden dürfen, weil es nicht nur um

---

25 *Meyer-Goßner* § 265 Rn. 2, 5.
26 BGH StV 2002, 236; *Meyer-Goßner* § 265 Rn. 14.
27 Vgl. *Meyer-Goßner* § 265 Rn. 31.
28 *Meyer-Goßner* § 265 Rn. 31.
29 Vgl. auch BGH NStZ 1998, 529 (530).
30 Vgl. *Meyer-Goßner* § 256 Rn. 13.

die Feststellung der Körperverletzung ging, sondern auch um die Qualifikation des § 250 II Nr. 3 StGB.[31] Eine persönliche Vernehmung des Sachverständigen bzw. Zeugen war – auch unter Berücksichtigung der Aufklärungspflicht – nicht geboten.[32]

7. Verwertung des Schweigens des Angeklagten

Die Strafkammer hat im Urteil zum Nachteil des Angeklagten gewertet, dass – wäre die Selbstbezichtigung gegenüber seiner früheren Ehefrau falsch gewesen – er die Gründe hierfür in der Hauptverhandlung mitgeteilt hätte (vgl. III. des Urteils). Damit hat es aber das (vollständige) Schweigen des Angeklagten als belastendes Indiz gewertet. 46

Hierin liegt ein Rechtsfehler. Denn das Recht eines Beschuldigten, nichts zur Sache auszusagen, wird durch Art. 2, 1 I GG geschützt und liegt den Regelungen der §§ 136 I 2, 163 a III 2, IV 2, 243 V 1 StPO zugrunde.[33] Steht dem Beschuldigten danach aber ein Schweigerecht zu, so darf die Ausübung dieses Rechts jedenfalls bei vollständigem Schweigen nicht als Belastungsindiz gewertet werden; ansonsten könnte der Beschuldigte nämlich nicht mehr frei darüber entscheiden, ob er aussagen will oder nicht.[34] 47

Auf diesem Rechtsfehler beruht das Urteil auch (§ 337 I StPO), da nicht ausgeschlossen werden kann, dass die Entscheidung ohne den Fehler anders ausgefallen wäre. Das Gericht muss nämlich im Rahmen der Beweiswürdigung des Urteils nur die für seine Überzeugungsbildung wesentlichen Umstände darlegen; werden dort aber bestimmte Gesichtspunkte angesprochen, so ist regelmäßig auch davon auszugehen, dass sie für die Überzeugungsbildung von Bedeutung waren. 48

Zweifelhaft ist dagegen, ob dieser Rechtsfehler in der Revision mit der Sach- oder mit einer Verfahrensrüge beanstandet werden muss. Insofern ist die Rechtsprechung nicht einheitlich,[35] ein vorsichtiger Revisionsführer wird daher – um der Erfolglosigkeit der Rüge vorzubeugen – sowohl eine Verfahrens- als auch die (allgemeine) Sachrüge erheben.[36] 49

Im Übrigen sprechen die besseren Gründe dafür, dass die unzulässige Verwertung des Schweigens des Angeklagten (oder auch eines aussageverweigerungsberechtigen Zeugen) in der Revision mit einer Verfahrensrüge geltend gemacht werden muss. Das Verbot, aus dem Schweigen des Angeklagten Schlüsse zu ziehen, zählt nämlich zu den aus dem Verfahrensrecht herzuleitenden Verwertungsverboten, weil es den Umfang des Beweismaterials bestimmt, das der Richter auf dem Weg zu seinem Urteil benutzen darf. Damit gehören aber auch alle Tatsachen, aus denen sich das Vorliegen eines solchen Verwertungsverbots ergibt, zum Verfahrensrecht.[37] 50

Da aber zum einen die Falschbezeichnung einer tatsächlich zu erhebenden Verfahrensrüge als Sachrüge unerheblich wäre (vgl. auch § 352 II StPO), zum anderen die Verfahrensrüge den sich aus § 344 II 2 StPO ergebenden Anforderungen genügt, wenn sich die für ihre Prüfung relevanten Tatsachen – bei erhobener Sachrüge – vollständig dem Urteil entnehmen lassen[38] und zudem im Urteil häufig das Aussageverhalten des Angeklagten mitgeteilt werden muss,[39] kommt es im Ergebnis in der Regel nicht darauf an, ob der Revisionsführer tatsächlich eine Verfahrens- oder »nur« die Sachrüge erhoben hat.[40] 51

Ergebnis: In der Revision sollte mit einer Verfahrensrüge vorgetragen werden, dass die Strafkammer im Urteil unzulässig das vollständige Schweigen des Angeklagten zu dessen Nachteil verwertet hat; zudem sollte vorsorglich die allgemeine Sachrüge erhoben werden. 52

---

31 Vgl. (auch allgemein zur Tateinheit mit einem anderen Straftatbestand): *Meyer-Goßner* § 256 Rn. 20.
32 Vgl. dazu *Meyer-Goßner* § 256 Rn. 30.
33 Vgl. zum »nemo-tenetur-Prinzip«: *Meyer-Goßner* Einl. Rn. 29a.
34 BGHSt 45, 363 (364); *Meyer-Goßner* § 261 Rn. 16.
35 Vgl. die Nachweise bei *Meyer-Goßner* § 261 Rn. 38, § 337 Rn. 8; *Brößler* StrafProzRevision Rn. 340.
36 Vgl. auch *Brößler* StrafProzRevision Rn. 340.
37 Vgl. dazu *Meyer-Goßner* § 337 Rn. 8.
38 Vgl. *Meyer-Goßner* § 337 Rn. 11.
39 *Meyer-Goßner* § 267 Rn. 12; einschränkend: KK/*Engelhardt* § 267 Rn. 14.
40 Vgl. auch *Miebach* NStZ 2000, 234, 240 f.

IV. Mögliche materiell-rechtliche Rügen

1. Angriffe gegen die Sachverhaltsfeststellung und die Beweiswürdigung

53 Die Feststellungen der Strafkammer zum Sachverhalt zeigen keinen Rechtsfehler auf.[41]

54 Bei der Prüfung der tatrichterlichen Beweiswürdigung ist zunächst zu beachten, dass das Revisionsgericht insofern auf eine Kontrolle auf Rechtsfehler hin beschränkt ist; daher können in der Revisionsbegründung auch lediglich solche »Rechtsfehler« vorgetragen werden, die wiederum grundsätzlich nur darin liegen können, dass die Beweiswürdigung widersprüchlich, lückenhaft oder unklar ist bzw. gegen Denkgesetze oder Erfahrungssätze verstößt.[42] Solche Rechtsfehler weist die Beweiswürdigung des Urteils aber nicht auf (zur unzulässigen Verwertung des Schweigens des Angeklagten: → Rn. 46 ff.).

2. Rechtliche Würdigung

a) Subsumtion

55 Auf der Grundlage der von der Strafkammer getroffenen Feststellungen ist die Verurteilung des Angeklagten Brandt wegen schwerer räuberischer Erpressung im Ergebnis zutreffend. Jedoch liegt entgegen der Ansicht der Strafkammer kein Fall von § 250 II Nr. 1 StGB vor; denn eine – wie hier zumindest nicht ausschließbar (vgl. II. des Urteils: »möglicherweise schussbereite Pistole«, III. des Urteils am Ende) – ungeladene echte Schusswaffe ist keine Waffe im Sinn dieser Vorschrift. Das ergibt sich aus der gesetzlichen Formulierung (»Waffe oder ein anderes gefährliches Werkzeug«), die deutlich macht, dass auch die »Waffe« objektiv gefährlich sein muss.[43] Dies ist indes bei einer ungeladenen Pistole, die – bezüglich der Erpressung – nur als Drohmittel verwendet wurde, nicht der Fall. Gleichwohl liegt aber eine schwere räuberische Erpressung vor, weil die Pistole ein »Werkzeug oder Mittel« iSd § 250 I Nr. 1 b StGB darstellt.[44]

56 Auch der Schuldspruch wegen schweren Raubes weist keinen Rechtsfehler auf. Insofern geht die Strafkammer im Ergebnis zutreffend davon aus, dass § 250 II Nr. 1 StGB gegeben ist. Wie sich aus obigen Ausführungen ergibt, hat der Angeklagte auch zur Begehung des Raubes keine Waffe im Sinn dieser Vorschrift verwendet, er hat hierbei jedoch ein gefährliches Werkzeug benutzt. Darunter versteht man nämlich alle Tatmittel, die nach ihrer objektiven Beschaffenheit und nach der Art ihrer Benutzung im konkreten Fall dazu geeignet sind, einem anderen erhebliche Verletzungen zuzufügen.[45] Diese Voraussetzungen hat die vom Angeklagten Brandt benutzte Pistole erfüllt, da sie beim Raub als Schlagwerkzeug gegen den Kopf des Hotelangestellten eingesetzt und damit verwendet wurde.[46]

57 Mit den Schlägen wurde der Zeuge Hösle auch körperlich schwer misshandelt (§ 250 II Nr. 3 a StGB); das ist nämlich der Fall, wenn die körperliche Integrität des Opfers schwer, also mit erheblichen Folgen für die Gesundheit oder in einer Weise, die mit erheblichen Schmerzen verbunden ist, beeinträchtigt wird.[47] Schließlich wird auch die Wertung, der Angeklagte Brandt habe den Tatbestand des § 250 II Nr. 3 b StGB erfüllt, von den Feststellungen getragen. Da der Angeklagte erkannt hat, dass die Schläge zu den tatsächlich lebensbedrohlichen Verletzungen führen konnten, hat er die konkrete Gefahr des Todes seines Opfers als nahe liegend erkannt und billigend in Kauf genommen.[48] Ein Bandenraub (§ 250 I Nr. 2,

---

41 Vgl. dazu auch *Meyer-Goßner* § 337 Rn. 21.
42 *Meyer-Goßner* § 337 Rn. 26 ff.; *Brößler* StrafprozRevision Rn. 327 ff.
43 BGH Beschl. v. 25.3. 2004 – 4 StR 64/04; vgl. auch BGHSt 48, 197 (Großer Senat: zur geladenen Schreckschusspistole als Waffe); dazu auch *Fischer* NStZ 2003, 569; *Fischer* § 244 Rn. 5.
44 BGHSt 44, 103 (105 ff.); vgl. auch BGH NStZ-RR 2007, 375 (ungeladene Schreckschusspistole).
45 Vgl. BGHSt 45, 249 ff.; kritisch *Fischer* § 250 Rn. 6, 7, der darauf hinweist, dass nach der Rechtsprechung des BGH § 250 StGB zwei verschiedene Begriffe des »gefährlichen Werkzeugs« enthalten soll, einen »abstrakten« in § 250 I Nr. 1 a StGB und einen »konkreten« in § 250 II Nr. 1 StGB.
46 Vgl. BGHSt 44, 103 (105); 45, 92 (95 f.).
47 BGH NStZ-RR 2007, 175; *Boetticher/Sander* NStZ 1999, 292 (296); *Fischer* § 250 Rn. 26.
48 BGH NStZ 2005, 156 (157), wonach die konkrete Todesgefahr kein Erfolg iSv § 18 StGB darstellt und eine nur fahrlässige Verursachung nicht ausreicht.

II Nr. 2 StGB) lag dagegen schon deshalb nicht vor, weil allenfalls zwei Personen an der Tat mitgewirkt haben.[49]

Aus den oben dargestellten Gründen nimmt die Strafkammer ferner zutreffend an, dass der Angeklagte Brandt den Tatbestand der gefährlichen Körperverletzung in den Alternativen des § 224 I Nr. 2 und 5 StGB verwirklicht hat. 58

Ergebnis: Die Verurteilung des Angeklagten Brandt wegen schwerer räuberischer Erpressung, schweren Raubes und gefährlicher Körperverletzung weist im Ergebnis keinen Rechtsfehler auf. Hinsichtlich der schweren räuberischen Erpressung liegt allerdings das Qualifikationsmerkmal des § 250 I Nr. 1 b StGB vor; der schwere Raub wurde in den Alternativen des § 250 II Nrn. 1, 3 StGB begangen. 59

b) Konkurrenzen

Die mehreren Begehungsweisen des § 250 StGB stehen nicht in Tateinheit; wie etwa beim Mord oder der gefährlichen Körperverletzung kann dem Täter nämlich auch im Rahmen des § 250 StGB nur einmal vorgeworfen werden, dass er diesen Tatbestand verwirklicht hat. Das erhöhte Unrecht, das sich in der Verwirklichung mehrerer Begehungsweisen zeigt, ist vielmehr allein bei der Strafzumessung zu berücksichtigen.[50] 60

Zutreffend ist ferner die Annahme der Strafkammer, bezüglich des schweren Raubes, der schweren räuberischen Erpressung und der gefährlichen Körperverletzung liege Tateinheit vor.[51] Handlungen, die nach der Vollendung einer räuberischen Erpressung, aber vor ihrer Beendigung vorgenommen werden, begründen nämlich Tateinheit, wenn sie der Verwirklichung der tatbestandsmäßig vorausgesetzten Absicht dienen und zugleich weitere Strafgesetze verletzen.[52] So verhält es sich hier; vor dem Verlassen des Hotels war die Beute (aus der räuberischen Erpressung) noch nicht ausreichend gesichert und deshalb der Tatbestand des § 255 StGB noch nicht beendet. Da zudem das Handeln des Angeklagten von Anfang an darauf gerichtet war, sich sowohl die Tageskasse als auch den Inhalt des Tresors anzueignen, der Tatplan mithin sowohl die schwere räuberische Erpressung als auch den schweren Raub umfasste, liegt zwischen diesen Straftatbeständen Tateinheit vor. 61

Ergebnis: Die Konkurrenzen wurden vom Landgericht zutreffend beurteilt. 62

3. Strafzumessung

Auch die Strafzumessung prüft der BGH nur auf das Vorliegen von Rechtsfehlern hin nach (§ 337 I StPO). Die revisionsgerichtliche Kontrolle beschränkt sich deshalb in der Regel darauf, ob der Strafrahmen richtig bestimmt wurde, ob die Strafzumessungserwägungen in sich fehlerfrei sind und ob die nach den getroffenen Feststellungen für die Bestimmung der Rechtsfolgen wesentlichen Umstände erwogen wurden; die Strafhöhe wird dagegen lediglich am Maßstab der Vertretbarkeit geprüft.[53] 63

Auf dieser Grundlage sind die Ausführungen der Strafkammer zur Strafzumessung bezüglich des Angeklagten Brandt insofern bedenklich, als dort die erheblichen Verletzungen des Heinz Hösle strafschärfend berücksichtigt wurden. Die Erheblichkeit dieser Verletzungen – die sich auch in deren Lebensbedrohlichkeit zeigte – ist nämlich Tatbestandsmerkmal der vom Landgericht zutreffend bejahten §§ 250 II Nr. 3, 224 I Nr. 5 StGB. Damit durften sie aber bei der Strafzumessung nicht mehr berücksichtigt werden (Verbot der Doppelverwertung, § 46 III StGB).[54] 64

Zum anderen weist die Strafzumessung insofern einen Rechtsfehler auf, als das Landgericht bezüglich der schweren räuberischen Erpressung vom Strafrahmen des § 250 II StGB – statt 65

---

49 Vgl. BGHSt 46, 321 (Großer Senat); *Fischer* § 244 Rn. 35.
50 BGH NStZ 1994, 394 (4. Senat); einschränkend BGH (1. Senat) NStZ 1994, 285; *Fischer* § 250 Rn. 30.
51 Vgl. BGH StV 1999, 369; zur Tateinheit zwischen §§ 250, 224 StGB: BGH NStZ 1998, 461.
52 BGH NStZ 2004, 329.
53 Vgl. *Meyer-Goßner* § 337 Rn. 34, 35; *Brößler* StrafProzRevision Rn. 349 ff.
54 Vgl. zum besonders schweren Fall auch *Fischer* § 46 Rn. 82.

dem des Absatzes 1 – ausgegangen ist (vgl. oben → Rn. 55).

V. Ergebnis

66 Die Revision bietet mit den nachfolgend aufgeführten Rügen Aussicht auf Erfolg; da sich die Verfahrensrügen auf das gesamte Verfahren bzw. gegen den Schuldspruch insgesamt richten, sollte das Rechtsmittel nicht beschränkt werden.

- Verfahrensrügen:
  - Verstoß gegen § 174 I 2 GVG (nichtöffentliche Begründung des Ausschlusses der Öffentlichkeit), absoluter Revisionsgrund gem. § 338 Nr. 6 StPO,
  - Verstoß gegen §§ 250 S. 2, 252 StPO (Verlesung des Berichts der Zeugin Brandt), relativer Revisionsgrund gem. § 337 I StPO,
  - unzulässige Verwertung des Schweigens des Angeklagten, relativer Revisionsgrund gem. § 337 I StPO;

- Sachrügen:
  - Verstoß gegen das Doppelverwertungsverbot (§ 46 III StGB), relativer Revisionsgrund gem. § 337 I StPO,
  - falscher Strafrahmen bezüglich § 255 StGB, relativer Revisionsgrund gem. § 337 I StPO,
  - wegen der unzulässigen Verwertung des Schweigens des Angeklagten sollte zudem (vorsorglich) die allgemeine Sachrüge erhoben werden.

67 Die Begründung der Revision muss in einem unterschriebenen Anwaltsschriftsatz erfolgen (§ 345 II StPO), da einem Rechtsanwalt die Möglichkeit, das Rechtsmittel zu Protokoll des Urkundsbeamten zu begründen, nicht offen steht.[55]

68 Dieser Schriftsatz muss, da das Urteil am 10.4.2012 zugestellt wurde, spätestens am 10.5.2012, 24 Uhr, beim Landgericht Stuttgart eingehen (§§ 345 I, 43 I StPO).

B. Entwurf der Revisionsbegründungsschrift des Verteidigers des Angeklagten Brandt

69 An das
Landgericht
Stuttgart
– 12. große Strafkammer –

Az.: 12 KLs 34 Js 369/12

In der Strafsache gegen

Heiner Brandt ...

wegen schweren Raubes u. a.

stelle ich zu der am 2.4.2012 eingelegten Revision folgenden Antrag:

Auf die Revision des Angeklagten Brandt wird das Urteil des Landgerichts Stuttgart, 12. große Strafkammer, vom 26.3.2012 mit den Feststellungen aufgehoben, soweit es den Angeklagten Brandt betrifft. Insofern wird die Sache zu neuer Verhandlung und Entscheidung an eine andere Strafkammer des Landgerichts Stuttgart zurückverwiesen.

Diesen Antrag begründe ich wie folgt:

I. Gerügt wird die Verletzung formellen Rechts.

1. Verstoß gegen den Grundsatz der Öffentlichkeit

---

55 *Meyer-Goßner* § 345 Rn. 9.

a) Das Landgericht hat während der Vernehmung des Zeugen Hösle gemäß § 172 Nr. 1 a GVG die Öffentlichkeit ausgeschlossen. In öffentlicher Verhandlung hat es jedoch nur den Tenor des Ausschließungsbeschlusses verkündet, dessen Begründung hat es dagegen erst mitgeteilt, als die Öffentlichkeit bereits ausgeschlossen war.

Dieser Verfahrensablauf ergibt sich im Einzelnen aus dem Protokoll über die Hauptverhandlung vom 26.3.2012, das insofern folgende Einträge aufweist:

»Die Angeklagten erklärten sich zu ihren persönlichen Verhältnissen. Der Angeklagte Brandt machte zur Sache keine Angaben, der Angeklagte Peters äußerte sich zur Sache.

Sodann teilte der Vorsitzende mit, dass erwogen werde, während der Vernehmung des Zeugen Hösle die Öffentlichkeit auszuschließen. Der Staatsanwalt schloss sich dem an; die Verteidiger der Angeklagten widersetzten sich einer Ausschließung der Öffentlichkeit. Nach kurzer Beratung verkündete der Vorsitzende folgenden Gerichtsbeschluss:

Die Öffentlichkeit wird für die Dauer der Vernehmung des Zeugen Hösle ausgeschlossen.

Die Öffentlichkeit wurde ausgeschlossen.

Nunmehr begründete der Vorsitzende obigen Beschluss wie folgt:

Der Zeuge hat bei seiner polizeilichen und der ermittlungsrichterlichen Vernehmung mitgeteilt, dass ihm in mehreren anonymen Anrufen für den Fall seiner Aussage vor Gericht angedroht worden sei, dass ›ihm etwas passiere‹. Es liegt daher der Ausschlussgrund nach § 172 Nr. 1 a GVG vor.

Anschließend wurde der Zeuge Hösle hereingerufen, nach § 57 StPO belehrt und wie folgt vernommen:

Heinz Hösle, 63 Jahre alt, ledig, Nachtportier, wohnhaft in Stuttgart, Hotel Fernblick, Waldstr. 1, mit den Angeklagten nicht verwandt und nicht verschwägert.

Der Zeuge sagte zur Sache aus.

Nunmehr wurde die Öffentlichkeit wieder hergestellt.

Es erging folgende Verfügung des Vorsitzenden:

Der Zeuge bleibt unvereidigt.«

b) Diese Verfahrensweise verstieß gegen § 174 I 2 GVG. Danach ist der Beschluss, der die Öffentlichkeit ausschließt, öffentlich zu verkünden. Da zu der Verkündung in den Fällen des § 172 GVG auch die Mitteilung der Begründung gehört (vgl. § 174 I 3 GVG), hätte diese ebenfalls öffentlich erfolgen müssen. Anhaltspunkte dafür, dass ausnahmsweise die Verkündung in nicht öffentlicher Hauptverhandlung erfolgen durfte, liegen nicht vor; die Strafkammer hat sich hierauf auch nicht berufen.

c) Infolge des Verstoßes gegen § 174 I 2 GVG liegt der absolute Revisionsgrund des § 338 Nr. 6 StPO vor.

2. Verstoß gegen §§ 250 S. 2, 252 StPO

a) Die Strafkammer hatte zur Hauptverhandlung die Zeugin Brandt, die geschiedene Ehefrau des Angeklagten, geladen. Diese machte jedoch bei ihrer Vernehmung von ihrem Zeugnisverweigerungsrecht Gebrauch.

Hierzu beweist das Hauptverhandlungsprotokoll folgenden Verfahrensgang:

»Nunmehr wurde die Zeugin Brandt hereingerufen, nach § 57 StPO belehrt und wie folgt vernommen:

Jasmin Brandt, 41 Jahre alt, Hausfrau, wohnhaft in Stuttgart, Lerchenweg 1, geschiedene Ehefrau des Angeklagten Brandt.

Die Zeugin wurde über ihr Aussageverweigerungsrecht nach § 52 StPO belehrt.

Die Zeugin machte keine Angaben zur Sache.

Es erging folgende Verfügung des Vorsitzenden:

Die Zeugin bleibt unvereidigt.«

Anschließend beantragte der Staatsanwalt die Verlesung eines schriftlichen Berichts, den die Zeugin im Rahmen ihrer polizeilichen Vernehmung zu den Akten gegeben hatte. Trotz des Widerspruchs der Verteidiger hat das Gericht die Verlesung dieses Berichts beschlossen.

Insofern ergibt sich aus dem Protokoll über die Hauptverhandlung folgender Hergang:

»Der Staatsanwalt beantragte nunmehr, den schriftlichen Bericht vom 28.1.2012 zu verlesen, den die Zeugin Brandt anlässlich ihrer polizeilichen Vernehmung zu den Akten gegeben hat. Die Verteidiger der Angeklagten widersprachen der Verlesung.

Nach kurzer Beratung verkündete der Vorsitzende folgenden Gerichtsbeschluss:

Der von der Zeugin Brandt bei der polizeilichen Vernehmung vom 28.1.2012 zu den Akten gegebene Bericht vom selben Tag ist zu verlesen.

Gründe:

Die Zeugin war anlässlich ihrer polizeilichen Zeugenvernehmung über ihr Aussageverweigerungsrecht nach § 52 StPO belehrt worden. Gleichwohl übergab sie bei dieser Vernehmung den von ihr hierfür erstellten schriftlichen Bericht, in dem sie die ihr von ihrem geschiedenen Ehemann mitgeteilte Vorgeschichte und Ausführung der angeklagten Tat schilderte. Anschließend nahm sie auf diesen Bericht Bezug und machte ergänzende Angaben zur Sache. Insoweit darf die Vernehmungsniederschrift gemäß § 252 StPO zwar nicht verlesen werden, der Verlesung und Verwertung des schriftlichen Berichts steht diese Vorschrift aber nicht entgegen.

Das Schreiben der Zeugin Brandt vom 28.1.2012 wurde verlesen.«

Der verlesene Bericht und die Niederschrift über die polizeiliche Aussage der Zeugin haben folgenden Inhalt:

»...« [Es folgt die wörtliche Wiedergabe des Berichts vom 28.1.2012 und der Niederschrift über die Vernehmung der Zeugin durch die Polizei.]

b) Mit dieser Verfahrensweise hat das Gericht gegen §§ 250 S. 2, 252 StPO verstoßen. Ein Verstoß gegen § 250 S. 2 StPO liegt vor, weil das Gericht ein zu Beweiszwecken gefertigtes Schreiben der Zeugin verlesen hat, obwohl die Verlesung nach § 250 S. 2 StPO verboten und auch ein ausnahmsweises Verlesen nach § 251 I StPO nicht erlaubt war, weil die Ausübung des Zeugnisverweigerungsrechts kein Vernehmungshindernis im Sinn dieser Vorschrift ist.

Da zudem die Zeugin den Bericht zum Inhalt ihrer polizeilichen Aussage gemacht hatte, durfte bezüglich seiner Verwertung nicht anders verfahren werden, als wenn sie dessen Inhalt gegenüber dem Polizeibeamten mündlich wiedergegeben hätte. Dann aber hätte die Vernehmungsniederschrift gemäß § 252 StPO weder verlesen noch verwertet werden dürfen, da die Zeugin in der Hauptverhandlung berechtigt von ihrem Zeugnisverweigerungsrecht Gebrauch gemacht hat.

c) Auf dieser Gesetzesverletzung beruht das Urteil (§ 337 I StPO). Das Gericht hat nämlich den Inhalt des Berichts zum Nachteil des Angeklagten verwertet (vgl. III. des Urteils).

3. Verstoß gegen das Verwertungsverbot bezüglich des Schweigens des Angeklagten

a) Das Gericht hat im Rahmen der Beweiswürdigung zum Nachteil des Angeklagten berücksichtigt, dass – wäre die Selbstbezichtigung gegenüber seiner Ehefrau falsch gewesen – er die Gründe hierfür in der Hauptverhandlung mitgeteilt hätte (vgl. III. des Urteils). Damit hat es aber unzulässig das (vollständige) Schweigen des Angeklagten in der Hauptverhandlung als Belastungsindiz gewertet.

Insofern ergibt sich aus dem Protokoll über die Hauptverhandlung Folgendes:

»Die Angeklagten wurden darauf hingewiesen, dass es ihnen freistehe, sich zu den ihnen zur Last gelegten Taten zu äußern oder nicht zur Sache auszusagen.

Die Angeklagten erklärten sich zu ihren persönlichen Verhältnissen. Der Angeklagte Brandt machte zur Sache keine Angaben, der Angeklagte Peters äußerte sich zur Sache.«

Der Angeklagte Brandt gab auch im weiteren Verlauf der Verhandlung keine Einlassung zur Sache ab; bezüglich des letzten Wortes ergibt sich dies aus folgendem Eintrag im Hauptverhandlungsprotokoll:

»Die Angeklagten hatten das letzte Wort ... [Es folgt die Erklärung des Angeklagten Peters.] Der Angeklagte Brandt gab keine Erklärung mehr ab.«

Auch im Urteil ist ausgeführt, dass sich der Angeklagte Brandt weder im Ermittlungsverfahren noch in der Hauptverhandlung zur Sache geäußert hat (III. des Urteils).

In der Beweiswürdigung des Urteils hat die Strafkammer in Bezug auf die Richtigkeit des Schreibens der Zeugin Brandt vom 28.1.2012, nach dem der Angeklagte dieser gegenüber die Tatbegehung eingeräumt haben soll, ausgeführt:

»Auch ist nicht ersichtlich, warum sich der Angeklagte Brandt gegenüber seiner geschiedenen Ehefrau fälschlich einer Straftat bezichtigt haben soll, zumal am 17.1.2012 die Tat der Öffentlichkeit noch nicht bekannt war. Wäre die Selbstbezichtigung gegenüber seiner früheren Ehefrau falsch gewesen, hätte im Übrigen nahe gelegen, dass der Angeklagte Brandt den Grund dafür in der Hauptverhandlung mitteilt.«

b) Die Strafkammer hat demnach das (vollständige) Schweigen des Angeklagten als belastendes Schuldindiz gewertet; dies war unzulässig, weil aus einem solchen Schweigen keine Schlüsse zum Nachteil des Angeklagten gezogen werden dürfen.

c) Hierauf beruht das Urteil auch, da nicht ausgeschlossen werden kann, dass die Entscheidung ohne die Gesetzesverletzung anders ausgefallen wäre. Das Gericht muss nämlich im Rahmen der Beweiswürdigung des Urteils nur die für seine Überzeugungsbildung wesentlichen Umstände darlegen; werden dort aber bestimmte Gesichtspunkte angesprochen, so ist regelmäßig auch davon auszugehen, dass sie für die Überzeugungsbildung von Bedeutung waren.

II. Gerügt wird ferner die Verletzung materiellen Rechts. Insofern wird insbesondere Folgendes beanstandet:

1. Die Strafkammer ist davon ausgegangen, dass hinsichtlich der schweren räuberischen Erpressung das Qualifikationsmerkmal des § 250 II Nr. 1 StGB vorliegt. Dies war indes nicht zutreffend, weil eine zumindest möglicherweise (vgl. II., III. des Urteils) ungeladene Schusswaffe, die – wie bei der Erpressung – lediglich als Drohmittel eingesetzt wurde, wegen ihrer fehlenden objektiven Gefährlichkeit keine Waffe im Sinn des § 250 II Nr. 1 StGB darstellt. Das Landgericht hätte daher bei der Strafzumessung berücksichtigen müssen, dass hinsichtlich der schweren räuberischen Erpressung vom Strafrahmen des § 250 I StGB auszugehen war. Im Hinblick auf den tateinheitlich angenommenen schweren Raub nach § 250 II Nr. 1, 3 a, b StGB durfte das Gericht zwar vom Strafrahmen des § 250 II StGB ausgehen (vgl. § 52 II StGB). Allerdings hat das Gericht ausweislich der Urteilsgründe (vgl. V. des Urteils) strafschärfend berücksichtigt, dass der Angeklagte mehrere Straftatbestände verwirklicht hat. Hierbei handelt es sich zwar um eine grundsätzlich zulässige Strafzumessungstatsache.[56] Es kann aber nicht ausgeschlossen werden, dass das Gericht bei seiner Strafzumessung besonders strafschärfend berücksichtigt hat, dass § 250 II StGB zweimal tateinheitlich verwirklicht worden ist.

---

56 Vgl. *Fischer* § 46 Rn. 58; § 52 Rn. 4

2. Ferner hat die Strafkammer gegen das Verbot der Doppelverwertung von Tatbestandsmerkmalen (§ 46 III StGB) verstoßen. Sie hat nämlich strafschärfend berücksichtigt, dass Heinz Hösle erheblich verletzt wurde und für ihn Lebensgefahr bestand (V. 1. des Urteils). Da die erheblichen Verletzungen zugleich die Grundlage für die Begründung der vom Landgericht angenommenen körperlich schweren Misshandlung sowie deren Lebensbedrohlichkeit darstellten, hat es Tatbestandbestandsmerkmale der §§ 250 II Nr. 3, 224 I Nr. 5 StGB unzulässig strafschärfend berücksichtigt.

[Unterschrift des Rechtsanwalts]

11. Klausur: Gutachten zur Vorbereitung einer Entscheidung des Revisionsgerichts

Aus den Strafakten des Landgerichts Münster
Az. Ks 11 Js 15460/11

Auszug aus dem Urteil des Landgerichts Münster vom 17.1.2012

Landgericht Münster
Ks 11 Js 15460/11

Im Namen des Volkes

Urteil

In der Strafsache gegen

Gerhardt Härtlein, geboren am 17.7.1983 in Hamburg, lediger Automatenaufsteller, zur Zeit ohne Arbeit, deutscher Staatsangehöriger, zuletzt wohnhaft in Münster, Bahnhofstr. 43, zur Zeit in Untersuchungshaft in der JVA Celle

Wahlverteidigerin: Rechtsanwältin Wilhelma West, Stadtplatz 1, Münster

wegen versuchten Mordes u. a.

hat das Schwurgericht des Landgerichts Münster in der öffentlichen Sitzung vom Dienstag, 17.1.2012, an der teilgenommen haben

> Vorsitzender Richter am Landgericht Dr. Bauer,
> die Richter am Landgericht Dr. Schneider und Mühlheim,
> die Schöffinnen Herta Klein und Jasmin Vogel,
> Staatsanwältin Dr. Kranz als Vertreterin der Anklagebehörde,
> der Angeklagte persönlich mit seiner Wahlverteidigerin Rechtsanwältin West,
> Justizobersekretär Pfung als Urkundsbeamter der Geschäftsstelle,

für Recht erkannt

1. Der Angeklagte ist schuldig des versuchten Mordes und der Körperverletzung.

2. Er wird deshalb zu einer Gesamtfreiheitsstrafe von zwölf Jahren und drei Wochen verurteilt.

3. Im Übrigen wird der Angeklagte freigesprochen.

4. Der Angeklagte hat die Kosten des Verfahrens zu tragen, soweit er verurteilt wurde; soweit er freigesprochen wurde, fallen die Kosten des Verfahrens und die notwendigen Auslagen des Angeklagten der Staatskasse zur Last.

Angewendete Vorschriften: §§ 211, 223 I, 230 I, 22, 23 I, II, 49 I, 53 I, 54 I, II StGB.

Gründe:

I.

... [Es folgen Ausführungen zu den persönlichen Verhältnissen des Angeklagten.]

II.

1. Der Angeklagte besuchte am Abend des 16.9.2011, einem Freitag, die Diskothek »Run« in Münster, Am Gewerbegebiet 3. Nachdem es ihm dort nicht – wie erhofft – gelungen war, ein Mädchen kennen zu lernen, war er verbittert; alkoholisiert war der Angeklagte indes nicht, er

hatte lediglich Mineralwasser zu sich genommen, auch stand er nicht unter dem Einfluss von Drogen oder Ähnlichem.

Als der Angeklagte am 17.9.2011 gegen 0.45 Uhr in der Diskothek die Toilette aufsuchen wollte, stieß er im Vorbeigehen versehentlich gegen den Arm des auf einem Barhocker sitzenden Heiner Hanft, der infolgedessen Bier aus dem Glas verschüttete, das er gerade hochgehoben hatte. Als Heiner Hanft daraufhin den Angeklagten fragte: »Musste das denn sein?«, steigerte sich der Ärger des Angeklagten weiter und er sagte zu Heiner Hanft: »Ja – und jetzt hast Du auch einen Grund, um Dich aufzuregen.« Zugleich drückte er eine in seiner Hand befindliche brennende Zigarette auf dem entblößten Unterarm von Heiner Hanft aus, wodurch er bei diesem eine schmerzhafte Brandwunde verursachte, die allerdings – abgesehen von einer kleinen Narbe – folgenlos verheilt wäre.

Bevor es zu einer weiteren Auseinandersetzung zwischen dem Angeklagten und Heiner Hanft sowie dessen daneben sitzenden Freund Thomas Tom kam, wurden die Beteiligten vom Sicherheitsdienst der Diskothek getrennt und der Angeklagte wurde des Lokals verwiesen. Heiner Hanft wurde währenddessen von dem zufällig in der Diskothek anwesenden Arzt Dr. Kurz versorgt, der jedoch nach dem Säubern der Wunde lediglich ein Pflaster aufbringen musste.

Hinsichtlich der Verfolgung des Angeklagten wegen der Körperverletzung zum Nachteil von Heiner Hanft hat die Staatsanwaltschaft das besondere öffentliche Interesse bejaht.

2. Vor der Diskothek entschloss sich der Angeklagte nunmehr, es Heiner Hanft »heimzuzahlen«. Während er in der Kälte auf diesen wartete, wurde allerdings sein Hass auf Ausländer und Menschen anderer Hautfarbe zum beherrschenden Motiv seines späteren Handelns. Dieser Hass, der sich generell auf ausländische Mitbürger bezog, der sich aber vor allem gegen Menschen dunkler Hautfarbe richtete und der auf Vorurteilen auch in Bezug auf seine Arbeitslosigkeit beruhte, hatte sich beim Angeklagten schon früher verfestigt. Nunmehr brach er zum Nachteil von Heiner Hanft durch, der infolge der afrikanischen Abstammung seiner Mutter dunkler Hautfarbe war.

Um seinem Tatentschluss nachkommen zu können, versteckte sich der Angeklagte am Rande des vor der Diskothek befindlichen Parkplatzes hinter einem Pkw. Dort fand er einen 90 cm langen und im Durchmesser 6 cm starken Holzknüppel, den er an sich nahm, um mit ihm auf Heiner Hanft einschlagen zu können.

Als Heiner Hanft gegen 1.30 Uhr alleine die Diskothek verließ, stürzte der Angeklagte hinter dem Pkw hervor und rannte auf sein Opfer zu. Heiner Hanft erkannte jedoch die Absicht des Angeklagten und versuchte zu entkommen, er wurde aber vom Angeklagten etwa 50 Meter von der Diskothek entfernt auf einem unbebauten Grundstück eingeholt. Als sich die beiden gegenüberstanden, schlug der Angeklagte Heiner Hanft mit dem Holzknüppel mit ganzer Kraft auf den Kopf. Heiner Hanft ging daraufhin bewusstlos zu Boden und der Angeklagte schlug mit dem Holzknüppel weitere zehn Mal auf den Kopf seines Opfers ein. Dabei nahm er dessen Tod billigend in Kauf; der Beweggrund seines Handelns war – wie oben ausgeführt – der Hass auf Ausländer und insbesondere auf Menschen anderer Hautfarbe.

Durch die Schläge mit dem Holzknüppel wurde Heiner Hanft schwer verletzt, er erlitt mehrere Schädelbrüche, die geeignet waren, seinen Tod herbeizuführen; tatsächlich war er indes zunächst nur bewusstlos.

3. Der Angeklagte, der Heiner Hanft für tot hielt, warf den Holzprügel zu Boden, ließ von seinem Opfer ab und ging nach Hause. Dort traf er auf seinen Bruder Jens Härtlein, dem er von den vorangegangenen Ereignissen erzählte. Während des Gesprächs entschlossen sich die beiden, zum Tatort zurückzukehren, um zur Verdeckung der Tat des Angeklagten die Leiche sowie etwaige weitere Spuren zu beseitigen.

Gegen 1.50 Uhr trafen der Angeklagte und sein Bruder an dem Grundstück in der Nähe der Diskothek ein. Dort wartete der Angeklagte an der zur Straße hin gelegenen Grundstücksgrenze, um aufzupassen, ob sich Personen oder Fahrzeuge nähern. Jens Härtlein ging dagegen zu Heiner Hanft, der röchelnd an der Stelle lag, an der ihn der Angeklagte zurückgelassen hatte. Jens Härtlein, der bemerkte, dass Heiner Hanft noch lebte, entschloss sich nunmehr, diesen endgültig zu töten. Er zog dazu ein Messer mit einer Klingenlänge von ca. 12 cm aus seiner Jackentasche und stach mehrfach wuchtig auf den Oberkörper von Heiner Hanft ein.

Anschließend bedeckte Jens Härtlein sein Opfer mit Unrat, den er auf dem Grundstück fand, nahm den von seinem Bruder benutzten Holzknüppel sowie das Messer an sich und verließ gemeinsam mit dem Angeklagten, der sich an dem weiteren Geschehen nicht aktiv beteiligt hatte, den Tatort. Den Knüppel und das Messer warf Jens Härtlein auf dem Nachhauseweg in einen Bach.

Heiner Hanft verstarb auf dem Grundstück in der Nähe der Diskothek am 17.9.2011 um 2.00 Uhr. Todesursache waren entweder die infolge der Schläge mit dem Holzknüppel oder die durch die Messerstiche verursachten Verletzungen; beides – also sowohl die Schläge mit dem Holzknüppel als auch die Messerstiche – hätte indes schon jeweils für sich mit Sicherheit zum Tod des Opfers geführt.

Jens Härtlein wurde wegen der Tat vom Schwurgericht des Landgerichts Münster am 22.12.2011 wegen versuchten Mordes zu einer Freiheitsstrafe von 13 Jahren verurteilt; das Urteil ist noch nicht rechtskräftig.

Der Angeklagte hatte nach der Rückkehr zum Tatort nicht bemerkt, dass Heiner Hanft noch lebte; infolge der Dunkelheit beobachtete er auch nicht, dass sein Bruder mit einem Messer auf diesen einstach. Er ging vielmehr während der ganzen Zeit davon aus, dass sein Bruder – wie abgesprochen – lediglich die Leiche und die Spuren beseitigt.

III.

Der Angeklagte hat in der Hauptverhandlung die Begehung der Tat, so wie sie oben festgestellt wurde, eingeräumt. Während des Ermittlungsverfahrens hatte er dagegen noch jegliche Angaben zur Sache verweigert.

Das Gericht stützt seine Überzeugung, dass der Angeklagte die Tat wie festgestellt begangen hat, aber auch auf die dies in vollem Umfang bestätigende Aussage des Zeugen Jens Härtlein. Der Bruder des Angeklagten hat nämlich glaubhaft bekundet, dass der Angeklagte ihm nach dem Eintreffen in der Wohnung von den Vorfällen in und vor der Diskothek berichtet habe; auch das weitere Geschehen hat der Zeuge wie oben mitgeteilt eingeräumt.

Bestätigt wird dies im Übrigen auch dadurch, dass der Zeuge Jens Härtlein dem ebenfalls als Zeugen vernommenen Polizeibeamten Müller den Ort gezeigt hat, an dem er den Holzknüppel und das Tatmesser in den Bach geworfen hatte. Beides konnte dort sichergestellt werden und eine DNA-Untersuchung der Anhaftungen am Kopf des Opfers und an dem Holzknüppel sowie dem Messer (Blut, Haare, Hautpartikel) ergab eine 99,997 %ige Wahrscheinlichkeit dafür, dass diese Gegenstände vom Angeklagten (Holzknüppel) und seinem Bruder (Messer) gegen Heiner Hanft eingesetzt wurden. Dies hat der vernommene Sachverständige Dr. Kräftig, der die Spuren gesichert und die DNA-Untersuchung vorgenommen hat, überzeugend bekundet. Der medizinische Sachverständige Prof. Dr. Perkel hat zudem glaubhaft ausgeführt, dass der sichergestellte Holzknüppel sowie das Messer nach den beim Opfer festgestellten Verletzungen als Tatwerkzeuge in Betracht kommen.

Das Geschehen in der Diskothek haben zudem die Zeugen Thomas Tom und Dr. Kurz wie oben festgestellt bekundet. Ihre Angaben deckten sich nicht nur mit dem Geständnis des Angeklagten, sie waren insbesondere bezüglich des Zeugen Dr. Kurz auch deshalb glaubhaft, weil dieser weder den Angeklagten noch das Tatopfer kannte, sondern als bloßer Zufallszeuge in der Diskothek anwesend war. Vor allem bei ihm ist daher ein Grund für eine Falschbezichtigung des Angeklagten nicht ersichtlich.

Die vom Angeklagten bei Heiner Hanft mit der Zigarette herbeigeführte Verletzung wurde zudem durch das im Rahmen der Vernehmung des Zeugen Dr. Kurz verlesene Attest des Zeugen bestätigt, das dieser am 18.9.2011 für die Polizei erstellt hatte.

Die alternativen Todesursachen hat der gerichtsmedizinische Sachverständige Prof. Dr. Perkel erläutert, der weiter ausgeführt hat, dass sich auch bei Anwendung aller Untersuchungsmethoden nicht habe klären lassen, ob Heiner Hanft an den Folgen der Schläge mit dem Holzknüppel oder der Messerstiche verstorben sei. Jedoch hätte mit Sicherheit schon jede Misshandlung für sich zum Tod des Opfers geführt, so dass entweder die eine oder die andere Handlung den Eintritt des Todes lediglich beschleunigt habe. Diesen überzeugenden Ausführungen schließt sich das Gericht ebenso an wie den Angaben des Sachverständigen Dr. Kräftig. Beide Sachverständige, deren Sachkunde außer Zweifel steht, sind dem Gericht aus einer Vielzahl von Verfahren bekannt; die Gutachten sind widerspruchsfrei, gehen von zutreffenden Anknüpfungstatsachen aus und sind aus Sicht des Gerichts schlüssig und plausibel.

Die Feststellungen zum Tatmotiv beruhen ebenfalls auf dem glaubhaften Geständnis des Angeklagten; dies gilt insbesondere bezüglich der Schläge mit dem Holzknüppel, zumal das Geständnis des Angeklagten auch insofern durch die Aussage des Zeugen Jens Härtlein bestätigt wurde, dem gegenüber der Angeklagte – nach seinem Eintreffen in der Wohnung – auch den Beweggrund seines Handelns geschildert hatte. Der Zeuge hat zudem bestätigt, dass der Angeklagte seit seiner Arbeitslosigkeit, also seit ca. 1 ½ Jahren, von einem tiefen Hass gegen ausländische Mitbürger und Menschen dunkler Hauptfarbe geprägt ist. Dies wurde von den Zeugen ... . bestätigt. Schließlich sprechen auch die Vorstrafen des Angeklagten, die sich als Gewaltdelikte allesamt gegen ausländische Mitbürger gerichtet haben, dafür, dass der Angeklagte die im vorliegenden Verfahren abzuurteilende versuchte Tötung aus ausländerfeindlichen Motiven begangen hat.

IV.

Das Verursachen der Verletzung mit der brennenden Zigarette erfüllt den Tatbestand der vorsätzlichen Körperverletzung (§§ 223 I, 230 I StGB).

Die Schläge mit dem Holzknüppel sind als versuchter Mord zu werten (§ 211 StGB). Denn der Angeklagte hat mit Tötungsvorsatz und aus niedrigen Beweggründen gehandelt, da er den Tod von Heiner Hanft billigend in Kauf nahm, als er aus Hass auf Ausländer und Menschen mit dunkler Hautfarbe auf diesen einschlug. Heimtückisch handelte der Angeklagte dagegen nicht, weil das Opfer den Angeklagten und dessen feindselige Absicht schon vor der Tatausführung bemerkte und daher nicht mehr arglos war.

Da nicht festgestellt werden konnte, woran Heiner Hanft letztlich starb, musste zugunsten des Angeklagten – wie schon im Urteil gegen dessen Bruder (dort allerdings umgekehrt) – unterstellt werden, dass der Tod infolge der Messerstiche eintrat, die dem Angeklagten aber nicht zuzurechnen waren. Ein strafbefreiender Rücktritt vom Versuch liegt dagegen nicht vor, da der Versuch beendet war und der Angeklagte nichts zur Rettung seines Opfers unternommen hatte.

Durch das Untätigbleiben nach der Rückkehr an den Tatort und während der Handlungen seines Bruders hat der Angeklagte – anders als noch in der zugelassenen Anklage angenommen – keine weiteren Straftatbestände verwirklicht; insbesondere scheiden eine Beteiligung an der Tötung durch seinen Bruder oder eine unterlassene Hilfeleistung aus, zumal der Angeklagte in diesem Zeitpunkt davon ausging, Heiner Hanft sei bereits tot; auch hatte der Angeklagte die von seinem Bruder gegen das Opfer geführten Messerstiche nicht bemerkt. Insofern war der Angeklagte daher freizusprechen.

V.

[Es folgen Ausführungen zur Strafzumessung; verhängt wurden Einzelstrafen von 12 Jahren für den versuchten Mord und von einem Monat für die Körperverletzung.]

VI.

Die Kostenentscheidung ergibt sich aus §§ 464 I, 465 I, 467 I StPO.

[Es folgen die Unterschriften der Berufsrichter.]

11. Klausur: Gutachten zur Vorbereitung einer Entscheidung des Revisionsgerichts

Gegen dieses Urteil hat Rechtsanwältin West mit Schriftsatz vom 23.1.2012, eingegangen beim Landgericht Münster am 24.1.2012, Revision eingelegt. Auch eine von der Staatsanwaltschaft Münster mit Schreiben vom 24.1.2012 eingelegte Revision ging an diesem Tag beim Landgericht ein.

Das Protokoll wurde am 25.1.2012 fertig gestellt; das vollständige, mit den Gründen versehene Urteil wurde Rechtsanwältin West sowie der Staatsanwaltschaft am 3.2.2012 zugestellt.

Am 14.2.2012 ging beim Landgericht Münster folgendes Schreiben ein:

Staatsanwaltschaft Münster Montag, 13.2.2012
An das
Landgericht
– Schwurgericht –
Münster

Revisionsbegründung

in der Strafsache gegen Gerhardt Härtlein, geb. 17.7.1983, zur Zeit in Untersuchungshaft in der JVA Celle

Az.: Ks 11 Js 15460/11

Zu der am 24.1.2012 eingelegten Revision stelle ich folgenden Antrag:

> Auf die Revision der Staatsanwaltschaft wird das Urteil des Landgerichts Münster, Schwurgericht, vom 17.1.2012 mit den Feststellungen aufgehoben.
>
> Die Sache wird zur neuen Verhandlung und Entscheidung an eine andere als Schwurgericht zuständige Strafkammer des Landgerichts Münster zurückverwiesen.

Diesen Antrag begründe ich wie folgt:

Gerügt wird die Verletzung materiellen Rechts; angestrebt wird eine Änderung des Schuldspruchs zum Nachteil des Angeklagten.

[Es folgt die Unterschrift des Staatsanwalts.]

Am 5.3.2012 ging beim Landgericht Münster folgender Schriftsatz ein:

Rechtsanwältin Wilma West Freitag, 2.3.2012
Stadtplatz 1
Münster

An das
Landgericht
– Schwurgericht –
Münster

Revisionsbegründung

in der Strafsache gegen Gerhardt Härtlein, geb. 17.7.1983, zur Zeit in Untersuchungshaft in der JVA Celle

Az.: Ks 11 Js 15460/11

Zu der am 23.1.2012 eingelegten Revision stelle ich folgenden Antrag:

> Auf die Revision des Angeklagten wird das Urteil des Landgerichts Münster, Schwurgericht, vom 17.1.2012 mit den Feststellungen aufgehoben und das Verfahren eingestellt, soweit der Angeklagte wegen vorsätzlicher Körperverletzung verurteilt wurde; im Übrigen wird die Sache zur neuen Verhandlung und Entscheidung an eine andere als Schwurgericht zuständige Strafkammer des Landgerichts Münster zurückverwiesen.

Diesen Antrag begründe ich wie folgt:

1. Es liegt ein Verfahrenshindernis vor, das zur Einstellung des Verfahrens zwingt.

Hinsichtlich der als vorsätzliche Körperverletzung abgeurteilten Tat fehlte es an der Zuständigkeit des Schwurgerichts. Dies ergibt sich aus folgendem Verfahrensgang:

Die Tat wurde, weil zum damaligen Zeitpunkt lediglich das Geschehen in der Diskothek dem Angeklagten zugeordnet wurde, von der Staatsanwaltschaft am 10.10.2011 zum Amtsgericht Münster, Strafrichter, angeklagt und dort mit Beschluss vom 31.10.2011 zur Hauptverhandlung zugelassen. In der Hauptverhandlung vom 14.11.2011 wurde der Angeklagte wegen Körperverletzung zu einer Freiheitsstrafe von zwei Monaten (mit Bewährung) verurteilt. Gegen dieses Urteil haben sowohl die Staatsanwaltschaft zu Ungunsten des Angeklagten als auch der Angeklagte selbst jeweils unbeschränkt Berufung eingelegt. Die Akten gingen am 16.12.2011 bei der für das Berufungsverfahren zuständigen 7. (kleinen) Strafkammer des Landgerichts Münster ein. Mit Beschluss des Schwurgerichts vom 5.1.2012, bei dem inzwischen die Anklage wegen versuchten Mordes eingereicht worden war, wurde das Berufungsverfahren mit dem dort anhängigen Verfahren gemäß § 4 StPO verbunden und dann – wie aus dem angefochtenen Urteil ersichtlich ist – abgeurteilt.

Diese Verfahrensweise war fehlerhaft. Das Schwurgericht hätte ein Berufungsurteil fällen müssen; dies durfte es aber nicht, weil Berufungsgericht nur die kleine Strafkammer ist.

2. Ferner erhebe ich folgende Verfahrensrügen:

a) Die Verteidigerin des Angeklagten hatte in der Hauptverhandlung vom 17.1.2012 den Vorsitzenden wegen Besorgnis der Befangenheit abgelehnt, da er in der mündlichen Begründung des Urteils gegen den Bruder des Angeklagten – Jens Härtlein – ausgeführt hatte, dass dieser nicht der »Alleintäter« gewesen sei. Der Antrag wurde zurückgewiesen, da das Gericht hierin keinen Befangenheitsgrund sah.

Bewiesen wird dies durch folgenden Auszug aus dem Hauptverhandlungsprotokoll:

»Nach der Feststellung der Anwesenheit durch den Vorsitzenden gab die Verteidigerin des Angeklagten folgende Erklärung ab:

Ich lehne den Vorsitzenden Richter am Landgericht Dr. Bauer wegen Befangenheit ab. Er hat nämlich bei der Verkündung des Urteils gegen den Bruder des Angeklagten wegen der auch hier gegenständlichen Tat gesagt, dass dieser nicht der Alleintäter gewesen sei. Das kann aber nur bedeuten, dass er schon damals den jetzt und hier Angeklagten als weiteren Täter ansah; damit war er aber voreingenommen.

Die übrigen Verfahrensbeteiligten erhielten Gelegenheit, zu diesem Antrag Stellung zu nehmen.

Um 9.15 Uhr wurde die Sitzung unterbrochen.

Um 11.30 Uhr wurde die Hauptverhandlung in Anwesenheit der oben bezeichneten Personen fortgesetzt. Der Vertreter des Vorsitzenden, Richter am Landgericht Dr. Schneider, verkündete folgenden, nach Beratung mit RiLG Mühlheim und dem für den Vorsitzenden nachgerückten RiLG Kleiner während der Verhandlungspause gefassten Beschluss:

Der Befangenheitsantrag gegen den Vorsitzenden Richter am Landgericht Dr. Bauer wird zurückgewiesen.

Gründe:

Der Sachvortrag der Verteidigerin in dem Befangenheitsantrag ist zwar richtig, jedoch lässt sich daraus keine Voreingenommenheit des Vorsitzenden herleiten. Dr. Bauer hat in seiner dienstlichen Stellungnahme auch mitgeteilt, dass er sich nicht befangen fühle.«

Die Ablehnung des Befangenheitsantrags erfolgte zu Unrecht; noch deutlicher als in den damaligen Ausführungen kann ein Richter seine Voreingenommenheit gar nicht zum Ausdruck bringen. Es liegt daher der absolute Revisionsgrund des § 338 Nr. 3 StPO vor.

b) Gerügt wird ferner, dass das Schwurgericht in seinem Urteil das von Dr. Kurz zur Brandverletzung von Heiner Hanft am 18.9.2011 erstellte Attest verwertet hat, obwohl dieses in der Hauptverhandlung nicht verlesen worden war.

Die Verlesung dieses ärztlichen Attests durfte nämlich nur nach § 256 StPO erfolgen. Die Erhebung eines solchen Urkundenbeweises ist aber eine wesentliche Förmlichkeit iSd § 273 I 1 StPO, die protokolliert werden muss. Das Protokoll enthält aber keinen Eintrag über diese Beweisaufnahme, weshalb feststeht, dass sie nicht erfolgt ist (§ 274 StPO).

Das Gericht hat daher in seinem Urteil einen Umstand verwertet, der nicht in die Hauptverhandlung eingeführt wurde; es hat somit gegen § 261 StPO verstoßen.

Hierauf beruht das Urteil auch, weil das ärztliche Attest – wie die Ausführungen in der Beweiswürdigung des Urteils zeigen – zum Nachteil des Angeklagten verwertet wurde.

c) Darüber hinaus wird die allgemeine Aufklärungsrüge (§ 244 II StPO) erhoben.

3. Gerügt wird ferner die Verletzung materiellen Rechts.

[Es folgt die Unterschrift der Rechtsanwältin.]

Auszug aus der Gegenerklärung der Staatsanwaltschaft Münster vom 20.3.2012:

In der Rechtsmittelbegründung von Rechtsanwältin West wird der Verfahrensgang, aus dem die Revisionsrügen 2 a) und 2 b) hergeleitet werden, richtig wiedergegeben, soweit er sich aus dem Hauptverhandlungsprotokoll ergibt.

Zur Rüge 2 a) ist Folgendes zu ergänzen: Wie sich aus den beiliegenden dienstlichen Stellungnahmen von RiLG Dr. Schneider und StAin Dr. Kranz ergibt, wurde sämtlichen Verfahrensbeteiligten während der Verhandlungsunterbrechung die ebenfalls beiliegende dienstliche Stellungnahme von VRiLG Dr. Bauer (§ 26 III StPO) ausgehändigt; sie wurden gebeten, sich gegebenenfalls bis 11 Uhr zu dieser zu äußern. Solche Äußerungen wurden aber nicht abgegeben. ...

Zur Rüge 2 b) ist auszuführen: Aus den beiliegenden dienstlichen Stellungnahmen von RiLG Dr. Schneider und StAin Dr. Kranz ergibt sich ferner, dass – wie auch das Urteil mitteilt – die Verlesung des Attestes im Rahmen der Vernehmung des Zeugen Dr. Kurz erfolgt ist; das Attest vom 18.9.2011 wurde somit in die Hauptverhandlung eingeführt. ... .

Nach ordnungsgemäßer Erledigung der Formalien (Zustellung der Revisionsbegründung an die jeweilige Gegenseite usw.) übersandte die Staatsanwaltschaft die Akten dem Generalbundesanwalt. Der von diesem gestellte Antrag und dessen Begründung wurde den Beteiligten mitgeteilt, sodann wurden die Akten an den zuständigen Senat des BGH weitergeleitet.

Dessen Vorsitzender bittet RiLG Kohl, der dem Senat als wissenschaftlicher Mitarbeiter zugeteilt ist, zu beiden Revisionen ein (gemeinsames) Gutachten zu fertigen, das einen Tenorierungsvorschlag für die zu treffende Entscheidung des Revisionsgerichts enthalten soll.

Vermerk für den Bearbeiter:

Das Gutachten von RiLG Kohl ist zu fertigen.

Dabei ist davon auszugehen, dass der Tatsachenvortrag der Verteidigerin in der Revisionsbegründung und der der Staatsanwaltschaft in der Gegenerklärung richtig sind. Ferner ist zu unterstellen, dass sich weder aus den Strafakten im Übrigen noch aus dem Hauptverhandlungsprotokoll oder den nicht abgedruckten Teilen des Urteils weiterführende Erkenntnisse oder Rechtsfehler herleiten lassen.

Strafvorschriften außerhalb des StGB sind nicht zu prüfen.

Der Sachbericht ist erlassen.

> 1 **Hinweise zu einem Gutachten nach eingelegter und begründeter Revision**
> Hier lautet der Bearbeitervermerk typischerweise:
> »... ist in einem Gutachten die Entscheidung des Revisionsgerichts vorzubereiten.« oder »... ist in einem Gutachten dazu Stellung zu nehmen, ob die Revision Erfolg haben wird.«
> In einem solchen Fall kann das Gutachten folgendermaßen aufgebaut werden:
> I. Zulässigkeit der Revision
>   a) Statthaftigkeit → § 333 StPO (Sprungrevision: §§ 335 I, 312 StPO)
>   b) Einlegungsberechtigung und Beschwer → §§ 296 ff. StPO
>   c) Form, Frist und Inhalt der Revisionseinlegung → § 341 StPO
>   d) Form, Frist und Inhalt der Revisionsbegründung → §§ 344, 345 StPO
>   Ist eine Rüge – v. a. die allgemeine Sachrüge – zulässig erhoben, wird die Zulässigkeit der übrigen Rügen – insbes. der Verfahrensrügen – erst bei der Begründetheit der Revision geprüft.
>   e) kein Rechtsmittelverzicht → § 302 StPO
>   Dieser Punkt sollte allerdings nur angesprochen werden, wenn der Sachverhalt wenigstens einen geringen Anhaltspunkt für die Erklärung eines Rechtsmittelverzichts bietet.
> II. Begründetheit der Revision
>   1. Prüfung der Verfahrensvoraussetzungen → Prüfung von Amts wegen, daher keine Rüge erforderlich (→ zB: wirksame Anklage und wirksamer Eröffnungsbeschluss, keine Verjährung, wirksamer Strafantrag, keine anderweitige Rechtshängigkeit, kein Strafklageverbrauch)
>   2. Prüfung der Verfahrensrügen (§ 352 I StPO → Prüfung nur der erhobenen Verfahrensrügen); mögliche Reihenfolge: entweder so, wie sie erhoben wurden oder
>   a) absolute Revisionsgründe:
>   • Zulässigkeit der Verfahrensrüge (v. a. § 344 II 2 StPO)
>   • Begründetheit der Verfahrensrüge (Gesetzesverletzung, Erwiesenheit, keine Heilung), Vorliegen des absoluten Revisionsgrundes
>   b) relative Revisionsgründe:
>   • Zulässigkeit der Verfahrensrüge (v. a. § 344 II 2 StPO)
>   • Begründetheit der Verfahrensrüge (wie bei a), Beruhen
>   3. Prüfung der Sachrüge:
>   • Wurde diese allgemein erhoben → umfassende Prüfung
>   • Stets prüfen → besondere Begründung zur Sachrüge
>   **Hinweise:** Beschränkungen und bei Staatsanwaltschafts- oder Nebenklägerrevision § 301 StPO und § 339 StPO beachten.
> III. Ergebnis → Zusammenfassung, welche der Revisionsrügen Erfolg hat; idR wird ein Vorschlag zum Tenor der Entscheidung des Revisionsgerichts erwartet (zweckmäßig, auch wenn dies nicht ausdrücklich verlangt wurde). Vorteilhaft ist ferner ein Hinweis, in welcher Form (Beschluss oder Urteil) diese Entscheidung ergehen kann und wird.

A. Zulässigkeit der Revisionen[1]

I. Statthaftigkeit

2 Die Revisionen sind statthaft, da sie sich gegen ein erstinstanzliches Urteil eines Schwurgerichts richten (§ 333 StPO).

---

[1] Im Hinblick auf die gleichlaufende und im Wesentlichen auch gleichlautende Prüfung kann die Zulässigkeit der Revisionen von Verteidigerin und Staatsanwaltschaft gemeinsam erörtert werden.

II. Einlegungsberechtigung und Beschwer

Die Verteidigerin des durch dieses Urteil beschwerten Angeklagten war auch einlegungsberechtigt (§ 297 StPO). 3

Ebenso war die Staatsanwaltschaft befugt, gegen das Urteil Revision einzulegen (§ 296 I StPO); eine Beschwer muss bei ihr nicht vorliegen, sie darf vielmehr gegen jedes vermeintlich falsche Urteil Revision einlegen.[2] 4

III. Form, Frist und Inhalt der Revisionseinlegungen

Die Revisionseinlegung durch die Verteidigerin erfolgte durch Anwaltsschriftsatz; den Formerfordernissen des § 341 I StPO ist daher genügt. Auch ist das Rechtsmittel rechtzeitig eingelegt; die Verkündung des Urteils erfolgte am Dienstag, den 17.1.2012, so dass die Wochenfrist des § 341 I StPO gemäß § 43 I StPO am Dienstag, den 24.1.2012, 24 Uhr, endete. An diesem Tag ging die Rechtsmittelschrift der Anwältin beim Landgericht Münster ein. 5

Da das Rechtsmittel in der Einlegungsschrift als Revision bezeichnet wurde, entspricht es auch inhaltlich den sich aus § 341 I StPO ergebenden Anforderungen. 6

Entsprechendes gilt für die Revision der Staatsanwaltschaft. 7

IV. Form, Frist und Inhalt der Revisionsbegründungen

Die Verteidigerin hat die Revision mit Schriftsatz vom 2.3.2012 begründet. Da in dem Schriftsatz Anträge gestellt sind und diese – unter anderem – mit der Erhebung der allgemeinen Sachrüge begründet wurden, entspricht die Revisionsbegründung inhaltlich den sich aus § 344 StPO ergebenden Anforderungen. Auf die Zulässigkeit der ebenfalls erhobenen Verfahrensrügen (vgl. § 344 II 2 StPO) kommt es daher im Rahmen der Prüfung der Zulässigkeit des Rechtsmittels nicht an.[3] 8

Die einmonatige Revisionsbegründungsfrist lief gem. § 345 I 2 StPO ab der Zustellung des Urteils, die am 3.2.2012 erfolgt ist. Sie wäre daher an sich am 3.3.2012, 24 Uhr, abgelaufen; dabei handelte es sich aber um einen Samstag. Gemäß § 43 II StPO endete die Begründungsfrist deshalb erst am Montag, 5.3.2012, 24 Uhr. An diesem Tag – und damit rechtzeitig – ist die Revisionsbegründungsschrift der Verteidigerin beim Landgericht Münster eingegangen. 9

Den sich aus § 345 II StPO ergebenden Formerfordernissen entspricht die Revisionsbegründungschrift der Rechtsanwältin ebenfalls. 10

Die Revisionsbegründung der Staatsanwaltschaft ist am 14.2.2012 und daher rechtzeitig eingegangen; bei ihr genügte als Begründung ebenfalls die Erhebung der allgemeinen Sachrüge.[4] Bezüglich der Form gilt allerdings – wie schon der Wortlaut belegt – § 345 II StPO nicht, vielmehr reicht einfache Schriftform aus;[5] diese wurde gewahrt. 11

Ergebnis: Die Revisionen von Staatsanwaltschaft und Verteidigerin sind zulässig. 12

B. Verfahrensvoraussetzungen

Der Einwand der Verteidigerin, das Schwurgericht hätte bezüglich der Körperverletzung (Brandwunde) ein Berufungsurteil fällen müssen, für das es aber nicht zuständig gewesen sei, betrifft nicht eine Prozessvoraussetzung. Mögliche Rechtsfehler, die die Wirksamkeit 13

---

[2] Vgl. *Meyer-Goßner* Vor § 296 Rn. 16.
[3] Vgl. *Brößler* StrafprozRevision Rn. 37 f.; *Meyer-Goßner* § 344 Rn. 20 aE.
[4] Die gemäß Nr. 156 II RiStBV erforderliche nähere Begründung der Sachrüge ist auch beim Staatsanwalt keine Zulässigkeitsvoraussetzung; vgl. *Meyer-Goßner* § 344 Rn. 17 ff.
[5] *Meyer-Goßner* § 345 Rn. 23.

und/oder die Folgen einer Verfahrensverbindung betreffen, sind vielmehr – wie sich etwa in Bezug auf die Zuständigkeit aus § 338 Nr. 4 StPO ergibt – mit einer Verfahrensrüge zu beanstanden.[6] Dementsprechend wird dieses Problem erst im Rahmen der Prüfung auf mögliche Verfahrensfehler hin (nachfolgend III. 1.) untersucht.

14 **Ergebnis:** Da keine Anhaltspunkte für das Vorliegen eines sonstigen Verfahrenshindernisses gegeben sind, ist das landgerichtliche Urteil nicht schon wegen des Fehlens einer Verfahrensvoraussetzung aufzuheben.

C. Verfahrensrügen der Verteidigerin des Angeklagten[7]

I. Fehlerhafte Verfahrensverbindung

1. Zulässigkeit der Verfahrensrüge

15 Die nach Ansicht der Verteidigerin fehlerhafte Verfahrensverbindung und die deshalb bestehende Unzuständigkeit des Schwurgerichts für die dem Angeklagten als vorsätzliche Körperverletzung zur Last gelegte Tat ist – wie oben ausgeführt – als Verfahrensrüge geltend zu machen. Dass die Verteidigerin des Angeklagten fälschlich davon ausgegangen ist, dies stelle ein Verfahrenshindernis dar, ist unschädlich (vgl. § 352 II StPO), jedoch muss ihr Vortrag den sich aus § 344 II 2 StPO ergebenden Anforderungen genügen, damit die Rüge vom Revisionsgericht auf ihre Begründetheit hin untersucht wird (vgl. § 352 I StPO).[8]

16 Nach § 344 II 2 StPO müssen bei einer Verfahrensrüge »die den Mangel enthaltenden Tatsachen angegeben werden«. Dies erfordert, dass in der Revisionsbegründung die Umstände, aus denen die Gesetzesverletzung hergeleitet werden soll, so genau und vollständig vorgetragen werden, dass das Revisionsgericht ohne Durchsicht der Akten allein mit Hilfe der Revisionsbegründung prüfen kann, ob der behauptete Fehler vorliegt. Hierzu sind gegebenenfalls diejenigen Schriftstücke, die für diese Prüfung von Bedeutung sind, im Wortlaut wiederzugeben.[9]

17 Auf dieser Grundlage hätte die Verteidigerin des Angeklagten zumindest den Verbindungsbeschluss des Schwurgerichts mitteilen müssen. Da dies nicht geschehen ist, ist die Rüge bereits unzulässig.

2. Vorliegen einer Gesetzesverletzung

18 Zweifelhaft ist aber auch, ob die Rüge begründet gewesen wäre. Nach ständiger Rechtsprechung darf nämlich ein erstinstanzliches mit einem Berufungsverfahren in entsprechender Anwendung von § 4 I StPO verbunden werden, wenn[10]

- zwischen den beiden Verfahren ein Zusammenhang iSd § 3 StPO besteht,
- die Verfahren beim selben Gericht anhängig sind,
- keine Teilrechtskraft eingetreten ist und
- die große Strafkammer für die Verhandlung des bei ihr angeklagten, erstinstanzlichen Verfahrens zuständig ist.

19 Diese Voraussetzungen waren hier offensichtlich gegeben. Dabei war die prozessuale Tat, die das Landgericht schließlich als vorsätzliche Körperverletzung gewertet hat, mit dem beim Schwurgericht anhängigen Geschehen (versuchter Mord) nicht schon ohnehin angeklagt. Denn Gegenstand der Urteilsfindung ist nur die in der Anklage beschriebene prozessuale Tat

---

6 Vgl. KK/*Fischer* § 4 Rn. 15.
7 Da von der Staatsanwaltschaft keine Verfahrensrügen erhoben wurden, ist eine Prüfung insofern nicht veranlasst, vgl. § 352 I StPO. Auch bezüglich der von der Verteidigerin eingelegten Revision werden nur die innerhalb der Revisionsbegründungsfrist vorgebrachten Rügen geprüft; eine allgemeine Verfahrensrüge oder -kontrolle gibt es nicht, vgl. auch *Meyer-Goßner* § 344 Rn. 20 aE.
8 Vgl. zur Umdeutung einer Rüge auch *Meyer-Goßner* § 352 Rn. 5.
9 Vgl. *Meyer-Goßner* § 344 Rn. 21 ff.; *Brößler* StrafProzRevision Rn. 105 ff.
10 BGHSt 36, 348 (349 ff.); 38, 300 (301); BGH NStZ 1998, 628; kritisch *Meyer-Goßner* § 4 Rn. 8 d; *Meyer-Goßner* NStZ 2004, 353 (357 ff.).

(§§ 264 I, 155 I StPO); der geschichtliche Vorgang,[11] der der Anklage wegen Körperverletzung zugrunde lag, war aber im Hinblick auf den zeitlichen Ablauf ein anderer als derjenige, den das Schwurgericht als versuchten Mord bewertet hat. Ohne die Verfahrensverbindung hätte das Schwurgericht daher die Körperverletzung nicht aburteilen dürfen.

Folge der Verfahrensverbindung gem. § 4 StPO ist, dass – anders als bei der hier nicht gewollten gemeinsamen Verhandlung nach § 237 StPO[12] – diese zu einem einzigen erstinstanzlichen Verfahren verschmolzen werden; das Berufungsverfahren verliert mit der Verbindung also seinen Charakter als Rechtsmittelverfahren und wird in ein erstinstanzliches Verfahren übergeleitet (vgl. auch § 5 StPO).[13]   20

Ergebnis: Das Schwurgericht hat zutreffend auch den Vorwurf der Körperverletzung neu verhandelt und entschieden; es durfte nach der Verfahrensverbindung kein Berufungs-, sondern musste ein erstinstanzliches Urteil erlassen. Die entsprechende Verfahrensrüge der Verteidigerin des Angeklagten ist bereits unzulässig, sie hätte aber auch in der Sache keinen Erfolg gehabt.   21

II. Zurückweisung des Befangenheitsantrags

1. Zulässigkeit der Verfahrensrüge

Die Beanstandung, ein Befangenheitsantrag gegen einen der Tatrichter sei zu Unrecht verworfen worden, ist in der Revision als Verfahrensrüge vorzutragen (vgl. §§ 28 II 2, 338 Nr. 3 StPO). Deren Zulässigkeit erfordert nach § 344 II 2 StPO insbesondere die Mitteilung des Ablehnungsantrages, der dienstlichen Stellungnahme des abgelehnten Richters und des Beschlusses, mit dem der Antrag zurückgewiesen wurde.[14]   22

Da die Verteidigerin aber die – wie sich aus der Gegenerklärung der Staatsanwaltschaft und auch der Entscheidung des Schwurgerichts über die Ablehnung des Befangenheitsantrags ergibt – abgegebene dienstliche Stellungnahme des von ihr abgelehnten Richters in der Revisionsbegründung nicht mitgeteilt hat, ist auch diese Rüge unzulässig.   23

2. Begründetheit der Verfahrensrüge

a) Ablehnungsrecht des Verteidigers

Fraglich ist ferner, ob die Rüge – wäre sie zulässig erhoben – Erfolg gehabt hätte.   24

Das wäre aber schon dann nicht der Fall, wenn der Befangenheitsantrag der Verteidigerin bereits unzulässig war. Da das Revisionsgericht über die Rüge, das Tatgericht habe zu Unrecht einen Befangenheitsantrag abgelehnt, wegen § 28 II 1 StPO nach Beschwerdegrundsätzen entscheidet, nimmt es nicht nur eine Überprüfung auf Rechtsfehler vor, sondern trifft grundsätzlich eine eigene Sachentscheidung.[15] Dabei stellt das Revisionsgericht auch fest, ob der in erster Instanz als unbegründet abgelehnte Befangenheitsantrag überhaupt zulässig war.[16]   25

In Frage steht insoweit aber nur, ob der Verteidigerin ein Ablehnungsrecht zustand, da § 24 III 1 StPO den Anwalt des Angeklagten nicht erwähnt. Jedoch ist davon auszugehen, dass der Verteidiger das Ablehnungsgesuch im Namen des Angeklagten stellt, wenn keine dieser Annahme entgegenstehenden Anhaltspunkte vorliegen.[17] Solche Umstände sind hier aber nicht gegeben, zumal der Angeklagte in der Hauptverhandlung und damit auch bei der   26

---

11 Vgl. dazu *Meyer-Goßner* § 264 Rn. 2, 3.
12 Vgl. dazu BGHSt 36, 348 (351); *Meyer-Goßner* § 237 Rn. 8.
13 BGHSt 38, 300 (301); *Meyer-Goßner* § 4 Rn. 8d, § 5 Rn. 1.
14 *Meyer-Goßner* § 338 Rn. 29; *Brößler* StrafProzRevision Rn. 134.
15 *Meyer-Goßner* § 338 Rn. 25, 27; *Brößler* StrafProzRevision Rn. 132.
16 *Brößler* StrafProzRevision Rn. 132; vgl. aber für den – umgekehrten – Fall, dass das Erstgericht den Befangenheitsantrag zu Unrecht als unzulässig behandelt hat und sich die Problematik der richtigen Besetzung (vgl. §§ 26 a II 1; 27 I StPO) stellt: BVerfG NJW 2006, 3129; BGH NStZ 2006, 50 (51) m. Anm. *Meyer-Goßner*; BGH NStZ 2006, 705; 2007, 161; 2008, 523; vgl. auch *Meyer-Goßner* § 338 Rn. 28.
17 *Meyer-Goßner* § 24 Rn. 20.

Stellung des Antrags durch seine Verteidigerin anwesend war und er dieser Handlung nicht widersprochen hat. Es ist daher davon auszugehen, dass der Ablehnungsantrag von der Verteidigerin für den Angeklagten gestellt wurde.

b) Auslegung des § 24 I, II StPO

27 Nach § 24 I, II StPO kann ein Richter wegen Besorgnis der Befangenheit abgelehnt werden, wenn ein Grund vorliegt, der geeignet ist, Misstrauen gegen seine Unparteilichkeit zu rechtfertigen. Das ist der Fall, wenn der Ablehnende – hier ist bei einem vom Verteidiger gestellten Befangenheitsantrag aus den oben aufgeführten Gründen allerdings auf den Angeklagten abzustellen – bei verständiger Würdigung des ihm bekannten Sachverhalts Grund zu der Annahme hat, der Richter nehme ihm gegenüber eine innere Haltung ein, die die gebotene Unparteilichkeit und Unvoreingenommenheit störend beeinflussen kann.[18]

28 Die Mitwirkung eines Richters an einer früheren Entscheidung führt im Strafverfahren nach §§ 22 Nr. 4, 23, 148 a II 1 StPO zu seinem Ausschluss kraft Gesetzes. Bei diesen – hier nicht einschlägigen – Bestimmungen handelt es sich um eng auszulegende Ausnahmevorschriften. Darüber hinaus stellt die richterliche Vortätigkeit weder einen Ausschlussgrund dar noch vermag sie als solche die Befangenheit des Richters zu begründen. Vielmehr war »seit jeher … . das deutsche Verfahrensrecht von der Auffassung beherrscht, dass der Richter auch dann unvoreingenommen an die Beurteilung einer Sache herantrete, wenn er sich schon früher über denselben Sachverhalt ein Urteil gebildet habe«.[19] Dies zeigt auch die Regelung in § 33a StPO, die – ohne diesen auszuschließen – denselben Richter, der sich ohne die gebotene Anhörung schon »festgelegt« hat, zu einer nochmaligen Entscheidung nach der Anhörung verpflichtet.[20]

29 Die Mitwirkung eines Richters an einer früheren Entscheidung in gleicher Sache ist daher regelmäßig kein Ablehnungsgrund, weil ein verständiger Angeklagter davon ausgehen kann, dass der Richter sich dadurch noch nicht für eine künftige (weitere) Entscheidung festgelegt hat.[21] Dies gilt auch, wenn es sich – wie hier – bei der früheren Entscheidung um die Verurteilung des Haupt- oder eines (weiteren) Täters gehandelt hat und der damalige Tatrichter bei dieser Verurteilung zum Ausdruck gebracht hat, dass er von der Täterschaft oder Teilnahme des späteren Angeklagten ausgehe.[22]

30 **Ergebnis:** Die Rüge der Verteidigerin, das Gericht habe zu Unrecht einen Befangenheitsantrag abgelehnt, ist bereits unzulässig erhoben; sie hätte aber auch in der Sache keinen Erfolg gehabt.

III. Verwertung nicht in die Verhandlung eingeführter Beweismittel

31 Fraglich ist, ob die Rüge, das Schwurgericht habe mit dem ärztlichen Attest im Urteil ein nicht in die Hauptverhandlung eingeführtes Beweismittel verwertet, erfolgreich ist.

32 Obwohl diese Rüge auf die Beweiswürdigung zielt, wurde sie von der Verteidigerin des Angeklagten zutreffend als Verfahrensrüge erhoben. Denn dieser Verstoß gegen § 261 StPO – also die Beanstandung, das Gericht habe seine Erkenntnisse nicht aus dem Inbegriff der Verhandlung geschöpft – betrifft den Weg des Gerichts zum Urteil, nämlich das Verfahren, das das Gericht bei der Gewinnung des Beweismaterials zu beachten hat.[23]

33 Diese Rüge ist auch zulässig erhoben; für einen negativen Hergang – also ein Nicht-Ereignis wie hier das Unterlassen der Verlesung des Attests – muss nämlich nicht das gesamte Hauptverhandlungsprotokoll wiedergegeben werden.

---

18 *Meyer-Goßner* § 24 Rn. 8 mwN.
19 BVerfGE 30, 149 (153); vgl. auch BGH NStZ 1999, 311.
20 BGH NStZ 1994, 447.
21 Dazu auch *Meyer-Goßner* § 24 Rn. 12 f.
22 BGH NJW 1997, 3034 (3036); weitere Nachweise bei *Meyer-Goßner* § 24 Rn. 13.
23 Vgl. BGH NStZ 1999, 424; *Brößler* StrafProzRevision Rn. 324 ff.

Nach den Urteilsausführungen sowie den mit der Gegenerklärung vorgelegten dienstlichen 34
Stellungnahmen von RiLG Dr. Schneider und StAin Dr. Kranz ist jedoch davon auszugehen,
dass der Arztbericht vom 18.9.2011 nicht im Wege des Urkundenbeweises, sondern über einen Vorhalt und die Bestätigung seines Inhalts durch den Zeugen Dr. Kurz in die Hauptverhandlung eingeführt wurde. Ein solcher (einfacher) Vorhalt ist jedoch nicht protokollierungsbedürftig, weil er keine wesentliche Förmlichkeit iSd § 273 I 1 StPO betrifft.[24] Daher ist durch das Schweigen des Protokolls nicht bewiesen, dass der Arztbericht nicht zum Gegenstand der Verhandlung gemacht wurde. Das Revisionsgericht darf und muss daher den diesbezüglichen Verfahrensablauf im Freibeweisverfahren feststellen;[25] insofern beweisen aber sowohl das Urteil als auch die vorgelegten dienstlichen Stellungnahmen, dass das Attest zum Zwecke des Vorhalts vorgelesen und damit zum Gegenstand der Hauptverhandlung gemacht wurde.[26]

Im Übrigen ist aber auch auszuschließen, dass das Urteil auf einer möglicherweise verfahrensfehlerhaften Verwertung des ärztlichen Attests beruhen würde. Das Landgericht hat die Feststellung, dass der Angeklagte sein Opfer mit der brennenden Zigarette verletzt hat, nämlich darauf gestützt, dass dieses Verhalten vom Angeklagten, seinem Bruder sowie den Zeugen Tom und Dr. Kurz übereinstimmend und glaubhaft geschildert wurde. Die Formulierung in den Urteilsgründen, dass durch das ärztliche Attest die geschilderte Verletzung bestätigt worden sei, besagt unter diesen Umständen nicht mehr, als dass es ergänzend – zur Bestätigung der bereits auf Grund anderer Beweismittel gewonnenen sicheren Überzeugung – herangezogen wurde.[27] 35

Ergebnis: Die Verfahrensrüge, mit der die Verteidigerin des Angeklagten die Verwertung des 36
ärztlichen Attests beanstandet, wird keinen Erfolg haben.

IV. Aufklärungsrüge

Die Aufklärungsrüge ist unzulässig erhoben, da sie nicht entsprechend den sich aus § 344 II 2 37
StPO ergebenden Anforderungen begründet wurde; es wird nämlich weder die Tatsache, die das Gericht zu ermitteln unterlassen hat, noch das Beweismittel bezeichnet, dessen sich der Tatrichter hätte bedienen sollen. Auch wurde nicht angegeben, welche Umstände das Gericht zu weiteren Ermittlungen hätten drängen müssen und welches Ergebnis von der unterbliebenen Beweiserhebung zu erwarten gewesen wäre. Schließlich wird nicht dargetan, dass sich die nicht aufgeklärten Tatsachen zugunsten des Revisionsführers ausgewirkt hätten.[28]

D. Sachrügen der Staatsanwaltschaft und der Verteidigerin[29]

Bei der Sachrüge genügt die nur allgemeine Erhebung; sie muss nicht im Einzelnen ausgeführt 38
werden.[30] Die Rüge zwingt das Revisionsgericht zu einer umfassenden Prüfung, die sich nicht nur – wenn hier auch sicherlich der Schwerpunkt liegt – darauf bezieht, ob das (materielle) Recht auf den festgestellten Sachverhalt richtig angewendet wurde (Interpretations- und Subsumtionsfehler), vielmehr erstreckt sich die Prüfung auch darauf, ob die Urteilsfeststellungen eine tragfähige Grundlage für die Rechtsanwendung bieten.[31]

---

24 Vgl. BGH NJW 2003, 597; NStZ 2007, 117; *Meyer-Goßner* § 249 Rn. 28.
25 *Meyer-Goßner* § 274 Rn. 8.
26 Zur »Beweismittelqualität« eines solchen Vorhalts: *Meyer-Goßner* § 249 Rn. 28.
27 BGH Urt. v. 21.8.2002 – 2 StR 111/02.
28 *Meyer-Goßner* § 244 Rn. 81; vgl. auch *Brößler* StrafprozRevision Rn. 271.
29 Da aufgrund der Revisionen von Staatsanwaltschaft und Verteidigerin das Urteil sowohl auf Gesetzesverletzungen zugunsten als auch zum Nachteil des Angeklagten hin zu überprüfen ist, kann hier eine gemeinsame Erörterung erfolgen.
30 *Meyer-Goßner* § 344 Rn. 17 f.; *Brößler* StrafProzRevision Rn. 310; → Rn. 11 Fn. 4.
31 *Meyer-Goßner* § 337 Rn. 21.

I. Beweiswürdigung

39 Das Revisionsgericht prüft (auch) die tatrichterliche Beweiswürdigung lediglich auf das Vorliegen von Rechtsfehlern hin nach (§ 337 I StPO); rechtsfehlerhaft ist die Beweiswürdigung aber grundsätzlich nur, wenn sie Widersprüche enthält, lückenhaft ist oder gegen Denkgesetze bzw. Erfahrungssätze verstößt.[32] Solche Umstände sind hier jedoch nicht gegeben.

40 Zu beachten ist dabei, dass etwa die oben erörterte Verfahrensrüge (zum Inbegriff der Hauptverhandlung), wenn sie erfolgreich gewesen wäre, für sich allein nicht auch zu einem (sachlich-rechtlichen) Fehler in der Beweiswürdigung geführt hätte; denn auf die Sachrüge hin wird – unter anderem – überprüft, ob das Recht auf den festgestellten Sachverhalt richtig angewendet wurde, nicht aber, ob die Feststellungen »richtig« getroffen wurden.[33]

II. Rechtliche Würdigung

1. Körperverletzung

41 Die Wertung des Schwurgerichts, es sei eine vorsätzliche Körperverletzung (§ 223 I StGB) zum Nachteil von Heiner Hanft gegeben, weist keinen Rechtsfehler auf; durch das Ausdrücken der Zigarette auf dessen Unterarm wurde dieser vom Angeklagten sowohl körperlich misshandelt als auch an der Gesundheit geschädigt.

42 Fraglich ist jedoch, ob eine gefährliche Körperverletzung vorliegt; das wäre der Fall, wenn die brennende Zigarette als ein gefährliches Werkzeug anzusehen wäre. Dann wäre die § 223 StGB verdrängende Qualifikation des § 224 I Nr. 2 StGB gegeben.[34]

43 Ein gefährliches Werkzeug im Sinne des § 224 I Nr. 2 StGB ist jeder Gegenstand, der nach seiner objektiven Beschaffenheit und nach der Art seiner Benutzung im Einzelfall geeignet ist,[35] erhebliche Körperverletzungen herbeizuführen.[36] Dagegen ist – zur Legitimierung der Strafschärfung im Vergleich zu § 223 StGB – die Gefahr einer schweren Gesundheitsgefährdung nicht nötig.[37] Dass eine solche Gefahr eintreten muss, war vom Gesetzgeber nicht gewollt.[38]

44 Es entspricht auch der Rechtsprechung des BGH[39], dass das Zufügen von Brandwunden durch glimmende Zigaretten oder das Ausdrücken einer Zigarette auf dem Körper des Opfers – ebenso wie das Herbeiführen von Verletzungen mittels eines brennenden Feuerzeugs – jeweils ohne weiteres als gefährliche Körperverletzungen zu bewerten sind. Maßgeblich ist nämlich – wie sich aus obiger Definition ergibt – nicht (allein) die eingetretene Verletzungsfolge, sondern die potentielle Gefährlichkeit der konkreten Benutzung des Werkzeugs. Diese potentielle Gefährlichkeit ist, wenn eine Zigarette – wie hier – auf der Haut des Tatopfers ausgedrückt wird, schon im Hinblick auf die nicht sicher absehbaren Folgen (wie etwa stets mögliche Entzündungen oder eine nahe liegende Narbenbildung) gegeben.[40]

45 **Ergebnis:** Die Verurteilung wegen vorsätzlicher Körperverletzung weist für sich betrachtet zwar keinen Rechtsfehler auf, nach den getroffenen Feststellungen hätte der Angeklagte aber wegen gefährlicher Körperverletzung (§ 224 I Nr. 2 StGB) verurteilt werden müssen, die die vorsätzliche Körperverletzung im Wege der Gesetzeskonkurrenz verdrängt.

---

32 Vgl. *Brößler* StrafProzRevision Rn. 327 ff.; *Meyer-Goßner* § 337 Rn. 27.
33 Vgl. *Brößler* StrafProzRevision Rn. 93, 320.
34 Vgl. *Fischer* § 224 Rn. 16.
35 Vgl. dazu MüKoStGB/*Hardtung* § 224 Rn. 19, wonach eine Gefährlichkeit vorliegen muss, »die der menschliche Körper in dieser konkreten Art nicht aufweist (ein Hammer ist härter als eine Faust, ein Messer schärfer als ein Fingernagel usw.)«.
36 Ständige Rechtsprechung, vgl. BGH NStZ 2007, 95; *Fischer* § 224 Rn. 9.
37 Vgl. dazu MüKoStGB/*Hardtung* § 224 Rn. 19.
38 BGH NStZ 2002, 86.
39 Vgl. zB BGH NStZ 2002, 30; 86; anders zB OLG Köln StV 1994, 244 (246).
40 BGH NStZ 2002, 30; 86; kritisch MüKoStGB/*Hardtung* § 224 Rn. 20.

2. versuchter Mord

Hinsichtlich der Verurteilung des Angeklagten wegen versuchten Mordes steht aufgrund der vom Schwurgericht rechtsfehlerfrei getroffenen Feststellungen außer Frage, dass der Angeklagte durch das Einschlagen mit dem Holzknüppel unmittelbar zur Tötung von Heiner Hanft angesetzt hat.

Aufgrund des Geständnisses des Angeklagten – und unter Berücksichtigung der äußerst gefährlichen, zur Herbeiführung des Todes des Opfers geeigneten Tathandlung[41] – begegnet es ferner keinen Bedenken, dass das Landgericht auch einen auf die vorsätzliche Tötung von Heiner Hanft gerichteten Tatplan und damit ein versuchtes – vorsätzlich begangenes – Tötungsverbrechen bejaht hat.

Ebenso wenig ist aufgrund des festgestellten Tatmotivs zweifelhaft, dass der Angeklagte dabei aus niedrigen Beweggründen gehandelt hat. Eine Tötung aus Ausländerfeindlichkeit und Rassenhass ist nämlich nach allgemeiner sittlicher Bewertung besonders verachtenswert und steht sittlich auf tiefster Stufe.[42]

Das Schwurgericht hat zu Recht auch das Mordmerkmal der Heimtücke verneint, weil das Opfer bei Beginn des ersten mit Tötungsvorsatz geführten Angriffs nicht mehr arglos war.[43] Zwar kann das Opfer auch dann arglos sein, wenn der Täter ihm offen feindselig entgegentritt, die Zeitspanne zwischen dem Erkennen der Gefahr und dem unmittelbaren Angriff aber so kurz ist, dass keine Möglichkeit bleibt, dem Angriff irgendwie zu begegnen.[44] Ein solcher Fall lag hier aber nicht vor, da Heiner Hanft – nach dem Erkennen der Absicht des Angeklagten – noch Zeit hatte, dem Angriff – wenn auch letztlich nicht erfolgreich – durch Weglaufen auszuweichen.[45]

Auch grausam iSd § 211 II StGB hat der Angeklagte nicht gehandelt; denn Heiner Hanft ging – nach den Urteilsfeststellungen – bereits nach dem ersten Schlag bewusstlos zu Boden, so dass nicht nahe liegt, dass er bei den weiteren Schlägen noch außergewöhnliche Schmerzen oder Qualen hinnehmen musste.[46] Zur Verdeckung einer Straftat hat der Angeklagte nach den Feststellungen des Schwurgerichts im Zeitpunkt der Schläge mit dem Holzknüppel ebenfalls nicht gehandelt.

Vom somit gegebenen Mordversuch ist der Angeklagte nicht zurückgetreten. Da er nach dem Abschluss der letzten Ausführungshandlung annahm, sein Opfer sei tot, ging er vielmehr davon aus, dass er alles für den Erfolgseintritt Erforderliche bereits getan habe. Von diesem beendeten Versuch[47] ist er nicht zurückgetreten, weil er den Erfolgseintritt weder verhindert noch sich darum bemüht hat (§ 24 I StGB).[48]

Ergebnis: Das Schwurgericht ist zu Recht von einem (zumindest) versuchten Mord ausgegangen; ob dieser Versuch im vollendeten Mord aufgeht, ist nachfolgend zu prüfen.

3. vollendeter Mord

Das Schwurgericht könnte nämlich den Angeklagten zu Unrecht nur wegen versuchten – statt wegen vollendeten – Mordes schuldig gesprochen haben. Problematisch ist insofern der strafrechtlich maßgebliche Ursachenbegriff.

Ursächlich ist jede Bedingung, die den Erfolg herbeigeführt hat; dabei ist gleichgültig, ob neben der Tathandlung noch andere Umstände, Ereignisse oder Geschehensabläufe zur Herbeiführung des Erfolgs beigetragen haben. Anders verhält es sich nur, wenn ein späteres Ereignis

---
41 Vgl. zu Schlägen mit einem Baseballschläger auch *Fischer* § 212 Rn. 9 mwN.
42 BGH NJW 2000, 1583 (1584); *Fischer* § 211 Rn. 14, 27.
43 Vgl. *Fischer* § 211 Rn. 35.
44 BGH NStZ 2006, 167 (169); eine »Rechtsprechungsübersicht Tötungsdelikte« gibt *Altvater* NStZ 2006, 86 (88 f.)
45 Vgl. auch BGH NStZ 2006, 96 beim Entfallen einer »Warnwirkung«.
46 Vgl. *Fischer* § 211 Rn. 56.
47 Vgl. *Fischer* § 24 Rn. 14.
48 Vgl. auch *Fischer* § 24 Rn. 29 ff.

die Wirkung des früheren Handelns beseitigt und unter Eröffnung einer neuen Kausalreihe den Erfolg alleine herbeiführt. Dagegen schließt es die Ursächlichkeit des Täterhandelns nicht aus, dass ein weiteres Verhalten, sei es des Täters, des Opfers oder eines Dritten, an der Herbeiführung des Erfolgs mitgewirkt hat.[49]

55 Ursächlich bleibt das Täterhandeln selbst dann, wenn ein später handelnder Dritter durch ein auf denselben Erfolg gerichtetes Tun vorsätzlich zu dessen Herbeiführung beiträgt, sofern er dabei an das Handeln des Täters anknüpft, dieses also die Bedingung seines Eingreifens ist.[50] Demgemäß ist wegen eines vollendeten Tötungsverbrechens beispielsweise auch zu bestrafen, wer jemanden mit Tötungsvorsatz niedergeschossen und dadurch einen Dritten dazu veranlasst hat, dem Verletzten den »Gnadenschuss« zu geben.[51]

56 Hiervon ausgehend hat der Angeklagte durch die Schläge mit dem Holzknüppel den Tod von Heiner Hanft verursacht. Daran ändert es nichts, dass der später zum Tatort gekommene Bruder des Angeklagten dem Opfer durch die Messerstiche weitere Verletzungen zugefügt hat, die gleichfalls geeignet waren, dessen Tod herbeizuführen. Es kommt auch nicht darauf an, ob die Schläge oder die Messerstiche jeweils für sich genommen den Tod des Opfers bewirkt hätten oder ob Heiner Hanft erst infolge des Zusammenwirkens der ihm vom Angeklagten und seinem Bruder beigebrachten Verletzungen gestorben ist. Der Angeklagte hat mit den von ihm ausgeführten Schlägen jedenfalls eine Bedingung für den Tod des Opfers gesetzt; denn ohne die ihm vom Angeklagten beigebrachten Verletzungen wäre es nicht dazu gekommen, dass Jens Härtlein eingriff und – an das Handeln seines Bruders anknüpfend – auf das Opfer einstach, um das vom Angeklagten begonnene Tötungswerk zu vollenden.

57 Die strafrechtliche Haftung des Angeklagten für das vollendete Tötungsverbrechen entfällt auch nicht unter dem Gesichtspunkt einer Abweichung des tatsächlichen Kausalverlaufs vom vorgestellten. Eine solche Abweichung ist zwar zu bejahen, soweit zugunsten des Angeklagten davon auszugehen ist, dass die Messerstiche dem Tatopfer ohne Willen sowie ohne Kenntnis oder Billigung des Angeklagten beigebracht wurden und den Eintritt des Todes beschleunigt haben. Abweichungen vom vorgestellten Kausalverlauf sind jedoch rechtlich bedeutungslos, wenn sie sich innerhalb der Grenzen des nach allgemeiner Lebenserfahrung Voraussehbaren halten und keine andere Bewertung der Tat rechtfertigen.[52]

58 So lag es aber hier. Denn der Tod des Opfers war nicht etwa Folge einer außerhalb jeder Wahrscheinlichkeit liegenden Verkettung unglücklicher Umstände, bei der eine Haftung des Angeklagten für den Erfolg ausscheiden würde. Die Abweichung vom vorgestellten Kausalverlauf war vielmehr unwesentlich und rechtfertigt daher keine andere Bewertung der Tat.

59 **Ergebnis:** Auf der Grundlage der vom Schwurgericht getroffenen Feststellungen hätte der Angeklagte wegen vollendeten – statt versuchten – Mordes verurteilt werden müssen.

4. Straftaten in Zusammenhang mit dem Verlassen des Opfers

60 Durch das Verlassen des Opfers nach dem Ausführen des letzten Schlages mit dem Holzknüppel könnte der Angeklagte weitere Straftaten begangen haben; in Betracht kommen insbesondere Totschlag bzw. Mord durch Unterlassen, Aussetzung sowie unterlassene Hilfeleistung.

61 Ein Totschlag oder Mord durch Unterlassen[53] scheitert aber jedenfalls am Vorsatz des Angeklagten. Denn dieser ging – als er sich von seinem Opfer entfernte – davon aus, dass Heiner Hanft bereits tot sei; daher konnte der Angeklagte aber nicht – wie erforderlich – den Tod seines Opfers durch und beim Weggehen (noch) billigend in Kauf genommen oder gar gewollt haben.

---

49 BGH NStZ 2001, 29 (30); ausführlich zum Ursachenbegriff: BGHSt 39, 195 (197 f.); *Fischer* Vor § 13 Rn. 21 ff.
50 BGH NStZ 2001, 29 (30); *Fischer* Vor § 13 Rn. 38.
51 BGH NStZ 2001, 29 (30).
52 Vgl. auch BGH NStZ 2002, 309; 475 (476); *Fischer* § 16 Rn. 7.
53 Zur Garantenstellung aufgrund gefährdenden Vorverhaltens (Ingerenz): BGH NStZ 2003, 312; *Fischer* § 13 Rn. 27 jeweils mwN.

Aus demselben Grund kommt eine Verurteilung wegen Aussetzung (§ 221 StGB) nicht in 62
Betracht, zumal sich hier der Vorsatz auch auf die hilflose Lage des Opfers beziehen muss, der
aber bei einem vermeintlich Toten keine Bedeutung mehr zukommen kann. Ebenso wenig
liegt eine unterlassene Hilfeleistung (§ 323c StGB) vor.[54]

Ergebnis: Durch das Zurücklassen von Heiner Hanft nach den Schlägen mit dem Holzknüp- 63
pel hat der Angeklagte keinen weiteren Straftatbestand verwirklicht.

5. Straftaten in Zusammenhang mit dem Handeln des Bruders des Angeklagten

Der Angeklagte hat seinen Bruder nicht zu dem von diesem begangenen versuchten Mord[55] 64
angestiftet, da er ihn nicht zu dieser Tat bestimmt hat; er hat nämlich – zumal er vom Tod des
Heiner Hanft ausging – bei Jens Härtlein keinen entsprechenden Tatentschluss hervorgerufen,
vielmehr hat sich dieser zu der Tötung eigenständig entschlossen, als er bemerkte, dass Heiner
Hanft doch noch lebte. Für ein Bestimmen iSd § 26 StGB genügt aber nicht jede Mitursäch-
lichkeit; der Anstifter muss vielmehr durch sein Handeln mittelbar das Rechtsgut auch selbst
angreifen.[56] Daran fehlte es jedoch hier.

Aus demselben Grund scheidet auch eine Mittäterschaft oder Beihilfe des Angeklagten an der 65
Tat seines Bruders aus, zumal es diesbezüglich jedenfalls am Vorsatz fehlt (zur »Zurechnung«
des Handelns des Bruders: oben → Rn. 53 ff.).

Das Beseitigen der Spuren der Straftat des Angeklagten stellt auch keine strafbare (versuchte) 66
Strafvereitelung oder Anstiftung bzw. Beihilfe hierzu dar. Soweit der Angeklagte hierdurch
seine eigene Verfolgung vereiteln wollte, ist dies schon nicht tatbestandlich iSd § 258 I StGB;
hinsichtlich der Anstiftung seines Bruders oder einer Beihilfe zu dessen Vereitelungshandlung
kommt dem Angeklagten jedenfalls das Privileg des § 258 V StGB zugute.[57] Auch der Tatbestand des § 168 StGB ist nicht erfüllt.

Ergebnis: In Zusammenhang mit dem Handeln seines Bruders hat der Angeklagte keinen 67
weiteren Straftatbestand erfüllt.

6. Konkurrenzen

Die Wertung des Schwurgerichts, zwischen § 223 bzw. § 224 StGB einerseits und dem (ver- 68
suchten) Mord andererseits bestehe Tatmehrheit ist zutreffend, da diese Tatbestände durch
jeweils selbstständige Handlungen verwirklicht wurden und sowohl wegen des zeitlichen Ab-
standes als auch der Änderung im Beweggrund eine natürliche Handlungseinheit ausscheidet.[58]

III. Strafzumessung

Nach dem Bearbeitervermerk ist davon auszugehen, dass die nicht abgedruckten Teile des 69
Urteils keine Rechtsfehler aufweisen; daher ist zu unterstellen, dass die Strafzumessungserwägungen des Schwurgerichts die Revision nicht rechtfertigen können. Jedoch ist aus dem
Urteilstenor und dem mitgeteilten Sachverhalt ersichtlich, dass der Angeklagte zu einer Gesamtfreiheitsstrafe von 12 Jahren und drei Wochen verurteilt wurde. Damit könnte gegen
§ 39 StGB verstoßen sein.

Nach dieser Vorschrift darf eine Freiheitsstrafe von mehr als einem Jahr nur in Jahren und 70
Monaten bemessen werden. Ist aber in diesem Bereich eine Gesamtfreiheitsstrafe zu bilden, so
muss einerseits die Einsatzstrafe erhöht werden (§ 54 I 2 StGB), andererseits darf die Summe
der Einzelstrafen nicht erreicht oder überschritten werden (§ 54 II 1 StGB). Deshalb durfte

---

54 Vgl. *Fischer* § 323c Rn. 9.
55 Insofern ist die Annahme eines nur versuchten Verdeckungsmordes zutreffend; vgl. BGH NStZ 2001, 29 (30 f.).
56 Vgl. Schönke/Schröder/*Cramer/Heine* § 26 Rn. 4.
57 Vgl. *Fischer* § 258 Rn. 34.
58 Vgl. dazu auch *Fischer* Vor § 52 Rn. 3 ff.

das Schwurgericht im vorliegenden Fall weder auf eine Freiheitsstrafe von 12 Jahren noch auf eine solche von 12 Jahren und einem Monat erkennen. Dann ist es aber, um § 54 I 2, II 1 StGB entsprechen zu können, gestattet, unter Abweichung von § 39 StGB die Gesamtfreiheitsstrafe nach Jahren und Wochen festzulegen.[59]

71 **Ergebnis:** Der Strafausspruch weist – soweit er überprüft werden konnte – keinen Rechtsfehler auf.

E. Ergebnis und Tenorierungsvorschlag

72 Die zulässige Revision der Verteidigerin wird keinen Erfolg haben. Es liegt weder ein Prozesshindernis vor noch greifen die Verfahrensrügen durch; auch die auf die Sachrüge hin vorzunehmende Prüfung hat keinen Rechtsfehler zum Nachteil des Angeklagten ergeben.

73 Das zulässige Rechtsmittel der Staatsanwaltschaft ist dagegen begründet. Auf der Grundlage der vom Schwurgericht getroffenen Feststellungen hätte der Angeklagte wegen (vollendeten) Mordes in Tatmehrheit mit gefährlicher Körperverletzung verurteilt werden müssen. Das Urteil des Landgerichts Münster wäre daher an sich insgesamt aufzuheben (§ 353 I StPO). Das Revisionsgericht könnte jedoch erwägen, selber den Schuldspruch zu berichtigen und lediglich den Rechtsfolgenausspruch aufzuheben; dazu müsste es jedoch sicher ausschließen können, dass in einer neuen Hauptverhandlung durch den Tatrichter andere oder ergänzende Feststellungen getroffen werden.[60] Insofern kann sich das Revisionsgericht aber nicht sicher sein, zumal die Frage der Ursächlichkeit (→ Rn. 53 ff.) vom Schwurgericht nicht richtig gesehen und daher auch möglicherweise nicht vollständig untersucht wurde.[61]

74 Die Entscheidung des Revisionsgerichts muss[62] im Übrigen in einem Urteil ergehen (§ 349 V StPO), also nach Durchführung einer Hauptverhandlung; § 349 IV StPO ist vorliegend nämlich nicht anwendbar, weil das Rechtsmittel der Staatsanwaltschaft weder zugunsten des Angeklagten eingelegt wurde noch zu dessen Gunsten wirkt.[63]

75 Der Tenor des Urteils wird lauten:

1. Die Revision des Angeklagten gegen das Urteil des Landgerichts Münster vom 17.1.2012 wird verworfen.

2. Auf die Revision der Staatsanwaltschaft wird das Urteil des Landgerichts Münster vom 17.1.2012 mit den Feststellungen aufgehoben.

3. Die Sache wird zur neuen Verhandlung und Entscheidung, auch über die Kosten des Rechtsmittels, an eine andere als Schwurgericht zuständige Strafkammer des Landgerichts Münster zurückverwiesen.

---

59 BGH NStZ 1996, 187; *Fischer* § 39 Rn. 6.
60 Vgl. *Meyer-Goßner* § 354 Rn. 15.
61 Vgl. auch *Meyer-Goßner* § 354 Rn. 16 (zur Erforderlichkeit eines Hinweises nach § 265 I StPO, falls die zugelassene Anklage ebenfalls nur von einem versuchten Mord ausgegangen sein sollte).
62 Zwingend ist dies jedoch nur für die Revision der Staatsanwaltschaft, das Rechtsmittel der Verteidigerin könnte dagegen nach § 349 II StPO verworfen werden; vgl. *Meyer-Goßner* § 349 Rn. 35.
63 Vgl. *Meyer-Goßner* § 349 Rn. 28.

Sachverzeichnis

Die angegebenen Fundstellen beziehen sich auf die Randnummern, wobei die Nummern der jeweiligen Klausur fett gedruckt sind.

Abschluss der Ermittlungen **1**, 11; **2**, 1
Absehen von Verteidigung **8**, 13
Akteneinsicht **5**, 8
Anfechtung
– einer Prozesshandlung **6**, 38
Angriffsmöglichkeiten **6**, 7
Anklage
– als Prozessvoraussetzung **10**, 5 ff.
– Informationsfunktion **7**, 12
– Muster **2**, 13 ff.
– Umgrenzungsfunktion **7**, 11
– Wirksamkeit **7**, 11 ff.
Annahmeberufung **6**, 15, 69
Anordnungszuständigkeit **7**, 37
Anstellungsbetrug **6**, 48, 66
Anstiftung **11**, 64, 66
Anwaltsberatung **7**, 1 ff.
Audiovisuelle Vernehmung **10**, 27 ff.
Aufbaufragen
– bei Beweisverwertungsverboten **8**, 13
– Teilverurteilungen; Teilfreispruch **8**, 55
– Urteil nach Einspruch gegen **8**, 54
Aufhebung des Haftbefehls **5**, 8, 24 ff.
Aufhebungsantrag **7**, 21, 23
Aufklärungspflicht **9**, 19, 36; **10**, 30 ff., 34, 45
Aufklärungsrüge **9**, 36 f.; **11**, 37
Auskunftsverweigerungsrecht **4**, 5; **8**, 13; **9**, 19 ff.
Auslandszeuge **10**, 24 ff., 34
Aussageverweigerungsrecht
– s. Zeugnisverweigerungsrecht
Aussetzung (§ 221 StGB) **2**, 30; **11**, 62
Aussetzung des Vollzugs **5**, 8, 23, 46

Bedrohung **5**, 34
Beeidigung
– s. Vereidigung
Befangenheit **11**, 22 ff.
Begründetheit
– Verhältnis zur Wiedereinsetzung **6**, 13, 73
– Wirkungen **6**, 16, 72
Begründetheit Berufung **6**, 30 ff., 70 f.
Begründetheitsprüfung
– Berufung **6**, 30 ff., 70 f.
– Wiedereinsetzung in den vorigen Stand **6**, 21 ff., 55 f.
Bekanntgabe des Haftbefehls **5**, 6
Belehrung **5**, 6

Berufung
– allgemein **6**, 9, 16, 68 ff.
– Angriffsmöglichkeit **6**, 7, 9
– Begründetheit **6**, 30 ff., 70 f.
– Zulässigkeit **6**, 29, 69
– Zurückverweisung **6**, 35, 72
Beruhen **9**, 18, 28, 38, 43; **10**, 23, 34, 48; **11**, 35
Beschlagnahme **9**, 25 ff.
Beschluss **5**, 5
Beschränkter Einspruch **6**, 4, 36 ff., 59
Beschränkung
– Revision **9**, 68
Beschränkung der Strafverfolgung nach §§ 154, § 154a StPO **2**, 6, 17; **9**, 41 ff.
Beschränkung des Einspruchs **6**, 4, 36 ff., 59
Beschuldigtenvernehmung
– Verwertung des Schweigens **10**, 46 ff.
Beschwer **9**, 3; **10**, 2; **11**, 2, 3
Beschwerde
– bedingte **7**, 25, 28, 61
– begründet **7**, 62 ff.
– einfach **7**, 18, 21, 23
– gegen vorläufige Entziehung der Fahrerlaubnis **7**, 60
– Haftbefehl **5**, 8, **9**, 15
– hilfsweise **7**, 25
Betrug **3**, 23 ff., **6**, 48, 66; **7**, 47 ff.; **9**, 55 ff.
Beweisantrag
– Ablehnung **9**, 37; **10**, 24 ff.
– Begriff **9**, 34 ff.
Beweisermittlungsantrag
– Ablehnung **9**, 36 ff.
– Begriff **9**, 34
Beweiskraft des Protokolls **9**, 23; **11**, 34
Beweisverwertungsverbot **8**, 7 ff.
– Belehrungspflicht **7**, 32 ff., 39
– Beschlagnahme **9**, 25 ff.
– Blutentnahme **7**, 35
– Blutprobe **8**, 10
– eheähnliches Verhältnis **8**, 12
– Schweigen des Angeklagten **10**, 46 ff.
– Urkunde **9**, 25 ff.; **10**, 17 ff.; **11**, 31 ff.
– Verfassungsrecht **9**, 27
Beweiswürdigung **8**, 16
Bindungswirkung **6**, 36, 58

Diebstahl **3**, 3, 9 f.; **5**, 26 ff.
Doppelverwertungsverbot **10**, 64

Sachverzeichnis

Dringender Tatverdacht **5**, 16 ff.

Eidesstattliche Versicherung **6**, 76
Eidesverweigungsrecht **8**, 13
Einspruch **6**, 4, 28, 71
Einspruchsbeschränkung **6**, 35 ff., 58
- horizontal **6**, 58
- Unwirksamkeitsgründe **6**, 39, 59
Einstellung des Verfahrens
- bei unwesentlichen Nebenstraftaten **2**, 1 ff.; **9**, 41 ff.
- Mitteilung an Anzeigeerstatter **1**, 8; **2**, 10
- Mitteilung an Beschuldigten **1**, 9; **2**, 9
- nach § 170 II 1 StPO **1**, 1 ff.; **2**, 2 ff.
- Verfahrenshindernis **9**, 9, 71
Einziehung **8**, 51
Entziehung der Fahrerlaubnis **2**, 18, 25; **3**, 22; **8**, 47 ff.
Erfolgsqualifiziertes Delikt **5**, 36 ff.
Eröffnungsbeschluss **7**, 3
Erpressung **10**, 55 ff.
Erweiterung der Anfechtung **6**, 37, 59

Fahren ohne Fahrerlaubnis **7**, 7, 29
Fahrerlaubnis
- Entziehung der – **2**, 18, 25; **3**, 22
Fahrlässige Körperverletzung **9**, 46 ff.
Fahrlässige Tötung **2**, 16, 22; **5**, 40 ff.
Fahruntüchtigkeit
- subjektive Seite **7**, 38
Fluchtgefahr **5**, 20, 44
Fotokopie **6**, 42, 62
Fotokopievorlage **6**, 42, 61
Freibeweisverfahren **10**, 29, 34; **11**, 34
Freispruch **6**, 49, 59
Fristberechnung **6**, 20

Gebrauchmachen **6**, 44, 64
Gefährdung des Straßenverkehrs **2**, 16, 17, 21, 23, 28; **8**, 20 f., 27
Gefährlicher Eingriff in den Straßenverkehr **1**, 2 ff.; **2**, 29; **3**, 4, 11 f.
Gefährliches Werkzeug **5**, 29 ff.
Geldfälschung **7**, 40 ff.
Geldstrafe
- Festsetzung im Strafbefehlsantrag **1**, 17
- Tagessatzhöhe **1**, 20; **3**, 20; **4**, 7
Gesamtstrafenbildung
- nachträglich **8**, 42 ff.
- Strafrahmen **4**, 9, 14; **8**, 44 ff.; **11**, 69 f.
- Voraussetzungen **4**, 9, 14; **8**, 42 f.
- Zumessungsakt **4**, 9, 14; **8**, 45 f.
Glaubhaftmachung **6**, 20, 54
Gründe
- Beweiswürdigung **8**, 63 ff.
- Hilfsbeweisantrag **8**, 65
- Lebenslauf **8**, 61

- rechtliche Würdigung **8**, 66 ff.
- Sachverhalt **8**, 62
- Strafzumessung **8**, 69 ff.
- Teilfreispruch **8**, 73

Haftbefehl **5**, 2 ff.
Haftfortdauer **5**, 12
Haftgrund **5**, 20, 44
Haftprüfung **5**, 4 ff., 15
Hauptverhandlung
- Inbegriff **11**, 31 ff.
Hilfsbeweisantrag Ablehnung **8**, 29
Hinreichender Tatverdacht **7**, 16
Hinweis **8**, 30; **10**, 39 ff.

Inbegriff der Verhandlung **8**, 1; **11**, 31 ff.
Informationsmangel
- subjektive Seite der Tat **7**, 13
- wesentliches Ermittlungsergebnis **7**, 14

Kausalität **6**, 23, 25, 55; **11**, 53 ff.
Konkurrenzen **10**, 60 f.; **11**, 68
Körperverletzung **8**, 22; **9**, 46 ff.; **10**, 58; **11**, 41 ff.
Körperverletzung mit Todesfolge **5**, 36 ff.

Ladung **6**, 32, 71
Ladungsfrist **6**, 22
Letztes Wort **9**, 40 ff.

Minder schwerer Fall **4**, 8, 12
Mord **11**, 46 ff.
Muster Verteidigungsschrift **7**, 65
Natürliche Handlungseinheit **11**, 68

Nichtabhilfe **7**, 18
Nichteröffnung **7**, 52 f.
Nötigung **1**, 6 f.

Öffentlichkeit **10**, 9 ff.

Persönlichkeitsrecht **9**, 27, 29
Plädoyer **6**, 49; **9**, 40 ff.
Protokoll **9**, 12, 23; **11**, 34
Prüfungsschema **6**, 19

Raub **4**, 4; **10**, 55 ff.
Rechtsbehelf **6**, 4
Revision
- Beschränkung **9**, 68
- Entscheidung **11**, 75
- Zulässigkeit **9**, 2 ff.; **10**, 2 ff.; **11**, 2 ff.
Revisionsbegründung
- Antrag **9**, 71; **10**, 69
- Form **9**, 69 f.; **10**, 67, 69; **11**, 8, 10 f.
- Frist **9**, 70; **10**, 68; **11**, 9
- Gutachten zur – **9**, 1 ff.; **10**, 1 ff.; **11**, 1 ff.

Sachverzeichnis

Revisionseinlegung
– Einlegungsberechtigung **9**, 3; **10**, 2; **11**, 3, 4
– Form **9**, 4; **10**, 3; **11**, 5
– Frist **9**, 4; **10**, 3; **11**, 5

Sachverständiger
– Belehrung **9**, 12
– Vereidigung **9**, 15
– Verlesung **10**, 45
– Vernehmung **9**, 14
Schlussvortrag
– Fehlen **9**, 40 ff.
– Inhalt **3**, 1 ff.; **4**, 1 ff.
– Teilfreispruch **3**, 23 ff.; **4**, 6 ff.
Schriftsatz **6**, 75
Schuldspruch
– Tenor **8**, 59
– Weg zum – **8**, 3
Schuldspruchberechtigung **11**, 73
Schweigen des Angeklagten **10**, 46 ff.
Sofortige Beschwerde
– gegen Nichteröffnungsentscheidung **7**, 5
Sprungrevision **6**, 10, 16, 74
Statthaftigkeit
– Revision **9**, 2; **10**, 2; **11**, 2
Strafantrag **9**, 10
Strafanzeige **5**, 2
Strafbefehl **6**, 1 ff.
Strafbefehlsantrag
– Inhalt **1**, 13 ff.
– Kosten **1**, 18
– Rechtsbehelfsbelehrung **1**, 19
– Rechtsfolgen **1**, 17
Strafrahmen **8**, 36; **10**, 65
Strafvereitelung **11**, 66
Strafzumessung **6**, 50, 58; **8**, 35 ff., 40; **10**, 63 ff., **11**, 69 f.
Strafzumessungsgesichtspunkte **8**, 37 f.

Tagessatzanzahl **6**, 50, 58
Tagessatzhöhe **8**, 41
Tat
– prozessuale **10**, 5 ff.; **11**, 19
Tateinheit **10**, 60 f.
Tatmehrheit **11**, 68
Teilfreispruch **3**, 23 ff.; **4**, 6 ff.
Teilrechtskraft **6**, 36, 59
Tenor
– Revisionsurteil **11**, 75
Trunkenheit im Verkehr **2**, 16, 17; **7**, 32 ff.; **8**, 28 ff.

Unerlaubtes Entfernen vom Unfallort **2**, 16, 17; **8**, 23 ff.
Unerreichbarkeit **10**, 24 ff.
Unmittelbares Ansetzen **7**, 49; **11**, 46
Unterlassen **9**, 46 ff.; **11**, 61

Unterlassene Hilfeleistung **2**, 16, 17; **11**, 62
Untersuchungshaft **5**, 3
Untersuchungshaft über 6 Monate **5**, 10
Untreue **1**, 10, 14 f.
Unverhältnismäßigkeit **5**, 21, 43
Urkunde
– Verlesung **4**, 5; **9**, 29, 31; **10**, 17 ff., 30 ff., 36 ff., 45, **11**, 31 ff.
Urkundenfälschung **6**, 41 ff., 60 ff.
Ursächlichkeit s. Kausalität
Urteil **8**, 58 ff.
– Gründe **8**, 61 ff.
– Kostenentscheidung **8**, 74
– Liste der angewandten Strafvorschriften **8**, 60
– Rubrum **8**, 58
– Unterschrift **8**, 75
– Urteilsformel/Tenor **8**, 59
Urteilsberatung **8**, 3

Verbindung **11**, 13 f.; 15 ff.
Vereidigung
– Sachverständiger **9**, 15
– Zeuge **9**, 22 f.
Verfahrenshindernis **7**, 9
– fehlende Anklage **10**, 5 ff.
– örtliche Zuständigkeit **7**, 10, 55
– sachliche Zuständigkeit **7**, 10, 55
– Strafantrag **9**, 10
– Verjährung **9**, 6 ff.
– wirksame Anklage **7**, 11 ff., 56 ff.
Verfahrensrüge **9**, 12 ff.; **10**, 9 ff.; **11**, 15 ff.
Verfahrensverbindung **11**, 13 f.; 15 ff.
Verfahrensvoraussetzungen
– s. Verfahrenshindernis
Verhältnismäßigkeit **5**, 21, 43
Verjährung **9**, 6 ff.
Verlesung
– s. Urkunde
Vermerk in der staatsanwaltlichen Abschlussverfügung **1**, 10
Versuch
– erfolgsqualifiziertes Delikt **5**, 36 ff.
– Rücktritt **5**, 39
– unmittelbares Ansetzen **7**, 49; **11**, 46
Verteidigungsschrift **7**, 65
Verwertungsverbot
– s. Beweisverwertungsverbot
Videovernehmung **10**, 27 ff.
Vollstreckung **6**, 3
Vollzug der Untersuchungshaft **5**, 46
Voraussetzungen Einspruchsverwerfung **6**, 30 ff., 70 f.
Vorbereitungshandlung **7**, 50 f.
Vorführung **5**, 5
Vorläufige Entziehung der Fahrerlaubnis **7**, 6

Sachverzeichnis

Vorläufige Festnahme 5, 2
Vorrang der Haftprüfung 5, 9, 15
Vorsorgliche Berufung 6, 29, 73

Wahlrecht 6, 13, 73
Wahndelikt 6, 47, 65
Wechselwirkung 6, 5
Wegfall der Einspruchsbeschränkung 6, 39 f., 59
Wesentliches Ergebnis der Ermittlungen
– Beweisergebnis; Beweissituation 2, 19 ff.; 7, 58
Widerruf 6, 38, 59
Wiedereinsetzung in den vorigen Stand
– Begründetheit 6, 21 ff., 55
– Kausalität 6, 55
– Verfahrensvoraussetzungen 6, 19 f., 54
– Verhältnis zur Berufung 6, 17, 3
– Wirkungen 6, 27, 57
Wohnungseinbruchdiebstahl 4, 3

Zeugnisverweigerungsrecht
– Arzt 9, 14, 17
– Urkunde, Verlesung 10, 19 ff.

Zulässigkeit
– Berufung 6, 29, 69
– Beschwerde 5, 9
– Einspruch 6, 28, 31, 71
– Haftprüfung 5, 15
– Revision 9, 2 ff.; 10, 2 ff.; 11, 2 ff.
– Wiedereinsetzung in den vorigen Stand 6, 19, 54
Zumessungsakt
– allgemein 8, 40, 70
– Gesamtstrafe (nachträglich) 8, 45 f., 71
Zurückverweisung 6, 35, 72; 9, 71; 10, 69; 11, 73 ff.
Zusammengesetzte Urkunden 6, 44
Zuständigkeit
– Haftbefehl 5, 2
– örtlich 7, 10, 55
– sachlich 7, 10, 55
Zuständigkeitswechsel 7, 19 ff., 61; 11, 15 ff.
Zustellungskenntnis
– Vorkehrungen 6, 24, 55
Zwischenverfahren 7, 4